"가이 라즈는 기업가들의 성공 스토리에서 가장 핵심적인 아이디어를 찾아내 누구나 쉽게 활용할 수 있는 지혜로 바꾸어 놓았다!"

크리스 앤더슨Chris Anderson, TED 대표

"사업을 시작하거나 사업을 키우거나 이미 사업을 하는 사람을 보고 용기를 얻고 싶은 사람들의 필독서이자, 모든 기업가정신이 살아 숨 쉬는 기록이다!"

애덤 그랜트Adam Grant, 《오리지널스Originals》의 저자

"대단한 통찰력과 지칠 줄 모르는 호기심, 전염성 강한 활력을 가진 그리고 무엇보다 대가의 경지에 오른 스토리텔러가 알려주는 성공법!"

앤절라 더크워스Angela Duckworth, 《그릿Grit》의 저자

"이 책이 몇 해만 일찍 나왔어도, 내 사업은 훨씬 수월했을 것이다."

사이먼 사이넥Simon Sinek, 《나는 왜 이 일을 하는가Start With Why》의 저자

"꿈꾸는 자와 무언가를 세우는 자가 그 어느 때보다 절실한 시대다. 이 책에는 그런 사람들과 그들의 영감 넘치는 이야기가 가득하다."

알렉시스 오해니언Alexis Ohanian, 레딧Reddit의 공동설립자

"이 책은 피와 눈물과 땀으로 범벅된 영감의 기록이다. 모두 읽고 나면 힘이 솟을 것이다. 그리고 제대로 한번 시작해 보고 싶을 것이다."

마크 큐번Mark Cuban, 기업가이자 NBA 댈러스 매버릭스의 구단주

"누구든 이 책을 읽으면 유리한 입지를 차지할 수 있다. 가이 라즈는 기업가정신의 황무지를 헤쳐 나가는 데 필요한 나침반과 지도와 헤드램프를 제공한다."

조 게비아Joe Gebbia, 에어비앤비Airbnb의 공동설립자

"《어떻게 성공했나》를 읽으며 발견한 것은 책에 실린 사람들이 자신의 꿈을 이루어 가는 놀라운 과정이 아니라, 좌절과 장애를 극복해 가는 그들의 이야기를 읽으며 환호하게 되는 나 자신이다."

토니 셰이Tony Hsieh, 《딜리버링 해피니스Delivering Happiness》의 저자

"정말 놀라운 사람들에 관한 정말 놀라운 이야기다. 가이 라즈가 지면에 녹여 낸 이야기들을 따르면 놀라운 결과를 얻을 것이다."

젠 하이먼Jenn Hyman, 렌트더런웨이Rent the Runway의 CEO

"가이 라즈는 기업가들의 열정과 대담함과 용기가 버무려진 감동적인 실화를 모두가 공유할 수 있는 이야기로 직조해 낸다."

라라 메리켄Lara Merriken, 라라바Lärabar의 설립자

"사업체를 만들고 키워나가는 것이 노력으로 되는 일인지 행운에 맡겨야 하는 일인지에 관해, 가이 라즈보다 더 확실하게 얘기해 줄 수 있는 사람을 나는 알지 못한다." 팀 브라운Tim Brown, 올버즈Allbirds의 공동설립자 겸 공동 CEO

"현재에 만족하지 않고 무언가 새롭고 더 나은 세상을 위해 도전하려는 사람이라면 꼭 지녀야 할 지침서."

리드 호프먼Reid Hoffman, 링크드인LinkedIn의 공동설립자

"설립자들과 그들의 회사에 얽힌 가이 라즈의 이야기에는 기업가가 갖춰야 할 에너지와 솔직함이 담겨 있다."

에릭 리스Eric Ries, 《린 스타트업The Lean Startup》의 저자

어떻게 성공했나

가이 라즈 지음 | 이경남 옮김

**HOW I BUILT THIS**

# 어떻게
# 성공했나

**평범한 창업가 200인이
따라간 비범한 성공 경로**

**RHK**
알에이치코리아

평소와 다름없던 2018년 어느 여름 월요일 아침이었다. 캘리포니아 버클리에 있는 우리 집 주방에서 두 아이에게 아침을 차려주고 있는데, 아내 해나가 들어왔다. 그녀의 뺨에 눈물이 흘러내리고 있었다. 매일 달리는 조깅 코스를 거쳐 돌아온 그녀는 귀에서 이어폰을 뽑으며 숨을 크게 내쉬었다. "이런 이야기라면… 아니, 미리… 귀띔이라도 좀 해주지."

조깅을 하면서 〈하우 아이 빌트 디스How I Built This〉의 최근 에피소드를 들은 모양이었다. 이는 내가 2016년 9월에 만들어 지금까지 진행을 맡고 있는 비즈니스 팟캐스트다. 그날 방송에 소개된 사연은 스테이시 브라운Stacy Brown과 그녀의 회사 치킨샐러드칙Chicken Salad Chick에 얽힌 것이었다. 나는 그 에피소드가 그날 방송된다는 걸 모르고 있었다. 인터뷰한 내용을 방송으로 내보내기까지 보통 몇 달의 시간 차가 있기 때문이다. 하지만 스테이시 브라운을 인터뷰하면서 내 감정이 얼마나 롤러코스터를 탔었는지는 지금도 또렷이 기억한다. 그리고 아내의 반응으로 그날의 에피소드가 얼마나 대

4

단했는지도 분명히 알 수 있었다. 에피소드를 요약하자면 이렇다.

스테이시는 앨라배마 오번에 있는 자신의 집에서 치킨샐러드를 만들기 시작했다. 남편이 그녀와 세 아이를 남겨두고 집을 나간 뒤, 당장 생계를 꾸려갈 길이 막막했기 때문이었다. 큰아이가 여섯 살도 안 됐을 때였다. 한 달에 500달러만 벌면 입에 풀칠은 할 것 같았다. 그녀는 자신이 만든 치킨샐러드를 집집이 돌며 팔았다. 의외로 수입이 괜찮았다. 그렇게 몇 달이 흐른 어느 날, 보건복지부로부터 전화가 왔다(허가받지 않은 주방에서 만든 음식을 차 트렁크에 싣고 다니며 파는 것은 불법이었다). 보건복지부는 당장 사업을 중단하라고 했다.

스테이시는 친척의 친구인 케빈 브라운<sup>Kevin Brown</sup>에게 도움을 청했다. 비즈니스 쪽 사정에 밝은 케빈은 포기하지 말라며 그녀를 격려했고, 오히려 사업을 키워서 정식으로 식당을 차리는 게 어떻겠느냐며 장소를 소개해 주었다. 75m² 정도의 허름한 공간이었는데, 월세가 800달러였다. 그녀는 케빈이 시키는 대로 했다. 케빈은 조언으로 그치지 않고 아예 그녀와 장사를 같이 하기로 했다. 장사 첫날, 두 사람이 만든 치킨샐러드는 오후 2시에 동이 났다. 같이 머리를 맞대고 땀을 흘리면서 두 사람은 조금씩 가까워졌다. 그들은 금방 사랑에 빠졌고 결국 결혼했다. 사업 파트너에서 인생의 동반자가 된 둘은 꾸준히 치킨샐러드칙을 키워나갔고, 수익으로 오번에만 점포 2곳을 더 열었다. 하지만 소상공인 대출은 물론이거니와 그들에게 돈을 빌려주겠다는 은행은 없었다.

그렇게 자력으로만 4, 5년을 버티던 그들은 도와줄 사람을 찾을 때가 되었다고 판단했다. 이윤다운 이윤을 창출하여 현금을 만지려면, 프랜차이즈 모델로 전환해야 했다.

안타깝게도, 두 사람이 찾은 파트너와는 결과가 좋지 않았다. 돌이켜보면 둘은 너무 어수룩했다. 파트너의 설득에 넘어가 지분의 51%를 팔았는데, 몇 달 뒤 파트너가 스테이시와 케빈을 해고하겠다고 나선 것이다. 치킨샐러드칙의 진로를 두고 양측의 비전이 엇갈렸던 것이 직접적 원인이었다.

힘들게 일궈낸 사업을 포기할 수 없었던 두 사람은 결국 사업체를 매수하기로 협상했지만, 파트너들은 초기 투자액의 3배를 요구했다. 130만 달러! 그것도 30일 이내에 내놓아야 했다!! 그렇지 않으면 회사는 그들의 손에 넘어가고, 스테이시와 케빈은 빈손으로 나올 수밖에 없었다!!!

두 사람에게 130만 달러라는 거금이 있을 리 없었다. 결국 돈을 장만하기 위해 앨라배마 곳곳을 뛰어다니며 만나는 사람마다 붙들고 통사정을 했지만, 아무도 그들의 이야기를 귀담아들어 주지 않았다. 그렇게 30일이 되던 마지막 날, 거짓말처럼 한 사나이가 나타났다. 로스홈임프루브먼트Lowe's Home Improvement를 세워 큰돈을 번 얼론 맥호터Earlon McWhorter라는 주택개량 사업자였다. 그는 오번상공회의소에서 열린 기업설명회에 들렀다가 두 사람의 얘기를 듣고 그들에게 전화를 걸어 필요한 금액을 수표로 써주겠다고 했다. 스테이시와 케빈에게 믿음이 가고 무엇보다 본인이 치킨샐러드를 좋아하기 때문이라고 했다.

얼론의 투자 덕분에 스테이시와 케빈은 회사를 되찾았을 뿐 아

6

니라, 프랜차이즈 모델로 사업을 전환했다. 치킨샐러드칙 체인은 거센 돌풍을 일으켰다. 그들은 남부 전역으로 점포를 확대했고 모든 일이 놀라울 정도로 술술 풀렸다. 그런데 사업이 한창 팽창하던 중, 케빈이 대장암 4기라는 진단을 받았다. 암세포가 이미 간으로 전이된 상태였다. 즉시 무자비한 화학요법과 식이요법이 시작되었지만, 그는 단 하루도 일을 놓지 않았다.

그렇게 또 다른 싸움이 시작되었는데, 애석하게도 이번에는 잘 풀리지 않았다. 다만 불행도 그들을 멈추진 못했다. 두 사람은 치킨샐러드칙을 키워가는 동시에 치킨샐러드칙 재단Chicken Salad Chick Foundation을 설립해, 대장암 연구를 지원하기 시작했다. 케빈은 연구 기금 마련을 위해 오번대학교의 조던-헤어 스타디움을 빌려서 당시 컨트리뮤직의 최고 스타였던 케니 체스니Kenny Chesney를 초청해 대규모 자선 콘서트를 열기로 했다. 말도 안 되는 아이디어였지만, 치킨샐러드만을 전문으로 내건 식당도 애초에 터무니없기는 마찬가지였다. 케빈의 도움으로 여기까지 왔는데, 이번이라고 안 될 게 뭐 있겠는가?

실제로도 그랬다. 그들은 케니 체스니를 초청하는 데 성공했고, 5만 장의 티켓이 팔렸다. 그리고 4월의 그날 밤, 조던-헤어 스타디움은 빈자리 하나 없이 사람들로 가득 찼다. 그러나 관중 속에 케빈은 없었다. 적어도 그의 몸은 말이다. 그로부터 6개월 전인 2015년 11월 21일, 가족들이 지켜보는 가운데 세상을 떠났으니까.

스테이시의 고통은 헤아리기 힘들 정도였다. 개인적으로나 사업적으로나 어지러울 정도로 높은 곳까지 올라갔다가 믿을 수 없을 정도로 나락까지 떨어진, 10년의 세월 뒤에 닥친 상실감이었다. 하지만 그녀는 남편과 마찬가지로 싸움을 멈추지 않았다. 스테이시는 참고 버텼다. 자신과 아이들을 위해 그리고 케빈이 자신과 사업에 어떤 의미였는지 기억하기 위해서였다. 그해 말, 그들의 노력은 보상받았다. 치킨샐러드칙이 미국에서 가장 빠르게 성장하는 레스토랑 브랜드 중 하나로, 〈Inc.〉5000에 당당히 입성한 것이다(치킨샐러드칙은 전체 민간 기업 중 37위를 차지했다). 현재 치킨샐러드칙의 기업 가치는 1억 달러를 웃돈다.

파란만장하면서도 감동적인 이들의 이야기는 여러모로 사업 스토리의 전형이다. 아울러 고전적인 영웅의 스토리이기도 하다. 그리스신화나 성경 혹은 영화 〈스타워즈Star Wars〉만 봐도 우리는 어렵지 않게 '영웅의 여정Hero's journey'을 경험할 수 있다. 영웅의 여정은 작가이자 철학자인 조지프 캠벨Joseph Campbell이 제시한 개념인데, 위대한 서사시들은 대부분 정해진 서사 구조를 따른다. 영웅은 터무니없는 생각을 하고, 사람들은 그의 능력을 의심한다. 그는 자신의 비전을 추구하기 위해 마을을 떠나고, 예기치 못한 난관에 부딪히며 심연에 빠진다. 그러나 간신히 죽음을 모면한 후 결국, 역경을 딛고 그토록 찾던 것을 손에 들고 화려하게 개선凱旋한다.

이렇게 말하면 영웅의 여정을 지나치게 단순화한 것 아니냐고 할지 모르지만, 위대한 고전은 기본적으로 이 골격을 벗어나지 않는다. 그리고 이는 수많은 위대한 사업 스토리의 핵심 요소이기도 하다. 스테이시 브라운도 그들 중 하나다. 나는 이 같은 사실을 2008년 하버드대학교 경영대학원 수업에서 니먼Nieman 저널리즘 펠로로 한 해를 보내던 중 우연히 알게 되었다. 그 수업을 통해 처음으로 사례연구 방법론을 접했고, 스토리를 통해 사업을 배울 수 있다는 아이디어도 얻게 되었다. 나는 이런 사례연구 곳곳에서 숨겨진 고전적 영웅의 여정을 여러 차례 발견했다. 모험을 결심하고 시행착오가 반복되는 과정에서 모든 것을 잃었다가 궁극적으로 큰 성공을 거두는 과정이 '사업'이라는 프리즘을 통해 드러났다.

더욱 놀라운 것은(적어도 내겐 그랬다), 그 여정이 대단히 흥미로웠다는 점이다. 고등학교나 대학교에 다닐 때는 '사업'이라는 용어 자체를 불결한 것으로 여겼다. 당시 내가 보기에 사업이란, 밤늦은 시간에 홈쇼핑 TV에서 싸구려 소비재를 사라고 꼬드기는 장사치들의 영역일 뿐이었다. 물론 우리 세대에서 일론 머스크<sup>Elon Musk</sup>나 래리 페이지<sup>Larry Page</sup> 같은 인물이 나오긴 했지만, 내 코호트<sup>cohort</sup>(통계상의 인자因子를 공유하는 집단)는 대부분 반기업, 반상업적인 정서가 강했다. 아마 1992년도 〈롤링스톤<sup>Rolling Stone</sup>〉 지 표지에서 커트 코베인<sup>Kurt Cobain</sup>이 입고 있던 셔츠에 적힌 유명한 문구가 이를 가장 잘 설명해 줄 것이다. "기업 잡지는 여전히 밥맛이야<sup>CORPORATE MAGA-ZINES STILL SUCK</sup>."

그러니 내가 무엇 때문에 사업 스토리에 관심을 가지겠는가? 사업은 내 취향이 아니었다. 특히 부모님이 진주 수입 사업을 벌이면서 겪은 우여곡절과 그 사업으로 그들이 얼마나 많은 시간과 에너지를 손해 봤는지 바로 곁에서 지켜본 나로서는 사업이라면 부정적인 선입견을 가질 수밖에 없었다. 지금까지도 기억에 남아 있는 생생한 장면은, 저녁 늦게까지 두 분이 식탁에 앉아 진이 빠지도록 고객 명부를 뒤지고, 그들에게 전화를 걸어 물건을 사달라고 통사정하던 것이다. 일언지하에 거절당할 때도 많았다. 그 모든 것이 나와 남동생과 두 누나의 편안한 삶을 위한 노력이었지만.

나는 그렇게 살고 싶지 않았다. 부모님이 사업을 하며 견뎌내야 했던 일들을 지켜보면서, 창업은커녕 온종일 돈 벌 궁리를 하는 것만큼 못 할 노릇도 없다고 생각했다. 내가 기자가 된 것이나 라디오 방송국으로 옮긴 것, 또 나중에 NPR에서 팟캐스트를 진행하게 된 것도 모두 그 때문이었다. 그런데 나도 모르는 사이 사업에 손을 대게 되었다. 어떻게 하다 보니 팟캐스트를 5개나 만들고, 공동 제작하여 수백만 달러의 수익을 창출하며, 한 달에 1,900만 명이 넘는 청취자를 확보하기에 이르렀다. 일이 많아지면서 결국 제대로 하려는 요량으로 제작사까지 차리게 되었다. **진짜 회사를 말이다!** 누가 짐작이나 했겠는가? 어쩌다 여기까지 왔는지 그리고 이 일을 언제까지 계속하게 될지는 잘 모르겠다. 이 사업은 규모는 작아도 발 빠르게 움직이고 빈틈이 없어야 한다. 그리고 솔직히, 이젠 나도 이 일을 사랑하게 되었음을 인정한다.

이 일을 하면서 가장 마음에 드는 것은 대단한 아이디어를 생각해 내고 그것을 가시적인 것으로 바꾸어 가는 여정이다. 비록 내 아이디어나 그것을 실행하는 내 능력에 대한 자신감 같은 것을 30대 후반이 되어서야 어렴풋하게 갖게 되었지만 말이다. 그전까지는 카리스마 넘치는 기업가들이라면 절대 하지 않으리라 생각했던 종류의 걱정들, 그러니까 불안감이나 두려움, 가면증후군 Imposter Syndrome, 심지어 우울증 같은 것들과 씨름하며 살아야 했다.

하지만 내 쇼를 만들기 위해 수백 명에 이르는 창업가나 CEO 들을 심층 인터뷰하면서, 나는 그들도 대부분 나와 크게 다를 바 없는 평범한 존재라는 사실을 알게 되었다. 쉽게 말해, 그들도 인간이었다. 그들 역시 뒤척이며 잠을 못 이루고 무서워서 자다가 벌떡 일어나기도 한다. 어떨 때는 스스로 사기꾼 같다는 생각을 한다. 그들은 결코 슈퍼히어로들이 아니다. 그들은 모두 클라크 켄트Clark Kent(슈퍼맨의 본래 모습으로, 평소에는 초인적인 힘을 발휘하지 못하는 평범한 기자다-옮긴이)들이다. 그들과 우리의 유일한 차이라면, 그들은 기회가 왔을 때 공중전화 부스에 들어가 망토를 걸쳤다는 점이다. 그들은 그렇게 도약했다. 그게 전부다.

〈하우 아이 빌트 디스〉는 내게 있어 첫 도약은 아니지만, 가장 큰 도약이었고 만드는 데도 가장 오랜 시간이 걸린 도약이었다. 이는 하버드대학교 경영대학원 교실에서 언뜻 머리를 스쳤던 깨달음에서 시작되어 뭉근히 달구어진 아이디어다. 한때 종군기자로 뛰면서 나는 인간을 설명하는 가장 매력적인 스토리가 바로 여행이라는 것을 알았고, 사업에 얽힌 스토리에는 대부분 영웅의 여정이라는 요소가 빠지지 않는다는 것도 깨달았다. 그래서 사업 환경에는 이런 여정과 관련이 있는 족속들이 존재한다는 것을 감으로 눈치챘다.

〈하우 아이 빌트 디스〉라는 아이디어도 그런 과정을 거쳐 진화했다. 이 쇼의 탄생도 그렇지만, 당신이 이 책에서 읽게 될 많은 아이디어는 대폭발이 아니라 작은 불씨에서 시작되었다. 불씨가 죽지 않고 조금씩, 때로는 아주 천천히 열기를 더해가던 중 그 아이디어에 생명을 불어넣게 될 사람은 아침에 깨어나 문득 깨닫게 된다. 아침마다 침대에서 벌떡 일어나게 만들었던 것이 더 이상 아궁이에만 갇혀 있는 불씨가 아니라는 사실을. 그 아이디어는 이제 다른 것으로 바뀌었다.

**그것이 아이디어다.** 라라 메리켄Lara Merriken과 게리 에릭슨Gary Erickson, 피터 라할Peter Rahal이 기존의 것보다 더 나은 에너지바를 만들려고 했을 때처럼.

**그것은 욕구다.** 정말 가능한지 직접 달려들어 승부를 내고 싶은 욕구 말이다. 앤지 바스티언과 댄 바스티언Angie and Dan Bastian이 플로리다에서 미네소타로 돌아와 1만 달러짜리 케틀콘 스타터 장비를 구입하여 앤지스붐치카팝Angie's Boomchickapop을 만들었던 것처럼.

**그것은 기회다.** 기술과 경험을 발판으로 삼는 기회 말이다. 랜디 헤트릭Randy Hetrick의 TRX처럼. 헤트릭은 네이비실Navy SEAL 중대장으로 해외에 파견 나가 있는 동안 몸 상태를 유지하기 위해 직접 운동기구를 조립해 만들었다. 그런데 그 운동기구가 그의 동료 부대원들의 관심을 끌었고 그다음엔 그의 친구들 또 그다음엔 피트니스 마니아들을 거쳐 슈퍼볼에서 우승한 유명 쿼터백의 마음까지 사로잡았다.

아니면, **그것은 전환점이다.** 운 좋게 타이밍이 완벽하게 맞아떨어진. 스튜어트 버터필드Stewart Butterfield 팀이 대규모 다중사용자 온라인게임MMOG을 구축하기 위해 개발한 사내 메시징 시스템이 게임보다 더 전망이 좋은 사업이 된 것처럼. 결국 그 게임 프로젝트는 폐기되고 그 메시징 시스템은 슬랙Slack이 되었다.

간단히 말해서 이 책은 타고난 기업가도 아니고 사업을 해본 적도 없지만 부족한 경험에 반비례하여 무언가 새로운 것을 내놓아 세상을 더 살기 좋은 곳으로 만들고자 하는, 욕망의 크기와 야심 하나만큼은 어마어마하게 큰 몽상가들을 위한 것이다. 이상주의자이지만 아직 내세울 만한 아이디어를 찾지 못해 전전긍긍하는 사람들, 성공이 찾아와 주면 감지덕지 받아들이겠지만 실패한다고 해도(그럼, 실패는 늘 있는 일이니까) 거기서 무언가를 배울 수 있는 사람들, 어떻게 제품이나 서비스 하나로 지금의 직원들을 이끌고 고객과 더불어 여기까지 오게 됐는지는 잘 모르지만 누구도 실망시키고 싶지 않고 무엇보다 자신을 실망시키기 싫어 이젠 정말 제대로 된 성공을 해보고 싶은 사람들을 위한 책이다.

나는 그런 사람들, 스테이시 브라운과 당신과 나 같은 평범한 사람들의 성공을 돕고자 책을 썼다. 이 책은 식품 산업에서부터 소비재 산업, 첨단 기술 세계에 이르기까지, 비즈니스 환경 전반에서 뛰어난 업적을 거두며 사람들의 분발을 촉구하는 수백 명의 기업가를 심층 인터뷰하여 나온 산물이다. 내가 창업가들로부터 배운 교훈을 종합한 결과물을 따라가다 보면, 사업을 시작하라는 부름에 응해 여정을 떠난 업계의 영웅들을 만나게 되고(1부), 그들이 성장 단계에서 치렀던 실험과 시련을 거쳐(2부), 결국엔 우리가 지금 아는 글로벌 브랜드라는 최종 목적지에 이르게 될 것이다(3부). 내 목적은 기업가정신의 커튼을 걷어내고 기업의 성공 과정이 고스란히 담긴 블랙박스를 열어, 무언가를 일으킬 때 창의적으로 생각하는 방법론을 분석해 제공하는 것이다. 그것이 아이디어이든 변화

13

를 위한 운동이든 말이다. 사업은 말할 것도 없지만.

각 장에서 우리는 아이디어를 생각해 내는 것부터 스토리를 체계적으로 엮어가는 과정, 자금을 마련하는 것부터 공동설립자를 찾기까지의 과정, 대표 제품을 선정하는 것부터 기업문화를 조성하는 과정, 큰 실패를 겪었을 때 살아남는 것부터 지속적인 사업으로 키우고 확장하며 자신들이 누구이고 세상을 위해 할 일에 대해 좋은 인상을 남기는 방법 등, 사업을 이끌어 가는 동안 모든 창업가가 마주하게 되는 불연속적인 순간들을 탐구할 것이다.

그렇다고는 해도 이 책에 있는 내용을 모두 당신의 특정한 상황에 적용할 수는 없을 것이다. 작은 사업으로 시작해 보려는 사람도 있고, 규모를 늘리고 싶지 않은 사람도 있을 것이다. 그런가 하면 회사 내부에 따로 뭔가를 구축해 놓으려는 일개 직원도 있을 수 있다. 얼마든지 가능한 이야기다! 이 책은 양자택일을 요구하지 않는다. 나는 그저 당신이 책장을 넘기다가 가능성을 엿보고 안도감도 가질 수 있는 무언가를 찾길 바랄 뿐이다. 왜냐하면 이 책에 담긴 스토리들이 하나같이 **해결해야 할 진짜 문제와 그것을 해결할 방법을 찾아낸 기업가들**을 보여주고 있으니 말이다.

책의 구조를 이런 식으로 잡은 것은 아이디어를 추구할 용기는 있지만 실패에 대한 두려움 때문에 고군분투하고 있는 사람들에게 보여주고 싶은 것이 있기 때문이다. 그것은 바로, 사업을 할 때 일어날 수 있는 실수들은 이미 저질러진 적이 있는 것들이고, 당신이 겪는 문제에 대한 해결책도 이미 모두 나와 있으며(그중 대부분은 당신이 이 책을 읽어나가며 만나게 될 창업가들이 찾아낸 것이다), 그런 실수를 직접 겪는 대신 다른 사람들의 실수를 통해 배우는 것이 아마도 모든 기업가에게 존재하는 유일한 지름길일 수도 있다는 사실이다.

　이제 이 책을 어떻게 만들었는지 알게 되었으니, 재기 넘치는 혁신가와 창업가와 이상주의자 들이 어떻게 세계 최고의 기업을 일으켰는지 본격적으로 뛰어들어서 살펴보자. 그러면 당신도 언젠가는 당신의 사업체를 우뚝 세우게 될 것이다.

**이제 당신이란 영웅의 여정을 써보자.**

　　　　　　　　　　　　　　　　　　　　　가이 라즈

1부 — 부름

기업가정신은 타고나는 것이 아니다. 대부분의 경우 기업가정신은 인간의 본능에 위배된다. 우리는 안정을 희구하고, 무리한 위험을 두려워하며, 괜한 소란을 피우지 않고 대세를 따르려 한다. 우리는 자신을 세상에 하나밖에 없는 존재로 여기면서도 그에 못지않게 주변에 적응함으로써 우리보다 먼저 적응하여 선택받은 사람들에 의해 선택받기를 바란다.

그러나 어디에 가든 우리 주변에는 남들과 다른 길을 택하는 사람이 꼭 하나씩은 있다. 이들은 우리와 다른 종류의 본능을 마다하지 않는다. 이는 수천 년 동안 인간의 등을 떠밀어 집에서 벗어나 자신의 한계를 넓히고 무언가를 건설하게 만든 본능이다. 시대를 막론하고 우리는 그런 사람들을 '탐험가'라고 불렀다. 그러나 탐험 의지를 불태우고 있는 21세기의 개척자는 더는 물리적인 탐험가가 아니다. 그들은 기술적, 사회적, 경제적 측면에서의 탐험가들이다. 우리는 그런 사람들에게 새로운 이름을 지어주었다. **기업가**Entrepreneur.

기업가는 이 진보의 최전선에 도달하기 위해 노력하면서도 그곳을 홀몸으로 지날 때의 위험과 보상을 모두 알고 있는 사람이다. 그들을 그곳까지 떠민 것은 거기 있을지도 모르는 무언가를 찾겠다는 일념이다. 그들은 그들이 찾은 것으로 무언가를 만들라는, 무언가 새롭고 더

**어떻게 성공했나**

좋고 더 빠르고 더 효율적인 것을 만들고 그것을 나머지 사람들이 사용할 수 있게끔 만들라는 부름을 듣는다. 그것은 제품이나 서비스일 수도 있고, 아니면 같은 종류의 탐험에 박차를 가하되 전혀 다른 궤도에서 새로운 순환을 시작하게 만드는 아이디어일 수도 있다.

그런 것은 중요하지 않다. 중요한 것은 누구나 기업가가 될 수 있다는 사실이다. 기업가는 선택받은 사람이 아니다. 그들은 만들어진다. **자신의 힘으로** 만들어진다. 당신은 기업가가 될 수 있다. 아니, 이미 기업가인지도 모른다. 어쩌면 진작 그 부름을 들었을 수도 있다. 당신이 부쩍 흥미를 느꼈던 아이디어의 부름, 해결책이 필요한 문제의 부름, 당신만이 줄 수 있는 도움을 필요로 하는 친구의 부름일지도 모른다. 어느 쪽이든 이제 뒤따르는 것은 기업가정신의 루비콘강을 건너 정말로 미지의 영역에 발을 디디려 할 때, 반드시 생각해야 할 일련의 사항들이다.

## 1장

# 아이디어에 마음을 열라

23

사람들은 온갖 이유로 사업을 시작한다. 꿈을 이루기 위해서, 문제를 해결하기 위해서, 또는 시장의 공백을 메우기 위해서 사업을 벌인다. 어떤 사람은 진부한 것을 새롭게 고쳐보려고 하고 또 누군가는 전체 산업을 통째로 재창조하려고 한다. 기업가로 가는 여정에는 말 그대로 수십 개의 진입로가 있다. 하지만 어느 길을 택하든 어느 시점에 이르면 아이디어가 필요하다. 무언가 특별한 것, 보다 구체적이고 독특하고 새로운 것, 삶을 더 낫고 더 흥미롭게 만들어주고, 애초에 사업을 시작하려고 했던 이유를 확실히 알 수 있게 해주는 그런 아이디어 말이다.

간단해 보이지 않는가? 세상에 널린 게 아이디어다. 아니 적어도 우리들은 이렇게 믿는다. 아이디어야 얼마든지 찾을 수 있지. **문제는 실행이야.** 그렇다. 틀린 말은 아니다. 하지만 반드시 그런 것은 아니다. **좋은 아이디어는 그리 쉽게 나오는 것이 아니기 때문이다.** 좋은 아이디어는 찾기도 어렵거니와 바로 실행하기도 어렵다. 하지만 한 번 찾으면 외면하기도 무척 힘들다. 좋은 아이디어가 두려운 것도 바로 그 때문이다. 결코 찾지 못할 것 같아서가 아니라, 언젠가 찾게 되면 우리의 삶이 다시는 예전과 같아질 수 없기 때문이다.

이런 좋은 아이디어는 어디서 찾을 수 있을까? 어디를 봐야 하는가? **보이기나 할까?** 천사들이 귀에 대고 노래를 해주거나 머리 위로 전깃불이 번쩍하면서 지나가길 기다려야 하는 걸까? 어떤 사람은 운이 좋아서 이른 시기에 이런 번뜩이는 순간을 맞기도 한다. 아이디어는 그런 사람 앞에 갑자기 튀어나와 그들을 결국 가야 할 길로 가게 만든다. 하지만 우리 같은 사람들에게는 일이 그렇게 간단하지 않다. 우리는 좋은 아이디어를 찾아야 하고, 아니면 적어도 그런 아이디어를 받아들일 수 있게 마음을 열어두어야 한다.

사업과 관련해서라면 꼭 빠지지 않고 나오는 질문이 있다. 내가 정말 좋은 아이디어를 찾을 수 있을까? 아니면 좋은 아이디어가 나를 찾아야 하는가? 두 질문에 대한 대답 모두, '그렇다'이다.

셰프이자 요식업을 하는 호세 안드레스Jose Andres는 "열심히 찾다 보면" 아이디어가 떠오른다고 내게 말했다. 1990년대 초에 그는 워싱턴 D. C.에 그의 첫 번째 레스토랑 콘셉트인, 스몰 플레이트 레스토랑 할레오Jaleo를 열어 이 지역 요식업에 혁명을 일으켰다. 그 후 전국에 비슷한 유형의 레스토랑이 1,000개 정도 생겼다.

어쩌다 그런 아이디어를 생각해 냈느냐고 물었을 때 그의 대답은 간단했다. "계속 찾고 있었으니까요."

반면, 리사 프라이스Lisa Price의 뷰티 브랜드 캐롤스도터Carol's Daughter는 그녀가 찾아낸 아이디어가 아니었다. 캐롤스도터는 결국 메이크업과 퍼스널케어의 거인 로레알L'Oreal이 2014년에 8자리 숫자 중후반의 가격을 주고 인수했다.[1]

"앞으로 평생 할 일을 찾았다고 생각했죠." 리사는 내게 그렇게 말했다. 뉴욕 예술고등학교를 졸업한 그녀는 20대 후반에 접어들었으나 10년째 보수도 시원치 않은 사무직을 전전하던 중이었다. 처음에는 아메리칸익스프레스American Express, 그다음엔 UN, 그다음에는 헬스장에서 일했다. 중간에 가수가 되겠다고 잠깐 도전했다가 마음만 크게 상하기도 했다. 곧 결혼할 사람과 브루클린의 방한 칸짜리 공동주택에 살던 리사는 1980년대 후반, 친구를 통해 드디어 꿈에 그리던 분야에서 일할 기회를 얻게 되었다. 〈코스비쇼The Cosby Show〉의 보조 작가 자리였다.

물론, 이는 〈코스비 쇼〉가 쇼의 타이틀과 같은 이름의 스타를 둘러싼 불미스러운 드라마로 변질되기 훨씬 전의 일이었다. 빌 코스비Bill Cosby는 그가 이룩한 것에 대해 우리가 생각하고 있던 모든 것을 바꿔버렸다. 〈코스비 쇼〉는 당시 TV에서 가장 인기 있는 시트콤이었고, 아프리카계 미국인들의 입장에서 본다면 아마도 지금까지 만들어진 TV 쇼 중에 가장 중요한 쇼일 것이다.

"아프리카계 미국인 여성으로서 그 쇼는 나와 내 가족에게 각별한 의미가 있었죠." 리사는 내게 그렇게 말했다. "아프리카계 미국인을 그처럼 긍정적인 시선으로 묘사하는 현장을 본다는 것은 특히나 놀라운 일이었어요. 대본 리딩을 하던 첫날 아침, 헉스터블Huxtable(코스비가 맡은 극 중 산부인과 의사의 이름)의 주방에 서서 출연 배우들이 대본을 읽는 소리를 듣고 있자니 그 순간만큼은 어디론가 둥둥 떠가는 기분이 들더군요."

리사가 그 일을 계속했다면 이후 몇 년 동안 스크립터 감독, 제작 코디네이터, 프로듀서 등 TV 프로그램 제작 업무도 얼마든지 맡을 수 있었을 것이다. "그리고 그것이 내가 하게 될 일이라고 생각했어요." 그녀는 그렇게 회상했다.

그러던 어느 날, 리사는 역사상 가장 위대하고 가장 좋은 향기가 나는 뮤지션에 관한 기사를 읽었다. "나는 프린스Prince의 열혈 팬이에요. 그리고 이 기사를 보면 왜 그에게서 늘 좋은 향기가 났는지 알 수 있죠. 그의 옷장에는 온갖 종류의 향수가 있었거든요. 그는 부츠에까지 샤넬 No. 5를 뿌렸다니까요." 그녀는 말했다.

리사는 향기를 좋아한다. 그래서인지 그녀에게선 늘 향내가 났다. 그렇다고 향기에 끌리는 그녀의 취향이 한 사람의 소비자로서의 안목을 크게 넘어선 적은 없었다. 그런 리사에게 프린스는 향기가 액세서리 이상의 의미를 갖는다는 사실을 일깨워 줬다. 향기는 일종의 창의적 표현이었다. **향기는 예술이었다.**

"이런저런 향수를 혼합하여 독특한 향기를 창조한다는 그의 아이디어가 너무 좋았어요." 그렇게 말하면서 리사는 프린스와 공유한 관심사뿐 아니라 본격적으로 일을 벌이게 된 순간도 회고했다.

그 후 몇 년 동안, 리사는 톱 노트Top Note(분사 즉시 느껴지는 향),

하트 노트Heart Note(분사 후 몇 분 뒤에 나는 향), 베이스 노트Base Note(분사 후 1시간쯤 지났을 때 나는 향) 등 다양한 종류의 향과 그것들의 조합 방식을 연구하기 시작했다. 그녀는 향수를 바르는 기술도 배웠다. "향기를 오래 지속시키려면 층을 만들어야 해요." 그녀는 내게 아무렇지 않게 설명했지만, 나보다 앞서 수천 명에게 그런 설명을 했을 게 분명했다. "향수로 씻고, 향수로 보습하고, 향수를 뿌리죠." 리사는 자신의 컬렉션에서 고른 향수를 로션과 섞어가며 향내 나는 보습제를 만들려고 했지만, 이도 저도 아닌 것이 되고 말았다. "화학적 관점에서 성분들이 균형을 이루지 못한 탓에, 모든 것이 따로 놀았죠." 그러던 어느 일요일 오후, 남편과 함께 브루클린 파크슬로프 인근에 있는 뉴에이지 서점에 들렀던 그녀는 우연히 에센셜 오일에 관한 책을 발견했다. 거기에는 마사지 오일, 헤어 오일, 크림, 방향제, 식물성 유지 등의 레시피가 적혀 있었다. 전부 그녀가 좋아하는 것들이었다.

27

"그래서 생각했죠. '굉장한데? 이것만 있으면 내 로션을 만들 수 있겠어'라고요." 리사는 그렇게 회상했다. "레시피는 아주 기본적인 것들이었어요. 파라핀이나 라놀린 같은 것을 사용했는데, 그런 건 별로 내키지 않더군요. 난 밀랍을 사용하고 싶었고, 코코아 버터를 찾았죠. 그래서 책에 있는 레시피에서는 골격만 빌리고 그것을 토대로 나만의 조합을 추가하기 시작했어요. 너무 묽거나 너무 걸쭉하거나 너무 기름지거나 너무 퍼석할 경우엔 다시 돌아가서 조합을 바꾸고 레시피를 수정했어요."

1990년대 초, 리사는 자신의 공식들을 완전히 숙지할 정도가 되었다. 로션과 보디버터는 원하는 대로 찰떡같이 결합됐다. 실제로 그녀가 사용할 수 있는 로션들이었다. 리사의 이런 이야기를 들으면, 사실 나뿐 아니라 누구나 이 첫 번째 로션이 우리가 지금 알고 있는 캐롤스도터 제국의 시작이리라 짐작할 것이다. 하지만 그렇지는 않았다. 처음 몇 해 동안 리사는 몇 가지 창작품을 완성했지만, 그 어느 것도 대중들이 소비할 수는 없었다. 그것들은 팔려고 만든 상품이 아니라, 오직 **그녀만을** 위한 것이었다. 바로 **그녀가** 좋아하는 향수로 만든 로션이었다. **그녀의** 건조한 피부를 보습하기 위해 평소 좋아하던 코코아 버터와 알로에 베라 같은 성분으로 만든 것이었다. 따지고 보면 취미였고 **재미로 한 일**이었다. 리사는 다른 사람들을 즐겁게 해주리란 생각까진 **미처 하지 못했다**. 그저 자기의 가려운 곳만 긁으면 되는 일이었다. 자기가 만들었으니 본인 취향에 맞지 않을 리가 있겠는가? 이런 것으로 무언가 다른 일을 벌이거나 다른 생활로 빠질 패스트 트랙을 만들려는 의도도 없었다. 리사는 자신의 직업에도 아주 만족하고 있었다. 그녀는 말했다.

"황홀했어요. 아주 좋았죠. 내가 하는 일에 아주 만족하고 있었기 때문에 일이 끝나기만 간절하게 기다리거나 하지는 않았던 것 같아요. 남들은 보통 그러잖아요. '아, 드디어 일에서 벗어났어. 이제 느긋하게 그냥 쉴 거야.' 나는 그런 마음이 들지 않아서인지 집에 있을 때는 무언가를 만들 궁리부터 했어요."

틈날 때마다 자신의 창의적 한계를 밀어붙이고 실험하면서 얻은 순수한 기쁨은 〈코스비 쇼〉가 종영하던 1992년까지 내내 리사를 지탱해 주던 힘이었다. 그녀는 그다음 해에 프리랜서 제작 조수로 지내면서 뉴욕의 TV 산업이 한가해지고 일감이 떨어지던 그해 여름까지 이 프로 저 프로로 옮겨 다녔다. 그즈음 교회에서 열리는 벼룩시장에 그녀가 만든 로션과 크림을 팔아보라고 권한 사람은 어머니 캐롤<sup>Carol</sup>이었다.

때는 1993년 5월이었다. 리사는 일감이 없는 여름에 돈을 좀 벌어서 살림에 보태는 것도 괜찮겠다고 생각했다. 하지만 여전히 자신이 없었다. "어머니의 제안에 내가 그랬죠. '정말? 엄마는 사람들이 이걸 돈 주고 살 거라고 생각해?'" 지금이야 우리도 그 답을 알고 있지만, 그때 리사의 걱정은 어떻게 보면 당연한 반응이었다. 그저 자신이 쓰려고 만든 것을 누군가가 다른 사람이 쓸 제품으로 바꿔서 시장에 내놓으라고 말한다면 당연히 고개를 갸웃거리지 않겠는가? **적어도 사업 아이디어로는 그랬다.**

이렇듯 적어도 창업 스토리에 관한 한, 리사 프라이스는 우리 같은 평범한 사람과 크게 다를 바가 없다. 리사는 대단한 열정으로 그 일에 매달렸고 노력한 만큼 나름대로 개인적인 보상을 받았기에, 그것을 팔거나 그것으로 사업을 벌일 생각까지는 미처 하지 못했다. 어머니의 제안에 대한 그녀의 반응에서도 드러나듯이, 다른 사람들이 관심을 보일 것이라는 생각 자체가 말이 안 되는 얘기였다.

나는 많은 창업가로부터 이와 비슷한 스토리를 수도 없이 들었다. 심지어 내게도 그런 경험이 있다. 팟캐스트의 인기가 높아지자 우리는 순회공연을 계획했다. 큰 극장을 빌려서 라이브 인터뷰를 할 생각이었다. 그동안의 방송은 대부분 자동차의 라디오 스피커나 이어폰을 통해 형체 없는 목소리로만 관객들을 찾아가는 식이었다. 나는 나를 **보고** 싶어 하는 사람은 아무도 없으리라 생각했다. 그래서 이런 라이브 쇼를 처음 기획했을 때, 우리 팟캐스트의 청취자들이 무대에서 두 사람이 사업 얘기를 나누는 모습을 과연 보고 싶어 할지 못내 의심스러웠다. 리사 프라이스가 어머니에게 반문했던 것처럼, 사람들이 실제로 돈을 내고 이런 쇼를 보러 올지 몹시 궁금했다. 티켓값 50달러뿐 아니라, 베이비시터 비용이나 주차비 등 행차 한 번에 들어가는 비용도 만만치 않을 텐데 말이다.

운이 좋았는지, 초기 라이브 쇼들은 거의 매회 매진되었다. 나는 뜻밖의 반응에 어안이 벙벙했다. 대단한 기대를 한 것도 아닌데 예상 밖으로 아이디어가 직접 나를 찾아온 것 같은 느낌이 들 때는 왠지 실감이 나지 않는다. 그 아이디어가 소비재와 관련될 때는 특히 그렇다. 나는 리사와 이야기를 나누며 이를 깨달았다. 소비재는 가게 진열대에 상표와 바코드를 달고 놓여 있으며 가격표는 '.99'로 끝난다. 리사는 주방에서 로션을 만들어 타파웨어Tupperware 용기에 넣은 다음 찬장에 보관했다. 그녀는 이름도 붙이지 않았다. 그것이 뭐든 그건 그냥 '그것'이다. 어머니의 말도 안 되는 아이디어를 받아들여 벼룩시장에 테이블을 차려놓는다고 한들, 로션을 어디에 담아서 판다는 말인가?

물론 그런 것들은 별로 중요하지 않았다. 사실 약간의 시간과 기지만 있으면 쉽게 처리할 수 있는 것들이다(초기에 그녀는 오래된 이유식 용기를 활용했다). 중요한 것은 리사가 전혀 생각지도 못했던 것을 어머니가 제대로 알고 있었다는 사실이었다. 바로 **딸의 작품이 정말로 쓸 만하다는 것**. 그리고 어머니는 또 알고 있었다. 리사가 본인과 동생들을 위해 그렇게나 많이 만든 특별한 로션들이 전부 기가 막히게 좋았다는 것을. 그녀의 어머니는 피부가 늘 푸석했고 아이들도 건성이어서 피부에 한 번 문제가 생기면 쉽게 해결된 적이 없었다. 그 로션은 리사 개인적 열정에서 시작된 그녀만의 창의적 배출구였을지 모르지만, 곧 더 큰 목적에 기여했다. 진짜 문제를 해결한 것이다. 그녀의 문제, 어머니의 문제, 동생들의 문제. 어머니의 생각처럼 그것들을 세상에 내놓는다면, 그녀의 고객들도 마찬가지로 그녀의 제품에서 큰 혜택을 입을 예정이었다.

이것이 바로 아이디어를 찾는 열쇠다. 적극적으로 아이디어를 찾아 나서든, 아니면 단순히 가능성만 열어놓고 있든 말이다. 어떤 종류의 사업을 생각하든, 제품이든 서비스든 부업이든 주업이든 남성용이든 여성용이든 아동용이든 성인용이든, 그런 것은 상관이 없다. **개인적인 열정과 해결해야 할 문제가 교차하는 지점이, 곧 좋은 아이디어가 태어나고 지속적인 사업이 만들어지는 자리다.**

리사는 어머니의 직감을 믿고 100달러를 투자하여 재료를 사고 테이블을 빌리고 장식용 꽃 등을 장만한 다음, 처음으로 사람들 앞에 물건을 내놓았다. 어떻게 됐겠는가? 다 팔렸다. 하지만 창작 과정이 대개 그렇듯, 그 역시 재미로 한 일이었다. 그때까지도 사업은 아니었다.

그해 8월, 리사의 집에 있는 TV 화면에 무언가 계시 같은 것, 어쩌면 운명일지도 모르는 것이 떴다. 너무 멋진 이야기여서 내가 중간에 끼는 것보다는 그녀가 직접 설명하는 편이 나을 듯하다.

"〈오프라 윈프리 쇼_The Oprah Winfrey Show_〉를 보고 있었어요. 돈도

없이 사업을 벌인 사람들의 에피소드였죠. 출연자 한 사람이 그러더군요. '무슨 일이든 열정을 가지고 달려들어야 해요. 열정이 없으면 돈이 들어오기도 전에 그만두게 돼요.' 나도 그런 생각을 한 적이 있었어요. '난 이쪽에 남다른 열정이 있는 것 같아. 이런 일이 난 너무 좋아.' 그런데 또 다른 출연자가 열정에 대한 정의를 내리는 거예요. '한밤중에 잠을 깨워 일하러 가라고 하면 벌떡 일어나 하겠어요?' 나는 자신 있게 그렇다고 대답할 수 있었어요. 그래서 침대에 걸터앉아 화면을 보면서 혼자 중얼거렸죠. '좋아, 해볼 거야. 어쩌면 사업이 될 수 있을지 몰라.' 그리고 그날 나는 이 일을 더는 취미로 할 필요가 없다는 걸 깨달았어요. 그 이상이 될 수 있다고 생각했죠."

리사의 제품은 실제로 그 이상이었다. 그것도 아주 엄청나게.

여름이 끝나갈 무렵 교회 벼룩시장에서 확인한 반응에 힘을 얻은 리사는 거리 축제와 미술공예전 그리고 벼룩시장까지 뉴욕시 5개 자치구로 판매를 넓혔다. 그러나 그 같은 확장에 박차를 가한 것은 창업에 대한 무모한 야망이 아니었다. 유기적인 성장에 필요한 2가지 중요한 요소가 있었기에 가능한 일이었다. 다시 찾는 고객과 입소문. 달리 말해, 리사의 열정이 소비자의 수요라는 형태로 되돌아온 것이었다.

"사람들이 전화를 걸어 그러더군요. '이러저러한 거리 축제에서 당신한테 크림 1병을 산 사람이에요. 근데 다 떨어져 가네요. 좀 더 구할 수 없을까요?' 그러면 나는 일정표를 확인한 다음 이렇게 말했어요. '글쎄요. 주중에는 일해야 하거든요. 꼭 필요하시면 토요일에 저희 아파트로 오세요. 몇 시가 좋으세요?'"

그렇게 리사의 집까지 찾아오는 사람 중에 혼자 오는 사람은 거의 없었다.

"남편은 그것을 '시스터─걸 네트워크 Sister-girl Network'라고 불렀어요. 꼭 친구 하나씩은 데려왔으니까요. 친구를 데려오면 선물을 주거나 할인해 줬어요." 리사는 캐롤스도터의 초기 시절을 회상하며 그렇게 말했다. "그러니까 풀뿌리 같은 것이었죠."

사업가를 꿈꾸는 사람들이 창업 아이디어를 떠올렸다가 발이 묶이는 지점이 바로 여기다. **그들은 고객들의 마음속에 이런 열정의 불씨를 지필 생각을 하는 대신, 그저 자신의 열정만을 북극성으로 사용한다.** 열정은 중요하다. 나도 아니라고는 말하지 않는다. 하지만 열정의 단점은 자기만 걱정하는 토끼굴이나 자기만이 가진 문제로 사업을 이끈다는 점이다.

엄청난 인기를 구가하는 TV 비즈니스 경합 쇼 〈샤크 탱크Shark Tank〉의 에피소드 몇 편만 봐도, 이런 현상이 어떻게 나타나는지 실시간으로 확인할 수 있다.

장례 맞춤 서비스를 제공하는 굿그리프셀러브레이션 Good Grief Celebrations이라는 업체가 있다. 고객의 얼굴로 바블헤드 인형을 만들어주는 바블플레이스The Bobble Place라는 회사도 있다. 태닝과 목마사지 기계를 만드는 포딜로 Podillow, 여성용 에너지드링크를 만드는 쿠거리미티드 Cougar Limited, 티켓을 사용하지 않아도 되는 코트보관 서비스업체 코트첵스CoatChex도 있다. 그리고 노플라이콘 No Fly Cone이 내놓는 제품은 아마도 리사 프라이스의 향기 나는 스킨케어 제품과는 완전히 상반되는 것일 텐데, 유독성 제품을 쓰는 대신 개똥을 미끼로 파리를 잡는 기구다.

〈샤크 탱크〉의 심사위원 중 하나인 데이먼드 존<sup>Daymond John</sup>(3장에서 자세히 소개하겠다)은 이 특이한 아이디어에서 가장 중요한 문제점을 바로 집어냈다. "그러니까 개가 밖에서 배변하면 그 위에 덫을 놓아 파리를 유인한다는 거죠? 하지만 누가 개똥을 치우고 덫을 던져버리면 그다음엔 어떻게 되나요? 그리고 그렇게 개똥을 계속 밖에 놔두면 또 다른 문제가 생기지 않겠어요? 그렇지 않아요?"

온종일 말파리를 쫓는 데 지쳐 이 제품을 발명했다는 콜로라도에 사는 말 조련사 브루스 게이더<sup>Bruce Gaither</sup>는 샤크들이 던지는 질문에 열정을 가지고 답했지만, 그들을 납득시킬 만한 설명을 내놓지 못했다. 아이디어에 대한 열정이 매일 아침 브루스를 침대에서 일어나게 만들고, 그만두고 싶을 때마다 참고 버티게 만들었을지도 모른다. 하지만 그런 열정만으로는 물건을 팔 수 없고, 샤크들에게도 돈을 벌어다 주지 못한다. 왜냐하면 고객은 그러한 열정에 돈을 지급하는 것이 아니라, **그들이 사용하는 물건에 돈을 지급하기 때문이다.**

브루스 게이더가 〈샤크 탱크〉에 출연했던 그달, 스타트업 액셀러레이터인 'Y 콤비네이터<sup>Y Combinator</sup>'의 공동설립자이자 창업의 현자라고 불리는 폴 그레이엄<sup>Paul Graham</sup>이 자신의 블로그에 장문의 글을 올렸다. '스타트업 아이디어는 어떻게 얻는가'라는 제목이었다. 그의 글은 마치 방금 〈샤크 탱크〉에서 말 조련사를 본 후 그에게 직접 이야기하는 것 같은 내용이었다.

"스타트업 아이디어는 열심히 생각한다고 해서 나오는 게 아니다." 그레이엄은 그렇게 썼다. "스타트업 아이디어는 문제를 찾는 과정이다. 자신의 문제라면 더욱 좋다. … 지금 있는 문제에만 매달려야 한다고 말한다면 하나 마나 한 소리라고 할지 모르겠다. 하지만 스타트업들이 저지르는 가장 흔한 실수는 아무도 문제 삼지 않는 문제를 해결하려 드는 것이다."[2]

이 같은 실수가 자주 일어나는 이유는 문제를 찾는 것, 즉 아이디어를 찾는 데는 시간이 걸리고, 운도 많이 따라야 하는 데다, 또 열심히 꾸준히 일해야 하기 때문이다. 만약 문제를 빨리 찾지 못하거나 적어도 주변 사람들의 생각과 가능성에 마음을 열지 않는다면, 쓸 만한 아이디어를 찾기가 훨씬 어려워질 것이다.

브루스 게이더는 해결해야 할 문제를 발견했다. 그 점에서는 문제가 없다. 하지만 그것은 보통 사람들이 갖고 있는 문제가 아니었다. 여러모로 문제를 찾다보니 나온 해결책이었다. 아니면 데이먼드 존의 말대로, 그것은 브루스가 해결하려고 하는 문제를 만들어내야 필요해지는 해결책이었다.

반면, 리사 프라이스는 어머니의 견해에 마음을 열었고, 〈오프라 윈프리 쇼〉에서 들려주는 조언에 귀를 기울였으며, 그 과정에서 그녀가 가지고 있는 문제뿐 아니라 수많은 아프리카계 미국인 여성과 다른 유색인종의 문제까지 해결했다. 그것이 그녀의 본래 의도는 아니었다고 해도 말이다.

"아프리카계 미국 여성들에게 좋은 제품이라는 말은 굳이 하지 않았습니다. 하지만 일부러 건조한 피부에 좋다는 말을 했죠. 나중에 알고 보니 피부에 멜라닌이 많은 사람은 피부가 건조하다고 하더군요. 그러면 푸석해 보여요. 나이도 좀 들어 보이고요. 사람들 말대로 잿빛을 띠게 되죠. 그건 어떻게 피할 수도 없어요. 아마 그런 문제 때문에 내 제품이 당시 갈색 피부 톤을 가진 사람들의 마음에 들었던 것 같아요. 그 잿빛을 없앨 방법을 찾았으니까요."

단지 순수한 열정으로 무언가를 만들어 내는 사람을 일컫는 말이 있다. **도락가**Hobbyist. 자기 혼자만 가지고 있는 문제를 해결하겠다는 열정으로 무언가를 만들어 내는 사람을 가리키는 말도 있다. **땜장이**Tinkerer. 그리고 많은 사람이 공통으로 갖고 있는 문제를 해결하겠다는 열정으로 무언가를 만들어 내는 사람을 일컫는 말이 있다. **기업가.**

리사 프라이스는 도락가로 출발해 땜장이가 되었다가 기업가로 변신했다. 리사를 열정적이 도락가로 만든 모델은 프린스였다. 그리고 자신의 건조한 피부 문제를 해결하기 위해 이것저것을 섞어 가며 실험하다 보니 어느새 아무도 못 말리는 땜장이가 되었다. 도락가의 열정과 땜장이의 문제 해결 능력을 자신의 작품에 담은 그녀는 브루클린 등지에 사는 여성들의 요구를 제품에 적용했고, 결국 그것은 대단한 아이디어가 되었다. 그녀가 일으킨 것은 놀라운 사업이었다. 그리고 그녀는 변신했다. 기업가로.

그러나 리사의 로션에는 한 겹이 더 있었다. '천재성'이라는 겹이다. 그 로션들은 단지 아프리카계 미국 여성의 건조한 피부 문제만 해결한 것이 아니라, 리사가 지배할 수 있는 완전히 새롭고 독보적인 시장을 만들었다. "우리 제품엔 드러그 스토어 같은 데서

36

사람들이 보며 '야, 이것 좀 봐. 아주 환상적인데?'라고 할 만한 건 없었어요." 그녀는 그렇게 기억했다. "다만 이 시장에 확실하게 있었던 것은 제대로 된 서비스를 받지 못하고 있던 커뮤니티였죠."

이제 그들은 필요한 서비스를 받게 되었다. 그 커뮤니티는 규모와 구매력에서 지속적인 성장세를 보이다 마침내 다른 분야에서도 더 많고 더 좋은 선택지를 요구하게 될 것이었다. 워커앤드컴퍼니Walker & Company(설립자인 트리스탄 워커Tristan Walker는 15장에서 만나볼 것이다)가 유색인종 **남성**들을 위해 개발한 스킨케어 브랜드 베벨Bevel도 그중 하나다. 워커앤드컴퍼니는 2013년에 설립되었는데, 그때는 로레알이 캐롤스도터를 인수하기 1년 전이었다. 캐롤스도터는 조직적인 방법으로 대대로 무시당해 왔던 시장의 한 부문에서, 20년이 넘게 꾸준히 성장했다.

프랑스의 소설가 빅토르 위고Victor Hugo가 1862년에 남긴 유명한 말이 있다. "사람은 군대의 침공은 견딘다. 그러나 아이디어의 침공에는 속수무책이다." 리사 프라이스는 모든 방면의 영감에 마음을 열었고, 정확한 타이밍에 솟구쳐 오르는 아이디어의 파도를 다른 누구보다도 먼저 알아보았다. 그녀는 그 파도에 올라탔고, 여세를 몰아 전면에서 새로운 시장을 공략하기로 결심했다.

# 2장

# 위험한 것인가, 무서운 것인가?

왜 우리는 무서운 것과 위험한 것을 구분하지 못할까? 우리는 비행기를 타는 걸 두려워하면서도 고속도로에서는 아무렇지도 않게 시속 150km로 달린다. 자동차 사고로 인한 사망률이 비행기 추락으로 인한 그것보다 **86배** 높은데도 말이다. 실제로 비행기 사고로 사람이 죽을 확률은 1만 분의 1인데,[3] 이는 음식이 기도에 걸려 죽을 확률의 3분의 1밖에 안 된다. 우리는 상어가 무서워서 여름날 바다에 아이들을 들여보내길 꺼리면서도 수시로 아이들을 욕조에 밀어 넣는다. 욕조에서 목숨을 잃는 미국인이 매일 1명꼴로 나오지만, 상어에 물려 죽는 사람은 1년에 1명밖에 안 된다.[4]

"욕조를 상어보다 365배 더 무서워해야 하는데, 그 반대다.[5] 디스커버리 채널에 '욕조 위크Bathtub Week'는 없다(디스커버리 채널의 인기 프로그램인 상어 전문 다큐멘터리의 제목이 〈샤크 위크Shark Week〉다)." 이는 재기 넘치는 작가 겸 학자인 제임스 팰로스James Fallows가 2014년에 〈애틀랜틱The Atlantic〉에 기고한 기사에서 위험과 두려움의 차이를 설명하며 한 말이다.

사람들이 이렇게 행동하는 이유는 아주 간단하다. 잘 알고 있는 것에 대해서는 긴장하지 않기 때문이다. 올 한 해 당신은 차를 몇 번 탔는가? 비행기는? 샤워나 목욕은 평생 몇 번 할 것 같은가? 바다에서 상어는 얼마나 자주 만나게 될까? 상어는 좀처럼 만날 기회가 없으니 신비한 존재가 되고 그로 인해 상어는 우리 내면에서 불확실한 존재로 자리 잡는다. 우리는 불확실성을 다루는 데 서툴다. 그리고 걱정한다. 그런 지식의 빈틈을 우리는 최악의 시나리오로 채운다. 그리고 겁을 먹는다. 그래서 바닷물에 발을 들여놓지 않는다.

처음 사업에 손을 대려는 사람들이 안정적인 직장을 떠나 새로운 사업을 시작하려 할 때 느끼는 심정이 바로 이것이다. 그들은 보스가 시키는 대로 하면서 꼬박꼬박 월급을 받는 것과 아무런 보장도 없이 스스로 보스가 되는 것 사이에 존재하는 친숙함의 빈틈을 계산한다. 누구에게는 그 빈틈이 계곡, 아니 심연으로 보일 수도 있다. 그곳을 건너는 일은 세상 바보나 할 것이다.

1984년에 샘애덤스Sam Adams 맥주를 만든 짐 코크Jim Koch는 그 심연을 건너기 위해 길고 힘겨운 여정을 시작했다. 봄이었다. 보스턴에서는 야구 시즌이 시작되었고 곧 '미국의 아침Morning in Ameri-

39

ca(1984년 미국 공화당의 대선 슬로건)'이 열리려 하고 있었다. 로널드 레이건Ronald Reagan은 압도적인 재선으로 끝날 선거를 준비하느라 바빴고, 지루하게 이어지던 경기침체는 마침내 회복세로 돌아섰으며, 미국 올림픽 팀은 로스앤젤레스 하계 올림픽에서 다른 국가들을 멀찌감치 따돌릴 예정이었다. 그리고 우리의 짐은 보스턴컨설팅그룹Boston Consulting Group, 이후 BCG에서 6년째 활약하는 경영 컨설턴트로 서른다섯 번째 생일을 앞둔 시점에 이미 25만 달러(2020년 시세로 60만 달러가 넘는 액수)의 연봉을 받고 있었다.

어느 모로 보나 짐 코크는 성공한 사람이었다. 그의 두 발은 경영 컨설팅이라는 테라 피르마Terra Firma(라틴어에서 유래한 것으로 물위나 공중과 대비되는 단단한 육지를 뜻한다-옮긴이)에 단단히 뿌리를 내리고 있었다. "우린 일등석을 탔어요. CEO들과 상담했고 다들 정말 잘 대해줬죠." 짐은 그렇게 회상했다. BCG에서의 일도 재밌었고 한창 의기양양했다. BCG는 막 우리사주신탁제도Employee Stock Ownership Plan, ESOP를 도입해 100% 직원 소유가 된 터라, 짐 같은 컨설턴트들에게는 상당한 부를 보장해 주는 탄탄대로가 놓인 셈이었다. 동시에 그의 곁에는 이미 미래의 세계를 주무를 기라성 같은 4인방이 어깨를 나란히 한 채 일하고 있었다. 젊은 밋 롬니Mitt Romney, 30대의 베냐민 네타냐후Benjamin Netanyahu, 전설적인 경영대학원 교수이면서 21세기 기업가정신의 이정표를 제시한《혁신기업의 딜레마The Innovator's Dilemma》를 통해 저술가로서도 이름을 떨치게 될 클레이턴 크리스텐슨Clayton Christensen 그리고 25년쯤 뒤에 신용부도스왑CDS으로 서브프라임 모기지 시장이 붕괴하는 쪽에 베팅하여 하룻밤 사이에 거액을 거머쥘 미래의 헤지펀드 억만장자 존 폴슨John Paulson이었다. 짐 코크도 밀리지 않았다. 그는 하버드대학교의 학사BA, 법무박사JD, 경영학석사MBA 등 트리플 학위 소지자였다. BCG의 설립자와 현재 CEO, 다음 차례의 CEO 등을 비롯해 모두가 각별한 관심을 가지고 그를 지켜보고 있었다. 누가 봐도 신시내티 동부에서 온 이 젊은 친구의 앞날에 한계란 없는 것 같았다.

"한동안 참 대단한 직업이었죠." 짐은 그의 트레이드마크인 절제된 표현으로 말했다.

**한동안이라고?** 스톡옵션도 있었지만 짐은 그저 연봉만으로도 '부모님의 모기지를 다 갚고 재단까지 차릴 수 있는' 수준에 다가서고 있었다. 우리가 직업을 통해 그 이상 뭘 더 바라겠는가? 하지만 짐 코크가 바랐던 건 그 이상이 아니라, 다른 것이었다. BCG의 초기, 그는 사업 전략과 제품 카테고리, 조직, 영업 문제에 관해 배우면서 보수를 받았다. 그러나 막상 경영에 들어가자 일이 지루해지기 시작했다. 그는 문제에 달려들어 해결책을 찾기보다 BCG의 서비스를 팔고 있었다. "배움이 중단된 겁니다." 그는 그렇게 말했다. "불현듯 그런 생각이 들더군요. 혼자 자문해 봤어요. '이 일을 평생 해야 하나?' 답이 금방 나왔습니다. '안 돼.' 그리고 당연히 그런 생각이 들었죠. '남은 평생 이 일을 하고 싶지 않다면, 내일이라고 이 일을 하고 싶겠어?'"

하버드 학위를 3개나 소지한 채 장래가 보장된 직장에서 편안한 일과에 파묻혀 지낼 이유를 얼마든지 댈 수 있는 사람에게 이는 너무나 급작스러운 전환이었다. 그러나 무언가 변화가 필요했다.

"기업 컨설팅은 더는 하고 싶지 않았습니다." 그래서 그는 그만둘 생각을 하기 시작했다. 리사 프라이스의 경우와 마찬가지로 그때 마침 기사를 하나 접하게 되었다. 〈*Inc.*〉에 실린 앵커브루어리Anchor Brewery라는 샌프란시스코의 자그마한 맥주 양조장의 성공 스토리였다. 이 기사가 짐의 마음속에 불씨를 지폈고 곧이어 하나의 아이디어로 발전했다. 수제 맥주를 만들자!

능력 있는 컨설턴트가 모두 그렇듯, 짐은 맥주 산업의 현황부터 조사했다. 마음을 정한 그는 고향에 있는 아버지를 찾아가 양조장을 시작하겠다는 계획을 밝혔다. "아버지가 나를 물끄러미 바라보더니 그러시더군요. '짐, 네가 그동안 살면서 멍청한 짓을 하는 걸 더러 봤지만, 이번처럼 멍청한 경우는 처음 보는구나.'" 그럴 만도 했다. 맥주 양조는 코크 집안의 가업이었으니까.

짐 코크의 아버지는 5대째 브루마스터Brewmaster였다. 5대를 거치는 동안 코크 집안의 장남들은 전부 맥주 만드는 일을 했다(짐의 아버지가 그를 말리지 못하면 짐이 여섯 번째가 될 판이었다). 아버지가 그를 말리려는 데는 그럴 만한 이유가 있었다. 그가 양조 학교를 졸업하던 1948년, 미국 전역에 있는 맥주 양조장은 1,000개에 달했다. 그러나 1984년에 그 수는 **50개**로 줄어들었다. 그의 아버지는 양조장이 문을 닫을 때마다 가족을 데리고 이 도시 저 도시로 옮겨 다녀야 했고, 결국 양조업계를 완전히 떠났다.

"아버지는 먹고살기 힘든 직업이라고 하셨어요." 짐은 그렇게 말했다. "그런데 내가 그 일을 다시 하겠다고 했으니 기겁하실 만도 했죠." 짐은 결혼했고 아직 어린 자녀가 둘이나 있었다. 게다가 현재의 직업을 통해 돈도 잘 벌고 있었다. 그것만큼은 부인할 수 없는 사실이었다. 그런데 막연한 희망 하나만으로 일을 그만둔다고? 너무 위험했다. 너무 무서웠다.

정말 그랬을까?

짐 코크가 생각하는 무서움과 위험은 그런 것이 아니었다. 사실 안전하고 익숙한 길을 놔두고 의미 있는 도약을 한 적이 이번이 처음은 아니었다. JD와 MBA 과정을 동시에 밟던 20대 중반에, 그는 아웃워드바운드Outward Bound(영국에서 설립된 후 국제단체로 발전한 곳으로, 대자연 속에서 체험 활동을 통해 교육 효과를 높이는 것이 목적이다-옮긴이)의 강사가 되겠다며 하버드를 잠깐 쉰 적이 있었다. "앞으로 살아가면서 할 수 있는 일이 많은데 나를 구속하는 결정은 하고 싶지 않았죠. 게다가 20대 때 하지 않으면 두 번 다시 할 수 없는 그런 일이 있다는 걸 깨달았습니다."

이후 3년 반 동안 짐은 밖으로 돌았다. 암벽을 오르고 카약을 타며 배낭여행을 했다. 부모님이 알았으면 기절초풍할 만한 위험한 모험도 했다. 그러나 그런 과정을 통해서 그는 알게 되었다. "정말로 즐거워서 하는 일이라면 사는 데 그렇게 많은 것이 필요하지 않아요." 그는 또한 세상에 영원한 것은 없고 한번 다른 길에 들어섰다가도 언제든 다시 돌아갈 수 있다는 사실도 알게 되었다. 인생의 행로를 바꿔놓은 깨달음이고 경험이었다. 그 경험으로 그는 결정에 관한 생각 자체를 바꿔, 10년쯤 뒤에 아버지의 충고를 무시하고 BCG를 떠나 나중에 보스턴맥주회사Boston Beer Company가 되는 샘애덤스 양조장을 만들었다.

나를 포함해 위험을 싫어하는 사람이 볼 때, 이는 심장이 덜컥 내려앉을 만한 결정이다. 옛말에도 있지 않은가. '손안에 있는 새 한 마리가 숲속의 새 두 마리보다 낫다.' 게다가 짐의 손에 쥐어진 새는 그냥 새가 아니었다. 황금알을 낳는 거위였다. 돈과 권력은 물론 영향력까지 안겨주는 거위 말이다. 그걸 그냥 날려 보낸다고? 고작 맥주를 만들려고? 그의 아버지와 할아버지가 고생고생해 가며 간신히 버티던 그 일을 하기 위해? 그분들은 자식만큼은 자신보다 조금 더 나은 삶을 살기를 바라지 않았을까? 하지만 짐에게 그 황금알을 낳는 거위는 황금수갑과 다름없었다. BCG를 떠나는 것은 위험한 결정이 아니었다. 진짜 위험한 것은 그곳에 계속 머무는 것이었다.

"무서운 것과 위험한 것은 다릅니다. 세상에는 무섭지만 위험하지 않은 일이 많습니다. 위험하지만 무섭지 않은 일도 많고요. 그래서 문제가 생기죠." 짐은 설명했다. 이론적으로는 알 것 같았다. 그는 구체적인 비유를 들었다. 암벽등반이었다.

"암벽등반의 여러 기술 중에 현수하강법이란 게 있습니다. 다리가 후들거릴 정도로 겁나는 일이죠. 하지만 안전 로프로 몸을 감습니다. 자동차도 매달 수 있는 밧줄이에요. 그렇게 절벽을 뒷걸음으로 내려오는데 정말 무섭죠. 하지만 위험하지는 않아요. 반면 하늘이 눈부시게 푸르른 늦은 5월의 아름다운 오후, 35도 경사의 눈밭을 가로지르는 것은 조금도 무섭지 않아요. 하지만 매우 위험한 일입니다. 녹은 눈이 얼음층에 닿으면 물이 얼음 표면을 미끄럽게 만들어 추락할 수 있으니까요. 그런 곳을 걷는 건 정말 위험합니다.

44

하지만 무섭지는 않죠."

짐은 몇 해 전에 제임스 펠로스가 독자들에게 설명했던 것과 완전히 똑같은 비유를 내게 들려주었다. 날씨가 좋으면 우린 밖으로 나가 걷는다. 물론 안전하다! 하지만 그중 암벽에서 현수하강으로 내려오는 사람이 몇이나 되는가? 한 번이라도 내려와 본 사람은 몇인가? 말만 들어도 위험해 보인다. 바다에서 수영하는 것도 현수하강과 비슷하다. 진짜로 바닥이 보이지 않는다. 짐 코크만 예외였다. 그는 바닥에 무엇이 있는지, 아니 좀 더 정확히 말해 무엇이 없는지 알아보겠다고 그곳을 들여다볼 필요가 없었다. 그는 거기에 부딪힐 걱정 따위는 아예 하지 않았다.

"내 경우 BCG에 그냥 남는 건 무섭진 않지만, 위험한 일이었습니다. 왜 위험하냐고요? 재미도 없는 일을 계속하다가 예순다섯 살이 되어서야 인생을 돌아보며 이렇게 말한다고 생각해 보세요. '맙소사, 세상을 헛살았군.'"

실패는 무섭다. 그리고 세상을 헛사는 것은 위험하다.

현대 기업가정신의 역사는 오늘날 우리가 칭송하는 성공한 창업가들의 스토리로 가득하다. 하지만 대단히 아이러니한 것이 하나 있다. 초기에 짐의 부모님이 그랬듯, **주변 사람들은 하나같이 그들이 아이디어만 좇아 도약했다가 '인생을 헛살게 되진 않을까' 걱정했다는 것이다.**

스티브 잡스 Steve Jobs와 빌 게이츠 Bill Gates가 1972년과 1975년에 각각 대학교를 중퇴하고 애플 Apple과 마이크로소프트 Microsoft를 설립했을 때, 그들의 부모가 잘 생각했다고 축하해 주면서 이제야 자식이 제대로 정신 차렸다며 발 뻗고 잤겠는가? 이들보다 한 세대 뒤의 마크 저커버그Mark Zuckerberg가 학교를 그만두고 페이스북Face-book을 시작했을 때 그의 부모는 또 어땠을 것 같은가? 아니면 에번 윌리엄스Evan Williams가 네브래스카대학교를 1년 반 만에 중퇴하고 신생 테크 스타트업에서 일하다가 나중에 블로거Blogger와 트위터Twitter 그리고 미디엄Medium을 설립했을 때는?

안정적이고 보수가 좋은 직장을 그만두거나 명문대학을 중퇴하는 것은 인생에서 성공하겠다는 사람이 저지를 만한 행동이 결코 아니다. 아무리 세상을 바꿀 아이디어가 있다고 해도 말이다. 사각모와 졸업 가운을 걸쳐보지 않은 사람의 성공 스토리나 자수성가한 억만장자의 명단이 아무리 길다고 해도, 이런 시선은 1984년이나 지금이나 다르지 않다. 그것은 짐 코크뿐 아니라 텍사스대학교의 1학년생이었던 열여덟 살 마이클 델Michael Dell의 경우도 마찬가지였다. 부모의 잔소리를 그런대로 견디던 마이클은 그해 봄에 아버지로부터 더 혹독한 꾸지람을 듣게 된다.

짐이 오랜 양조업자 집안에서 태어난 것처럼 마이클은 대대로 의사 집안에서 자랐다. "그래서 나도 의예과에 들어갔죠." 마이클은 그렇게 말했다. "부모님의 의견이 어느 정도 반영된 결정이었어요. 아버지가 의사고 형도 의사고 의사인 사촌들도 많았으니까 나도 당연히 의사가 되겠거니 했습니다."

하지만 마이클은 그보다 몇 해 전인 중학교 시절, 우연히 컴퓨터를 접했다가 곧바로 그 세계에 빠져들었다. 그는 열다섯 살 때 처음으로 부모를 졸라서 컴퓨터를 샀다. 애플 II였다. 컴퓨터를 사자마자 그는 바로 분해했다. 작동 원리를 알아보기 위해서였다. **그도 그런 아이 중 하나였다.** 의예과 1학년 때 마이클은 그의 기숙사에서 컴퓨터 완제품을 사다가 성능을 향상시키기 시작했다. "재미로 한 일이에요. 돈도 좀 벌 수 있었고." 그는 그렇게 말했다. "새 컴퓨터를 사다가 성능을 높인 다음 되팔았어요. 메모리를 늘려서 업그레이드했는데 실제로 진짜 사업이 됐어요. 본체에 하드 드라이브를 넣는 일이었죠."

요즘 우리는 컴퓨터의 메모리와 연산 능력을 당연한 것으로 여기고, 회사들은 무슨 박하사탕 주듯 회의장에서 2GB짜리 섬 드라이브Thumb Drive(USB 드라이브)를 나눠준다. 그러나 마이클 델이 대학교 1학년이었던 1983년 말이나 1984년 초만 해도, 오리지널 IBM 퍼스널컴퓨터PC 같은 기계엔 하드디스크 드라이브도 없었다.

"그래서 IBM 컴퓨터에 넣을 수 있는 하드디스크 드라이브를 만든 다음, 160K나 320K짜리 플로피디스크 드라이브 대신 10MB짜리 하드 드라이브를 넣었습니다. 당시에는 그 정도만 돼도 대단했어요."

그냥 대단한 정도가 아니었다. 마이클은 지역의 대학교나 변호사 사무실, 개인 병원, 설계사무소 등 고소득 직종이나 첨단기술 분야의 전문가들을 고객으로 확보했다. "학생들은 컴퓨터를 살 엄두를 못 냈어요. 내가 아는 학생들은 별다른 관심도 보이지 않았고요." 마이클은 그렇게 말했다. 그는 주 정부에서 벌인 사업의 경매에도 참여했다. 믿어지지 않을 만큼 조숙한 행보였다. 얼마 되지 않아 그의 한 달 매출은 5만 달러에서 8만 달러까지 올라갔다. 연

47

간 100만 달러에 가까운 사업이었다. 대학교 기숙사에서 말이다. **그것도 1983년에.**

대단한 사업 같지 않은가? 하지만 이에 찬성하지 않을 사람이 2명 있었다. 그들의 이름은 엄마와 아빠. 마이클도 그걸 알았다. 그래서 그는 자기가 무엇을 하는지 얼마를 버는지 부모에게 말하지 않았다. 그의 부모가 알게 된 것은 그의 첫 학기 학점이 너무 형편없이 나와 설명을 해야 했을 때였다.

"두 분은 엄청 화를 내셨어요. '당장 집어치우고 공부에 집중해.' 그렇게 말씀하셨죠. '일에 우선순위라는 게 있잖아. 도대체 세상을 왜 그렇게 사는 거냐?' 그런 식이었죠." 마이클은 말했다. 기특하게도 그는 부모님이 하라는 대로 하려 했다.

하지만 그것도 열흘밖에 가지 않았다.

"단순한 취미로 끝낼 일이 아니라고 판단했습니다. 학교에 다니면서 엄청난 부수입을 올릴 수 있는 일을 그만둘 수는 없었죠." 마이클은 그렇게 말했다. "정말로 열정을 쏟을 만한 일이었습니다. 그래서 그 열흘 동안 방법을 생각해 봤어요. 1학년을 마친 다음 이걸 정식 사업으로 시작해 볼 궁리를 한 거죠. 그런 다음 드디어 부모님과 담판을 지었죠. 난 이걸 한다. 잘되면 계속할 거고 그렇지 않으면 다시 복학하겠다."

1984년 1월에 그는 자신의 작은 기숙사 방 스컹크웍스 Skunk Works 를 'PC스리미티드 PC's Limited'라는 이름으로 정식 등록했다. 짐 코크가 BCG를 그만두고 샘애덤스를 시작하기로 한 지 불과 한 달 뒤인 5월에, 마이클 델은 1학년을 마친 뒤 학교를 완전히 그만두고 노스오스틴에 사무실을 마련한 후 델컴퓨터 Dell Computer Corporation를 정식 출범시켰다.

마이클 델과 그의 부모 간의 의견 차이도 그렇지만, 젊고 포부가 남다른 창업가들을 좌절하게 만드는 이들의 가장 중요한 문제는 위험한 것과 무서운 것의 차이를 잘못 이해하는 것이다. 즉 그들은 두려움을 어리석음으로, 위험을 무모함으로 오해한다. 아무도 해본 적이 없는 일이라면 할 수 없거나 해선 안 되는 일이라고 생각하는 것이다. 하지만 그것은 어디까지나 가정일 뿐이다. 이거다 싶은 아이디어가 떠올라 탄탄히 다져진 길과 정상적인 생활의 안락함을 버리고 엉뚱한 길로 들어서게 되면, 먼저 이런 오해의 지뢰밭을 통과해야 한다. 그것이 내 안에 자리 잡은 지뢰밭이든 내가 소중히 여기고 존중하는 의견을 가진 사람과 나 사이에 놓인 지뢰밭이든 상관없다. 사업을 벌였다가 어떤 상황에 처하게 될지 알 수 없지만, 모든 것이 불리하게 돌아갈 때 빠져나갈 수 있는지 정도는 알아야 하기 때문이다. 그래서 위험한 것과 무서운 것의 차이를 아는 것이 중요하다.

고학력 집안이었던 마이클의 부모 입장에서는, 아들이 PC를 만지작거리는 것은 그 나이 때 반짝 생긴 호기심으로 잠깐 할 때나 가당한 일이었다. 그런데 아예 컴퓨터를 뜯어고쳐서 되파는 사업을 한다고 학교를 그만두겠다니, 인생을 내던지는 위험한 일처럼 느껴졌을 것이다. 부모가 보기에 자식이 안전그물도 없이 어른들이 하는 고공 줄타기에 첫발을 내딛는 것보다 위험한 일이 또 어디 있겠는가?

그러나 마이클 입장에서 보면 이는 전혀 위험할 것이 없는 생각이었다. 그는 컴퓨터를 만지작거리는 것이 좋았다. 그는 자기보다잃을 것이 훨씬 많은 전문 직종의 어른들이 그의 통찰력과 자신의작품을 믿어준다는 것을 10대 때 이미 경험했다. **그는 어른들의 문제를 해결해 주고 있었다.** 게다가 이른 나이에 성공을 맛보았고 이런 커다란 도약이 의미하는 것이 무엇인지 알았기에, 돌아가서 예전과 같은 방식으로 세상을 보고 **또다시** 그의 부모가 보던 방식대로 세상을 본다는 것은 있을 수 없는 일이었다. 그는 이런 새로운세계의 규칙을 알았고 그 때문에 마지막 위험의 잔재도 전혀 겁나지 않았다. 그리고 만약 어떤 이유로 일이 잘 안 풀린다고 해도 다시 학교로 돌아가 의예과 프로그램에 들어가면 그만이었다. 그는이제 막 열아홉 살이 되었고 앞으로 살아갈 날이 창창했다.

사실 델컴퓨터를 설립하는 데 가장 무서운 것은, 그게 무슨 일이든 사업을 시작할 때 많은 이가 겪게 되는 무서움과 다를 게 없었다. 그것은 미지의 대상이었다. 10대인 마이클 델이 사업을 알면얼마나 알았겠는가? 고용을 알겠는가? 사람을 거느리는 법을 알겠는가? 사무실을 찾고 임대하는 것은? 법인세는? 하지만 맞서기 전에야 누군들 그런 것을 알겠는가? 사업을 처음 벌이는 사람에게는그런 것들이야말로 진짜로 무서운 일이다. 그러나 또한 그것은 얼마든지 알아낼 수 있는 일이다. 알아내기로 한다면 말이다.

마이클에게 위험한 일은 의사가 되라는 부모의 요구에 굴복해눈앞에서 PC의 혁명이 펼쳐지는 것을 빤히 보면서도 순간순간 후회하며 자신을 적성에 맞지 않는 그 길로 몰아넣은 부모를 평생 원망하는 것이었다.

기업가들을 인터뷰하면서 확실히 알게 된 것이 하나 있다. 비교적 안전한 생활을 보장해 주는 수준 높은 교육이나 직장을 포기한 뒤 성공을 거둔 사람은, 1984년에 짐 코크와 마이클 델의 선택을 조금도 이상하게 여기지 않는다는 사실이다. 그들은 인생의 정글짐에 매달려 몸을 몇 번 흔든 뒤, 결국 뒤쪽 난간을 붙들었던 손을 놓고 앞에 있는 다른 난간을 향해 손을 뻗었다. 그들은 입을 모아 사업 초기의 불확실성과 미지의 공포에 대해 말한다. 하지만 그들은 놓칠 수 있는 기회와 후회라는 훨씬 더 큰 위험을 생각하는 순간 그리고 짐이 말한 것처럼 예순다섯이 된 어느 날 정신을 차려보니 인생을 낭비했다는 것을 깨닫는 모습을 생각하는 순간, 그런 걱정을 떨쳐낸다.

기업가정신이란 단어는 옛 프랑스어에 그 기원이 있기는 해도, 비즈니스 어휘로는 완전히 새로운 용어다. 오늘날의 창업가들은 자신을 기업가로 여기지만 이들보다 앞선 세대들에게는 그런 식의 인식이 없었다. 당시에는 사업을 벌일 때 그런 행위를 설명하는 마땅한 용어가 없었기 때문이다. 하지만 기본적으로 그들이 하는 일은 같다. 그들은 원하지 않는 직업에서 벗어나 굳이 우회로를 택하고 도약하여 새롭고 흥미로운 자신만의 무언가를 향해 갔다.

하나의 집단으로서 **그들은 기업가정신을 덜 두렵고 동시에 덜 위험한 것으로 만들었다.** 우리가 이 책에서 만나게 될 현대의 창업가들은 창업 과정에 맞는 어휘를 개발하고 거기에 이름을 붙여줌으로써 도약에 대한 수수께끼를 푸는 데 힘을 보탰다. 짐 코크와 마

51

이클 델을 비롯한 예전의 창업가들은 새로운 영역을 개척함으로써 도약을 거의 정상적인 행동으로 보이게 만들었다.

그들의 존재야말로 우리가 전문가들이 만든 안전고리에 걸린 밧줄을 믿고 멘토들로부터 익힌 균형감각을 통해 우리보다 먼저 온 사람들이 박아놓은 앵커에 몸을 매달고 뒷걸음으로, 미지의 세계를 향해 첫발을 내디딜 수 있는 이유다. 그들은 자신의 운명을 자신의 손에 맡기고, 자신의 영혼을 단단히 붙들고 있는 아이디어를 진정으로 장악하는 것이 어떤 느낌이며 무슨 의미인지 잘 알고 있었다.

# 3장

# 안전지대를 떠나라 (단, 안전하게)

기업가적 대담성에 관한 로맨스를 리드 호프먼<sup>Reid Hoffman</sup>만큼 잘
표현한 사람도 없을 것이다. 페이팔<sup>PayPal</sup> 출신으로 링크드인<sup>LinkedIn</sup>
을 창업한 그는 이렇게 말했다. "회사를 창업하는 것은 절벽에서
몸을 던져 떨어지는 동안 비행기를 조립하는 것과 같다."

새로운 것을 해보려고 버둥거리는 행위에는 무언가 로맨틱한
구석이 있다. 그렇지 않은가? 빅 아이디어를 쫓는 데 정신이 팔린
사람들은 성공한 기업의 창업 스토리에 매료된다. 끝도 없이 이어
지던 코딩 업무, 일주일 내내 계속됐던 밤샘 작업, 방 한 칸짜리 아
파트에 4명이 기거하며 몸부림쳤던 날들, 매일 저녁 탕비실 식탁
에 앉아 머리를 맞대고 했던 토론 등…. 유명한 창업가들은 졸업

축사와 기조연설에서 잊지 못할 중요한 순간들을 그리워하듯 회상한다. 신용카드는 한도를 초과하고, 돈이 바닥났을 때의 초조함, 몇 달째 라면으로 끼니를 때우고 마운틴듀Mountain Dew로 모든 음료를 대체하던 시절 등.

**돌아보면 좋았던 시절이다.**

이런 이야기를 들으면, 누군가는 들뜨고 누군가는 겁을 먹는다. 아주 오래전부터 나는 후자에 속한다고 생각해 왔고, 지금도 조금은 그렇다. 어떤 미치광이가 리드가 말하는 것 같은 무모한 짓을 벌이겠는가? 제정신이 박힌 사람이라면 그런 위험한 짓을 하겠는가? 회사를 차리고, 새롭고 대단한 무언가를 만드는 일이 절벽에서 뛰어내린 뒤 몸이 박살 나기 전에 비행기를 완성하기를 바라는 것이라면, 이렇게 묻지 않을 수 없다. **왜 그런 짓을 하는가? 도대체 무슨 생각으로 그러는가? 대체 왜 뛰어내리는 거지?**

그렇다. 의문은 하나로 끝나지 않는다.

하지만 한편 마음이 놓이는 것은 맹목적으로 뛰어내리는 사람도 있지만, 다른 유형의 기업가도 있다는 점이다. 그들은 절벽을 뒷걸음질로 내려오지 않는다. 눈을 감지도 코를 막지도 중력에 운을 맡기지도 않는다. 이런 기업가들은 눈을 더욱 크게 뜬다. 그들은 자신의 점프 거리를 미리 계산한다. 숙련된 체조선수처럼 착지 지점을 미리 골라놓는다. 더 중요한 것은, 혹여 안전하게 착지하지 못하고 제시간에 비행기를 만들지 못해 사업이 불길에 휩싸이게 되더라도 그들은 자신의 인생이 송두리째 사라지지는 않는다는 걸 알고 있다는 점이다. 그들은 낙하산을 세심히 챙기고, 확인하고 또 확인하고 3번까지 확인했다는 것을 알기에 믿음의 도약을 한다.

리드 호프먼의 은유를 이렇게까지 내 마음대로 비틀어대는 이유는 꼭 하고 싶은 말이 있기 때문이다. 내가 만나본 성공한 기업가 중 대부분은 과거의 안락함을 최대한 안전하고 현명하게 유지했다. 방법은 2가지 중 하나였다. 스타트업에 들이는 시간이 현재 할애할 수 있는 시간보다 더 많이 필요해지기 전까지는 '현실적인 직업'을 계속 유지하거나, 본격적으로 덤벼들기 전 뒷주머니에 대비책을 찔러 넣어두거나. 이를 통해 그들은 사업을 벌이는 데 내재된 위험을 충분히, 그러니까 밤에 뒤척이지 않고 잠을 잘 정도로 관리할 수 있게 만들었다.

데이먼드 존은 이 2가지 방법을 다 썼다.

그는 〈샤크 탱크〉에서 가장 물정에 밝은 샤크가 되기 훨씬 전인 1989년엔 레드랍스터Red Lobster에서 일하는 야심 찬 웨이터였다. 퀸스의 홀리스에서 어머니와 함께 살던 스무 살의 데이먼드는 저녁에는 해산물을 즐기러 온 손님에게 체다베이비스킷을 서빙하고, 낮에는 새로운 힙합 의류 브랜드를 구상했다. '우리를 위한, 우리에 의한For Us, By Us'이란 뜻을 담아 브랜드의 이름을 FUBU로 정했다. 일부 고급 의류회사들은 '래퍼와 도시 빈민가 아이들, 아프리카계 미국인들'이 그들의 옷을 입는 것을 못마땅하게 여겼는데, 이를 향한 반발에서 나온 아이디어였다. "언젠가부터 그런 브랜드를 둘러싼 소문을 듣는 것이 짜증 나기 시작하더라고요." 그는 내게 그렇게 말했다. "힙합을 사랑하고 존중하는 사람들을 사랑하고 존중하는 브랜드를 만들고 싶었습니다."

그의 첫 번째 제품은 다소 우연한 기회에 탄생했다. 당시 신발 끈처럼 작은 끈이 달린 '타이-톱 울 스키 캡'이라는 특이한 모자가 있었는데, 비교적 저렴한 데다 래퍼들 사이에서 인기를 얻고 있었다. 하지만 웬만한 도시 어디를 뒤져도 찾기 힘들었다. "맨해튼 업타운을 다 뒤졌죠." 데이먼드는 그렇게 회상했다. "그러다 겨우 하나를 발견했습니다. 휘발윳값과 통행료까지 계산하면 그걸 사는 데 30달러가 든 셈이에요. 어머니한테 그걸 보여줬더니 그러시더군요. '2달러면 만들 수 있는 걸 우리 형편에 30달러나 들였다고?'"

머리에서 뭔가 반짝했다. 그래 바로 그거야! 데이먼드는 어머니에게서 모자를 만드는 법을 배우기로 했다. 어머니는 그에게 직물 가게에서 40달러어치의 천을 사 오라고 했다. 그렇게 데이먼드는 어머니에게서 배운 방법으로 3시간도 안 걸려 모자 80개를 만들었다. 2달러도 터무니없었다. 그는 개당 50센트를 들여 모자를 한 다발이나 만들었다. 이제는 팔 차례였다.

다음 날은 성聖 금요일이었다. 동네 사람들이 모두 부활절 쇼핑을 하러 자메이카 콜로세움 몰Jamaica Colosseum Mall로 향할 것이었다. 데이먼드도 그곳으로 갔다. "한구석에 서서 쇼핑몰에 드나드는 사람들에게 모자를 팔았어요. 개당 20달러에 팔았죠. 20달러가 없다고 하면 17달러에 줬어요. 17달러가 없다고 하면 15달러에, 15달러도 없다고 할 땐 10달러에 팔았습니다. 마지막으로 2개가 남았을 때는 3달러씩에 떨이했죠." 모자를 전부 팔고 돈을 세어보니 800달러였다. 760달러의 순이익을 낸 것이다. 투자 대비 수익이 20배였다. 그는 초기의 판매 수익금을 몇 달 동안 모자와 'FUBU'

로고를 세련되게 다듬는 데 썼다. 다음은 셔츠였다.

이번에는 다른 사람의 등에 올라타기로 했다. 그는 동네 옷가게에서 디자인이 단순한 챔피언Champion 티셔츠와 운동복 상의를 구입했다. 그리고 **챔피언이란 상표 위에 자신의 FUBU 라벨을 덧대서 꿰맸다.** 그렇게 만든 제품을 팔 만큼 판 후에 수익금으로 전국 각지에서 로고가 없고 품질이 좋은 저지 티셔츠와 운동복 상의를 사들여, 자수 가게와 실크스크린 인쇄소에 돈을 주고 맡겨서 제품의 수준을 높였다.

"처음부터 염두에 둔 것은 동네의 덩치 큰 흑인 남성이었습니다." 데이먼드는 그렇게 설명했다. "그들에겐 멋을 부릴 만한 선택의 여지가 거의 없었어요. 로체스터빅앤톨Rochester Big and Tall에 가서 흰색이나 검은색 커다란 셔츠를 사거나 비싼 돈을 들여 옷을 맞춰야 했죠. 그래서 4X, 5X, 6X 사이즈 셔츠를 만드는 곳을 찾아 각각 20벌씩 만들었어요." 상상해 보라. 대형 셔츠 60벌에 'FUBU'란 로고가 셔츠만큼이나 큼지막하게 찍힌 모습을. 눈에 띄지 않을 리가 있겠는가? 데이먼드도 그렇게 생각했다. "클럽 입구에 버티고 있는 경비원과 경호원 들에게 셔츠를 공짜로 주면, 그 친구들이 한 번만 입고 말겠습니까? 닳도록 입겠죠. 처음 6개월을 그렇게 했어요. 걸어 다니는 광고판이 따로 없더군요."

게다가 그들은 일상에서 흔히 볼 수 있는 경비원이나 경호원이 아니었다. 그저 클럽 입구에서 입장하려는 사람들의 신분이나 확인하고 모인 이들을 관리하는 부류가 아니었다. 이들은 미국의 대중문화를 새로 쓰는 랩 아티스트들을 밀착 경호했다. 그 시대 '스튜디오 54Studio 54(1977년에 문을 열어 1981년에 닫을 때까지 뉴욕에서 가장 인기 있었던 나이트클럽)'의 문지기였다. 데이먼드가 직접 준 옷을 입는 순간 그들은 각자 살아 숨 쉬는 타임스퀘어의 광고판이 되었다. 뉴욕의 대중문화를 상징하는 TV쇼 〈비디오 뮤직 박스Video Music Box〉의 영향력 있는 공동설립자인 랠프 맥대니얼스Ralph McDaniels가 그들을 놓칠 리 없었다. 이 쇼는 1983년에 이미 이스트코스트 힙합의 모든 아티스트를 전파에 태우는 책임을 떠맡고 있었다. 랠프는 1993년에 데이먼드와 그의 파트너들을 이 쇼에 출연시켰고, 그 자리에서 사람들에게 곧 FUBU가 다음 차례의 히트작이 될 거라고 말했다.

"그가 우리를 세상에 제대로 알렸어요. 랠프가 엄지손가락을 치켜세우는 바람에 래퍼란 래퍼는 모두 우리 제품을 입으려고 했죠." 데이먼드는 그렇게 말했다.

과장이 아니었다. 대사건이었다. 1992년과 1993년에 힙합은 주류가 될 정도로 폭발적인 인기를 끌었다. 닥터 드레Dr. Dre, 어레스티드 디벨롭먼트Arrested Development, 커먼Common, 하우스 오브 페인House of Pain, UGK, 스눕독SnoopDogg, E-40, 본 석스 앤 하모니Bone Thugs-n-Harmony, 더 루츠The Roots 등 힙합의 아이콘들이 자신들의 첫 앨범을 선보인 것도 그때였다. 비스티 보이스Beastie Boys, 에릭 B. & 라킴Eric B. & Rakim, 퍼블릭 에너미Public Enemy, 투숏Too Short, 아이스 큐브Ice Cube 등 톡톡 튀는 아티스트들의 앨범도 그 뒤를 이었다. VH1의 〈비하인드 더 뮤직Behind the Music〉 진행자 흉내를 내며 랩의 역사를 설명할 생각은 없다. 하지만 힙합의 황금기를 써 내려갈 수많은 아티스트가 FUBU의 옷을 입고 유명해진 바로 그해에, FUBU가 힙합 패션을 규정하는 브랜드로 지배권을 행사하기 시작했다는 중요한 사실만큼은 이해해야 한다.

데이먼드가 FUBU 여정에 발을 내디딘 지 어느덧 4년이 넘어가고 있었지만, 신생 기업치고는 계속해서 꽤 많은 히트 상품이 출시됐다. 그중 몇 번은 경이로울 만큼 대단한 성과를 거뒀는데, 아마 요즘 같은 시대에 그런 일이 일어났다면 그 같은 혜택을 받은 사람은 대학교를 중퇴하거나 직장을 그만두고 큰돈을 벌겠다며 실리콘밸리로 자리를 옮겼을지도 모르겠다. 리드 호프먼이 말한 절벽에서 뛰어내리기 위해서 말이다.

그러나 데이먼드의 스펙트럼에는 그런 계산이 전혀 들어 있지 않았다. 〈비디오 뮤직 박스〉에 출연한 이후 FUBU를 향한 관심이 쏟아지고 매출이 급증했지만, 그는 '현실의 직장'을 그만두지 않았다. 대신 근무시간을 조금 줄였다. 기업가의 일상으로 옮겨가는 과정은 아주 천천히 그리고 조금씩 진행되었다. "레드랍스터에서 40시간 일하고 FUBU에서 6시간 일했습니다. 그러다가 레드랍스터에서 30시간, FUBU에서 20시간 일했죠. 돈이 들어오기 시작했으니까요." 2017년 CNBC의 아이코닉 iConic 콘퍼런스에 출연한 그는 객석을 채운 기업가들에게 그렇게 말했다.

사업 초기 이와 비슷한 처지에 있었던 훌륭한 창업가들은 그들의 원래 직업과 새로운 사업의 균형을 맞출 때 데이먼드의 방식을 취했다. 필 나이트 Phil Knight가 나중에 나이키 Nike가 된 블루리본스포츠 Blue Ribbon Sports를 시작했을 때도 일주일에 6일은 프라이스워터

하우스<sup>Price Waterhouse</sup>에서 공인회계사로 지내고 남는 시간은 전부 블루리본스포츠에서 보냈다.<sup>6</sup> "사실 평소에는 크게 신경 쓰지 않았다"고 그는 자신의 회고록《슈독<sup>Shoe Dog</sup>》에 그렇게 기록했다. "연봉에서 상당 부분을 떼서 블루리본 은행 계좌에 이체하여 내 소중한 자본을 충전하고 회사의 현금 잔고를 늘렸기" 때문이었다.

신발 사업도 그렇지만, 자금에 관한 한 항공업보다 더 위험한 산업도 드물 것이다. 버진애틀랜틱<sup>Virgin Atlantic</sup>을 설립한 리처드 브랜슨<sup>Richard Branson</sup>의 유명한 말이 있다. "밀리어네어가 되고 싶다면, 빌리언 달러로 항공사를 차리면 된다." 망한 항공사의 무덤이야말로 브랜슨의 뼈 있는 농담에 담긴 진실성의 증거다.

사우스웨스트 항공<sup>Southwest Airlines</sup>의 공동설립자였던 고<sup>故</sup> 허브 켈러허<sup>Herb Kelleher</sup>의 업적이 돋보이는 것도 그 때문이다. 변호사였던 허브는 사우스웨스트를 세운 뒤에도 상당 기간 자신의 법률사무소를 열어두었다. 처음 4년 반 동안 항공사를 이륙시키기 위해 자금을 마련하고 미 연방항공국<sup>FAA</sup>의 승인을 받고 항공기를 인대하는 한편, 그는 끊임없이 이어지는 소송으로부터 회사를 변호했다.

1969년에 실제 회사 사정이 악화되어 자금이 바닥나자, 사우스웨스트 이사회는 항공사 폐쇄를 진지하게 검토하기 시작했다. 하지만 "대가를 받지 않고 법정에서 싸우고 모든 소송비용을 (개인) 호주머니에서 충당하겠다"는 그의 의지 덕택에, 회사는 계속 굴러갈 수 있었다. 허브는 오랫동안 변호사라는 본업을 유지하면서, 처음 선보이는(그리고 당시에는 유일했던) 최소 서비스 개념을 도입한

'저가 항공'으로 운항을 유지하는 데 필요한 활주로를 마련했다. 오늘날 사우스웨스트 항공은 전 세계를 통틀어 세 번째로 많은 승객을 실어 나르고 있다.

허브는 사우스웨스트 항공이 설립된 지 14년이 지난 1981년까지도 변호사 업무를 내려놓지 않았다. 순전히 이사회의 요청 때문이었다. 데이먼드 존은 그렇게 오래 버티진 못했다. 그는 FUBU를 세운 지 6년 만인 1995년에 레드랍스터를 완전히 그만두었다. 하지만 그것도 당시 데이먼드와 그의 파트너들이 대한민국 삼성의 섬유 부문 수장으로부터 수백만 달러의 자금을 확보한 뒤였다. 데이먼드는 그로부터 몇 달 전 라스베이거스에서 열린 패션쇼 매직MAGIC에서 예약한 30만 달러어치의 주문을 이행하기 위해 투자가를 찾고 있었다.

데이먼드가 레드랍스터를 쉽게 그만두지 못한 것도, 아이코닉 콘퍼런스에서 대담을 마무리하며 청중들에게 본업을 그만두지 말라고 당부한 것도 다 이유가 있었다. 초기의 성공에도 불구하고, 미디어와 유행을 선도하는 사람들의 뜨거운 관심에도 불구하고, 힙합 커뮤니티에서 브랜드의 인지도가 높아졌음에도 불구하고, 파산의 위험은 늘 FUBU를 따라다니며 괴롭혔다. 그들은 늘 현금이 부족했다.

"1989년부터 1992년까지 사업을 세 차례 접었습니다. 개발비용 때문에 돈이 바닥난 거죠. 다른 기업들처럼 신용카드로 5만 달러가 넘는 돈을 매우 높은 금리로 차용했는데, 그다지 현명한 방법이 아니었어요." 데이먼드는 그렇게 설명했다. 그럼 라스베이거스의 패션쇼는 뭐였지? 데이먼드와 그의 파트너들은 전시 부스는커녕 플로어 통로도 살 여유가 없어서, 리테일러들에게 팔고자 했던 FUBU 복장의 절반을 입고 매일 몰래 들어갔다. 삼성과 맺은 계약은? 그것은 데이먼드의 어머니가 〈뉴욕타임스〉에 낸 항목별 광고의 산물이었다. '100만 달러 수주. 자금조달 요망.' 그 광고를 올리는 데 2,000달러가 들었는데, 그 돈을 내기 위해 데이먼드는 레드랍스터에서 한 달을 일해야 했다.

데이먼드는 FUBU를 위해 레드랍스터에서 웨이터로 계속 일했고 허브 켈러허는 사우스웨스트를 위해 오랜 기간 변호사를 그만두지 않았다. 덕분에 허브는 그의 사업을 이륙시킬 수 있었고 일단 이륙하자 그 일에 전념했다. 데이먼드에게도 레드랍스터의 일은 FUBU 사업이 위태로워질 때마다 펼칠 수 있었던 보조 낙하산이나 다름없었다. 어쩌면 누군가는 그가 보조 낙하산을 더 많이 펼쳐야 했다고 주장할지 모르겠다. 단기적으로 보면 그편이 더 좋았을 것이다. "FUBU가 '빨리' 실패했다면, 모두에게 빚을 지는 일도 없었을 것이고, 이렇게 큰 적자를 보지도 않았을 것이며, 7년 동안 신용이 이렇게나 망가지지도 않았을 겁니다." 데이먼드는 아이코닉 청중들에게 그렇게 말했다. 또한 그를 먹여주고 입혀주고 재워주는 직업을 계속 유지했을 수도 있었을 것이다. 그가 잘하는 일, 그가 실제로 좋아했던 일을 말이다. 데이먼드는 말했다. "웨이터로 일할 때가 좋았죠."

잘하는 것과 많은 경험이 쌓인 곳으로 언제든 돌아갈 수 있다고 해서, FUBU에 뛰어드는 일이 무섭지 않은 것은 아니었다. 하지만 위험만큼은 많이 제거할 수 있었다. 레드랍스터는 그에게 하나의 완충 장치이자 대비책이었다. 짐 코크도 그 점에서는 다른 이들과 크게 다르지 않았다. 원하면 언제든지 BCG나 다른 경영 컨설팅 회사로 돌아갈 수 있다는 것을 그는 알았다. 그렇기에 크래프트 맥주 양조장을 차리겠다는 (당시에는) 미친 결정을 내리면서도 그것이 그렇게 미친 짓이라고는 여기지 않았을 것이다. 미국 보정속옷 브랜드 스팽스Spanx를 설립한 억만장자 사라 블레이클리Sara Blakely에게는 팩스 머신을 파는 것이 대비책이었다. 인터넷 창업가이자 데이먼드 존의 동료 샤크인 마크 큐번Mark Cuban에게는 바텐더라는 대안이 있었다. 제트블루 항공JetBlue Airways의 설립자인 데이비드 닐먼David Neeleman은 또 어떤가? 큰 시장을 피해 운항 노선을 잡은 그의 저가 항공사가 성공하지 못하면 그는 언제든 여행사 직원으로 돌아갈 생각이었다.

이와 같은 대비책들은 영리한 창업가들에게 심리적 안정감을 제공했다. 그들에게는 돈을 많이 벌 수 있는가보다 먹고사는 데 필요한 돈이 보장되는 확실한 수단이 있는가가 더욱 중요한 문제였다. 미국 에스테틱 화장품회사 더말로지카Dermalogica의 창시자인 제인 워원드Jane Wurwand도 영국에서 자란 어머니로부터 이런 생각을 배웠다. "엄마가 언니들과 내게 해준 다섯 마디 말씀이 내 인생을 바꿨죠. 뭐라도 할 수 있는 일을 배워라Learn how to do something! 엄마는 무슨 일이 있어도 각자가 기술을 가지고 있어야 한다고 확신하셨어요. 세상 어디를 가든 당장 일을 하고 돈을 벌어 식탁에 먹을 걸 올릴 수 있는 기술 하나쯤은 갖고 있어야 한다면서요." 제인은 그렇게 말했다.

제인이 갖춘 기술은 스킨케어였다. 그녀는 남편과 함께 국제피부연구소International Dermal Institute라는 이름의 작은 연구소를 설립해서, 캘리포니아 머리나델레이의 공인 피부 관리사들에게 스킨케어 요법을 가르치면서 경력을 쌓아갔다. 3년 후, 모든 종류의 스킨케어 라인을 만들 수 있는 기회가 찾아왔고, 그녀는 그 기회를 놓치지 않았다. 모두 27종이었다. 그녀가 학생들에게 제품을 팔면 그들은 전국의 미용실에서 이를 고객에게 사용한다. 멋진 아이디어였다. 그러나 1986년 당시, 스킨케어 라인은 폭삭 망해도 이상할 것이 없을 정도였다. 다행히 제인에게는 꾸준히 운영하고 있는 국제피부연구소가 있었다. 혹시 일이 잘못되어도 연구소에서 스킨케어 요법을 가르치면 될 일이었다. 어느 정도의 수입을 확보하는 건 늘 가능했으니까.

**어떤 일을 새로 벌이든, 직장을 그만두지 않으면 가라앉지 않고 버틸 수 있는 '부력 효과'를 기대할 수 있다.** 물론 이 대비책이 새로운 일을 또다시 벌여 부자가 되는 길까지 열어주지는 않을 것이다. 하지만 빈털터리 신세라도 면하기 위해서 전에 하던 일을 다시 하다 보면 몸을 추스르는 동안 재도전을 준비할 수 있다. 이처럼 현명하고 안전한 대비책을 마련해 두면 무슨 일이든 도모할 시간과 여유를 확보할 수 있고, 동시에 실패로 인해 인생까지 망가지는 불상사를 피할 수 있다.

대비책을 세운다는 것은 꿈을 포기하고 달아날 탈출구를 만드는 것이 아니다. 대비책은 열심히 노력하지 않으려는 핑계가 될 수 없고, 도중에 그만둘 구차한 이유가 되어서도 안 된다. 그것은 단지 발을 헛디뎌 추락할 경우 다른 날을 기약하며 다시 일어나 싸울 수 있게 하는 도구다. '사업에 대한 신념'이라는 바닥에 쿠션을 깔아놓는 것과 같다.

크리에이터들과 이야기를 나누는 것이 특히 즐거운 이유는 제품을 만드는 방법에 관해 잘 알려지지 않은 자잘한 얘기까지 들을 수 있기 때문이다. 그들에게서 새롭거나 인상적이거나 예상치도 못한 사실을 배울 때마다 나는 몸을 뒤로 젖히고 감탄한다. "와우Wow!" 나는 이런 '와우! 모멘트'를 위해 산다. 사실 그들은 내 스튜디오에 들어오기 전, 그러니까 우리가 대화를 나누기 위해 마련된 무대에 오르기 전부터 이미 내게 감동을 준 사람들이다. 그리고 나는 이런 인물들을 직접 만나 그들에게 완전히 매료되는 순간이 좋다.

내가 만난 창업가들은 하나같이 독특하고 개성 강한 인상이었지만, 그들이 나를 매료시킨 데는 공통되는 특징이 있었다. 모두들 하나같이 자신의 제품과 사업, 고객, 산업 전반에 관해 철저하게 사전조사를 한 뒤 이를 바탕으로 아이디어의 실행 가능성에 대해 확실한 자신감을 가졌다는 점이다. 나는 지난 몇 해 동안 수많은 혁신가와 이상주의자를 만나 다양한 질문을 던졌다. 그럼에도 그들이 자신이 일으킨 사업에 확신이 없었다고 대답한 경우는 아마 한 손으로 꼽을 정도밖에 되지 않을 것이다. **그들은 자신의 손에 있는 것이 무엇인지 확실히 알고 있었기에,** 그들의 아이디어가 통하리라는 사실도 알았다. 그러니 이런 것에는 놀라선 안 될 듯하다. 그들이 절벽에서 뛰어내리기 전에 이것저것을 모두 살폈다면, 추락하는 과정에서 어떤 비행기를 만들어야 하는지도 알고 있었다고 해야 말이 된다.

몸을 던진 후 바닥에 닿기 전에 해야 할 일을 안다는 것은 바꿔 말하면, 조사를 한다는 말이다. 조사하고 또 조사해야 한다. 창업가들은 모두 그렇게 한다. **그래야 한다.** 그중에서도 조사의 중요성을 특히나 강조하는 특별한 스토리를 가진 창업가들이 있다. 그들의 스토리는 걱정 많은 크리에이터나 기업가 지망생 들에게 커다란 동기부여가 된다. 전혀 경험하지 못한 분야에서 사업을 시작하려는 사람들과 관련된 스토리이기 때문이다.

때로는 리사 프라이스와 그녀의 스킨케어 라인 캐롤스도터가 그랬던 것처럼 사업이 창업가들이 쏟은 열정의 산물인 경우도 있고, 중학교 동창 사이인 벤 코언Ben Cohen과 제리 그린필드Jerry Green-field의 벤앤드제리스Ben & Jerry's처럼 선택의 여지가 많지 않아서 사업체가 탄생한 경우도 있다.

벤은 대학교를 중퇴한 뒤 뉴욕시에서 임시직 택시 운전사로 일하고 있었고, 제리는 여러 차례 의대에 응시했으나 낙방한 후 노스캐롤라이나에서 의학실험 보조연구원으로 일했다. 1970년대 후반에 두 사람은 몇 해 동안 함께, 착실하게 돈을 모았다. 제리는 진담 반 농담 반으로, "자그마한 가게를 하나 열" 생각이었다고 했다.

그러나 호기심과 우연의 결과로 사업이 시작된 경우도 많다. 제품이든 서비스든, TV쇼나 심지어 비디오 게임, 하여간 그게 무엇이 됐든 당연히 있는 줄 알고 찾았는데 어디에도 없다는 사실을 알게 되는 경우도 있다. 그래서 그들은 친구나 가족, 우버 기사나 바리스타, 전문가 지인 등 아무나 붙들고 이런저런 대화를 하다가 그런 이야기를 꺼낸다. 그리고 그들도 그런 것을 찾았다가 허탕만 쳤다는 사실을 알게 된다. **'아, 나만 그런 건 아니었구나' 하고 깨닫는 순간, 일이 벌어진다.** 처음엔 그런 것이 없어 조금 **불편**하다고 느꼈지만, 갈수록 문제가 현실로 다가와 해결해야 할 **필요**가 있다는 생각이 드는 것이다. 그러던 중 **해결할 방법**이 생각난다!

내가 예외 없이 매료되는 부분이 바로 여기다. 그들의 스토리는 이같이 특별한 패턴을 따른다. 그 스토리들은 마치 이카루스Icarus와 《칙칙폭폭 꼬마기관차의 모험The Little Engine That Could》이 뒤섞인 우화 같다. 이런 스토리에서 가장 스릴 있고 놀라운 부분은 이들이 관련 분야나 제도에 관한 전문 지식이나 경험이 부족하더라도 전혀 위축되지 않았다는 점이다. 그런 부족함은 오히려 축복이었다. 그래서 그들은 **자유**로웠다. 그들에게는 표준 운영 절차 같은 전통적인 제약이나 유사한 제품을 만든 이전 세대의 기대치가 전혀 없었다. 따라서 호기심이 많은 이들은 그들이 준비하고 있는 사업과 관련된 모든 기본적인 가정을 무시한 채, 무엇이 됐든 본인이 납득할 수 있는 가장 합리적인 방식으로, 가장 좋은 버전을 마음 놓고 구상했다.

젠 루비오Jen Rubio가 친구 스테프 코리Steph Korey와 함께 여행용 캐리어회사 어웨이Away를 만들 때도 그랬다.

2015년 초, 20대 중반이었던 젠 루비오는 외모만 보면 완전히 록스타였다. 그녀는 영국의 패션 리테일러 올세인츠AllSaints의 글로벌혁신책임자였는데 몇 달 전 직장을 그만두어 무직인 상태였다. 젠은 올세인츠에서 일하기 위해 2013년 여름 온라인 아이웨어 리테일러 와비파커Warby Parker를 그만두고 뉴욕을 떠나 런던으로 주거지를 옮겼다. 그렇게 직장과 직장을, 도시와 도시를 전전한 젠이었으나, 수십만 항공 마일리지를 확보한 사람치고는 여행용 캐리어 사업과 아무런 인연이 없었다.

그러다 일주일 동안 친구들과 함께 스위스 알프스로 스키를 타러 가게 됐다. "뽑힐 것 같지도 않은 취업 면접을 보는 사이사이, 시간을 쪼개 휴가도 가고 온갖 호들갑을 떨면서 세상을 휘젓고 다녔죠." 젠은 그렇게 말했다. 그러던 어느 날 집으로 돌아오는 길에 그 망할 여행용 캐리어가 그녀의 삶이 되고 말았다.

"취리히 공항이었어요. 가방이 망가진 거예요. 공항 청사를 가로질러 뛰어가던 중이었는데 속옷이 뒤로 줄줄이 쏟아졌죠. 너무 창피했어요. 집에 도착하면 마음에 드는 정말 멋진 가방을 하나 사야겠다고 마음먹었어요. 오래 쓸 수 있으면서도 두 번 다시 이런 낭패를 겪지 않을 것으로 말이에요. 그래서 페이스북에 들어가 친구들에게 쓸 만한 가방을 좀 추천해 달라고 했습니다. 그런데 대답이 다들 똑같았어요. '잘 모르겠는데.' 아니면 '내 건 이건데, 절대 사지 마. 끔찍해.'"

직업도 다양한 그의 많은 친구 중에는 멋도 부리고 스타일에 꽤 신경을 쓰는 이도 있었지만, 마음에 드는 답을 내놓는 이는 하나도 없었다. 비행기 표보다 더 비싼 투미Tumi 가방을 사거나 대형 매장에서 다른 사람 것과 구분도 안 되는 아메리칸투어리스터American Tourister에 100달러를 낭비하라고 하는가 하면, 차라리 형편없이 만든 물건을 사서 그저 박살 나지 않고 수화물 컨베이어에서 무사히 빠져나오기만 기도하는 게 낫지 않겠느냐고도 했다. 결국 선택의 문제로 이야기할 뿐 어느 누구도 이렇다 할 의견을 주진 않았다. **그래도 아예 사지 말라는 친구는 없었다.**

"나를 포함해 여행을 좋아하는 이 많은 사람이 여행 때마다 들고 다니는 가방에 대해 그 어떤 힌트도 줄 수 없다니 정말 어이가 없더라고요." 그래서 젠은 완벽한 가방을 직접 찾아 나섰다. "임무가 주어진 거죠. 꼭 찾겠다고 다짐했어요. '멋진 여행용 캐리어 브랜드가 분명히 있을 거야.' 그런데 없더라고요." 그녀는 당장 조사에 착수했다. 사람들을 만날 때마다 그리고 자신에게도 개방형 질문을 던졌다.

"왜 이런 캐리어 브랜드가 없는 거지?"
"왜 캐리어 하나 사기가 이렇게 힘들지?"

"왜 백화점의 캐리어 매장은 꼭 지하층에만 있는 거야? 뉴욕 미드타운에 있는 망할 캐리어 상점들은 왜 그렇게 큰 거야? 왜 똑같아 보이는 가방인데 하나는 500달러짜리 가격표가 붙고 그 옆에 있는 것은 50달러인 거지? 또 판매원은 왜 다가와 귓속말로 '지금 사면 30% 할인해 드릴 수 있습니다'와 같은 말을 하는데?"

"도대체 왜들 이 모양이야?"

그녀는 와비파커 창업 때 함께 일했던 친구 스테프 코리에게 전화를 걸었다. 스테프는 뉴욕 컬럼비아대학교의 경영대학원에 다니면서 유통 전문가로 매트리스 스타트업 캐스퍼Casper에 컨설팅을 해주고 있었다. 젠은 스테프가 어떻게 지내는지 궁금해서 안부도 물을 겸 전화를 했지만, 그에게 아이디어를 구하고 싶은 생각도 없지 않았다. 10분 정도면 끝날 줄 알았던 스테프와의 통화는 3시간이나 이어졌다.

"사실 캐리어 사업을 막연하게나마 생각하면서 건 전화였죠." 젠은 그렇게 말했다. "그런데 스테프가 그러더군요. '바로 그거야. 와비파커에서 우리 해봤잖아. 캐리어라고 못할 게 뭐 있겠어.'"

두 사람 중 누구도 새로운 사업을 진지하게 생각하지 않은 것은 확실하다. 젠은 대형 패션회사의 마케팅 부사장 자리를 놓고, 최종 단계의 인터뷰를 앞두고 있었고(그녀는 결국 그 직책을 얻는다), 스테프는 몇몇 스타트업으로부터 유통 부사장직을 제의받은 상태였다. 하지만 젠이 정말로 원하고 머릿속에서 떨쳐낼 수 없었던 것은 마음에 드는 여행용 캐리어를 찾는 것이었다. 스테프는 달랐다. 그녀는 와비파커가 안경 산업의 지반을 흔들어 놓은 것처럼 뭔가 평지 풍파를 일으킬 만한 또 하나의 분야를 찾는 데 관심이 있었다.

마라톤 대화를 마치고 전화를 끊은 두 사람은 서로 말하진 않았지만, 각자 여행용 캐리어 문제를 곰곰이 따져보았다. 젠은 마케팅과 브랜드 쪽으로, 스테프는 유통과 제품개발 쪽으로 말이다. 누구도 그들을 말릴 수 없었다. 캐리어는 선택의 범위가 좁았고 두 사람은 독특한 능력과 경험을 가진 여성이었다. 트렌디하면서도 쉽게 손에 넣을 수 있는 브랜드는 없을까? 의문이 많아질수록 그들의 눈에 보이는 기회도 더 많아졌다.

몇 주 뒤에 젠은 또 다른 취업 인터뷰 때문에 다시 뉴욕으로 왔다(그녀는 앞서 인터뷰한 직장을 거절했지만, 스테프가 정말로 이 사업에 관심이 있는지 확신할 수 없었다). 그래서 이번 인터뷰가 끝나면 스테프의 아파트에 찾아가기로 마음먹었다. 그렇게 젠은 스테프의 집에서 하룻밤을 꼬박 새우며 캐리어에 관한 아이디어로 해가 뜰 때까지 함께 이야기를 나누었다. 다음 날에도 젠은 집으로 돌아가지 않았다. 그리고 3주를 더 머물렀다. 그동안 스테프 코리의 거실 소파에 앉아 그들은 결국 회사를 만들었다. '어웨이'였다.

"처음 몇 주 동안 철저히 시장조사를 했습니다." 젠은 그렇게 말했다. "그러니까 매일 쇼핑을 한 거죠. 백화점이란 백화점은 다 가고, 캐리어 매장도 빼놓은 곳 없이 모두 들렀어요. 뉴욕에 흩어져 있는 여러 종류의 캐리어 매장을 구글맵에 표시하며 그곳에서의 경험과 상품의 가격을 비교했죠. 거기에 무엇이 있는지 아주 꼼꼼하게 메모했어요."

동시에 그들은 공장을 조사하고 방문했다. "백화점과 지하에 있는 염가판매 상점, 알다가도 모를 도·소매 업체들이나 사업승인 기관을 상대하는 요령"을 파악하기 위해서였다. 젠의 말에 따르면, 그런 절차는 와비파커가 "훨씬 더 알맞은 가격으로 아주 고급스러운 품질의 물건을 만들기" 위해 취했던 방법과 크게 다르지 않았다. 대신 그들은 중간 상인들을 쳐냈다. 이것은 스테프가 캐스퍼로 하여금 매트리스 시장을 흔들 수 있게 도왔던 것과 같은 비즈니스 모델이었다.

다음은 캐리어의 외관과 느낌, 기능을 파악할 차례였다. "우리 둘 다 여행용 캐리어를 만든 경험은 전무했어요." 젠은 그렇게 말했다. "캐리어 경험이라고 해봐야 그것을 가지고 있던 게 전부였죠." 그들은 소비자들이 원하는 것을 파악하기 위해 설문조사지를 작성했다. 거기에는 "우리가 직접 조사하고 또 친구 100명에게 보낸 설문지를 근거로 해 떠올릴 수 있는 캐리어의 모든 특징" 목록이 포함되었다.

멋지지 않은가?

"아주 어리석은 아이디어였어요." 그녀는 그렇게 말했다. "'어떤 캐리어를 원하세요?'라는 질문을 받으면 사람들은 모든 걸 따져보겠죠. 하지만 그런 것으로는 사람들이 실제로 무엇을 원하는지 또는 그들이 무엇을 위해 돈을 지출할지 등은 전혀 알 수 없어요."

그들은 조사를 통해 캐리어 하나에 요구되는 모든 특징의 조합을 밝혀냈지만, 각 특징에 대해 개별적으로 그리고 다른 것과 관련하여 소비자가 어떤 느낌을 받는지 모른다면, 그 정보를 활용하는

데 한계가 있을 수밖에 없었다. 마치 파인애플과 피자 같았다. 파인애플은 맛있다. 그러니 당연히 피자 위에 얹을 수 있다. 하지만 정말 그래야 하나? 젠과 스테프는 캐리어에 들어갔던 것부터 그 안에 들어가야 하는 것까지 특징의 범위를 좁힐 필요가 있다고 판단했다. 그러려면 사람들이 출장이나 휴가, 가족 휴가 등 모든 종류의 여행에서 실제로 여행용 캐리어를 어떻게 사용하고 있는지 알아내야 했다. 그렇게 그들은 그 후 몇 달 동안 거의 800명에 가까운 사람들을 만났다. 그들에게 던진 질문은 간단했다.

짐을 어떤 식으로 싸세요?
호텔에 도착하면 맨 먼저 무엇을 하세요?
여행용 캐리어로 무얼 하세요?
거기에 무엇을 넣나요?
여행할 때 가장 괴로운 일은 무엇인가요?

"우리는 그들과 여행 이야기를 나누면서 이런 열린 질문을 했어요." 젠은 그렇게 말했다. 그녀는 처음에는 이런 문제를 파악하기 위해 이 분야에 있는 모든 사람에게 같은 질문을 던졌다. "우리가 알고 지내는 몇몇 사람들의 경우, 실제로 그들의 집에 가서 그들이 짐을 싸는 것을 지켜봤어요. 그래서 완벽한 캐리어를 만드는 데 알아야 할 것들을 전부 알아냈죠."

물론 그렇게 만든 캐리어는 완벽하지 않았다. 젠과 스테프는 현명한 크리에이터들이 늘 그렇듯, 첫 번째 버전을 만든 다음, 몇 번 더 캐리어를 개선하고 또 개선했다. 그렇다고 해서 그들이 실시한 조사가 잘못되었거나 가치가 떨어졌다는 뜻은 아니다. 사실 그것은 돈으로 따질 수 없을 만큼 소중했다. 그것은 디자인을 정교하게 다듬고, 정말로 중요한 것을 찾아내고, 변화를 주어도 눈에 띄지 않을 것들을 없애는, 다단계 공정에서 그들이 취한 첫 번째 구체적인 조치였다. 덕분에 그들은 결국 다음 단계로 나아가 본격적인 사업으로서 그들의 아이디어에 방아쇠를 당길, 사선에 설 수 있었다.

조사를 통해 바로 이런 것을 해야 한다. 조사는 경험이나 본능이나 재능보다 더 의미 있으니 어서 믿고 기대라고 내미는 목발 같은 것이 아니며, 무조건 따르라고 정해놓은 기준도 아니다. 여러 분야의 산업과 학계의 크리에이터들과 이야기하면서 알게 된 사실이지만, 그들은 크라우드소싱이라는 함정에 곧잘 빠지곤 한다. 경우에 따라 군중의 지혜가 필요할 때도 없지는 않다. 하지만 창의성은 그중 하나가 아니다. 외관과 느낌, 기능은 개인의 선호도와 밀접하게 연관되기 때문에 군중은 경험이 많은 기업인도 예측할 수 없는 무게를 가진 무형의 폭도가 될 수 있다. 젠과 스테프가 친구 100명을 상대로 조사하여 작성한 최초의 특징 목록에 어떤 것들이 있었을지 짐작해 보라. 어디에나 있는 지퍼와 포켓과 포트, 끝도 없는 안팎 색상의 옵션, 바퀴의 배열, 어깨끈과 연결고리를 포함한 접이식 핸들 등. 이것들을 캐리어 하나에 다 모아놓는다면 아마 **'프랑켄 케이스'**가 될 것이다!

이 같은 함정을 경계하는 스티브 잡스의 유명한 말이 있다. "'고객이 원하는 것을 주라'고 말하는 사람이 있다. 하지만 그건 내 방식이 아니다. … 실제로 보여주기 전에는 그들도 자신이 무엇을 원하는지 알지 못한다." 그런데 이 말 뒤에 중요한 한마디가 더 따라붙는다는 것을 사람들은 잘 모른다. 왜 그런지는 모르지만, 이 부분은 늘 잘린다. 하지만 잡스의 말은 특히 그다음부터가 의미 있다. "그래서 나는 시장조사를 절대 믿지 않는다."

젠과 스테프가 쇼핑을 통해 캐리어의 가격과 디자인, 구매 경험 등을 비교해 가며 열심히 수집한 모든 시장조사 자료는 단지 사람들이 **원한다고 말했던 것**을 주기 위한 수단이 아니었다. 그보다는 그들처럼 맘에 드는 캐리어를 찾지 못한 고객들에게 **정말 필요한 것**을 전달하고, 진정한 혁신을 위해 창의적인 본능과 전문적 판단을 활용할 수 있는 지식 기반을 갖추는 것이었다.

젠 루비오와 함께 크리에이터와 기업가에게 있어 사전조사가 갖는 의미와 역할을 놓고 이야기하다 보니, 운동선수니 배우 들이 연습이나 리허설을 대하는 태도가 떠올랐다. 근육이 기본 원리를 기억하게끔 각인시키는 방법은 강도 높은 몰입과 반복뿐이다. 그래야 무엇을 어떻게 처리해야 하는지, 왜 그런 식으로 해야 하는지 이해할 수 있다. 불이 들어오고 본격적으로 일을 할 때는 모든 준비 작업은 치워버려야 연기를 하고, 경기를 하고, 물건을 만들 수 있다. 그때는 조금도 망설임 없이 자유롭게 창작할 수 있다.

젠과 스테프가 처음으로 출시한 가방 '더캐리온The Carry-On(그들의 라인업은 늘 이름이 단순하다)'에는 USB 충전기와 탈부착식 세탁 주머니, 360도 회전이 가능한 바퀴가 달렸다. 하드케이스도 좀처럼 부서지지 않는 재질로 제작됐다. 이 같은 특징은 225달러라는 가격과 소비자 직배 방식, 또 제품 마케팅 전략의 일환으로 신중한 검토를 거쳐 선택된 것이었다. 마케팅 전략 역시 그들이 실행한 모든 조사를 통해 개발한 것이었지만, 그 조사가 제품을 규정하거나 결정하지는 않았다. 젠과 스테프는 그들이 조사한 최초의 친구 100명이나 그 이후에 인터뷰한 800명에 이르는 사람들의 변덕스러운 기분을 맹목적으로 따르지 않았다. 대신 그들은 그 모든 지식을 쌓아놓은 다음 거기에 자신들의 판단과 본능과 미적 감각과 기술과 경험을 적용했다.

결과는 논란의 여지가 없었다. 그들은 2015년 초에 어웨이를 실질적인 사업체로 공식 출범시켰다. 이듬해 2월, 그들은 시드 펀딩을 확보했고 〈보그 Vogue〉에 대형 특집 기사를 실었으며, 중국의 한 제조업체를 통해 여행용 캐리어 2,000개를 후불로 제조했다. 어웨이의 캐리어는 그것을 실제 만져본 적도, 심지어 가까이서 본 적도 없는 고객들에 의해 모두 예약되었다. 첫해에만 5만 5,000개의 캐리어가 팔렸다. 얼마 지나지 않아 그들의 제작 라인업에는 '더 비거 캐리온 The Bigger Carry-On', '더 미디엄 The Medium', '더 라지 The Large'가 추가되었다. 그들은 3년 만에 캐리어 **100만 개**를 팔았다.

와우.

여러 면에서 이는 창의성의 표본이다. 당신이 어느 회사의 직원이든, 좋은 아이디어와 기업가정신을 가진 산업의 아웃사이더든 상관없다. 이 이야기는 당신이 누구이고 무엇을 만들 생각이든 간에, 혁신을 위한 각본이다. 물론 젠과 스테프가 직접 쓴 각본은 아니다. 조사한 내용을 토대로 데이터 중심의 제품 개발에서 새로운 정점에 도달하려고 노력했다면 모를까. 그러나 그들의 스토리를 그렇게 고무적이고 의미 있게 만드는 것이 그들 조사의 본질은 아니다. 본질은 적합성이다.

FUBU의 초기, 데이먼드 존은 실크스크린 프린트 업자와 자수 가게의 도움이 필요했지만 어디를 찾아가 무엇을 해야 할지 몰랐다. 그는 퀸스 출신의 웨이터였기에, 옐로페이지(이런 전화번호부를 기억하는가?)를 펼쳐 찾을 수 있는 번호들을 모두 찾아내어 무작정 전화를 걸었다. 그는 그들을 조사했다. 그 후 데이먼드는 매일 아침 6시에 일어나 당시 '세계 자수의 본산'을 자처했던 뉴저지로 가는 기차에 올라탔다. 그는 자신의 예산과 필요에 맞는 가게를 찾을 때까지 모든 상점을 뒤졌다.

10여 년 전 벤 코언과 제리 그린필드는 '자그마한 가게'를 열기로 결심한 뒤 SBASmall Business Administration(중소기업청) 서른 군데에 사업 운영의 다양한 측면을 설명한 팸플릿을 주문했다. 그들은 종목을 아이스크림으로 결정한 뒤(원래는 베이글을 만들 생각이었지만 장비가 너무 비쌌기 때문에 포기했다), 대부분의 시간을 아이스크림 사업 계획을 연구하고, 아이스크림 제조법에 관한 통신 강좌를 수강하는 데 할애했다. 데이먼드처럼 그들도 옐로페이지를 뒤지는 데 많은 시간을 썼다.

데이먼드가 전화번호부의 'EEmbroidery(자수)'와 'SSilk-screen Printer' 항목을 손가락으로 짚어가며 전화기를 종일 붙들고 있었듯이, 20년 뒤에 팀 브라운Tim Brown이라는 뉴질랜드 출신의 프로축구선수도 매우 비슷한 방법을 택했다. 간단하고 깔끔한 데다 편하게 끈으로 묶을 수 있는 스니커즈를 만들기 위해서였다. 팀의 표현을 그대로 옮기자면, "해결해 보고 싶은 창의적인 문제"에 이끌려 그는 신발이 만들어지는 과정을 속속들이 알아내기 위해 찾을 수 있는 신발 공장은 모두 찾아갔다. "대학교 원서를 뿌려놓고 기도하는 식이었죠." 그는 그렇게 말했다. 결국 인도네시아의 한 공장이 팀에게 문을 열어주었다. "막상 그 세계에 발을 들여놓고 보니 흥미롭고, 신기할 정도로 복잡한 데다 믿을 수 없을 정도로 낡은 방식으로 운영되고 있더군요. 내 혁신 경보기가 울리고 있는 걸 느꼈습니다. 아주 간단한 질문 하나만 해도, 시원하게 답해주는 사람이 아무도 없었으니까요." 팀은 젠과 스테프처럼 창의력이 요구되는 문제를 직접 해결하고 다른 신발 제조업자들이 답할 수 없는 질문에 대한 답을 내놓기로 작정했다. 5년 뒤 그는 자신의 아이디어를 크라우드펀딩 사이트인 킥스타터 Kickstarter에 론칭했다. 그로부터 2년 뒤 어웨이가 처음으로 2,000개의 캐리어를 판매한 지 한 달도 안 됐을 무렵, 팀 브라운은 조이 즈윌링거 Joey Zwillinger라는 파트너와 손잡고 그 아이디어를 올버즈 Allbirds라는 회사로 변신시켰다. 2년 뒤 올버즈의 시장가치는 14억 달러를 기록했다.

의류, 아이스크림, 신발, 여행용 캐리어. 모두 다르지만, 모두 똑같다. 이 중 어떤 분야도 새로운 진입자를 특별히 적합한 존재로 만들거나 시장을 흔들 수 있게 해주지 않는다. 마찬가지로 젠과 스테프, 데이먼드, 팀, 벤과 제리에게도 크리에이터로서 '각각의 블록에서 뉴 키즈 New kids on their respective blocks'가 될 수 있게 만드는 독특하고 적합한 어떤 선천적인 요소 같은 것은 없었다. 그러나 그들은 자신이 이해하지 못하는 지식의 공백을 메우기 위해 사전조사를 한 창업가들의 모범적인 사례다. 그래서 그들이 일으킨 사업은 기초가 부실하다는 이유로 무너지지 않았다.

그들은 비행기를 만드는 법을 배우기 위해 '조사'라는 수단에 의존했다. 그리고 그 조사는 그들이 어떤 비행기를 만들지 분명히 정해야 할 시점이 되었을 때, 본능에 기대어 자신의 창조적인 비전을 믿어도 된다는 자신감을 주었다. 이는 새로운 아이디어의 역사에서 셀 수 없이 목격되는 결정적 승리의 조합이다. 이는 우리가 새로운 무언가를 창조하려 하거나 기업가정신의 절벽에서 뛰어내리기로 할 때, 모두가 믿고 전념할 수 있는 조합이다.

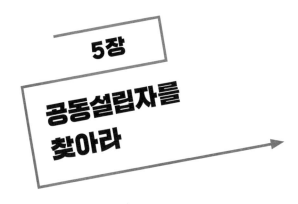

이 시대 유명한 기업의 설립자를 떠올릴 때, 저커버그나 잡스, 베이조스, 머스크, 게이츠, 엘리슨 같은 소수의 이름만 반복적으로 거론된다는 건 굉장히 놀라운 일이다.

　우리는 특별한 예외에 해당하는 영웅이나 아이디어를 사랑하는 만큼이나 기원 설화를 사랑한다. 그렇게 우리는 현대의 많은 창업가를 예찬한다. 우리는 그들을 독특한 능력을 가진 신화적인 인물과 동일시한다. 심지어 유례를 찾기 힘들 정도의 성공을 거둔 그들의 기업을 두고 '유니콘'이라고 부르기도 한다. 하지만 경이로운 업적을 이룬 기업의 설립자를 만날 때마다 내가 더욱 귀를 기울이게 되는 건, 특별한 명석함에서 탄생한 위대한 아이디어보다 그 멋진 아이디어를 탄생시킨 완벽한 파트너십의 승리다. 경험에 비춰 보건대, 파트너십은 예외가 아니라 관례인 것 같다. 폴 그레이엄도 2006년 출간한 에세이에서, 스타트업을 죽이는 실수(그중 으뜸은 '단일 창업가'다)를 이야기하면서 파트너십을 가리켜 이렇게 말했다. "이것이 우연 같지는 않다."[7]

우리가 홀로 사는 존재가 아니라는 점을 생각하면 납득할 수 있을 것이다. 인간은 사회적 동물이다. 무리를 지어 살고, 팀으로 일하며, 짝을 지어 산다. 우리는 함께 있을 때 번창한다. 인생도 그렇고 사업도 마찬가지다. "오라클처럼 설립자가 1명으로 알려진 기업도 알고 보면 설립자가 더 있다." 그레이엄은 그렇게 썼다. 실제로 어떤 기업도 개인이 혼자서 만드는 법은 없다. 오히려 기업은 파트너십의 산물, 심지어 공동설립자라는 집단의 산물이라고 봐야 한다. 지금까지 우리가 만나본 기업가를 봐도 그렇지 않은가.

젠 루비오가 첫 번째 어웨이 가방을 디자인하는 데 스테프 코리**가 꼭 필요했던 건 아니었을지 모른다.** 젠은 원래 마케팅과 디자인 감각이 뛰어났으니 스테프 없이도 가방을 만들 수 있었을 것이다. 하지만 대규모로 제작한다면? 그것도 적절한 가격대로? 소비자에게 직접 상품을 원활하게 배포하는 문제는 또 어떤가? 그건 전부 스테프의 몫이었다. 스테프는 어땠을까? 그녀 역시 젠이 꼭 필요하지는 않았을 것이다. 젠이 언젠가 내게 농담 삼아 한 이야기가 있다. 자기가 스테프에게 손을 내밀었던 2015년에 자신이 아닌 빌리 맥팔랜드 Billy McFarland가 스테프를 고용했다면 파이어 페스티벌 Fyre Festival의 악명 높은 참사는 일어나지 않았을 것이라고 말이다. 그만큼 유통 분야에서 스테프의 능력이 대단했다는 얘기다. 여하튼 젠이 없었다면 가방은 없었을 것이다. 그리고 스테프가 없었다면 유통 모델은 없었을 것이다. **두 사람이 아니었다면 어웨이는 없었을 것이다.** 이상.

리사 프라이스는 환상적인 로션과 보디버터를 만들었지만, 어머니가 교회에서 열리는 벼룩시장에 테이블을 놓으라고 등을 떠밀지 않았다면 상품으로 판매할 엄두까진 못 냈을 것이다. 또한 남편 고든이 없었다면 '시스터-걸 네트워크'에서 그런 관심을 끌지 못했을 것이다. 고든은 리사가 그 네트워크를 그들의 첫 번째 코어마켓으로 알아보게 도와줬을 뿐 아니라, 그녀가 그 일을 진득하게 할 수 있도록 자동응답기에서 나오는 주문을 부지런히 받아 적었다.

짐 코크는 5대에 걸친 양조업자들의 지혜에 기대어 오래된 가족 레시피를 손질한 뒤 새뮤얼애덤스보스턴라거 Samuel Adams Boston Lager를 만들었다. 하지만 정작 스타트업으로서 샘애덤스의 비밀 재료는 따로 있었다. 바로 BCG에서 그의 조수로 일했던 스물세 살의 론다 칼먼 Rhonda Kallman이었다. 경영 컨설턴트와 조수가 회사를 함께 창업하겠다고 직장을 그만두었다면, 할리우드 로맨틱 코미디에서 바로 튀어나온 대본처럼 들린다. 어째 분위기가 영화 〈제리맥과이어 Jerry Maguire〉를 아주 많이 닮지 않았는가. 하지만 실제로 짐이 알고 있는 사람 중에서 이 기업 여정에 동행자로 론다만큼 적합한 인물은 없었다.

"BCG를 다 둘러봤죠. 어디를 봐도 최고의 경영대학원을 졸업한 똑똑한 사람들뿐이었습니다." 짐은 그렇게 회상했다. "그중에 활기

차고, 재능이 있고, 지략이 풍부한 데다, 상대를 잘 다루는 사람이 있었어요. 그녀는 내가 갖지 못한 능력을 모두 갖추고 있었죠. 바로 내 비서였습니다. 우리는 완벽한 보완재였어요." 짐은 브루마스터였고, 론다는 실무자였다. 둘은 함께 보스턴맥주회사를 설립했고, 회사는 첫 달부터 수익을 냈다.

당시 그가 알았는지는 모르지만, 아이디어를 가지고 창업을 생각하고 있는 기업가가 공동설립자를 찾아야 하는 1가지 확실한 이유가 있다. 바로 그 파트너가 창업가의 능력을 보완하기 때문이다. 그와 비전이 같을 뿐 아니라 그 비전을 키우고 그에게 책임감을 더해줄 사람, 그가 할 수 없는 일을 할 사람, 그가 생각하는 것과 다른 방식으로 상황을 생각하고 보는 사람 그리고 자신의 강점으로 그의 약점을 보완해 주는 사람, 그런 사람이 필요하다. 그 반대의 경우도 마찬가지겠지만.

이런 종류의 음양 원리에 입각한 접근은 어디에서나 볼 수 있다. 예를 들어, 애덤 라우리Adam Lowry와 에릭 라이언Eric Ryan만큼 서로 다르면서도 상호 보완적인 짝은 찾기 힘들 것 같다. 가정용 청소용품 제조업체인 메소드Method를 함께 창업한 두 사람은 예쁜 눈물방울 모양의 비누병을 만든 것으로 유명하다. 덕분에 사람들은 더는 세제를 싱크대 밑에 감추지 않고 주방 조리대에 당당히 올려놓고 쓰게 됐다.

어린 시절, 미시간의 그로스포인트에서 함께 자란 애덤과 에릭은 각기 다른 목적으로 미국에서도 완전히 반대편에 위치한 대학교에 갔다. 애덤은 화학 공학을 전공하기 위해 스탠퍼드대학교에,

에릭은 경영학을 공부하러 로드아일랜드대학교에 진학했다. 그러다 두 사람은 1990년대 후반, 샌프란시스코에서 우연히 만났다. "1997년인가 1998년인가 추수감사절이었을 겁니다. 기내 복도를 걸어가다 에릭을 봤죠." 애덤은 휴가를 보내기 위해 집으로 돌아가는 길에 에릭을 만나게 된 사연을 내게 들려줬다. "샌프란시스코로 이주한 지 불과 몇 주밖에 안 됐다고 하더군요. 마침 에릭의 옆자리가 비어 있어서 같이 앉았고, 우린 5시간 동안 밀린 얘기를 나누었어요. 알고 보니 나와 같은 블록에 살고 있더라고요."

이후 1년 가까이 두 사람은 룸메이트로 지냈다. 그 집에는 에릭과 애덤 외에 3명이 더 있었다. 애덤은 "짐작하기 힘들 정도로 청결한" 집이었다고 말했다. 어쩌다 다시 모이긴 했지만, 그래도 진로는 서로 달랐다. 애덤은 카네기과학연구소 Carnegie Institution for Science에서 환경 문제를 연구했고, 에릭은 핼라이니앤드파트너스 Hal Riney & Partners라는 광고대행사에서 상품 광고를 맡았다. 기업가정신에 대한 관점도 서로 달랐다.

"초등학교 3학년 때부터 사업가가 될 생각이었어요." 에릭은 그렇게 말했다. "전 단추든 뭐든 팔 수 있는 건 모두 파는 귀찮은 동네 꼬마였죠. 머릿속엔 늘 회사를 차릴 생각뿐이었거든요." 그가 대학교를 졸업한 후 광고와 브랜딩에 관심을 갖게 된 것도 그런 이유가 컸다.

그러나 애덤의 진로는 그의 말대로 "미리 정해놓은 것은 별로" 없었다. 그는 살면서 "꼭 이걸 해야겠다, 같은 생각을 군이 할 필요가 없다는 게 제 신조였어요. 하지만 세상을 좋은 쪽으로 바꿀 만한 것을 만들고 싶다는 의욕은 있었죠." 요즘은 이 점이 사실상 기업가정신을 테스트하는 필수 항목이 되었지만, 1990년대만 해도 그 정도는 아니었다.

그 후 1999년 크리스마스 시즌에 이들의 직업 여정은 다시 한 점으로 모이게 되었다. 이번에는 스키 여행에서였다. 몇 달 전 에릭은 콜게이트팜올리브Colgate Palmolive의 대형 프로젝트에 매달려 잡화점에서 많은 시간을 보냈는데, 특히 청소용품 통로를 많이 오갔다. "종류가 엄청나게 많았지만 전부 똑같았어요." 에릭은 그렇게 말했다. "모양도 냄새도 다 똑같았죠. 브랜드도 꽤나 오래된 것들이었습니다. 그래서 한번 연구해 볼까 생각했죠."

그리고 그렇게 했다. 젠 루비오와 스테프 코리가 그랬던 것처럼. 좀 더 조용히 했다는 것만 달랐을 뿐.

에릭은 다양한 종류의 청소 브랜드를 아이템 별로 여러 가지 구입한 뒤, 집에서 자기만의 경쟁업체 분석을 진행했다. 그리고 그 결과를 침대 밑에 감춰놓았다. 자신의 생각을 이해해 줄 만한 사람이 있을 것 같지 않아서였다. "얼빠진 짓이었죠." 그는 자신의 아이디어를 그렇게 얘기했다. "이런 종류의 물건을 생각하고 있다는 사실을 누가 아는 것이 싫었습니다." 어머니라고 해도 마찬가지였다. 말을 꺼냈다가 핀잔만 들었기 때문이다. "난 네가 침대를 정리하는 것도 한 번 못 봤다. 그런 네가 청소용품 사업을 하겠다고?"

혼자서는 아마 안 될 거다. 하지만 파트너가 있다면? 그건 모를 일이다.

미국의 유명한 작가이자 다방면에서 뛰어난 업적을 남긴 올리버 웬들 홈스 시니어Oliver Wendell Holmes Sr.는 1872년에 이렇게 썼다. "아이디어는 대부분 그것이 솟아난 곳보다는 다른 사람의 생각에 옮겨 심어졌을 때 더 잘 성장한다(올리버 웬들 홈스라는 이름을 어디서 들어본 것 같다면 틀리지 않았다. 그는 같은 이름을 가진 유명한 대법관의 부친이다)." 스키 휴가를 보내기 위해 차를 타고 가는 동안 에릭은 애덤의 생각에 씨앗을 심었다.

"애덤이라면 얘기해도 되겠다는 생각이 들었거든요. 그래서 말을 꺼냈어요. 이봐, 이거 한번 해볼 만한 것 같지 않아?" 에릭은 그렇게 말했다. "애덤이 했던 말이 기억나요. 운전대를 잡은 채 나를 보며 말하더군요. '알잖아. 나 화공학 학위 있는 거…'" 애덤의 학위가 쓸모 있을 거라곤 생각해 본 적이 없었다. 그런데 쓸모 있을 뿐만 아니라, 꼭 필요한 학위였다.

그렇게 말한 애덤은 중요한 얘기를 덧붙였다. "내가 그랬죠. '음, 있잖아. 이런 것들은 볼품도 없지만 독성도 엄청나게 강하다는 것을 알고 있지?'"

"애덤의 말 한마디에 눈이 확 밝아졌죠." 에릭은 그렇게 말했다. "그러니까 깨끗이 닦는다는 게 실제로는 오염시키고, 집 안을 건강하게 만든다면서 독을 사용한다는 말이네?"

그날 오전 두 사람이 산에서 첫 커플 활강을 마칠 무렵, 에릭이 애덤의 머릿속에 심어준 생각은 이미 싹을 틔우기 시작했다. 냄새도 좋고 보기에도 좋은 청소용품이 중요한 건 아니었다. 사용하는 사람의 건강과 환경에 좋은 제품을 만드는 것이 중요했다.

며칠 뒤 샌프란시스코로 돌아온 애덤은 에릭의 방으로 책상을 옮겨, 그곳에서 여러 종류의 청소용품을 화학적으로 분석하며 낮시간을 보냈다(그러기 몇 달 전에 애덤은 카네기연구소를 그만두었다. 미국 요트팀으로 2000년 올림픽 출전 자격을 얻기 위해서였다). 또 그러는 동안 에릭은 직장에서 콜게이트 프로젝트를 끝냈고 덕분에 이 분야에서 더 많은 브랜드 경험을 쌓아 소비자에 관해 많은 것을 배울 수 있었다. 평일 저녁과 주말에 두 사람은 머리를 맞대고 사업을 구상했다. 일은 빠르게 진행되었다. 2000년 중반, 에릭은 모양이 마음에 드는 병을 찾고, 사람을 물색하여 이를 디자인한 뒤, 대량생산 체제를 구축하느라 바쁜 시간을 보냈다. 동시에 애덤은 0.5ℓ짜리 병에 담긴 여러 종류의 물질을 20ℓ 정도 되는 양동이에 넣고 혼합하여 그만의 완벽한 세정 공식을 찾느라 땀을 쏟았다. 이 모든 일이 여전히 3명의 다른 친구들과 공유하고 있던 집 주방에서 이뤄졌다.

"어느 날 집에 돌아왔는데, 애덤이 맥주 피처에 이것저것을 섞고 있더군요. 속으로 그랬죠. '아무래도 여기서 누구 하나 죽어 나가겠군.'" 에릭은 그렇게 회상했다. "다행히, 그것들은 독성이 없었어요." 그는 미친 사람처럼 큰 소리로 웃었다. '그것들'은 결국 멋진 디자인과 무독성 재료가 결합된 4가지 제품 라인의 세척제로 완성되었다. 2001년, 그들은 정식으로 메소드를 출범시켰다.

메소드는 애덤과 에릭의 서로 다른 능력과 감각의 완벽한 결합체였다. "우리는 늘 '폼이냐 실속이냐' 하며 농담을 주고받았어요. 애덤은 기본적으로 병에 있는 온갖 것들을 가지고 일했고 나는 병을 둘러싼 오만 가지를 했죠." 에릭은 그렇게 말했다. "그 많은 것이 지속 가능성을 추구하는 애덤의 열정과 디자인에 대한 저의 집착에 따라붙어 기막힌 운으로 귀결되었죠."

새로운 아이디어가 성공할 때 운을 우습게 보면 안 된다. 엄청난 행운이라고 해도 말이다. 그러나 운만으로는 메소드 세척제들이 1년도 안 돼 타깃Target 진열대에 올라가고, 5년도 안 되어 수익성 있는 사업으로 전환되고, 또 10년도 안 되어 1억 달러의 매출을 달성한 이유를 충분히 설명할 수 없다. 이를 설명하려면 에릭 라이언과 애덤 라우리의 완벽한 파트너십을 봐야 한다. 두 사나이가 있다. 한 사람은 외향적이고 다른 한 사람은 내향적이다. 한 사람은 하나의 문제에 집요하게 매달리고 또 한 사람은 철저히 따져보기 위해 좀 더 많은 공간이 필요한 사람이다. 한 사람은 미적 감각을 중시하는 사업가이고 다른 한 사람은 뚜렷한 사회의식과 함께 확실한 목적이 있는 공학자다. 다만 두 사람 모두 똑같이 아름답고 환경친화적인 청소 제품, 이쪽 용어로 '에코시크Eco-chic' 제품에 대한 비전과 양동 작전을 수행하기 위해 필요한 것이라면 무엇이든지 할 각오가 되어 있었다. "원래 그런 제품은 아름답지 않았어요. 아름다운 제품도 꼭 환경친화적이진 않았죠." 에릭은 그렇게 설명했다. "우리가 깨뜨린 것이 바로 그러한 패러다임입니다."

에릭과 애덤의 스토리에서 내가 가장 좋아하는 부분은 우연한 모든 발견과 그렇게 되기까지의 과정에서 절묘하게 맞아떨어지는 몇 가지 흥미로운 타이밍이다. 함께 보낸 어린 시절. 서로 다른 길을 향해 멀리 떨어졌다가 비행기 안에서 이루어진 우연한 만남. 같은 블록에 살고 있다는 것을 알게 되는 순간. 떠오른 아이디어. 다른 것도 아닌 **비누**. 이는 에릭의 말대로 "120년 전에나 인기 있었던 아이디어"였다. 투자가들이 돈이란 돈은 전부 첨단 스타트업에 쏟아붓던 시절이었다. 그러나 동시에 소비자들은 "집을 자신의 또 다른 모습으로 생각하기 시작했다." 특히 이케아IKEA가 미국에 들어오고, HGTVHome & Garden Television가 전국의 케이블 패키지에 등장하면서 말이다. 이 모든 것이 쉽지 않은 일들의 연속이었다!

애덤 라우리가 창업을 향한 자신의 진로를 예정된 운명으로 여기지는 않았겠지만, 그와 에릭의 인연이나 메소드에 얽힌 이야기를 들여다보면 어느 정도 정해진 운명 같은 것이 있어 보인다. 꼭 있어야 할 사람이 있어야 할 장소에 때맞춰 나타난다는 것이 운명이 아니라면 무엇이겠는가? 또 무엇보다 내가 메소드의 이야기에서 흥미를 느꼈던 부분은 그 절묘한 방정식에 포함된 사람들의 역할이다. 적어도 이것은 새로운 아이디어를 세상에 내놓는 문제와 관련이 있기 때문이다. 어느 분야든 좋은 아이디어일 경우에는 경험이 부족한 풋내기들이라도 연구하면 문이 열린다는 걸 어웨이가 증명한 것처럼, 메소드는 아무리 불가사의하거나 난해하거나 전성기가 지난 아이템이라도 **적절한 파트너만 찾으면 얼마든지 좋은 아이디어에 날개를 달 수 있다**는 걸 보여주었다.

이 같은 분석을 대단한 통찰력이라고 할 수는 없을 것이다. 이 장 앞부분에서 이야기했던 설립자들, 그러니까 우리 문화가 신처럼 추앙하는 지위에 오른 그들 대부분도 자신의 생각을 실현시키기 위해 초기에 벌였던 싸움에서 자신과 함께했던 파트너들의 중요성을 공공연하게 이야기해 왔다. 심지어 싸움을 한창 벌이는 와

중에도 그들은 그렇게 말했다.

"내가 사업을 벌이면서 내리는 최고의 결정은 늘 사람을 선택하는 것과 관련이 있습니다."[8] 빌 게이츠는 1998년에 워싱턴대학교 캠퍼스에서 가졌던 워런 버핏Warren Buffett과의 대화에서 그렇게 말했다. "폴 앨런과 파트너십을 맺기로 했던 결정은 그중에서도 맨 앞자리를 차지할 겁니다. … 전적으로 신뢰할 수 있는 사람, 전적으로 헌신해 줄 사람, 비전이 같지만 나와는 조금 다른 능력을 갖춘 사람 그리고 나를 견제해 줄 사람, 그런 종류의 명민함을 가진 사람을 촉발시켜 얻은 혜택은 일을 신나게 만들어 주었을 뿐 아니라, 정말로 대단한 성공을 가져다주었습니다."

1985년에 애플의 공동설립자 스티브 잡스는 〈플레이보이Playboy〉와의 인터뷰에서, 그의 파트너 스티브 워즈니악Steve Wozniak과의 서로 다른 관심사와 공통된 비전의 **결핍**이 얼마나 중요한지 강조했다. "우리 둘 다 이게 어디로 튈지 전혀 알지 못했어요."[9] 잡스는 그렇게 말했다. "워즈는 대상을 이해하지 못한 상태에서는 움직이지 않았습니다. 그는 엔지니어링에 더욱 집중했고 계속 일을 진행시켜 그의 가장 놀라운 작품에 매달렸죠. 바로 애플 II를 가능케 한 디스크 드라이브였어요. 반면에 나는 회사를 세우려고 했죠. … 워즈가 없었으면 할 수 없는 일이었다고 생각해요. 그리고 내가 없었어도 할 수 없었겠죠."

파트너십의 힘은 현대 첨단 분야에서만 관찰되는 현상이 아니다. 파트너십은 업종을 불문하고 혁신의 역사가 보여주는 뚜렷한 특징이다. 그런 파트너십은 대부분 회사 문 앞에 붙은 명패로 알 수 있는 문화적 아이콘이다. 벤과 제리. 휴렛과 패커드. 할리<sup>Harley</sup>와 데이비슨<sup>Davidson</sup>. 웰스<sup>Wells</sup>와 파고<sup>Fago</sup>. 프록터<sup>Procter</sup>와 갬블<sup>Gamble</sup>(프록터와 갬블은 어쩌다 애덤과 에릭의 경쟁사가 되었다). 워런 버핏은 1998년에 나눈 빌 게이츠와의 대화에서 사람을 선택하는 일의 중요성을 강조하는 게이츠의 의견에 전적으로 찬성했다. "내게도 그와 같은 오랜 파트너가 있습니다. 찰리 멍거<sup>Charlie Munger</sup>죠. 그와의 관계가 빌이 말하는 바로 그런 것입니다."

이 같은 성공적인 파트너십이라는 것이 분명 쉽게 이루어지지는 않겠지만, 그렇다고 해서 전적으로 우연의 산물이라고 보기도 어려울 것이다. 애덤과 에릭은 어렸을 적 친구였다. 게이츠와 앨런은 고등학교 동창이었다. 스티브 워즈니악은 캘리포니아 쿠퍼티노에서 스티브 잡스와 길 하나를 두고 마주 보며 살았고 고등학교에서는 그의 유일한 친구였다. 젠 루비오와 스테프 코리는 같은 직장에서 일했다. 찰리 멍거는 워런 버핏의 할아버지가 운영하는 가게에서 일했다. 그 밖에도 유명 브랜드를 설립하는 중심에는 셀 수 없이 많은 결합이 있다. 케이트스페이드<sup>Kate Spade</sup>, 더말로지카, 스테이시스피타칩스<sup>Stacy's Pita Chips</sup>, 드라이바<sup>Drybar</sup>, 론리플래닛<sup>Lonely Planet</sup>, 멜리사앤드더그<sup>Melissa & Doug</sup> 등 모두 세려면 손가락이 모자란다. 그들이 성공할 수밖에 없었던 운명 뒤에는 그 운명만큼이나 확실한 믿음이 있었던 것 같다. 그전까지의 관계가 그렇게 충실했다는 사실은 앞으로도 각자가 각별한 마음으로 서로 배려하고 도울 것이라고 믿을 수 있는 증거였다. 그것은 폭풍 속에서도 배를 피할 항구가 언제나 존재한다는 사실을 아는 것이다. 그 항구는 창업이라는 모험을 벌이는 사람에게는 집보다 훨씬 가까운 안식처다.

이것이 바로 공동설립자를 찾아야 하는 또 다른 이유다. 공동설립자의 영향력은 시장조사를 해도 드러나지 않고, 그들의 가치는 손익계산서로도 추정할 수 없다. 짐 코크가 파트너를 찾고 있을 때 바로 코앞에 있던 론다 칼먼이 눈에 들어왔던 것도 바로 그런 이유 때문이다. 1950년대와 1960년대에 소규모 양조장을 궤도에 올리려고 애썼던 경험 많은 그의 아버지는 아들에게 파트너를 찾아보라고 조언했다. 어차피 창업은 외롭고 기복이 심한 일인데, 혼자서 롤러코스터를 타면 배 속이 울렁거릴 때 참기가 더 힘들다는 이유에서였다.

20여 년 뒤에 폴 그레이엄도 정확히 같은 조언을 반복했다. "창업은 혼자서 감당하기에 너무 벅찬 일이다.[10] 혼자서 그 많은 일을 다 할 수 있다고 해도, 함께 머리를 짜내고 어리석은 결정을 하지 않도록 말리고 일이 잘못되었을 때 기운을 북돋아 줄 동료가 있어야 한다. … 사업이 바닥을 칠 때는 혼자 감당할 수 있는 사람이 거의 없다." 그는 그렇게 썼다.

파트너는 당신의 아이디어가 소비자의 변덕을 견디고 경쟁사들의 무자비한 공격과 투자가들의 면밀한 조사 그리고 세상사의 불확실성에서 살아남도록 도울 뿐 아니라, **당신이 살아남을 수 있도록 도와준다.** 아이디어가 진짜 사업이 되려면, 그로 인해 당신의 기운도 펄펄 날아야 한다. 다시 말해 파트너, 즉 공동설립자가 필요하다는 뜻이다.

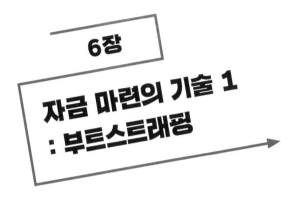

애덤 라우리와 에릭 라이언은 2001년 2월에 처음으로 메소드 제품의 판매처를 찾았다. 샌프란시스코 반도에서 가족끼리 운영하는 몰리스톤스마켓Mollie Stone's Markets이라는 슈퍼마켓 체인이었다. 그들의 첫 번째 매장은 반도를 따라 동맥처럼 뻗은 엘카미노레알 도로에서 갈라져 나온 곳에 있었는데, 그곳은 캘리포니아에서 가장 부유한 카운티 2곳을 관통하여 실리콘밸리로 들어간 다음 샌드힐 로드를 가로지르는 교통의 요충지였다. 벤처캐피털회사들이 밀집되어 있는 곳으로 유명하지만, 애덤과 에릭이 투자자를 찾아 나섰을 때 아무도 둘을 거들떠보지 않았다.

마침 닷컴 버블이 폭발하기 직전이라 사업체 이름에 '.com'이란 단어만 들어가도 돈을 대주겠다는 사람들이 문밖에 줄을 설 때였다. 하지만 아날로그 분위기를 풍기면 얘기가 달라졌다. 소비재는 프록터앤드갬블Procter & Gamble, 이하 P&G과 유니레버Unilever라는 수십억 달러를 상회하는 두 재벌 기업이 완전히 장악하고 있었기에, 그런 정체된 분야에서 돌풍을 일으켜 보겠다고 하면 문이 닫힐 뿐만 아니라 빗장을 걸고 불까지 꺼버리던 시절이었다(1998년에 애덤과 에릭이 집으로 돌아가는 비행기 안에서 다시 만나 2001년에 그들의 첫 상품을 판매대에 올려놓기까지의 기간에, 펫츠닷컴Pets.com이 탄생하여 벤처캐피털에서 수천만 달러의 자금을 모은 후 아마존에 인수되었지만, 상장된 뒤 폭삭 망해 문을 닫았다).

애덤과 에릭은 샌드힐로드 사내들(당시 샌드힐에는 거의 남자들뿐이었으니 오해 없길 바란다)에게 거절당해도 크게 괘념치 않았다. 사업을 시작하는 데 그렇게 많은 돈이 필요하지 않았기 때문이다. 그들이 만들려는 것은 위험한 산업용 용제가 아니었다. 그들이 원하는 것은 천연의 무독성 세척제였기 때문에 물과 식초, 베이킹소다, 식물 추출물 그리고 에센셜 오일만 있으면 됐다. 애덤의 말에 따르면 "매우 흔하고, 늘 사용하는 순한 화학 물질이었고, 전문 연구소가 아니어도 어디서든 혼합할 수 있는 것들이었다." 그들은 각자 통장을 털어 4만 5,000달러씩 투자하여 실험에 착수했다(에릭이 투자한 돈은 얼마 전에 돌아가신 할아버지가 남겨준 것이었다).

처음 몇 년 동안 웬만한 일은 두 사람이 직접 했다. 그들은 완벽해질 때까지 공식을 수정하고, 용기를 디자인하고 만드는 과정에 일일이 개입했으며, 병에 적힌 고객서비스 전화번호(내가 인터뷰한 그 많은 창업가가 자신의 휴대폰을 고객서비스 연락처로 사용하여 제품 포장에 인쇄했다. 그들이 그런 상태를 얼마나 오래 유지했는지 알면 더욱 놀랄 것이다!)란에 에릭의 개인 휴대폰 번호를 인쇄했다. 또 고객을 유치하기 위해 매장 내에서 시연해 보이고(에릭은 실험실 가운까지 걸쳤다), 샌드힐로드의 투자자들을 상대로 홍보하고 몰리스톤스마켓 같은 리테일러들을 섭외했다. 그들은 재고 관리도 직접 했다. 몰리스톤스마켓의 매장이 늘어나고 판매처가 부티크 식료품 매장까지 확대되면서, 애덤과 에릭은 매일 교대로 매장을 돌며 재고 상태를 확인하고 진열대에 상품을 다시 채워 넣곤 했다. 그들은 그것을 '신문 배달'이라고 불렀다.

　친구나 가족에게 빌린 돈으로도 추가 비용을 감당할 수 없을 때는 그냥 신용카드를 긁었다. 마침내 첫 번째 전문투자자의 돈을 유치했지만(한 투자가로부터 100만 달러를 받았다), 이미 모든 카드가 신용한도를 초과했기 때문에 남들 다 하는 '클로징 디너파티(계약 성사를 축하하는 행사)'를 열 여유도 없었다.

　창업을 해본 적이 없는 사람이 들으면, 무책임한 자금관리의 극치로 여길지 모르겠다. 하지만 애덤과 에릭이 벌였던 일에는 이름이 있다. **부트스트래핑**Bootstrapping이다. 이는 주변에 자금 지원을 요청해 볼 만한 억만장자의 명단이 없을 때, 처음 회사를 차려서 혼자 끌고 가야 한다거나 파트너밖에는 믿을 데가 없을 때 쓰는 궁여지책이다. 좀 더 구체적으로 말해 내가 마음대로 쓸 수 있는 자금만 가지고 원하는 곳까지 가는 것이다.

　보통 부트스트래핑이라고 하면 돈의 문제로 인식한다. 어느 정도는 맞는 말이다. 친구나 가족, 벤처캐피털이나 SBA 융자(중소기업청이 보증을 서주는 융자) 등 돈을 빌릴 만한 곳이 없다면, 신용카드나 개인 저축이나 이윤의 재투자 등 다른 방법으로 필요한 돈을 마련하고 지출해야 한다. 그러나 수백 명의 수완 좋은 기업가들과 이야기를 나누면서, 나는 부트스트래핑이 단순한 자금마련을 위한 최후 수단 이상의 의미를 갖는다는 사실을 알게 되었다. 부트스트래핑은 사업을 지배하는 문제다. 그것은 다른 사람의 힘을 빌리거나 돈으로 해결해야 할 문제를 자신의 시간이나 노력, 네트워크나 재능, 독창성 같은 비화폐성 자산Nonmonetary Asset을 사용하여 해결하는 방법이다.

조 게비아Joe Gebbia와 브라이언 체스키Brian Chesky, 네이선 블레차르지크Nathan Blecharczyk는 2007년과 2008년에 그들이 가진 모든 자원을 동원하여 오늘날 우리가 에어비앤비Airbnb라고 알고 있는 P2P 방식의 온라인 숙박 플랫폼을 시작했다.

에어비앤비는 대규모 회의가 열리는 도시의 호텔방이 매진될 때 참석자들에게 숙박할 수 있는 공간을 제공하는 '에어베드앤드브렉퍼스트닷컴Airbedandbreakfast.com'이라는 웹사이트로 시작했다. 2007년 9월의 어느 날, 조는 집에 앉아 인터넷을 검색하고 있었다. 조의 집주인이 집세를 25% 올렸기 때문에 집세를 내고 친구도 잃지 않으려면 무슨 방법이든 찾아야 했다. 마침 조는 몇 주 전에 친구 브라이언 체스키에게 로스앤젤레스의 직장을 그만두고 샌프란시스코로 와서 함께 회사를 차리자고 설득해 새 룸메이트로 맞이한 터였다. 무슨 회사인데? 글쎄, 아직 거기까지는 생각하지 못했는데.

　운 좋게도 몇 주 후에 샌프란시스코에서 산업 디자인 콘퍼런스가 개최될 예정이었다. 조와 브라이언 둘 다 로드아일랜드 스쿨오브디자인 Rhode Island School of Design, RISD을 졸업했기에 그들 역시 참석할 생각이었다. 조는 입장권을 구할 수 있는지 확인하기 위해 콘퍼런스의 홈페이지로 들어갔지만, 이미 호텔이 매진되었다는 큼지막한 문구가 빨간 글씨로 전면에 떠 있었다.

　그 순간 아이디어가 반짝했다. "생각해 봤죠. '거참 실망이네. 디자이너들은 뒤늦게 올 텐데 머무를 곳이 없겠는걸.' 그 순간 나도 모르게 거실을 둘러보았어요. '잠깐, 여기 공간이 널찍하잖아. 옷장 안에는 에어베드도 있고.' 그리고 에어베드에 사람을 재울 수 있다는 생각이 조금씩 자연스럽게 느껴지더라고요."

　그는 새 룸메이트인 브라이언에게 아이디어를 얘기했다. 브라이언이 샌프란시스코로 거처를 옮긴 달에 그의 계좌에는 1,000달러가 있었다. 집세에서 그가 부담해야 할 몫은 월 1,050달러였다. 나조차도 그 정도 산수는 할 수 있다. 그때는 그런 아이디어가 엉뚱해 보였을지 모르지만, 돈이 없는 사람에게는 생각하고 말고의 여유가 없었다.

　"단순히 잠만 재우는 게 아니야." 그때 조는 그렇게 생각했다. "아침 식사를 차려주고, 공항에서 픽업한 뒤 샌프란시스코를 구경시켜주고, 지도도 주는 거지."

　이런 식으로 조는 브라이언에게 이메일로 설명했다. 이 내용은 2016년 TED 강연에 소개되어 유명해졌다.

브라이언

　돈을 좀 벌 수 있는 방법이 생각났어(우리 집을 디자이너의 침대와 아침 식사를 제공하는 곳으로 탈바꿈시키는 거지).[11] 나흘의 행사 기간에 도시를 찾는 젊은 디자이너들에게 숙소를 제공하는 거야. 무선인터넷, 작은 책상, 슬리핑 매트, 거기다 아침 식사까지! 어때?

-조

　브라이언이 왔다. 두 사람은 함께 디자인 기술을 발휘해 순식간에 간단한 웹사이트를 만들었다. 그들이 누구며 그들이 생각하는 것(하룻밤에 80달러를 내면 우리 집 거실 바닥에 에어매트리스를 깔고 잘 수 있다) 그리고 그밖에 그들이 제공할 서비스 등을 적었다.

　여기서 말하는 '그들'이란 조와 브라이언이었다. 아이디어가 먹혔는지 고객 3명이 그들의 공간에 관심을 보였다. "그렇게 그들이 우리 집에 머물렀어요. 우리는 그들에게 샌프란시스코를 구경시켜 줬죠. 그들이 외지인이 아니라 동네 사람인 것 같은 느낌이 들게 말이죠." 조는 그렇게 말했다.

　고객들의 콘퍼런스장 밖에서의 일은 모두 조와 브라이언이 일정을 짜고 안내를 맡았다. 이것이 크루즈였다면 그들은 선박을 건조한 사람이고 선장이며 사교책임자이자 항해사이고 엔지니어이자 주방장이며 가사도우미였다. 전부 두 사람이 처리했다. "그들과 작별하던 순간을 절대 잊지 못할 겁니다." 조는 그렇게 회상했다. "문이 찰칵 닫히는 것을 지켜보며 생각했죠. '다른 사람들도 집에 손님을 초대하고, 그들과 경험을 나누고, 도시를 자랑할 수 있게 만들면 어떨까?'"

그렇게 하기 위해서는 훨씬 강력한 웹사이트가 필요했다. 조도 브라이언도 할 수 없는 기술적 전문 지식이 필요한 순간이었다. 프로그래머를 고용할 돈이 없었기에, 그들은 네트워크를 활용하여 프로그래머를 찾았다. 다행히 조에게 아는 사람이 있었다. 하버드 대학교 컴퓨터공학 학위를 가진 엔지니어 네이선 블레차르지크는 브라이언이 들어오기 전 조의 룸메이트였다.

휴일이 끝난 후 조는 네이선에게 전화를 했고 셋은 만나서 같이 술을 마셨다. "2008년 1월이었습니다. 아이디어는 있는데 엔지니어가 없었죠. 네이선에게 3명의 손님과 함께한 주말 실험을 얘기해 줬는데, 아이디어가 마음에 든다고 하더군요." 조가 말했다.

결국, 이들은 에어베드앤드브렉퍼스트닷컴을 다시 시작할 최적의 타이밍을 알아보았다. 그리고 3월에 텍사스 오스틴에서 열리는 사우스바이사우스웨스트South by Southwest, SXSW 테크 콘퍼런스를 타깃으로 삼았다. 그들이 이전과 같은 전략적 결정을 내렸을 때 콘퍼런스는 한 달도 채 남지 않은 시점이었다. 준비 시간이 빠듯했지만 놓칠 수 없는 기회였다.

"몇몇 대형 테크 기업들이 우리보다 먼저 론칭했던 장소였어요. 트위터Twitter 와 포스퀘어Foursquare를 비롯한 몇몇 기업이 그렇게 론칭했죠. 그들이 따라갔던 로켓 추진선을 우리도 따라갈 생각이었어요." 조가 설명했다. "매년 똑같아요. 호텔들은 몇 달 전에 매진되고, 사람들은 숙박 시설을 두고 다투죠."

호텔 객실 수의 절대 부족으로 탄생한 온라인 숙박 플랫폼에서 더 좋은 시나리오는 무엇일까? 그 후 3주 동안 그들은 조와 브라이언의 아파트에서 매일같이 머리를 맞대고 웹사이트를 새롭게 만들었다. 조는 디자인을 하고, 네이선은 코딩을 하고, 브라이언은 아이디어를 사업화하는 데 필요한 일을 처리했다. 돈도 없이. 조의 표현대로라면 "없는 돈을 쪼겠다."

그들은 간신히 콘퍼런스 개회일에 맞춰 6개의 목록으로 사이트를 개설했다. 그런데 예약한 사람은 2명뿐이었다. 그리고 그중 하나는 브라이언이었다.

"완전히 맥이 풀렸어요. 쾌재를 부르며 아이디어를 내놓았는데 아무도 반응을 보이지 않더군요." 조가 말했다. 하지만 그들은 그 과정에서 몇 가지 중요한 것을 깨달았다. 첫째, 고객과 돈을 직접 주고받는 것은 정말 이상했다. 집에서는 특히 그랬다. 아무래도 온라인으로 금융거래를 해야 할 것 같았다. 둘째, 콘퍼런스가 아닌 다른 이유로 여행을 즐기는 사람들이 있을 것이다. 표면적으로는 에어매트리스가 있든 없든 다른 사람의 집에 머무른다는 사실에 흥미를 느끼는 사람이 있을지 모른다. 그러니 아이디어를 꼭 콘퍼런스 장소와 연결할 필요는 없다.

"우리는 말했죠. 좋아. 결제를 추가하자. 그리고 이걸 아예 여행 사이트로 바꾸자. 그때 아이디어가 떠올랐어요. 언론의 수위가 만조에 이를 때에 맞춰 새 버전을 다시 론칭하기로요." 조가 말했다.

2008년, 세간의 이목이 쓰나미처럼 몰려들었다가 전국으로 흩어지는 시점이 있었다. 버락 오바마가 미국 대통령직에 도전하는 역사적인 사건으로 돌풍을 일으킨 데 뒤이어 그해 여름 콜로라도 덴버에는 민주당 전당대회가 예정되어 있었다. 거기서 오바마가 후보 지명을 수락한 후 연설할 예정이었다. 둘도 없는 기회였다.

"오바마의 연설을 들으러 10만 명 정도가 올 것으로 예상했어요. 호텔 객실이 3만 개도 채 되지 않는데 그나마도 대부분을 주최 측이 이미 선점한 상태였죠." 조는 그렇게 기억했다. 심각한 수용 위기였다. 덴버 시장은 캠프 참가자들에게 도시의 공원까지 개방할 생각이었다. 조와 브라이언과 네이션이 만들려는 서비스가 갑자기 절실해진 상황이 된 것이다. 그들은 말만 꺼내면 됐다.

"전당대회 기간에 맞춰 우리 서비스를 다시 론칭하면 어떨까? 오바마를 취재하는 언론에 올라탈 수 있으면 시장에 브랜드를 확실히 각인시킬 수 있을 텐데." 조가 그렇게 말했다.

그리고 그들은 그렇게 했다. 네이션이 콘퍼런스를 겨냥하던 웹사이트의 포커스를 여행 쪽으로 바꾼 다음 온라인 결제 기능을 추가하는 동안, 조와 브라이언은 덴버로 날아갔다. 그들에게 약간의 시간이라도 내주는 사람이면 누구라도 붙들고 설득한 끝에 어느 정도의 관심을 끌 수 있었다.

"처음에는 동네 언론에 소개되었는데, 그게 지역 언론으로 바뀌더니, 다시 전국 언론에 알려졌어요." 조가 말했다. 심지어 조와 브라이언은 그들의 거실에서 CNN과 생방송 인터뷰를 하기도 했다. 대회가 끝난 지 4주도 안 돼서 홈페이지에 800가구가 추가되었고 그중 100건이 예약되었다.

"바로 이거다, 그런 생각이 들었어요. 그것이 달로 가는 우리의 로켓 추진선이었죠." 조가 말했다. 그들은 모든 것을 부트스트래핑했다. 아니, 그들은 그 이상으로 그들 사업의 장점과 부트스트래핑의 위력을 직접 보여주었다. 똑똑하고 기민한 기업가로서 그들의 가치를 입증했고, 무엇보다도 사업을 100% 지배한 것이다.

메소드를 만든 두 사람도 그랬지만, 새로운 모험적 시도가 성층권으로 진입해 로켓을 완전히 장악했다고 느낄 때보다 투자를 추구하기에 더 좋은 시기가 또 어디 있겠는가? 조와 브라이언은 샌프란시스코의 인맥을 이용하여 샌드힐로드에서 20명의 투자자를 소개받았다. 그들은 각각의 투자자들에게 이메일로 피치 데크Pitch Deck를 보냈다.

그러나 반응은 그다지 좋지 않았다. "우리 이메일에 답장해 준 사람은 10명이었어요. 그중 5명을 만나 커피를 마셨지만, 정작 투자하겠다는 사람은 아무도 없더라고요." 조는 점점 더 빠른 속도로 떨어지는 숫자의 폭포수에 쓸려 내려갔고 그 끔찍한 숫자들은 마치 그들의 무능한 사업적 DNA인 것처럼 붙어서 떨어질 줄 몰랐다. "살면서 그렇게 지독한 경험은 처음이었어요. 아주 확실한 투자자들, 그러니까 세상의 수많은 구글과 페이팔과 유튜브를 선택했던 사람들 앞에 야심 차게 내놓았더니 우리 눈을 빤히 들여다보다 말하더군요. '흠. 이건 좀 그러네.'" 조의 목소리가 기어들어 갔다. "2008년은 내 생애 최악의 해였습니다."

원칙적으로 말해, 에어베드앤드브렉퍼스트닷컴으로 끝났어야 할 일이었다. 그리고 어떻게 보면 끝난 셈이었다. 아니면 적어도 끝나는 수순을 밟기 시작했다. 그 이유는 8개월 안에 이름이 에어비앤비로 단축되고, 공동설립자 3명이 스타트업 인큐베이터 Y 콤비네이터를 졸업한 뒤, 그들의 신생 웹사이트가 1만 명의 사용자와 2,500명의 명단을 확보했기 때문이다. 이 모든 것은 아이러니하게도, 모두 두 상자의 시리얼과 신용카드 바인더 때문에 일어난 일이었다.

"야구카드를 끼워두는 바인더 아시죠?" 투자자들에게 연이어 퇴짜를 맞은 뒤 어떻게 계속 버틸 수 있었는지 궁금하던 차에, 조가 내게 물었다. "그런 게 하나 있었는데 야구카드는 없고 신용카드만 있었죠. 비자Visa를 몇 개 거쳐 마스터카드Mastercard로 갔다가 나중에는 아멕스Amex까지 갔죠. 전부 사용 한도 초과였어요. 그런 식으로 자금을 스스로 조달했거든요."

그들은 그것을 '비자 라운드'라고 불렀다. 덕분에 불을 계속 켜고 서버를 가동할 수 있었지만, 거기까지였다. "신용카드 명세서를 받는 것보다 더 기분 나쁜 일은 없었어요. 늘어나기만 할 뿐 갚아나갈 희망은 없었으니까요." 조가 말했다. 그러던 어느 늦은 밤, 2008년 대선을 앞두고 조와 브라이언은 주방에 앉아 서비스의 수준을 높이는 문제를 두고 이런저런 얘기를 하고 있었다. 에어베드앤드브렉퍼스트닷컴에서 '에어베드' 문제는 처리했다. 그리고 생각했다. 하지만 '브렉퍼스트'는 어떻게 한담? 그건 별로 할 게 없잖아?

"시리얼을 호스트에게 제공하면서 게스트에게 주라고 할 수도 있었겠죠." 조는 브라이언과 그런 얘기를 했다고 했다. "정치를 소재로 삼으면 재미있지 않을까? 우리는 그것을 '오바마 오, 변화의 아침 식사Obama O's: The Breakfast of Change'라고 했죠. 저쪽은 '캡틴 매케인, 어느 모로 보나 뚝심가McCain's: A Maverick in Every Bite'로 정했어요."

집중적인 브레인스토밍의 결과라기보다 새벽 2시에 신세 한탄을 하다 만든 것처럼 들린다면, 틀리지 않는다. "기운 좀 내자는 의미로 던진 것뿐이에요. 그때는 그랬어요." 조는 말했다. 실제로 아침 시리얼을 만들었다는 사실만 빼면 그랬다!

시리얼을 그냥 만든 것도 아니다. 그들은 그것을 상품화하고 홍보했다. 브라이언은 나가서 흔한 시리얼 500상자를 사 왔다. 조는 미술감독을 맡았고, 그들의 네트워크를 통해 다시 한번 일러스트레이터를 고용했다. 인심 쓰는 셈 치고 수수료 정도만 받고 합류한 디자인 학교 동창이었다. 그들은 한정판 시리즈를 만들기로 하고 시리얼 브랜드 별로 웹사이트를 만들었다. 한 달 전에 있었던 민주당 전당대회 당시 10여 차례 취재할 때 얻은 연락처 정보를 포함해 그들이 연락처를 가진 모든 매체에 100상자를 보냈다. 그들은 상자에 1부터 500까지 번호를 매긴 뒤 온라인으로 시리얼을 개당 40달러에 팔았다. 꼼수가 통했다. 엄청난 양의 언론보도가 나갔다. **그리고** 시리얼이 모두 팔렸다.

에어비앤비 스토리 중에서도 특히 이 부분에서 혀를 내두르지 않을 수 없다. 하지만 의문이 생겼다. 그래서 어쨌다는 건가? 이런 게 에어베드앤드브렉퍼스트닷컴에 도움이 되었다는 얘긴가? 조는 그렇지 않다고 대답했다. 아니, 더 정확히 말해 그런 것은 중요하지 않았다. "개당 40달러 곱하기 500박스니까. 아침 식사로 2만 달러를 번 겁니다. 신용카드 빚을 갚을 정도는 됐어요." 조가 말했다.

오바마 오와 캡틴 매케인이 에어비앤비 로켓 추진선에 넉넉한 연료를 공급해 준 건 아니지만, 적어도 그해 Y 콤비네이터의 겨울 수업에 참여할 정도의 동력은 주었다. 실제로 Y 콤비네이터의 공동설립자인 폴 그레이엄이 이 프로그램에서 그들에게 자리를 마련해 준 것은 시리얼을 통해 보여준 독창성 때문이었다. "아침 시리얼을 통해 우리에게 물건을 파는 재주 외에 패기도 있다는 것을 그에게 입증해 보인 거죠." 조는 그렇게 말했다. "아침 식사 시리얼을 박스당 40달러에 팔 줄 안다면 우리 웹사이트의 효능도 입증해 보일 수 있는 겁니다."

그레이엄의 코치에 기운을 차린 세 청년은 투지를 더욱 불태웠다. 그레이엄은 성장을 가로막고 있는 당면 문제를 해결하기 위해, 규모가 크지 않은 일부터 할 수 있게 해주었다. 그들은 웹사이트의 검색 결과를 분석했고 자신들이 이용할 수 있는 긍정적 추세와 애초에 싹을 잘라야 할 부정적 요인을 찾았다. 그들의 눈에 띈 첫 번째 패턴은 예약자 수가 적은 호스트일 경우 올리는 사진이 최악이라는 점이었다.

"사람들은 카메라폰을 사용하고 있었어요. 그들은 밤에 자기 집 사진을 찍습니다. 그런 사진들을 보면 그 집에 머물고 싶다는 생각이 들지 않아요. 그러니 아무도 예약을 하지 않는 거죠." 조는 그렇게 말했다. 문제가 되는 사진들은 대부분 뉴욕시에서 올라온 것들이었다. 그때는 그곳이 가장 큰 시장이었다. 이는 부정적인 트렌드를 도려내는 동시에 긍정적인 트렌드를 구축할 수 있는 절호의 기회였다. 조는 로드아일랜드 디자인 학교에 다닐 때 사진 수업을 들은 적이 있었다. "주말에 직접 비행기를 타고 날아가 사진을 좀 멋있게 찍어주면 어떨까 생각했어요. 물론 비용을 청구하지는 않죠.

공짜로 해주는 겁니다." 조는 그렇게 말했다.

그렇게 브라이언과 조는 뉴욕시에 사는 호스트 30명에게 그들의 제안을 이메일로 보낸 다음 정말 멋진 카메라를 빌려서 뉴욕으로 가는 비행기를 탔다. 그들은 뉴욕시 5개 자치구를 다니며 그들의 집을 일일이 방문했다. 에어비앤비를 공동설립한 두 사람이 말이다. 조는 그렇게 사내 사진작가 노릇을 했다. 막상 찍어 보니 솜씨가 보통이 아니었다. "조명도 구도도 제대로 나왔어요." 그는 그렇게 설명했다. "집도 좀 꾸몄죠. 카메라 화면으로 사진을 보여줬어요. 그러면 호스트들이 그랬죠. '와, 세상에! 우리 집이 이렇게 멋지다니. 믿을 수가 없어! 앉아서 차나 커피 한잔할래요?'

물론 두 사람은 승낙했다. 그리고 얼리어답터들의 집에 앉아서 사람 사는 얘기며 웹사이트 만들 당시의 경험 등을 이야기했다. 경우에 따라 몇 시간씩 머물기도 했다. 그렇게 해서 그들은 조가 '디자인 연구 모드'Design Research Mode '라고 부르는 단계로 들어갔다.

"거실에 앉아, 그들은 노트북을 꺼내고 나는 묻죠. '일정을 어떻게 정하는지 보여주시겠어요?' '게스트들과 메시지를 주고받는 방법을 보여주시겠어요?'" 조는 그렇게 회상했다. "그리고 그 순간 우리는 우리가 완벽하게 설계한 인터페이스가 어떻게 철저히 실패했는지 똑똑히 보게 되었어요. 2~3번만 클릭하면 될 줄 알았는데 10번, 12번을 클릭해야 간신히 성공하는 거예요. 우리가 만든 웹사이트에서 우리가 버벅대고 헤매는 거죠." 무엇보다 최악은 조와 브라이언과 네이선 모두 2009년의 그 추운 첫 달, 뉴욕에서의 그 운명적인 주말까지도 그것이 문제인지 몰랐다는 사실이다.

107

"하지만 일단 알고 나니 대박이 터졌습니다." 조는 그렇게 말했다. "문제를 찾아낸 뒤 돌아와 설계를 다시 했어요. 원래는 수수료가 한 주에 200달러 정도 들어왔는데, 6개월 동안 계속 그랬죠. 그런 식으로는 버틸 수 없었어요. 그 돈으로는 성인 3명이 샌프란시스코에서 먹고살 수 없었죠. 그런데 2주 만에 200달러가 400달러가 됐습니다."

수익이 **2배**로 늘었다. 의심의 여지가 없었다. 뉴욕을 찾아가 사진을 새롭게 찍었던 호스트들의 예약이 늘어난 것이 가장 큰 요인이었다. 우연히 사진 문제를 알아내 해결하자 유기적 성장이 기지개를 켜기 시작했고 투자가들이 냄새를 맡으면서 에어비앤비는 지금 우리가 알고 있는 그런 형태를 갖추기 시작했다.

지금 에어비앤비의 기업 가치는 300억 달러를 상회한다. 내 생각엔 정당한 평가다. 게다가 숙박의 의미를 새로 쓰고 세계 여행과 관광에 거는 기대에 도전한 이 거대조직은 어떻게든 살아남으려는 조 게비아와 브라이언 체스키와 네이선 블레차르지크의 끈질긴 노력 때문에, 오늘날 이와 같은 대단한 성과를 올리고 있다. 그들은 꼬박 2년을 부트스트래핑으로 버티면서 웹사이트를 다시 만들고 사업 모델을 선점하고 언론사에 취재를 요청하고 사진을 직접 찍고 신용카드 빚에 의지하고 산더미처럼 쌓인 라면 봉지로 연명했다. "시리얼도요." 조가 얼른 덧붙였다. 처음의 부트스트래핑은 그들이 원한 것이었고, 그것이 현명한 방법이었기 때문이었다. 하지만 그다음의 부트스트래핑은 그렇게 할 수밖에 없었고, 그것이 유일한 방법이었기 때문이었다.

실리콘밸리에서 가장 존경받는 인물들은 대부분 부트스트래핑의 가치를 알고 있기에 기업가 지망생들에게 이를 받아들이라고 권해왔다. '실리콘밸리의 대부'로 불리는 론 콘웨이 Ron Conway는 언젠가 기업인들에게 이렇게 조언했다. "부트스트래핑이 길면 길수록 회사에는 좋다.12 그러면 회사를 온전하게 소유할 수 있으니까. … 신용카드를 만들고 할 수 있는 것은 다 하라. 그러면 에인절 투자자를 찾아가게 될 때쯤엔 쓸모 있는 시제품을 만들고 유저도 일부 확보할 수 있을 것이다. 그 정도만 돼도 가치가 올라가기 때문에 저평가로 고전할 일은 줄어든다."

2015년에는 Y 콤비네이터의 샘 알트먼 Sam Altman 사장도 트위터를 예로 들며 부트스트래핑을 옹호했다. "우리 YC의 경험으로 볼 때 최고의 기업은 적은 돈으로 놀라운 일을 한다."13 그는 이렇게 덧붙였다. "우리는 적은 자본으로 많은 일을 할 수 있는 기업을 특히 좋아한다.14 그들은 많은 돈으로 별다른 일을 하지 않는 회사보다 훨씬 더 효율적이다."

부트스트래핑은 확실히 효과가 있다. 하지만 그것은 또한 매우 어렵다. 비상한 결과를 얻으려면 비상한 노력이 필요하다. 비상함이 성공하는 스타트업의 모습이다. 어쨌든 정상이 아니라는 이유로 비상함을 부정적으로 보면 안 된다. 나는 지금이나 앞으로나 신중한 낙관론자다. **나는 성공이 가능하다는 것을 안다. 당신이 할 수 있다는 것도 안다.** 하지만 나는 또한 부트스트래핑이 전혀 통하지 않는 그런 유형의 사업이 있다는 것도 안다. 자신의 아이디어에 기나긴 세월과 끝도 없는 주말을 희생할 열정이 없는 사람들이 운영하는 그런 유형의 사업 말이다. 뉴욕으로 가는 비행기를 탈 생각이 없거나 서버를 계속 돌리기 위해 신용카드라는 카드는 모조리 한 도액까지 쓸 열정도 없는 사람이 하는 사업 말이다.

사업을 제대로 부트스트래핑하고 또 그것을 잘하려면, 자신이 마주하고 있는 현실이 어떤지 자신에게 걸린 기대가 무엇인지 알아야 한다. 사업을 시작하기 위해 빚을 끌어들이는 것이 무서운 일인가? 당연히 무섭다. 하지만 짐 코크에게 물어본다면 **그것보다 더 무섭고 위험한 것은 사업을 시작해 볼 생각도 하지 않는 것**이라고 답할 것이다. 라면을 질릴 정도로 먹고 잠도 제대로 못 잔다는 이야기가 끔찍하게 들리는가? 사업을 하면 확실히 쪼들리겠지만 못 견딜 정도는 아니다. 제인 워워드처럼 시장성이 있는 또 다른 기술이 있거나 데이먼드 존처럼 버틸 수 있는 직장을 가지고 있다면, 사업가의 꿈을 접고 싶다고 마음먹는 순간 언제든 연착륙할 수 있다.

당신이 지금 창업을 시작해 걱정이 많다면, 충분히 이해한다. 이제 막 절벽에서 뛰어내렸고 땅에 닿기 전에 비행기를 만들어야 한다는 것을 기억하라. 생각보다 지면은 빠르게 가까워진다. 주춤거릴 시간이 없다. 하지만 메소드와 에어비앤비 공동설립자들의 경험이 가르쳐주는 것이 있다. 신속하고 현명하게 열심히 그리고 파트너와 함께 일한다면, 창업이라는 새로운 도전이 당신을 찾아오기 전에 당신이 먼저 그 도전을 찾을 수 있다는 사실이다.

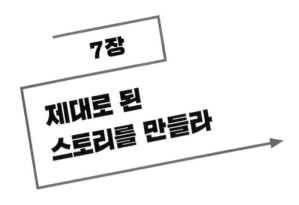

7장

# 제대로 된 스토리를 만들라

2019년 12월에 나는 미국 오하이오 신시내티 글로벌 본사에서 P&G의 마케팅팀과 스토리텔링에 관한 이야기를 나눴다. P&G는 180년 된 다국적 대기업으로서 60개 이상의 브랜드를 소유하고 있는데, 이 중 10억 달러 이상의 가치를 가진 브랜드만 20개에 가깝다. 숫자만 놓고 보면 P&G는 1837년 창사 이래 몇 가지 대단한 성과를 올렸다.

　내가 요청하기도 전에 그들은 시내에 당당하게 자리 잡고 있는 회사 내부를 둘러보게 해주었다. 캠퍼스 내에는 회사의 역사를 더 듬어볼 수 있는 작은 박물관도 있었는데, 그곳에는 P&G가 그동안 만들거나 취득한 모든 제품에 관한 내용도 꼼꼼히 기록되어 있었다. 박물관 내부를 거닐면서 나는 크레스트 화이트스트립스Crest Whitestrips나 스위퍼Swiffer 등 웬만한 사람은 알 만한 브랜드로 부상한 수많은 제품의 유래담을 듣고 몇 가지 이유에서 놀랐다.

크레스트 화이트스트립스는 '클링 랩Cling Wrap'을 담당한 사람과 치약 부서에서 일하는 사람이 어느 날 P&G 카페테리아에서 점심을 먹은 뒤 가진 브레인스토밍 세션의 결과였다. 스위퍼는 미스터 클린Mr Clean 병에 대걸레 자루를 붙이고 바닥에 생리대 올웨이스Always 패드를 붙인 어설픈 조합으로 시작되었는데, 미스터 클린과 올웨이스 모두 P&G 제품이다.

하지만 내가 정작 놀란 것은 P&G 브랜드를 대표하는 수십 개의 제품이 내부 혁신과 협업의 산물이라는 점 때문이 아니었다. 이처럼 매력적이고 세부적인 스토리를 아는 소비자가 거의 없다는 사실 때문이었다. P&G는 세계적인 대형 소비재상품 회사이지만 그들을 '혁신'이라는 단어와 연결 지어 생각하는 사람은 거의 없다. 그들은 한 해 광고비로 10억 달리도 넘는 금액을 쓰고 있지만, 인쇄물이든 TV나 라디오의 광고이든 어디에도 혁신이라는 단어나 제품의 탄생 설화 같은 건 보이지 않는다. 대신 P&G 광고는 실용성과 효용성에 초점을 맞춘다. 그들은 제품이 소비자에게 무엇을 해줄 수 있는지에 집중할 뿐, 브랜드와 소비자와의 어떤 연관성 같은 건 사실상 고려 대상이 아니다. 물론 그것도 효과 있는 전략이다(P&G는 2019년에 680억 달러에 가까운 매출을 올렸다). 하지만 거기에는 한도가 있다. 그런 전략은 혁신이라는 단어를 널리 알리기 위해 쓰이는 돈만큼만 효력을 발휘하기 때문이다.

112

그렇다면 10억 달러의 광고 예산이 없으면 어떻게 해야 하는가? 아니, 광고비가 아예 없다면? 아니면 돈을 덜 쓰고도 표적시장에 도달하고 싶다면? 보면 알겠지만, 이것이 내가 P&G의 마케팅 팀에게 한 수 가르쳐줄 수 있는 스토리텔링의 노하우다. 스토리를 말한다는 것은 유용성과 효력, 효율을 넘어 광고를 대화의 주제로 삼는 비용효율적인 방법이다. 이는 그로스 해킹Growth Hacking처럼 소비자를 좀 더 깊고 더 개인적인 방식으로 제품과 연결한다. 제품을 차별화하고 덜 상품화함으로써 브랜드의 충성도를 창출해, 장기적인 성공을 거두는 데 매우 중요한 역할을 한다.

젊은 신생 브랜드엔 사업이 하나의 스토리다. **사실 모든 사업은 그 자체로 하나의 스토리다.** 스토리는 무엇보다 당신과 나와 저 밖에 있는 모든 사람을 당신이 만든 것과 이어준다. 그리고 당신이 만들고 있는 것, 그 사업을 정의하는 모든 요소가 그 스토리를 말하는 걸 돕는다. 이는 브랜드명과 로고부터 제품의 기능과 서비스의 스타일까지 그리고 그것을 설립한 파트너들과 그것을 후원하는 고객들까지 내내 이어진다. 그 스토리의 목적은 시간에 따라, 그것을 듣는 사람에 따라 바뀌지만, 근본적인 목적은 '왜?'라는 단순한 질문의 100가지 변종에 답하기 위한 것이다.

**왜** 내가 당신의 제품을 사야 하는가?

**왜** 내가 이 회사에 들어가야 하는가?

**왜** 내가 이곳에서 흥을 내며 일해야 하는가?

**왜** 내가 이 회사에 투자해야 하는가?

이것들은 재기 넘치는 테크 사업가 벤 호로위츠Ben Horowitz가 찾아낸 몇 가지 변종이다. 호로위츠는 베스트셀러 작가이자 벤처캐피털회사 앤드리슨호로위츠Andreessen Horowitz의 공동설립자이기도 한데, 그는 2010년에 그의 회사가 CEO들을 평가하는 방법을 설명하면서 그들의 주요 업무를 "비전과 스토리를 수호하는 것"으로 정의했다.[15]

호로위츠는 몇 해 뒤에 〈포브스Forbes〉 지와의 인터뷰에서, 회사의 스토리가 갖는 역할을 좀 더 간결하게 설명했다. "스토리는 기업의 존재 이유를 근본적인 차원에서 설명해야 합니다."[16] 그것은 자신의 고객과 투자자와 직원 그리고 궁극적으로 자기 자신에게 말해야 하는 스토리다. 순서가 그렇다. 과거 먹이 피라미드나 전설적인 매슬로Maslow의 욕구 5단계의 이론처럼 사실상 아래로부터 위로 올라가는 그런 종류의 스토리 말이다.

이렇게 접근해야 하는 이유 중 하나는 분명해 보인다. 웬만한 시장에는 선택할 만한 것들이 이미 많다. 그래서 고객이 선택의 기로에 섰을 때 당신의 제품을 거부하기 힘든 이유를 주어야 한다. 하지만 아무도 본 적이 없는 어떤 것을 내놓거나 완전히 새로운 종류의 시장을 만들 때, 고객이 놓치고 있는 것이 늘 분명하게 금방 드러나는 것은 아니다. 따라서 당신은 고객이 완전히 새로운 어떤 것을 선택해야 하는 이유를 설명해 줄 필요가 있다.

멋진 스토리가 있어야 하는 또 다른 그리고 약간 더 복잡한 이유가 있다. 당신 기업의 존재 이유를 찾기 위해 물어야 할 다른 질문이 너무 많은 데다, 또 당신이 지금 내놓는 대답이 당신이 무얼 하는지, 어디서 하는지, 어떻게 하는지, 누구를 위해 하는지 등에 관해 별로 알려주는 것이 없기 때문이다. 이런 것들은 그저 찾아내면 된다. 구글에서 찾을 수도 있고 시장조사 보고서를 봐도 된다. 사람을 고용하여 당신의 제품을 역설계해, 공정과정을 파악할 수도 있다. 이 모든 것과 관련된 책이나 기사를 찾아 읽어도 된다.

그러나 핵심은 이것이다. **왜 당신은 그 일을 하는가?** 바꿔 말해, **왜 우리가 관심을 가져야 하는가?** 나는 이런 질문에 대한 답을 알 수 없다. 설립자인 당신이 내게 알려줘야만 알 수 있다. 그런 것들은 당신 마음에 먼저 존재했기 때문이다. 계량화할 수 없는 개념들이 대부분 그렇듯, 이런 기본적인 질문에 대한 대답은 보통 하나의 스토리를 통해 가장 잘 이해되고 세상에 널리 알려진다.

휘트니 울프 Whitney Wolfe에게는 하나의 스토리가 있다. 그녀는 그것을 잘 안다. 울프가 말하는 스토리를 듣는다는 것은 그녀와 그녀의 데이팅 앱 범블 Bumble을 알아가는 것이다. 이를 통해 우리는 그녀가 그 앱으로 무엇을 하려 했는지, 우리가 그런 것에 왜 꼭 관심을 가져야 하는지를 알 수 있다. 또 2014년 말 범블이 론칭됐을 당시 세상에 더는 필요 없는 것이 데이팅 앱이었다는 사실에도 불구하고, 그것이 어떻게 성공했는지 등을 알게 된다. 데이팅 앱이라면 이미 스펙트럼 한쪽에는 매치닷컴 Match.com, 플렌티오브피시 Plenty of Fish, 오케이큐피드 OkCupid, e하모니 eHarmony, 힌지 Hinge가 있었고, 중간에는 제이데이트 Jdate, 블랙플래닛 BlackPlanet, 크리스천밍글 Christian Mingle이 있었으며, 스펙트럼의 반대쪽에는 시킹어레인지먼트 Seek-ingArrangement와 애슐리매디슨 Ashley Madison이 있었다.

무엇보다 틴더Tinder라는 자이언트 기업이 있었다. 사실 틴더는 휘트니가 2012년에 공동설립한 기업이지만,[17] 공동설립자로서 또 여성이자 인간으로서 겪을 수 있는 최악의 몇 가지 사건[18] 때문에 최근에 그만둔 곳이었다. 그녀는 공동설립자 중 한 명과 직업적으로 또 연인으로 결별한 뒤[19] 아주 공개적으로 성추문 소송[20]을 벌였으며, 그녀를 직접 겨냥한 야비하고 치명적인 온라인 공세[21]를 고스란히 받아야 했다. 휘트니는 2014년 초 틴더를 떠날 때,[22] 데이팅 사업의 패배자였을 뿐 아니라 인생 자체에서도 패배자였다. 재기는 불가능했다.

"더는 떨어질 곳이 없었죠." 휘트니는 2017년 나와의 인터뷰에서 그렇게 말했다. "더 살고 싶지 않았어요. 침대에서 나올 생각조차 하지 않았어요. 그냥 죽고 싶었어요." 당시 스물다섯 살도 채 안 된 휘트니를, 인터넷이 완전히 망가뜨렸다.

그래서 묻지 않을 수 없다. 왜 또 온라인 사업을 벌였는가? **왜 또 데이팅 앱이었나?** 왜 그렇게나 빨리?

휘트니를 고통스럽게 만든 것 중 하나는, 그녀의 스토리가 특별한 게 아니라는 것이었다. 이는 그녀가 감당할 수 없는 크기였고 틴더 역시 감당하기 어려웠으며 심지어 데이팅 산업도 감당할 수 없는 것이었다. 진짜 문제는 온라인의 무책임함이었다. 그녀가 무슨 일을 겪었든 그것이 얼마나 끔찍했든, 그녀가 더욱 견디기 어려웠던 것은 열세 살짜리 여자아이들이 매일 온종일 휴대폰으로 이 모든 것을 보고 겪고 있다는 사실이었다.

"그 점이 무서웠어요." 휘트니는 그렇게 말했다. "그래서 앉은 자리에서 말했죠. '뭔가 제대로 된 것을 시작할 수 있어. 그리고 이런 보기 싫은 것들을 나는 바꿀 수 있어.'"

원래 그녀가 새롭게 생각한 아이디어는 데이팅과 아무 관련이 없었다. 그녀가 메르시Merci라고 이름 붙인 여성 전용 소셜네트워크에서는 포스트와 메시지의 댓글에 칭찬의 글만 적을 수 있었다. "친절함과 긍정적인 행동에 뿌리를 둔 착한 플랫폼을 만들고 싶었어요. 내가 온라인에서 겪은 일에 대한 해독제로요."

그녀는 구체적인 마케팅 플랜까지 짰다. 마케팅은 휘트니의 전문 분야였다. 2014년 7월, 안드레이 안드레예프 Andrey Andreev로부터 연락이 왔다. 안드레이는 런던에 기반을 둔 기업가로, 미국 이외의 지역에서 가장 인기가 높은 데이팅 사이트인 바두Badoo를 비롯해 수많은 회사를 만들어 성공시킨 이력이 있었다. 그는 휘트니를 바두의 수석 마케팅책임자로 채용하려 했지만, 휘트니는 전혀 생각이 없었다.

"그 얘긴 하지 말죠." 휘트니는 그에게 그렇게 말했다. "나는 데이팅 앱에는 손대고 싶지 않습니다. 그건 내 미래가 아니에요. 나는 내 사업을 할 겁니다. 사명감을 가지고 그 일을 하고 싶어요. 영향력 있는 사업 말이에요. **다만 데이팅으로는 그런 일을 하고 싶지 않습니다.**"

대신 휘트니는 자신의 아이디어를 가지고 안드레이를 설득했다. 그녀는 메르시의 전반적인 비전을 제시하고 안드레이 같은 성공한 기업가와 스타트업 투자가가 던질 법한 까다로운 질문에 착실하게 대답했다. 휘트니는 그녀가 대답할 때마다 안드레이가 자

117

신의 아이디어에 대한 열정과 사명감을 이해하고 있음을 알 수 있었다. 그것은 격려였다.

"그걸 꼭 하셔야 해요." 안드레이는 그렇게 말했다. "하지만 데이팅 앱에서 해야 합니다. 꼭 그래야 해요. **당신이 하려는 것이 데이팅에 필요한 것이라고요.**"

그 순간 휘트니의 기분이 어땠을지 나로서는 짐작만 할 뿐이다. 그녀를 나락으로 떨어뜨린 사건이 불과 몇 달 전에 있었다. 그 때문에 데이팅 앱에서는 공식적으로 손을 뗐는데, 이제 또 다른 설립자가 그녀를 채용하겠다고 나서면서 자신의 말은 듣지도 않고 있다. 하지만 휘트니는 그에 대한 신뢰를 가지고 잠깐 여유를 두고 그의 말을 곱씹었다.

"나 혼자 생각했죠. '그의 말은 일리가 있어. 데이팅 업계는 엉망이 됐어.'" 휘트니는 안드레이를 처음 만났을 때를 설명했다. "젊은 여성이 중학생 소녀에게 수작을 걸 정도로 연결 방식이 망가진 건지도 몰라. 어쩌면 이것이 모든 연령에 영향을 미칠 수도 있고.'"

첫 번째 만남이 끝났을 때, 휘트니와 안드레이는 구두로 계약했다. 휘트니의 아이디어를 구체화하되 데이팅 앱에서 하고, 두 사람이 같이 한다는 데 합의했다. 그렇게 둘은 몇 주 만에 환상적인 디자이너 팀을 꾸렸고, 휘트니는 다른 데이팅 앱과 차별화된 핵심 기능을 만들었다. 그녀는 그 과정을 이렇게 설명했다.

"나는 평소에도 맘에 드는 남성이 있으면 먼저 문자를 보내고 싶었어요. 하지만 허락되지 않았죠. 사회가 거부했고 내 친구들이 안 된다고 했으니까요. 그래서 팀원들에게 말했어요. '우리는 거꾸로 설계할 겁니다. 우리는 사람들을 매칭시킬 거예요. 단, 여성이 먼저 메시지를 보내야 해요. 그들에게는 24시간의 여유가 있어요. 그러면 여성들이 일종의 인센티브를 갖게 되죠. 이때 여성이 메시지를 보내지 않으면 매칭은 아주 사라지는 겁니다.'"

그때까지 데이팅 공간에서 이루어지던 방식과는 완전히 달랐다. 이제 공은 여성의 손에 넘어갔다. 전에는 남자가 공을 던지면 여성은 기껏해야 피하거나 최악의 경우 애원하는 게 고작이었다(범블의 사용 방식은 간단하지만, 앱에는 '여성 먼저'라는 메시지 규정이 적용되지 않는 게이 사용자도 많다는 걸 인지하고 있다. 이때는 누구든 먼저 메시지를 보낼 수 있다. 단, 이 역시 24시간 이내에 상대가 응해야 하며, 그렇지 않으면 매칭은 무효가 된다).

"우리 사회는 남성들에게 지나칠 정도로 공격적이 되라고 말합니다. 그리고 여성에겐 그 반대로 하라고 말하죠." 휘트니는 그녀가 바꾸고 싶었던 낡은 모델에 대해 설명했다. "남성과 여성을 서로 반대로 행동하게끔 훈련시킵니다. 이는 양쪽 모두 실패할 수밖에 없는 환경을 조성한 셈입니다. 남성들은 끊임없이 거절당하고 여성은 계속해서 욕을 먹게 만들어 놓은 것이죠."

이것이 범블의 존재 이유다. 그리고 우리 모두가 관심을 가져야 하는 이유다. 또한 휘트니가 그 앱을 만들어낼 가장 완벽한 사람이었던 이유다. 기존 온라인 구애 모델에서 비롯된 유해하고 때로 파괴적이기까지 한 문제들이 바로 그녀를 파멸 직전까지 몰고 갔고, 그렇게 많은 데이팅 앱은 전 세계 수백만 여성에게 불쾌감을 주는 장소가 되었다.

이 스토리의 본질과 범블이 하려고 했던 일의 **혁명적 성격, 즉 성적 권력을 여성의 손에 쥐어주려는 의도**는 앱의 이름에서도 포착된다. 범블이란 이름은 휘트니의 첫 번째 선택은 아니었다. 처음에는 막시Moxie였다.

"용기가 필요하죠. 격려하는 겁니다." 휘트니는 그렇게 설명했다. "먼저 손을 내밀려면 용기가 있어야 하니까요."

하지만 '막시'에 대한 권리를 확보할 수가 없었다. 누군가 그 도메인에 버티고 앉아 그 이름으로 만들 수 있는 웬만한 변형을 전부 상표로 등록해 놓았기 때문이었다. 그래서 휘트니와 동료들은 원점으로 돌아가 다시 시작해야 했다.

"그사이에 등장한 이름이 아마 1,000개쯤 될 거예요. 그러던 어느 날 아침, 미셸 케네디Michelle Kennedy가 사무실에 왔어요. 미셸은 그 첫 몇 해 동안 내게는 대단한 멘토였죠. 대화를 나누던 중 그녀가 우연히 남편을 가리켜 '갈팡질팡하는 바보Bumbling Idiot'라고 하더군요. 그러면서 아주 감칠맛 나는 영국 억양으로 이렇게 말했죠. '범블은 어때?'"

처음에 휘트니는 그 이름이 마음에 들지 않았다. 부정적인 의미가 담겨 있었기 때문이다. 하지만 사업 파트너인 안드레이가 이 이름을 아주 좋아했다. 특히 인터넷에 등록된 도메인을 살펴본 뒤부터는 더욱 좋아했다. 그런 도메인은 없었기 때문이다. 2014년에 있었던 사소한 기적이었다. 그로부터 얼마 지나지 않았을 무렵, 휘트니는 집에서 가족의 친구들과 조촐한 모임을 했다. 그의 딸이 범블의 세 번째 직원으로 채용되었기 때문이었다. 휘트니는 그녀의 어머니에게 범블이란 이름이 어떤지 물었다.

"좋은데? '범블의 여왕벌이 되세요. 범블에서 당신의 허니를 찾아보세요.'" 그녀는 서슴없이 그렇게 말했다.

"내가 그랬죠. '얘기 끝났네!'" 휘트니는 그렇게 회상했다. "벌집과 일벌들 그리고 자신의 벌집을 짓고 그곳의 여왕벌이 되는 것, 여성이 먼저 손을 쓰는 거죠. 완벽한 브랜딩."

브랜딩을 넘어 '범블'은 또한 앱이 여성과 남성 **모두**를 위해 풀어야 할 문제를 완벽하게 압축하고 있었다. 여성 입장에서 볼 때 모든 여왕벌과 벌집이라는 이미지는 데이팅이라는 세계에서 그들의 역할이 중심이라는 뜻이었다. 일벌이 없으면 생태계 전반이 붕괴된다. 벌의 세계에서 통하는 법칙이 여기서도 통용된다. 그동안 그저 사람들을 한데 모이게 만드는 데 치중하느라 데이팅 앱의 설계를 대부분 남성에게 맡겼고, 그 바람에 이 같은 사실을 뒤늦게 깨닫게 되었다. 남성의 입장에서 봐도 '범블'이라는 단어가 갖는 함축적인 이미지는 '막시'라는 단어처럼 그들의 취약한 자존심을 위협하지 않았다. 막시, 즉 용기라는 단어에는 남성들이 극복하기 힘들어하는 어느 정도의 소심함이 내포되어 있지 않은가. 이런 여성 중심의 데이팅 앱이 작동하려면 마음에 들든 들지 않든 남성이 필요하다. 다행히도, 데이팅 세계에서 남성이 직면하는 가장 큰 문제는 용기가 아니었다. 그것은 사회적 유능함이었다. 더구나 여성이 언제 왜 그들에게 관심을 가지는지 그리고 그에 대해 뭐라고 말하는지 알 때는 특히 그랬다. 그런 의미에서도 **'범블'이란 이름은 정말로 완벽했다.**

하나의 브랜드명으로서 범블은 이 회사가 갖고 있는 태생적 스토리의 일부다. 그러나 이를 선택한 스토리는 회사 전체의 축소판이기도 하다. 이는 멋지고 귀에 쏙 들어오는 이름의 힘과 중요성을 보여준다. 회사가 성장하면서 이 스토리를 고객과 투자자와 직원들에게 전달할 때는 특히 그렇다. 자신을 이해하기 위해서, 이 일을 왜 하는지 알기 위해서, 벤 호로위츠가 말한 요점, 즉 회사의 존재 이유를 알기 위해서도 똑같이 중요하다.

나는 설립자들을 인터뷰할 때마다 사실상 매번 회사의 이름에 관해 묻는다. 이 질문은 회사의 창업 스토리를 사실상 바로 실토하게 만드는 방아쇠 같은 것이다. 이는 회사가 존재하는 바로 그 이유를 파헤치고 가끔은 회사와 설립자 모두가 가능한 한 오래 성공할 수 있었던 방법을 설명하게 만드는 스토리다.

예를 들어, 사라 블레이클리는 그녀의 보정속옷회사의 이름을 스팽스라고 지었다. 기억하기 쉽고 사업과의 연관성을 고려해서 정한 이름이었다. 그녀는 강한 K 발음이 들어간 단어가 특히 소비자에게 각별한 반응을 불러일으킨다는 사실을 알고 있었다. 20세기 내내 사람들에게 가장 잘 알려진 브랜드명이 코카콜라Coca-Cola와 코닥Kodak이라는 사실이 우연은 아니라고 생각했다. "이는 코미디언 사이에서는 공공연한 비밀이죠. K 발음이 청중들을 웃게 만든다는 사실 말이에요" 그녀는 내게 그렇게 말했다. 막상 이름을 스팽스로 정하고 나니(그녀는 기존의 단어보다는 새롭게 만들어낸 단어가 신제품에는 더 잘 어울린다는 말을 듣고, 단어 끝의 ks를 x로 바꿨다), 이름이 더욱 대단하게 느껴졌다. K 사운드가 들어갔다는 것뿐 아니라, 이름이 그녀의 제품과 직접적으로 연관이 있었기 때문이다. 스팽스의 제품은 "뒤태를 중시했고, 뒷모습을 더 보기 좋게 만들었다."

제품 자체가 사람들의 눈에 띌 수 없는 것이었기에, 이를 기억하게 만드는 것이 스팽스엔 중요했다. 셔츠나 재킷이나 신발과는 다르게, 스팽스의 보정속옷은 제품을 착용하고 있어도 사람들이 볼 수 없었다. 이는 가시적인 브랜딩을 통해 제품의 브랜드 인지도를 넓힐 기회가 사실상 없다는 의미였다. 그래서 **브랜드명이 입에 착 달라붙는 맛이 있어야 했다.** 의복이 몸에 붙듯 이름이 두뇌에 밀착되어야 했다. 사라의 말을 빌리면 "스팽스는 조금 장난스럽고, 재미있고, 약간 외설스러웠죠." 이들 모두 이름을 쉽게 기억하게 만드는 요소들이다.

에어비앤비의 사내들은 초기에 몇 가지 혼란을 감수하면서도 에어베드앤브렉퍼스트닷컴을 에어비앤비로 줄여 브랜드명을 정했다. 그것이 그들의 창업 스토리와 직접적인 연관성을 제공하기 때문이었다. 그들 역시 마침내는 스토리의 중요성을 알게 되었으나 처음에는 그런 세부적인 내용을 이해하지 못했다. 사실 2008년 민주당 전당대회에서 처음으로 대단한 성공을 거둔 이후에도 그렇게 오랫동안 사업을 부트스트래핑으로 꾸려야 했던 이유에는 그런 문제가 가장 컸던 것 같다. 자신의 스토리를 안다는 것, 즉 **'왜'를 안다는 것은 설립과 펀딩을 이어주는 다리를 갖는다는 의미다.** 조 게비아와 브라이언 체스키 그리고 네이선 블레차르지크가 사업자금을 마련하기 위해 처음 밖을 나섰을 때는, 이 '왜'란 질문에 대한 대답을 확실하게 갖지 못했던 것 같다.

그들이 처음에 만난 잠재적 투자자 20명이 아무런 반응을 보이지 않았던 것은 그들이 그 사업 모델에 흥미를 느끼지 못해서도, 에어비앤비라는 아이디어를 이상하게 생각해서도 아니었다(이상하게 여긴 것은 사실이지만). 오히려 문제는 그들의 새로운 아이디어가 문화적으로 깊이 뿌리박힌 통념을 위반하고 있다는 점이었다. 조와 브라이언은 그런 통념에 맞설 수 있는 새로운 개념을 그때까지는 만들어 내지 못했다. 간단히 말해 그들은 스토리가 필요했지만, 그들에겐 스토리가 없었다.

"우리는 어렸을 때부터 낯선 사람은 위험하다고 배웠습니다." 조는 그렇게 설명했다. "제정신이 박힌 사람이라면 자신들의 가장 은밀한 공간인 침실이나 화장실 그리고 외부인이 방문하면 보통 문을 닫아두는 그런 방의 사진을 공개적으로 포스팅하거나, 온라인을 통해 전혀 모르는 사람을 불러들여 그곳에 재우는 서비스에 투자할 리 없겠죠."

2009년 Y 콤비네이터 윈터 클래스를 듣고자 인터뷰했을 때 폴 그레이엄의 생각도 다르지 않았다. "폴 그레이엄의 입에서 나온 첫 마디가 그거였어요. '그러니까 사람들이 정말로 이걸 이용한다는 말이죠? 거참 희한하군.'" 조는 당시 대화를 그렇게 기억했다. 브라이언은 2015년 블리츠스케일링 Blitzscaling 수업에서 리드 호프먼과의 인터뷰를 설명하면서 당시 그레이엄은 정말로 좋은 스토리를 가지고 있어야만 제대로 대답할 수 있는 수사적인 질문을 했다고 했다. "그 사람들 뭐 잘못된 거 아닌가요?"

"무슨 인터뷰이든 그런 식으로 시작하면 좋은 결과가 나올 리 없죠. 그러니까 거기서부터 일이 틀어지기 시작한 거예요." 조는 그렇게 말했다.

분위기는 계속 안 좋게 흘러갔고 조는 인터뷰를 마친 후 다시 폴에게 찾아가 '오바마 오' 박스 1개를 건넸다. 그런데 그것이 통했다. 마침내 그들은 Y 콤비네이터 창업 프로그램에 자리를 얻었다. '오바마 오'에는 대단한 스토리가 담겨 있었다. 그것은 '오바마 오'가 왜 존재했고, 왜 폴과 Y 콤비네이터 팀이 조와 브라이언과 네이선에게 기회를 주어야 하는지를 보여주는 스토리였다.

이런 이야기로 아직 뚜렷한 자신만의 스토리가 없는 사람들을 겁주기 전에, 여기서 먼저 분명히 해두고 싶은 게 있다. 일단 걱정하지 마시라! 모든 사람이 휘트니 울프처럼 당장에 내놓을 스토리를 완벽하게 갖추고 있을 수는 없다. 휘트니는 사실 좀 독특했다. 그녀에게는 그녀의 동의도 없이 언론과 소셜미디어에 의해 해체되고 소송을 벌인 뒤 다시 건설한 스토리가 있었다. 그것도 몇 달이 아닌 불과 몇 주 만에 그렇게 광속도로 해낸 완전히 개인적이고도 온전한 삶에 대한 서사가 말이다. 범블의 스토리는 그녀가 직접 고치고 다른 여성들이 그것을 지배할 힘을 안전하게 개척하고 행사할 공간을 만들어간 이야기다. 이는 메르시를 범블로 바꾸어 지금까지 2,000만 명 이상을 가입시키는 데 큰 역할을 했다.

반면, 에어비앤비의 사내들은 제대로 된 스토리를 금방 개발하지 못했다. 하지만 나는 그들 역시 '왜'라는 질문에 대한 답을 처음부터 가지고 있었다고 생각한다. 전국에 체인을 가진 호텔에서 잠

125

을 잘 때는 도시와 일체감을 느끼기 어렵지만, 누군가의 집 에어베드에서 잠을 자면 친구 집에서 하룻밤을 보내는 것처럼 여행하는 그 **도시의 일부**가 된 것 같은 기분이 든다. 그들이 그런 사실을 이해하기까지는 시간이 좀 걸렸다. 하지만 일단 이해하고 나자, 그들은 더 많은 점을 연결하기 시작했고 그 점들이 그들 자신의 스토리와 문화로 더 깊이 들어가게 하는 무언가와 연결되면서 에어베드앤드브렉퍼스트닷컴은 에어비앤비로 진지한 진화를 시작했고, 유니콘으로 이어지는 길에 그들을 올려놓았다.

범블과 에어비앤비의 스토리는 그 자체로도 독특하지만, 어느 산업 어느 시대이든 상관없이 **모든 사업은 하나의 스토리이고 모든 스토리는 하나의 과정이라는 것**을 부인할 수 없다. 스토리는 당신 자신과 당신의 재화나 서비스, 직원과 고객, 시장과 세상을 깊이 생각해 보게 만드는 메커니즘이다. 스토리는 사실과 숫자가 설명할 수 없는 방식으로 다른 모든 사람에게 그것들을 설명한다.

벤 호로위츠가 옳다. 자신의 스토리를 알고 자신이 존재하는 이유를 세상에 분명하게 밝히는 것이야말로 한 사람의 기업인으로서 당신이 마주해야 할 가장 중요한 도전이다. 그것이 더 많은 제품을 팔게 해주고 더 멋진 브랜드를 만들게 해주고 더 많은 돈을 벌어주기 때문은 아니다. 물론 그것도 사실이긴 하지만.

'왜' 질문에 대한 답으로서 기본적인 스토리는 충성스러운 고객을 창출하고, 최고의 투자자를 찾을 수 있게 하며, 모험적 사업에 계속 헌신하게 만드는 직원 문화를 조성한다. 상황이 너무 어려워서 포기하고 싶거나 포기할 생각이 있을 때 계속 매달려 더욱 열심히 하게 만드는 것이 스토리다. 고객이든 투자자든 직원이든 고개를 저으며 손을 떼겠다고 말할 이유를 대라면 수백 가지도 댈 것이다. 그때 당신이 할 일은 그들에게 스토리를 들려주면서 그들이 납득할 수 있는 몇 가지 이유를 그들에게 말해주는 것이다.

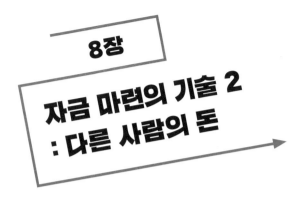

8장

# 자금 마련의 기술 2
## : 다른 사람의 돈

사업을 벌여 사람들의 관심을 끌기 시작할 때 기업가들이 깨닫는
것이 있다. 드문 예외가 있기는 하지만(스팽스!), 부트스트래핑은
초기의 효율성에도 불구하고 한계가 있다는 사실이다. 얼마나 열
심히 일하고 얼마나 절약하고 얼마나 초기 판매가 잘 이루어지고
그래서 수익의 얼마를 다시 사업에 재투자하느냐는 그리 중요하지
않다. 혼자서 할 수 없거나 할 수 있어도 돈이 없어서 못 하게 되는
순간이 반드시 온다. 누군가에겐 그런 순간이 다른 사람보다 빨리
온다. 하지만 어느 경우이든 데이먼드 존의 어머니가 'OPM'이라고
부르는 것, 즉 다른 사람의 돈Other People's Money이 필요하다. 1995년
에 데이먼드 존은 FUBU를 부트스트래핑하여 5년 동안 몇 가지

성공을 거둔 뒤, 어머니 집에 어설프게 꾸린 임시 공장에서 첫 번째 받은 대량 주문을 처리할 방법을 생각해 내야 했다.

"OPM이 꼭 다른 사람의 돈이어야 하는 건 아니다." 그의 어머니는 데이먼드가 해결책을 찾지 못해 전전긍긍할 때 그렇게 말했다. "그건 다른 사람의 제조 역량일 수 있고, 정신력이나 인력이나 마케팅일 수도 있다." 지금도 그렇지만 당시로서는 놀라운 통찰이었다. 물론 그녀는 결국 모든 것이 돈으로 귀결된다는 사실을 누구 못지않게 잘 알고 있었다. 데이먼드는 재료비와 추가되는 인건비와 제조비를 감당할 돈이 필요했다. 그 때문에 데이먼드의 어머니는 아들을 대신해 비싸기만 한 항목별 광고를 내면서도, 신체 건강한 일꾼이나 직물 몇 필 같은 것은 요구하지 않았다. '100만 달러 수주. 자금조달 요망.' **그녀가 구한 건 다른 사람의 돈이었다.**

에릭 라이언과 애덤 라우리는 메소드를 가동시킨 뒤 웬만한 일은 전부 스스로 했지만 그래도 OPM이 필요했다. 초기에 마련한 개인 투자금 9만 달러는 플라스틱 병을 독특한 모양으로 디자인하고 장비를 구입하고 제조하는 데 거의 다 써버렸다. 이런 일은 그들만의 힘으로 할 수 없는 것들이었다.

젠 루비오와 스테프 코리도 어웨이를 끌고 나가려면 OPM이 필요했다. 단단한 케이스와 바퀴가 넷 달린 깔끔한 가방을 만들어야 했던 그들은 시제품을 만들어줄 제조업자를 찾기 위해 아시아로 갔다. 대부분이 그렇지만 제조업자들은 현금을 더 선호한다. 하지만 2014년의 젠과 스테프에게는 그것이 없었다. **돈은 결코 간단하게 생각할 주제가 아니다.** 사람들이 있는 곳에서는 함부로 돈 얘기를 꺼내선 안 된다. 얼마가 있느니, 얼마를 버느니, 얼마를 쓰느니 하는 것 등은 금기된 질문이다. 그런 얘기를 꺼내는 것 자체가 실례다. 하지만 그럼에도 가장 중요한 것은 결국 돈이다. 그래서 사람들은 돈에 집착한다. 스타트업 세계에서는 더 말할 필요도 없다. 초기 자금은 밑 빠진 독에 물 붓듯 흔적 없이 사라지고 그때부터 자금 마련은 결코 끝날 것 같지 않은 일진일퇴의 게임이 된다. 그래서 눈이 마주치면 '안녕'이라는 인사말 대신 '예상 매출액'이란 단어가 먼저 튀어나오고 온라인에서도 회사의 실제 주소보다 '번 레이트Burn Rate(신생 기업이 현금으로 지급한 창업비용, 연구개발비, 기타 비용의 비율)'를 더 자주 쉽게 볼 수 있다.

　물론 좀 과장한 면이 없지 않지만, 내가 말하고 싶은 것은 사업 초기에는 끊임없이 돈을 생각하게 되고 또 돈에 대한 생각도 끊임없이 바뀐다는 사실이다. 그리고 스타트업이 현대인들의 문화에서 어떤 고정된 실체로 자리를 잡으면서 그들에게 흘러 들어가는 돈에 집중되는 우리의 관심도 아울러 커졌다. 〈샤크탱크〉나 〈프로핏The Profit〉 등 돈을 주제로 다루는 TV 쇼도 어느덧 인기 프로그램이 되어 돈의 신비성을 풀어주고 동시에 혼란스럽게 만드는 데 크게 공헌했다.

　돈이라는 건 그것이 쓰이는 곳만 확실히 알면 신비성이 풀린다. 25년 전에 데이먼드 존과 그의 어머니는 어느 정도의 자금을 마련해야 버틸 수 있는지 잘 알지 못했다. 하지만 요즘은 기업이 움직이는 방식을 조금만 들여다봐도 x달러를 마련하려면 y%의 지분과 z%의 로열티를 포기해야 한다는 것쯤은 알 수 있다. 그 비용이 크게 치솟을 때도 있고, 좀 더 유리할 때도 있다. 이 모든 것은 아이디어의 질과 그 뒤에 담긴 스토리 그리고 이 2가지 요소가 배양하는 투자 경쟁이 얼마나 뜨거운지에 달려 있다.

하지만 혼란은 앞서 말한 쇼들이 조장하는 비뚤어진 사고방식에서 비롯된다. 이 같은 쇼를 보면 돈을 구하는 건 너무나 쉬워 보인다. 아이디어가 생기면 우선 에인절 투자자나 벤처캐피털회사를 찾아가 100만 달러를 내놓으라고 하면 돈이 나오는 줄 알게 만든다. 그런 프로그램은 필요한 돈은 저기 어딘가에 늘 대기 중인 것처럼 착각하게 한다. 좋은 아이디어만 있으면 길모퉁이에서, TV에서, 맨해튼 미드타운의 돈 많은 투자가로부터, 아니면 샌드힐로드에서 줍기만 하면 되는 것이 돈인 것처럼 만든다. 아주 틀린 말은 아니다. 요즘처럼 다른 사람의 돈을 구하기 좋은 시절도 없을 것이다(2019년 말, 투자가들이 쌓아둔 현금은 3조 4,000억 달러에 이르렀다). 하지만 그렇다고 해서 그 돈을 요구할 수 있다거나 요구해야 한다는 것은 아니다. 특히 초창기에 〈샤크탱크〉나 〈프로핏〉에 출연하는 투자가들에게 거액의 사업자금을 요구하라는 말은 더더욱 아니다(전문투자가의 돈에 관해서는 15장에서 자세히 설명하겠다). 오히려 초창기에는 가급적 그들의 돈을 쓰지 않는 편이 좋다. 사실 사업이 어떻게 될지도 모르고, 그들은 당신이나 당신의 사업 파트너만큼 이 문제에 관심이 있지도 않으며, 그들에게 이 사업이 어떻게 비칠지도 확실하지 않다. 그런데 굳이 그들에게 돈을 빌려서 회사 지분의 5, 10, 20%를 포기할 필요가 있을까?

그러면 이런 질문을 하게 된다. OPM을 구하려면 어디로 가야 하지? 이때 친구나 가족이 등장한다. 친구나 가족에게 돈을 달라고 조르는 것은 일종의 비공식 단계이지만, 부트스트래핑을 벗어나 전문투자가의 돈을 얻기 전까지 취할 수 있는 방법이다. 페이팔의 공동설립자인 피터 틸Peter Thiel의 《제로 투 원Zero to One》을 조금 비틀어 비유하자면, 모든 것을 스스로 하면 0에서 0.5까지밖에 못 간다. 그럴 때 나머지 1까지의 간격을 메워주는 다리가 바로 친구나 가족의 돈이다.

메소드와 어웨이 설립자들도 초기에 자금 문제를 해결하기 위해 이런 방법을 썼다. "우리는 아는 사람들로부터 여기서 5,000, 저기서 5,000을 구했습니다." 애덤 라우리와 에릭 라이언은 메소드를 만들기 위해 친구와 가족으로부터 돈을 빌리거나 투자를 받았던 당시의 사정을 그렇게 말했다. "전문투자가의 돈을 받기 전에 그런 식으로 마련한 돈이 모두 합해 20만 달러는 됐을 겁니다." 그들은 2년 동안 그 돈으로 사업을 꾸려나갔다. "말 그대로 5,000달러, 1만 달러짜리 수표였죠." 젠 루비오는 어웨이에 대해 그렇게 말했다. 그녀와 스테프 코리는 그런 식으로 15만 달러를 모았다. 그 돈은 전부 첫 번째 가방의 시제품을 만드는 데 들어갔다.

친구와 가족으로부터 자금을 조달한 사람은 그들만이 아니다. 창업에서 이런 방식을 써온 역사는 길다.

1962년에 크레이트앤드배럴Crate & Barrel을 공동설립한 고든 시걸Gordon Segal과 캐롤 시걸Carole Segal 부부는 공장에서 물건을 구해 소매 마진을 붙여 파는 유럽형 가정용품점을 열기로 했다. 한 해 전 여름 카리브해로 신혼여행을 갔다가 들른 여행지의 멋진 상점들이 모두 그런 식으로 장사하고 있었는데, 미국에는 없는 그 모델이 너무 괜찮아 보였기 때문이다. "결혼 축의금으로 1만 달러 정도가 들어왔는데 2만 달러는 있어야 시작할 수 있겠더군요." 고든은 그렇게 말했다. "그 시절에는 벤처캐피털 같은 것이 없었어요. 스타트업 같은 것도 마찬가지고요. 그래서 6개월 동안 발로 뛰며 지인 중에서 돈이 좀 있을 만한 사람은 모두 찾아다니면서 1만 달러에 지분의 절반을 제시했습니다(믿어지는가? 1962년에 1만 달러만내면 크레이트앤드배럴의 50%를 가질 수 있었다!)." 그러나 아무도 그의 말을 들어주지 않았다. 그의 아버지만 예외였다. 고든의 아버지로부터 7,000달러를 빌린 그들은 시카고 올드타운 인근의 소형 승강기 공장에서 가게를 열었다. "그것이 아버지의 전 재산이었을 겁니다." 고든은 그렇게 말했다. 그리고 그 돈은 고든이 빌린 돈의 전부였다. 아니면 필요한 돈의 전부였거나. 오늘날 크레이트앤드배럴은 120개의 매장에 7,500명의 직원을 두고 15억 달러 이상의 수익을 올린다.

1979년에 파네라브레드Panera Bread의 CEO가 되는 론 샤이크Ron Shaich는 쇼핑몰 내에 매장을 둔 쿠키 재벌 오리지널쿠키컴퍼니Original Cookie Company의 지역관리자 직책을 그만두고, 어릴 적 살던 보스턴에 '도심 과자점'을 열었다. 쇼핑몰 안에 있는 과자점과 달리 그의 과자점은 시내 중심지를 오가는 사람들이 이용할 수 있다는 이점이 있었다. 론에겐 2만 5,000달러가 있었는데, 미국 대도시에 가게를 내기에는 턱없이 모자란 금액이었다. "나는 신용도 없고 현금도 없었어요. 차용증에 서명할 만한 재정증명서도 없었죠." 론은 그렇게 말했다. 그래서 그는 아버지를 찾아갔다. "내가 받을 유산을 미리 주세요. 그게 얼마가 됐든 간에요. 그 돈이 필요합니다." 론의 아버지는 수락했다. 그는 아들에게 7만 5,000달러를 주었고 론은 자신의 돈을 합쳐 10만 달러로 약 $37m^2$ 공간에 과자 가게를 열었다. 그는 상호를 쿠키자Cookie Jar로 했다가 2년이 채 안 되어 베이커리 겸 카페 체인으로 바꾸었다. 그것이 우리가 지금 알고 있는 오봉팽Au Bon Pain이다.

1993년에 스티브 엘스Steve Ells도 아버지로부터 돈을 받았다. 반은 빌리고 반은 투자를 받은 셈이었다. 그는 덴버대학교 캠퍼스 근처에 헐어빠진 옛 돌리매디슨Dolly Madison 아이스크림 가게 자리를 얻었다. 그것이 첫 번째 치폴레Chipotle 매장이었다. "$79m^2$ 면적의 매달 임대료가 800달러였어요. 상태도 끔찍했죠. 손이 많이 필요했어요." 스티브는 그렇게 회상했다. "그래서 아버지에게 돈을 좀 더 빌려달라고 졸랐습니다. 그렇게 해서 8만 달러를 빌렸어요."

1년 뒤 북서쪽으로 2,000km 떨어진 시애틀에서 제프 베이조스Jeff Bezos는 개인적인 네트워크에 있는 60명을 찾아가 온라인 서점을 열 생각이라며 5만 달러씩을 요구했다.[23] 3분의 2에 가까운 사람이 거절했다. 그의 아이디어를 이해하지 못했기 때문이었다. 그 아이디어는 훗날 세계에서 가장 큰 온라인 유통회사 아마존이 된다. 수락한 사람 중에는 제프의 부모와 형제 누이가 있었다. 제프의 아이디어를 이해하지 못하기는 그들도 마찬가지였지만, 그들은 아이디어는 몰라도 제프는 알았다. 그들에겐 그거면 되었다. 제프를 믿은 덕분에 그들은 모두 억만장자가 되었다.[24] 5만 달러를 투자한 것치고는 대단한 수익률이었다(베이조스의 부모가 투자한 금액은 30만 달러로, 당시 기준으로 회사 지분의 6%였다).

이것이 바로 사모펀드나 벤처캐피털로 곧장 달려가지 않고 친구나 가족으로부터 OPM을 얻을 때의 최고 이점이다. 그런 돈은 이자가 저렴할 뿐만 아니라 에릭 라이언의 표현대로 "당신의 아이디어를 꼭 믿지 못해도 당신을 믿는 사람들"로부터 나오는 돈이다. 그래서 도중에 사업 아이템을 바꾸기도 쉽다. 당신이 가진 특정 아이디어에 투자한 것이 아니라, **당신에게 베팅한 것**이기 때문이다. 론 샤이크의 아버지는 론이 오봉팽과 파트너를 맺어 그곳의 지배지분을 갖는다는 말을 듣고 아주 못마땅해했다. 오봉팽에서 크로아상이나 이런저런 제과제품을 사다가 아침에 쿠키자에 갖다 놔봐야 점심시간까지는 아무도 사지 않기 때문이었다. "그런 가게를 소유할 만하다면 네게 줄 리가 없고, 네가 거기서 뭔가를 얻는다면 그게 가질 만한 것이 아니기 때문일 게다." 론의 아버지는 그렇게 말했지만 론은 오봉팽의 운영 방법이 문제였을 뿐 분명히 잠재력이 있다고 보았다. 그는 문제를 바로잡을 자신이 있었고, 그의 아버지도 론을 막지 않았다. 아버지가 빌려준 7만 5,000달러는 과자가 아닌, **아들에게 투자한 것**이었으니까,

지금 언급되고 있는 돈의 액수가 크다는 사실을 나도 알고 있다. 1,000달러짜리 수표 10장, 현금 7,000달러, 미리 주는 유산 7만 5,000달러, 8만 달러 같은 금액은 거액의 투자금이다. 많고 적음을 떠나 이런 종류의 돈을 빌려주거나 투자할 사람을 많이(아니, 1명이라도) 알고 있는 사람은 드물다고 해도 과언이 아니다. 실제로

다른 사람의 돈(특히 큰돈)에 접근할 수 있는 능력도 개인적이든 사회적이든 어느 정도 특권과 연결되는 문제라, 사람마다 다르다. 이러한 특권은 가족의 재산에서부터 지리적 위치, 인종, 경영대학원 같은 기반, 전문 분야의 인맥 등 여러 가지와 연관되어 존재한다.

론 샤이크는 하버드대학교 경영대학원에 진학했다. 고든 시걸의 가족은 소매점을 운영한 배경이 있었기에 가족의 돈뿐 아니라 경험의 혜택도 어느 정도 입었다. 애덤 라우리와 에릭 라이언은 미국의 가장 부유한 교외 동네에서 자랐다. 제프 베이조스의 할아버지는 미국원자력위원회US Atomic Energy Commission와 후에 방위고등연구계획국Defense Advanced Research Projects Agency, DARPA이 되는 기관의 초창기 거물이었다. 그의 할아버지는 텍사스 샌안토니오에서 남쪽으로 90분 거리에 있는 가족의 목장에서 제프가 여름을 보내던 어린 시절부터 기술에 대한 그의 관심을 더욱 북돋아 주었다.

이런 것들이 특권이다. 하지만 또 다른 특권도 있다. 방향을 제대로 짚어주고 사업을 탄탄한 기반에 올려놓을 만한 OPM을 쉽게 모을 수 있는 확실하고 현실적인 이점을 가진 사람들이 있다. 이런 사실을 알기에 나는 나의 팟캐스트 초대 손님, 그중에서도 특히 그런 이점을 어느 정도 누린 기업가에게 운과 노력이 그들의 성공에 어느 정도 도움이 됐는지 꼭 묻곤 한다(이 주제는 9상에서 다시 다루겠다). 당신의 성공이든 다른 사람의 성공이든 성공의 본질을 이해하려면 특권이나 이점을 인정해야 한다.

그렇다고 해서 특권이 성공을 좌우한다거나 성공의 선결 조건이라는 뜻은 아니다. 모든 사람이 똑같은 특권을 가질 수는 없겠지만, 성공하기 위해 발판으로 삼을 수 있는 이런저런 종류의 보이지 않는 이점은 누구에게나 있다. 성격도 이점이고 의지도 이점이다. 호감을 주는 인상, 쉽게 동요하지 않는 성격, 회복력, 뛰어난 기억력 등은 특권을 가진 사람이 자신의 특권을 사용하듯 얼마든지 활용할 수 있는 이점이다.

하지만 그렇다면 부모가 아무렇지도 않게 현금으로 1만 달러를 내주는 경우와 그럴 능력이 없어 부모가 1만 달러를 수표로 써주는 경우는 어떻게 다른가? 처지는 다르지만, 어차피 뛰어야 할 트랙이나 경기의 종류는 똑같다. 돈에 접근할 수 있는 방법은 달라도 그 돈을 확보하는 과정은 똑같다. 우리가 누구이든 어디에 살든 어떻게 자랐든 어떤 사업을 벌이든 그런 것은 아무런 상관이 없다. 어떤 경우에든 창업가는 무엇을 하려는지 설명한 다음 어느 정도의 금액을 요구해야 한다. 그것이 투자 용도든 빌려주는 용도든 그냥 선물이든 상관없이 말이다.

이쯤 되면 특권을 가진 사람이나 그만한 특권이 없는 사람이나 초기의 자금을 마련하는 과정은 놀라울 정도로 비슷해 보인다. 창업가라면 어느 단계에서든 자금을 마련하는 일은 지독하게 힘들다고 말할 것이다. 그것은 시간과 에너지를 축내고, 자존심을 상하게 하며 때로는 멀쩡하던 관계까지 틀어지게 만든다. 같은 얘기를 수백 번 해야 하는 것도 쉬운 일이 아니다. 자신의 스토리를 수백 번 털어놓아야 하고 엄청나게 많은 질문을 받아도 그 10배로 대답해야 한다. 질문은 늘 똑같고 믿기지 않을 만큼 답답하다. 당연히 도와주리라 생각했던 사람이나 늘 친구로 여겼던 사람일수록 특히 그렇다. 그래서 얼굴이 대단히 두꺼워야 하는데, 대기권의 무시무시한 저항을 뚫고 들어오면서도 산산조각이 나지 않는 우주왕복선의 방열판 정도는 되어야 한다. 푸른 피가 흐른다는 점에서는 명문가 출신이든 블루칼라 출신이든 다르지 않다. 누구에게나 그 과정은 똑같이 시작된다. 대화를 시작해야 하는데, 그것도 아는 사람과 대화해야 한다.

처음엔 부모, 그다음은 삼촌, 다음은 가족의 친구, 다음은 멘토, 그다음은 고등학교 동창, 그런데 그 친구도 역시 자기 사업을 시작했다. 이렇게 해서 당신이 가지고 있는 개인 네트워크를 모두 소진시켰을 때쯤 필요한 돈을 마련할지도 모른다. 내가 보기에 이것은 동심원을 닮았다. 우선 가장 가까운 사람들의 서클에서 시작한다. 문자메시지와 휴대폰으로 늘 연락을 주고받는 사이여서 연락처 맨 아래까지 가지 않아도 쉽게 찾을 수 있는 사람들 말이다. 친한 친구에게 몇백 달러만 빌려달라는 부탁으로 시작할 수도 있다. 그 친구의 친척 중에 조금 더, 가령 500달러 정도 더 부탁할 수 있는 사람이 있지 않을까? 그 친척이 아는 사람 중에 혹시 당신 같은 스타트업 창업가를 돕는 데 관심이 있는 사람이 있을지도?

이런 식으로 이너 서클에 있는 사람은 각자가 잠재적 자원이고 또한 한 단계를 제거한 다음의 동심원 안에 있는 누군가를 향한 발사대다. 이론적으로는 이들 동심원을 뚫고가며 바깥 궤도를 향해 무한히 이동할 수 있다. 사실 킥스타터나 인디고고Indiegogo나 고펀드미GoFundMe 같은 크라우드펀딩 사이트도 그런 식으로 작동한다. 그들은 당신 같은 혁신가나 크리에이터가 사업을 시작할 수 있도록 돕는 입소문 메커니즘이다. 그들은 당신이 쉽게 알거나 만나리라고 기대하기 힘든 다섯 번째, 여섯 번째, 일곱 번째 동심원에까지 손을 뻗어줌으로써 당신이 팔려는 제품을 실제로 만드는 데 필요한 자본을 조달해 준다.

크라우드펀딩 사이트는 또한 이너 서클의 두께가 좀 얇거나 돈 얘기를 꺼낼 만한 사람이 많지 않거나 확실하게 응원해 주긴 하지만 막상 현금이 많지 않은 사람들만 주변에 있는 이들에게 아주 유용하다. 손을 벌리는 일은 언제나 힘들고 불편하다. 이런 얘기를 한 번 꺼내 20~50달러 정도 요구하기를 100번 반복해야 한다면 그처럼 괴로운 일도 없을 것이다. 그리고 사실상 비현실적인 과제다. 그런 일로 세월을 보내면 사업은 언제 하는가? 크라우드펀딩은 우리가 인터넷이라고 부르는 확성기를 통해 그 모든 자잘한 요청을 단 한 번의 공개적인 대화를 통해 집결시킨다. 실제로 팀 브라운의 올버즈나 오큘러스Oculus, 브룩리넨Brooklinen 같은 회사 그리고 카드 게임 익스플로딩키튼스Exploding Kittens도 처음에는 킥스타터의 도움을 받아 자금을 마련했다.

여기서 우리는 특권이 주는 벅찬 이점을 부인할 순 없지만, 그래도 초기에 돈을 모을 수 있는 길은 사실 누구에게나 열려 있다는 것을 배우게 된다. 창업가들의 동심원 세트에는 모든 사람이 존재한다. 특권의 내재된 이점은 동심원의 형태를 바꾸지 않고 오직 목표 기금에 도달하기 위해 찾아가야 할 바깥쪽 원의 수를 줄여준다는 것뿐이다. 그리고 바로 여기서 OPM과 관련된 특권의 한계를 발견하게 된다. 다시 말해, 누군가 일단 자금을 마련하면 그 일이 쉬웠든 구할 곳이 많았든, 그들은 여전히 그것으로 무언가를 해야 한다. 나는 지금까지 소개한 기업가 중에 일찍이 가족이나 친구의 돈을 끌어들인 다음 가만히 물러앉아 그들의 특권에 기대 아무런 노력도 하지 않고 사업이 저절로 성장하는 것을 지켜본 이의 사례는 단 하나도 댈 수 없다.

실제로는 그 반대다. 개인적인 네트워크에 있는 사람들을 설득해서 **그들의 돈을 당신의 아이디어를 지원하기 위한 자금으로 내놓게 했다면, 바로 그 순간이 바로 성공에 대한 압박이 시작되는 지점이다.** 당연한 얘기지만, 그런 압박을 좋아하는 기업가는 드물다. 크라우드펀딩의 익명성과 전문투자가의 돈이 매력적인 이유도 바로 그 때문이다. 하지만 성공에 대한 압력을 연료로 활용하는 사람도 있다. "알고 보면, 그래서 더욱 의욕이 생기죠." 에릭 라이언은 내게 그렇게 말했다. "하다 보면 돈을 잃거나 실패할 수도 있는데 정말로 내가 아끼는 사람들로부터 돈을 가져올 때는 그들을 실망시키지 말아야 한다는 생각에 각오를 더욱 다지게 됩니다. 그것은 아무리 힘들어도 계속 앞으로 나갈 길을 찾도록 나 자신을 스스로 다그치게 만드는 가장 확실하고 좋은 동기예요."

가족이나 친구의 돈 중에서도 특히 동심원 안쪽 깊은 곳에서 OPM을 짜내야 한 경우라면, 그런 돈이 주는 압력이 당신이 가지고 있는 줄도 몰랐거나 찾으리라 생각해 본 적도 없는 이점, 특히 사업의 다른 모든 분야까지 진척시키는 데 도움이 되는 이점을 발휘하게 만든다. 사업 초기에 쉽게 자본에 접근할 수 있는 특권을 가진 사람들보다 자금을 마련하기 어려웠다면 다른 모든 분야에서 더 잘하게 되거나 **잘할 수밖에** 없기 때문이다. 아이디어는 면도날처럼 예리해질 때까지 갈고 닦아야 한다. 스토리텔링도 훨씬 잘해야 한다. 네트워크의 동심원 밖으로 멀리 나갈수록, 연결고리가 더 약해질수록, 스토리를 얘기할 시간도 줄어들기 때문이다. 커뮤니티도 더 잘 알아야 한다. 그래야 일을 제대로 해내 고객층은 물론 기반을 잡을 장소도 찾을 수 있다.

이런 것은 지금 당장 가지고 있지 않더라도 특권과 관계없이 기업가로 우뚝 설 수 있는 장점이다. OPM을 모으는 과정에서 그런 능력을 습득했다 해도 일단 이를 갖추면 앞으로 상황을 더 수월하게 풀어갈 수 있다. 그렇게 초창기 친구나 가족으로부터 모은 돈으로 당신의 아이디어를 0에서 1로 만들면서도 회사의 지분이나 사업 비전을 심하게 희생시키지 않을 수 있다면, 그것을 성공의 기반으로 삼아 다가올 기나긴 세월을 꾸준한 성장으로 채워가게 될 것이다.

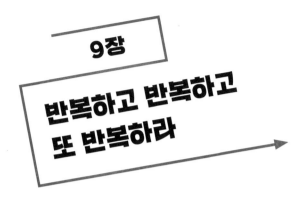

## 9장

# 반복하고 반복하고 또 반복하라

지금 주변을 한번 둘러보라. 지금 앉은 그 자리, 입고 있는 그 셔츠, 지금 있는 그 공간을 밝혀주는 전등, 주머니 속에 있는 휴대폰, 귀에 꽂힌 이어폰, 심지어 지금 읽거나 듣고 있는 이 책의 표지까지.

이런 아이템에는 적어도 1가지 공통점이 있다. 그중 어느 것도 그것을 발명하거나 디자인한 사람이 처음에 생각했을 때의 모습을 그대로 유지하고 있는 건 없다는 사실이다. 사업으로 전환된 거의 모든 아이디어는 처음 떠오른 후부터 첫 생산에 들어가기까지의 기간에 많은 변화를 겪기 때문이다. 모양이 바뀐다. 재료가 바뀐다. 제품이 바뀐다. 이름이 바뀐다. 공정이 바뀐다. 제조 방식이 바뀐다. 모양과 느낌과 취향이 바뀐다.

이 글을 쓰고 있는 지금, 나는 올버즈 울 러닝화를 신고 있다. 너무 편한 신발이다. 팀 브라운이 2009년에 단순하고 깔끔한 로고리스Logo-Less(상표를 보이지 않는 곳에 넣거나 작게 만든 상품) 스니커즈를 처음 구상할 당시, 메리노Merino 양모는 그의 머릿속에 있지도 않았다. 하지만 2014년에 올버즈를 처음 선보인 후 메리노 양모는 그들을 대표하는 요소가 되었다. 사실 팀이 만든 첫 번째 신발은 올버즈가 아니었다. 그때 만든 것은 TB인데, 뉴질랜드에서 인도네시아 공장으로 보낸 범포와 가죽으로 만들었다. 이때는 하이 톱과 로 톱, 두 가지 버전으로 생산했다. 적합성이나 편안함도 이 브랜드의 비전에는 없었다. "그때는 편안함 같은 건 고려하지 않았어요." 팀은 그렇게 말했다. "디자인 측면에서 볼 때 기존 운동화들이 지나치게 복잡하고 지나치게 많고 지나치게 로고가 과장되어 있다고 생각했어요."

그때 감을 잡았다. 말 그대로 팀은 신발을 만드는, 특히 가죽으로 신발을 만드는 사업에 뛰어들어야겠다고 생각했고, 신발을 보는 눈도 바뀌기 시작했다. "난생처음 무두질하는 곳에 갔는데, 정말 무언가가 보이기 시작하더군요. 재료들이 어디서 오는지 그때 알았습니다. 신발을 만드는 재료가 별로라는 생각도 그때 했죠. 별별 재료를 다 써볼 수 있겠다는 구상을 그때 처음 한 것 같아요." 팀은 그렇게 말했다.

그런 재료들 중의 하나가 양모였다. "어느 날 잡지를 들여다보고 있었죠. 뉴질랜드의 양모 산업에 관한 기사였는데 문득 그런 생각이 들더군요. '아니, 왜 신발에는 양모를 사용하지 않는 거지?' 그래서 생각했죠. '우리가 만든다면? 아주 재미있지 않을까?'" 그렇다. 재미있었다. 팀이 처음 그 신발을 공개적으로 판매했을 때(사실 그는 처음 만든 신발을 뉴질랜드 축구 국가대표팀의 동료들에게 팔았다), 웰링턴의 임시 매장에서 1,000켤레의 TB가 모두 팔려나갔다. 신발의 깔끔한 디자인과 거기에 담긴 스토리가 소비자에게 큰 반향을 일으킨 것이다. 하지만 그의 취향으로 보자면, 별로 차별화된 것도 없는 신발이었다. "나도 그렇고 제품도 그렇고, 무언가가 더 필요했습니다."

그래서 팀은 신발 윗부분에 댈 만한 양모를 개발하기 위해 양모 연구위원회 Wool Research Board로부터 보조금을 받을 수 있게 해달라고 뉴질랜드 정부에 청원했다(단연코 사실이다). 뉴질랜드가 아닌 다른 나라에서 볼 때 이런 아이디어가 멍청하기 짝이 없는 발상일 것이다. 미국이라면 특히 그렇다. 양모는 두껍고 무거운 데다가 상처도 잘 난다. 그래서 스웨터나 담요, 실내화라면 몰라도, 신발에는 맞지 않는다. 그러나 뉴질랜드의 메리노 양은 놀라울 정도로 부드럽고 멋진 양모를 생산한다. 팀의 표현을 빌리면, "불가사의한 특징"을 가진 양모다. 메리노 양모는 습기를 잘 빨아들이고 신체 온도를 조절해 주며 무엇보다 양모 스웨터를 입고 있다가 갑자기 비를 만난 사람들이 증언하듯, 냄새가 나지 않는다.

물론 팀이 메리노 양모의 장점을 처음 알아본 것은 아니다. 메리노 품종은 12세기부터 있었고 호주와 뉴질랜드에서는 1700년대 후반부터 특산물이 되었다. 최근 몇 해 동안에는 뉴질랜드를 기반으로 하는 소수의 원단 제조업자들이 메리노가 섞인 직물을 개발하기 시작해 '스마트 울'이라는 별명으로 점차 인기를 얻고 있었다(그중 가장 인기 있는 뉴질랜드 스마트 울 브랜드는 아이스브레이커Ice-breaker다). 그러나 2009년과 2010년에 이와 비슷한 메리노 양모를 기반으로 하는 직물은 적어도 신발에는 존재하지 않았다. "문제가 하나 있다면, 의상 이외의 분야에서 양모의 거래가 극히 빈약했다는 점이었습니다. 대단한 혁신의 기회였는데도 말입니다." 팀은 그렇게 생각했다. 그래서 양모연구위원회에 자신의 계획을 밝히고 연구개발비를 보조받았고, 결국 2014년에 첫 번째 올버즈 신발에 들어가는 직물을 생산해 냈다. 그 후로 다른 신발에도 메리노 양모가 들어가기 시작했다.

팀과 그의 공동설립자인 조이 즈윌링거가 2009년에 출시한 범포와 가죽으로 만든 TB를 2014년에 올버즈 메리노 러닝화로 바꿔 내놓기까지 거쳤던 창의적 과정에는 반드시 따라오는 용어가 있다. '**반복**Iteration'. 이는 제품과 서비스를 점진적으로 진화시키는 과정을 의미한다. 반복은 혁신에 당연히 따라붙어야 할 현상이고 또 시장에 뛰어들어 안목이 높거나 종잡을 수 없는 소비자들의 관심을 끌려고 할 때도 이를 통해 제품을 발전시킬 수 있다.

보통 브랜드 론칭에 앞서 이루어지는 반복 과정에는 두 단계가 있다. 첫 번째는 아이디어가 제 기능을 발휘하고 창안한 사람 입장에서 만족스러운 결과가 나올 때까지 아이디어를 계속 고치는 단계다. 두 번째는 괜찮다 싶은 아이디어를 대중에게 노출시킨 다음 바이어나 주요 투자자, 리테일 파트너 그리고 주요 대중 고객 가운데 어느 한쪽의 인기를 얻을 때까지 피드백을 토대로 제품을 수정하는 단계다.

올버즈의 스토리에서 다소 특이한 점은 그들의 신발이 의미 있는 수준으로 소비자에게 노출되기 전에 이미 첫 단계에서 대부분의 진화가 이루어졌다는 사실이다. 메리노가 팀이 시도한 실험의 전부는 아니지만, 그런 실험을 포함하여 그가 내린 여러 가지 선택은 대부분 그 자신의 목표와 기호에 따라 추진된 것이었다. 가령 뉴질랜드 축구 국가대표팀에 있던 그의 동료들은 어느 누구도 범포와 가죽으로 만든 TB의 적합성과 기능, 외관에 대해 불평하지 않았다. 그러나 팀은 그 신발에 들어간 재질에 만족하지 않았고 가능성이 보이는 판매 전망에도 들뜨지 않았다. 그래서 그는 재질을 양모로 바꿨고 마음에 드는 것을 찾을 때까지 200개 이상의 버전을 거쳤다. "나도 그렇고 신발도 그렇고" 무언가 그 이상이 필요하다고 생각하는 순간, 그는 정말로 자신이 원하는 신발을 만들 수 있었다.

남들이 늘 해오던 것처럼 유독성 재질로 만드는 신발에 만족했다면, 신발 옆면에 스우시Swoosh(나이키 로고-옮긴이)나 줄무늬나 별을 하나도 붙이지 않고 어떻게 새로운 아이디어라고 할 수 있겠는가? 로고리스 스토리 효과만으로 얼마나 오래 버틸 수 있었을까? 팀이 신발을 통해 이야기하려는 것을 좀 더 구체적으로 말하자면, 팀처럼 과밀한 시장에 뛰어들려는 사람에게는 호랑이 없는 곳에서 푸마Pumas를 만드는 것이 목표가 될 수 없다. 그들의 목표는 아무도 본 적이 없는 것을 만드는 것이었다. 팀과 조이는 시장과 자신들의 관계에서 그 점을 처음부터 분명히 이해했고, 올버즈 신발을 개조하는 과정에서 호랑이의 몫을 확보했다. 다른 어느 누가 그 기회를 알아보고 그들에게 뭔가 다른 식으로 해보라고 말해주기 전에 말이다.

팀 역시 나와의 인터뷰에서 분명히 밝혔지만, 이제 막 시작하려는 사업을 제대로 파악하고 자신이 만드는 제품과 스토리에 어느 정도 만족하려면 이 첫 단계에서 시간을 충분히 보내는 것이 중요하다. 팀이 그 단계에 머물며 보낸 5년이라는 세월은 분명 나름대로 생산적인 시간이었을 것이다. 반면, 휘트니 울프가 범블의 첫 버전을 세상에 내놓아 사람들의 휴대폰에 올리는 데는 1년도 채 걸리지 않았다. 그렇게 된 데는 그녀가 틴더에서 보낸 시절부터 이미 그 사업을 잘 알고 있었고 틴더를 영원히 떠난 날부터 범블이 탄생하기까지 모든 순간을 투자했다는 이유도 있을 것이다. 하지만 개발 첫 단계에 들이는 시간의 양이 아무리 중요하다고 해도, 그보다 더 중요한 것은 그 단계에 너무 오래 묶이지 않는 것이다. **대단히 훌륭한 것이라고 해도 모든 아이디어에는 유통기한이라는 것이 있다.** 제때 창고에서 꺼내 세상에 내놓지 않으면, 반복 과정의 두 번째 단계에서 많은 피드백을 받아도 시들해진 관심을 극복할 수 없고 누군가가 먼저 기선을 제압하기라도 하면 선수를 친 이점도 사라지고 만다.

비판을 제대로 처리하지 못하거나 도저히 이를 수 없는 완벽한 제품에 대한 미련을 버리지 못하는 사람들에게는 두 번째 단계로 넘어가는 것조차 힘들 수 있다. 그런 완벽주의 때문에 작가 지망생들의 책상 서랍이나 하드드라이브에 갇혀 빛을 못 보는 위대한 소설이 얼마나 많은가? 친구나 가족에게 돈 얘기를 꺼내는 것과 마찬가지로, 아이디어와 그동안 공들인 노작을 피드백에 노출시키는 것 역시 대단히 불편한 일이다. 그 때문에 내부 개발의 첫 단계는 절대적으로 안심할 수 있을 때까지는 머리를 내밀지 못하는 거북의 등딱지처럼 느껴질지도 모른다. 절대적으로 안심할 수 있는 공간이란 존재하지 않는다는 사실만 있을 뿐이다.

나는 완벽주의에 꼼짝없이 갇힌 상태에서도 이를 극복하고 성공한 기업가의 스토리를 들려주고 싶다. 하지만 내게는 그런 이야기가 없다. 그런 사람들은 회사를 만들지 않기 때문이다. 내가 만나는 크리에이터나 혁신가 들은 비판과 완벽주의에 시달리면서도, 자신의 제품을 시장에서 평가받게 하는 것이 얼마나 중요한지, 또 사용자의 피드백이 결과적으로 제품을 얼마나 더 좋게 만들어주는지 잘 이해하고 있다. 그들은 **자신의 제품을 수치로 평가해 주는 피드백이 많아야 한다**는 사실도 잘 안다. 그리고 실제로 그런 피드백을 찾아다닌다. 그들은 자신이 무엇을 해야 하는지 알고, 왜 그리고 어떻게 그 일을 할지 알고 있지만, 한편으로는 자신이 만든 것을 좋아할 사람이 실제로 누구인지 잘 모른다는 사실도 안다. 바로 그 점이 잊지 말아야 할 핵심이다.

에너지바 산업만큼 반복 과정의 특징이 분명하게 드러나는 곳도 없다. 어떻게 하다 보니 몇 해 동안 이 분야의 크리에이터 3명을 인터뷰할 기회가 있었다. 클리프바Clif Bar의 게리 에릭슨과 알엑스바RXBar의 피터 라할, 라라바Lärabar의 라라 메리켄이다. 세 사람 모두 특이한 개성을 가지고 있었지만 그들의 기업가적 여정은 비숫했다. 그리고 내가 그들의 스토리에 매혹된 것은 다른 사람을 위해 요리하기 좋아하는 한 사람으로서, 새로운 레시피를 생각해 낸다음 사람들이 그냥 먹는 정도가 아니라 아주 좋아할 수 있도록 정확한 배합을 찾는 일이 얼마나 힘든지 상상할 수 있기 때문이다. 친구나 가족에게 돈을 빌려달라는 말을 꺼내기가 어려운가? 그들에게 당신이 만든 음식을 주며 맛을 보고 솔직한 의견을 말해달라고 해보라. 좋은지, 좋다면 어떤 점이 좋은지, 바꿔야 할 부분은 없는지, 더 바라는 것이 있는지 말해달라고 해보라. 이런 일이 얼마나 힘든 과제인지 나는 경험으로 안다. 누군가의 피드백은 반영하고 누군가의 피드백은 무시하며 그런 피드백을 어떻게 적용해야 처음부터 다시 시작하는 불상사를 피할 수 있는지까지 따져야 할 경우 훨씬 더 어려워진다. 하지만 어려워도 꼭 필요한 과정이다. 그 과정을 끝내는 데 게리 에릭슨은 6개월이 걸렸고, 피터 라할은 7개월, 라라 메리켄은 3년이 걸렸다.

하나 마나 한 이야기이지만, 어떤 제품이든 그 시작은 아이디어다. 캘리포니아 버클리에 살면서 사이클에 푹 빠져 있던 게리는 1990년에 친한 친구와 베이 에어리어를 통과하는 언덕이 많은 길 위에서 아이디어를 얻었다. 그들은 그날 200km를 주파할 계획이었다. 그래서 기력을 보충하기 위해 각자 바나나 1개와 파워바<sup>Pow-erBar</sup> 6개를 가져갔다(우연이지만 파워바의 본사도 버클리에 있다). 당시 파워바는 시장에서 쉽게 구할 수 있는 유일한 에너지바였기 때문에, 자전거를 타는 이라면 다들 그것을 먹었다. 하지만 대부분의 사람이 마지못해 먹었다. "해밀턴산 정상에 서서 파워바 5개를 먹었습니다. 그리고 여섯 번째 파워바를 보며 말했죠. '못 먹어. 한 입도 더 못 먹겠어. 이걸 먹느니 그냥 굶고 말지.'" 게리는 그렇게 회상했다. 당시 파워바는 래피태피Laffy Taffy(과일맛 캐러멜-옮긴이)와 나우앤레이터Now and Later(추잉 캔디-옮긴이) 사이 어딘가에서 좀처럼 변할 줄 몰랐다. 설탕에 절이지만 않았다면 아무 맛도 없을 바였다. "쓴 약." 그는 그렇게 불렀다. "친구를 보며 말했죠. '내가 만들어도 이보다는 잘 만들겠다.'"

그로부터 10년 뒤인 2000년, 당시 소셜워커였던 라라 메리켄은 메모리얼데이 주말에 콜로라도 볼더 외곽에 있는 어느 산 정상에서 트레일믹스Trail Mix(시리얼과 견과류 등을 섞어 만든 스낵) 봉지 바닥을 들여다보다가 아이디어를 얻었다. "트레일믹스를 먹으면서 보통 음식과 가공하지 않은 음식을 생각했어요. 그러다 갑자기 머릿속에 무언가가 반짝하더군요. '왜 과일과 견과류와 향신료 같은 걸로 바를 만드는 사람은 없는 거지? 순수하고 단순한 진짜 음식인데, 휴대하기 편하고 한 번 먹으면 계속 손이 가서 애초에 시작하면 안 될 것 같은 그런 스낵은 없을까?'"

크로스핏에 푹 빠져 있던 피터 라할이 알엑스바를 생각한 것은 2012년이었다. 크로스핏에 열광하는 사람들 대부분이 그렇듯, 라할은 팔레오 식단을 추종하는 젊은이였다. 그는 그런 엄격한 식단에 부합하는 에너지바나 단백질바가 없다는 것이 의아했다. "순간 '왜'라는 의문이 들더군요. 이 부류의 사람들은 모두 같은 운동을 하고 같은 영양가에 동의하는데, 체육관에서는 물을 팔고 티셔츠는 팔면서 맛도 좋고 팔레오 기준을 충족시키는 바는 팔지 않는 거예요." 팀 브라운의 스니커즈처럼 피터의 아이디어는 별 볼 일 없이 붐볐을 에너지바 시장의 틈을 깔끔하고 단순한 제품으로 메우는 것이었다.

흥미로운 점은, 거쳐야 할 반복 과정의 첫 단계에 꼭 필요한 바의 레시피를 처음 생각해 내고 대략의 윤곽을 잡는 데는, 이들 모두 그리 오랜 시간이 걸리지 않았다는 것이다. 예를 들어, 게리는 긴 자전거 여행에서 돌아온 지 24시간도 지나기 전에 어머니에게 전화를 걸었다. 그의 어머니는 게리가 소유하고 있는 작은 제과점 칼리 Kali's(그의 할머니 이름을 땄다)의 레시피를 만들어준 장본인이었다. 그는 에너지바에도 도움을 청했다. 어머니의 반응은 엉뚱했다. "에너지바가 뭐니?" 그는 클리프바의 레시피를 가지고 기본적인 설명을 했다. "그러니까 어머니가 만드시는 오트밀과 건포도와 초콜릿 칩 쿠키라고 생각하면 돼요. 하지만 버터를 쓰면 안 되고 설탕이나 기름도 쓰면 안 돼요." 그는 통귀리와 진짜 과일만 사용하고 감미료는 쌀로 만들 예정이었다. 모양은 사각으로 하기로 했다. "쿠키를 만드는 것이 아니니까요. 바로 만들어야 해요."

라라 역시 기존 제품을 손질하는 데 만 하루도 걸리지 않았다. "산을 뛰어 내려가 공책을 펼치고 아이디어들을 적기 시작했어요. 덴버로 돌아갔을 때 파이와 쿠키, 케이크에서 아이디어를 얻었죠. 그리고 생각했어요. '좋아. 그런데 내 쿠진아트 Cuisinart 로 가공하지 않은 천연재료만 사용해서 어떻게 체리파이나 애플파이, 바나나빵 맛을 낸담?'" 하지만 레시피는 술술 흘러나왔다.

피터와 그의 파트너 제러드 스미스에게는 첫 단계가 단순하게 흘러가지 않았다. "가령 '와, 이걸 제대로 한번 해보자' 같은 순간은 없었어요. 처음에는 그랬죠. '일단 홀푸즈Whole Foods로 가서 한 바퀴 돌아보자. 여러 재료를 가지고 이것저것 시작해 보는 거야.' 그러니까 예비 시장조사 같은 걸 통해 하나씩 배우기 시작했죠." 하지만 그들도 게리와 라라처럼 제품에 대한 뚜렷한 비전을 가지고 그들의 투어를 시작했다. 그 비전이란 최소한의 재료, 팔레오 친화적인 단백질바라는 것이었다. "제품과 관련해서는 공식의 어느 부분에 들어가는 재료이든 가능한 한 최고를 쓰는 것을 원칙으로 삼았습니다."

이 창업가들이 할리우드가 말하는 개발 지옥Development Hell에 갇혔을 법한 지점이 바로 이 순간이다. 반복 과정에서 그들은 부정적인 피드백이 두려워서 꼼짝 못 하고 자신들의 아이디어를 기두어 놓았을 수도 있었다. 돌이켜보면 그랬다고 해도 그들을 탓하긴 어려웠을 것이다. 그들은 가장 가까운 사람들로부터 좋은 아이디어가 아니라는 핀잔을 받았으니까. 게리의 어머니는 에너지바가 뭔지도 몰랐다. 라라의 부모님은 그녀가 전화로 아이디어를 얘기하자 정신 나간 소리라고 일축했다. "두 분이 그랬다더군요. '우리가 얘를 고등학교도 사립학교에 보내고 서던캘리포니아대학교USC까지 졸업시켰는데, 서른두 살이나 된 녀석이…. 맙소사, 얘가 지금 뭐라는 거야?'" 피터의 팔레오 단백질도 많은 사람으로부터 핀잔을 받기는 마찬가지였다. 말로만 지청구를 듣는 것이 아니었다. "나는 한껏 들떠 얘기했는데, 다들 **'거참 얼빠진 아이디어군'** 하는 표정들이더군요." 피터는 그들이 의심하는 것도 어느 정도 이해는 했다고 말했다. "사실 시장에는 또 다른 단백질바가 더는 필요하지 않았어요. 그 점은 확실했죠. 하지만 우리는 우리 일에 매달렸어요. 부정적인 피드백을 받으면 그랬습니다. '우린 그래도 한다.'"

2012년 여름이 끝나갈 무렵, 피터는 그의 크로스핏 체육관 사람들에게 샘플을 뿌렸다. 그리고 개발 과정의 두 번째 반복 단계로 들어갔다. "알엑스바 도Dough에 관한 기록을 작성하고 타파웨어에 싸서 사람들의 피드백을 받았어요." 피터는 초기 시절을 그렇게 기억했다. 그는 자기 크로스핏 체육관에서, 제러드는 그가 속한 체육관에서 했다. "우리는 수도 없이 질문했어요. '이거 마음에 드세요?' '이건 마음에 안 드세요?' '원하는 것이 있으세요?' '돈을 주고 살 만한가요?' 우리는 그런 질문을 통해 엄청난 양의 자료를 수집했습니다." 모든 데이터가 레시피를 개선하는 데 투입되어 2013년 3월 중순, 그들의 첫 번째 맛인 코코넛 초콜릿이 나왔다. 그들은 정식으로 판매를 시작했고 처음으로 실질적인 수익을 냈다. 그때부터 온라인 판매를 시작하면서 사업은 순식간에 도약했다.

라라가 반복의 두 번째 단계를 통과하는 기간은 피터에 비해 상당히 길었다. 2000년에는 2012년에 비해 식품에 관한 전자상거래 솔루션이 흔하지 않았기 때문이었다. 그런 아이템은 재래식 사업으로 하든지 망하든지, 둘 중 하나였다. 그렇게 기간의 차이는 있었지만, 여정 자체는 같았다. "샘플을 만들었어요. 그러니까 여러 개씩 만들고 또 만들고 또 만들었죠. 쿠진아트로요(놀랄 것도 없지만, 피터 라할과 제러드 스미스가 그들의 첫 번째 알엑스바의 레시피를 실험한 조리도구 역시 쿠진아트였다). 몇 년 동안 가지고 있기만 하고 쓰

153

지 않았던 거죠." 라라는 내게 그렇게 말했다. "그리고 포커스 그룹을 구성했죠. 직접 간단한 설문지를 만들어 사람들에게 물어봤어요. '에너지바는 어떤 걸 드세요?' '왜 그걸 드세요?' '그건 왜 마음에 안 드세요?'"

"그렇게 내가 만든 바를 준 다음 요구하죠. '어떤지 얘기해 주세요.' 그들은 피드백을 줍니다. '난 체리를 정말 좋아하는데 이건 아무리 씹어도 체리 맛이 안 나네요.' 그러면 다시 생각하죠. '체리를 좀 더 넣어야겠어. 씹을 때마다 체리 맛이 나야 하니까.'" 이러한 개발 과정을 거쳐서 그녀는 5가지 맛을 개발했다. 체리파이, 애플파이, 바나나빵, 캐슈쿠키, 초콜릿 코코넛이었다. 2003년 중반에 그녀는 덴버 지역의 홀푸즈 매장에서 그것들을 팔기 시작했다.

그보다 10년 전, 게리는 완벽주의자들이 자주 걸리는 피드백 덫과 전혀 반대되는 함정에 빠질 뻔했다. 그것도 신제품 개발에 있어 마찬가지로 위험할 수 있다. "우리는 수도 없이 실패했어요." 게리는 지금 생각하면 거짓말 같은 자전거 여행 이후의 6개월에 대해 이렇게 말했다. "그때 우리는 어떻게든 우리에게 유리한 쪽으로 생각하려고 애썼어요. 스스로에게 말했죠. '이 정도도 대단하지, 뭐.'" 실험은 물론이요 사이클링 친구들의 피드백도 모두 싫증 났기 때문이었다. 피드백은 좋을 때도 있고 별로일 때도 있었지만 나쁠 때가 더 많았다. "비닐봉지에서 꺼내 친구들에게 건네면서 말하죠. '이거 맛 좀 봐봐. 하지만 절대 비밀이야.' 그러면 그들은 그래요. '이건 꽝인데.'" 그때마다 게리는 주방으로 달려갔다. 자신이 만든 에너지바가 아주 좋다고 단정 짓고 싶었지만 그렇게 샘플링하기를

6개월간 반복한 끝에, 마침내 찾던 것을 손에 넣었다. 그는 최초의 클리프바 레시피를 찾아냈을 때를 그렇게 설명했다. "어머니와 난 알았어요. 어차피 모험인 거예요. 주변에 재료들을 한가득 쌓아놓고 하는 모험. 확실한 건 없으니까요."

이 장 첫 부분에서 보라고 했던 모든 것을 마지막으로 한번 둘러보라. 이런 것들을 만든 사람들은 게리 에릭슨만큼이나 확신이 없었다. 그는 첫 번째 클리프바 옆에 포장 기계를 놓고 제품에 가격표를 붙인 다음 판매용으로 내놓았다. 그들은 팀 브라운이 했던 것만큼이나 개발 초기 단계에서 많은 수정 작업을 거쳤다. 믿는 것이라고는 자신의 직감과 취향뿐이었다. 누가 그것을 좋아할지, 관심이나 가질지도 몰랐다. 피터 라할처럼 그들도 고개를 갸우뚱하는 사람들은 무시했다. 그리고 반복의 첫 단계에 충분한 시간을 투입했지만, 너무 오래(또는 영원히) 그곳에 머물지는 않았다. 그래서 라라 메리켄이 포커스 그룹을 상대로 했던 것처럼 소비자 피드백을 받는 두 번째 단계로 넘어갈 때 그들은 용기를 낼 수 있었다. 그들은 그들이 책임질 수 있고 그들이 자청한 비판에 견딜 수 있는 아이디어를 세상에 내놓고 있었다. 그것은 반복 과정에서 성공을 보장해 주는 진정한 레시피였다. 어떤 크리에이터이든 그들의 아이디어를 제품으로 구현할 뿐 아니라 지속 가능하고 진정한 의미의 성장을 이룰 사업으로 바꾸기를 원한다면, **그렇게 레시피를 바로 잡아야 한다.**

2부 ― 시련

나와 인터뷰한 기업가들은 대부분 실패를 두려워했다. 그러나 이는 건강한 두려움이었다. 그들은 언제라도 실패할 수 있다는 것을 알고 있었다. **그럴 수 있다.** 장담하지만 **실패는 늘 있는 일이다.** 하지만 그들이 실패를 좋아하지 않는 것만은 분명하다. 실패는 확실히 기분이 나쁘다. 전혀 즐겁지 않다. 하지만 실패해도 그들은 멈추지 않았다.

좋은 기업가, 그러니까 성공하는 기업가는 실패가 무서워 주춤거리지 않는다. 따라서 실패보다는 자신의 아이디어에 대해 얼마나 확신이 있느냐로 그들을 규정해야 한다. 그 아이디어는 그들을 안전지대에서 끌어내 미지의 세계를 가로질러 새로운 가능성을 찾게끔 부추긴다. 그곳에(그곳이 어디든) 다다르면 그리고 자신의 아이디어를 실현할 수 있으면, 그들은 성공을 확신한다.

**그럴 수 있다면 말이다.** 기업가들이 정말로 두려워하는 부분이 바로 이 단계다. 영감과 실행 사이에 놓인 거대한 공간, 시련과 함정과 우여곡절이 수없이 많은 그런 공간을 건널 수 있을지에 대한 불확실성 말이다. 기업가라면 누구나 거쳐야 할 그 단계에는 대체로 똑같은 도전이 따른다. 사업을 시작하는 미지의 영역을 건너는 여정에서 나타나는 순서와 모양만 다를 뿐.

실제로 기업가의 모든 여정은 저마다 새롭고 스토리도 제각각이다.

두 길이 같은 경우는 절대 없다. 누구나 똑같이 수많은 전환점을 통과하지만, 당신의 길은 별수 없이 당신과 당신의 아이디어와 그것이 통과하는 시간이나 장소에만 해당하는 길이다.

다행히도 이런 여정이 지금만큼 쉬운 적은 없었다. 수많은 기업가가 당신이 이제 막 하려는 것을 이미 했다. 당신에게는 앞으로 다가올 일에 대비할 기회가 있다. 알게 모르게 도와주는 이들로부터 배울 의지가 있다면 말이다. 그들은 실패란 실패는 모두 겪어봤다. 그들은 함정이란 함정엔 모두 빠져봤고 잘못된 길이란 길도 모두 가보았다. 그리고 좋은 기업가, 그러니까 성공하는 기업가는 이런 실패를 겪고 그런 함정에 빠지고 잘못된 길로 들어선다. **단, 딱 한 번만.** 왜냐고? 그들보다 앞서간 기업가로부터 요령을 배웠으니까. 그들은 여러 가지 이야기를 듣고 교훈을 얻었다. 이번엔 당신 차례다.

159

새로 벌인 사업에서 성공의 조짐이 보이기 시작하면, 심상치 않은 일이 벌어진다. 어느 순간부터 당신은 당신을 전혀 달갑지 않게 여기는 사람들과 마주치게 될 것이다. 그들을 부르는 이름이 있다. 이름하여, **경쟁자**. 그들이 당신의 경쟁자라는 사실을 시인하든 하지 않든, 그들은 합법적으로 때론 그다지 합법적이지 않은 방법으로 당신을 물리치기 위해 온갖 수단을 동원한다. 이것은 어느 연못에나 있는 큰 물고기들의 상습적인 전략으로, 처음 보는 어린 물고기가 주변을 얼쩡거리며 하찮게 여기던 부스러기들을 먹으며 몸집을 키우는 것이 목격될 때 구사하는 전략이다.

PC 판매가 연간 1억 대에 이르고 닷컴 버블이 본격화되기 시작한 1997년, 세상을 압도하기 시작한 연못 속의 큰 물고기는 마이크로소프트였다. 그해 늦여름에 마이크로소프트의 부사장인 제프 레이크스Jeff Raikes는 자신과 같은 네브래스카 토박이인 워런 버핏에게 '허스커스 파이팅Go Huskers(허스커스는 네브래스카 사람을 친근하게 일컫는 말–옮긴이)!'이라는 제목으로 지금은 많은 사람에게 공개된 내용의 이메일을 보냈다. 내용은 간단했다. 마이크로소프트에 투자해 달라는 것.25 거기서 레이크스는 마이크로소프트의 건실함과 성장 가능성을 코카콜라와 시스캔디스See's Candies에 비유했다. 둘 다 버핏이 1972년부터 지분을 소유하고 있던 회사였다. 레이크스가 마이크로소프트를 두 회사에 빗댄 이유는 혁명적 주력 제품인 윈도Windows 운영체제가 '톨 브리지Toll Bridge(통행료를 받는 유료교)'를 세웠기 때문이었다. 이는 PC를 소비자에게 팔아야 하는 제조업체라면 건널 수밖에 없는 다리였다.

윈도를 혁신적으로 만든 그래픽 유저 인터페이스 역시 윈도의 인기를 크게 높여, 레이크스의 말대로 마이크로소프트와 시상의 경쟁사들 사이에 '해자'를 둘러치는 부수 효과를 가져다주었다. 그 해자로 인해 마이크로소프트는 윈도를 뒤이어 출시돼 똑같은 인기를 누리던 워드Word, 엑셀Excel, 파워포인트PowerPoint, 액세스Access 등의 생산성 소프트웨어 애플리케이션 시장에서 점유율을 90%까지 크게 넓힐 수 있었다. 덕분에 마이크로소프트는 자사의 응용 소프트웨어뿐만 아니라 마이크로소프트의 운영체제를 장착하는 다른 PC 제조업체들에 부과하는 라이선스 수수료에 대해서도 막강한 '가격책정 재량권Pricing Discretion'을 행사할 수 있게 되었다.

레이크스가 이메일에서 직접 말하진 않았지만, 버핏 역시 수십 년의 경험을 통해 해자가 넓고 톨 브리지가 길수록 마이크로소프트가 자신의 가격책정 재량권을 더욱 공격적으로 휘둘러 소프트웨어 산업에서 점점 커져가는 유리한 입지를 더욱 굳힐 수 있다는 사실을 알고 있었다. 가격책정 재량권은 당근으로 사용할 수 있다. 윈도의 라이선스 수수료를 낮춰 가능한 한 많은 새 PC에 브라우저와 응용프로그램 소프트웨어를 미리 탑재하게 만드는 인센티브로 활용하는 것이다. 그런가 하면 그 재량권을 채찍으로 사용할 수도 있다. 담합 제안을 거절한 PC 제조업체에 윈도를 대량 구매할 경우 제공하는 라이선스 할인을 보류한다거나 응용 소프트웨어를 원가나 원가 이하의 가격에 제공함으로써 로터스Lotus나 노벨Novell, 코렐Corel 같은 경쟁업체를 몰아내는 방식이다.

마이크로소프트는 이런 전략으로 대단한 효과를 거뒀다. 레이크스가 버핏에게 이메일을 보낸 지 1년 뒤, 마이크로소프트는 제너럴일렉트릭General Electric, 이후 GE을 제치고 세계 최고의 가치를 지닌 기업으로 등극했고, 그 자리를 5년 연속 유지했다.

**톨 브리지, 해자, 가격책정 재량권**. 이런 말은 경제용어인 **진입장벽** Barriers to Entry에 대한 완곡어법이다. 진입장벽이라는 용어 역시 기존의 사업체가 경쟁자를 쫓아내고 해당 분야에서 새로운 경쟁 자체를 어렵게 만드는 모든 수법을 통틀어 일컫는 일종의 완곡어법이다. 이들 장벽은 기존의 블루칩 기업들이 의식적으로 구사하는 전략일 뿐 아니라, 경쟁자들이 들어왔다 나가고 성장했다가 위축되고 진화하고 선회하면서 시장 내에서 이루어지는 흥망성쇠의 자연 역학이다. 이 같은 것들은 새로운 사업체가 시장에서 발판을 탐색하고 확보하고 확장할 때 직면하게 되는 가장 큰 장애물이다. 그런 메커니즘을 이용하여 당신의 경쟁사들은 당신이 진입하는 것을 발견하는 즉시 짓이기거나 시장에서 쫓아낸다.

따라서 **새로운 사업을 할 때 완전히 새로운 것을 전적으로 새로운 방식이나 새로운 장소에서 시작하지 않는 이상, 정문을 두드려서 들여보내달라고 사정할 생각은 하지 말아야 한다.** 새로운 사업체가 대부분 그렇게 하듯, 시간이 걸리더라도 정문을 통하지 않고 시장에 진입할 수 있는 다른 방법을 찾아봐야 한다. 유리천장을 깨는 것이든 편견의 벽을 허무는 것이든 여성과 비주류에 속하는 기업들은 오랫동안 그런 장벽과 싸워왔다. 간단히 말해, 옆문으로 슬그머니 들어가는 방법만 알아내면 굳이 새로운 땅을 찾아 개척할 필요도 없다. 수많은 천재 지략가가 이미 당신보다 먼저 그 길을 갔다. 그리고 그들은 알아냈다. 옆문은 지키는 사람이 많지 않을 뿐만 아니라 무척 넓다는 사실을. 페이팔의 공동설립자 피터 틸도 2014년에 스탠퍼드 직업개발센터Stanford Center for Professional Development 에서 가진 '경쟁은 루저들이나 하는 것'이라는 제목의 강연에서 그렇게 말했다. "모두가 달려드는 좁은 문을 꼭 통과해야 하는 것은 아닙니다.[26] 모퉁이를 돌아 아무도 가지 않는 널찍한 문으로 가세요."

당시에는 이런 사실을 제대로 인식하지 못하고 있었지만, 피터 라할이 시카고에서 미니멀리스트를 위한 팔레오 단백질바를 떠올렸던 초기에도 그랬다. 피터는 옆문을 찾을 생각은 미처 못 했지만, 알엑스바를 가지고 들어가려는 시장이 매우 붐비는 공간이라는 것은 알고 있었다. 앞에서 얘기했듯, 피터 역시 시장에 또 다른 단백질바가 필요하지는 않다는 것을 일찍이 인정하고 있었으니까. 그와 그의 파트너인 제러드 스미스가 홀푸즈에서 실태조사를 처음 실시할 때부터 이는 피할 수 없는 결론이었다. 그들이 확실하게 알 아낸 사실 하나는, 단백질바가 식품 산업을 통틀어 경쟁이 가장 치 열한 아이템이라는 것이었다. 단백질바에 하나의 메인 브랜드만 존재하던 시대는 지나간 지 오래였다. 1990년대 초, 게리 에릭슨 이 파워바에 대항하기 위해 클리프바를 개발했을 때도 그는 그런 사실을 알고 있었다. 심지어 10년이 지난 뒤 라라 메리켄에게도 넘 치는 기회가 돌아갔다. 이는 2013년에 피터에게 주어진 것과는 전 혀 다른 방식의 기회였다.

165

피터와 제러드가 시카고 홀푸즈에 들어섰을 때 진열대의 모습 이 어떠했겠는가? 길게 뻗은 선반을 가득 채우고 있는 다양한 맛 의 단백질바 제조업체는 또 얼마나 많았겠는가? 피터가 라라 메리 켄처럼 홀푸즈 지역 바이어에게 환영받았을까? 피터가 홍보하려 는 것이 무엇인지 안 다음에도? **또 단백질바인데도?**

피터는 홀푸즈 정문을 통해 들어가서는 승산이 없다고 판단했 다. 다행히 그럴 계획은 처음부터 없었다. "초기부터 우린 크로스 핏과 팔레오 소비자를 위한 제품을 만들고 이를 온라인에 구축하 겠다는 전략을 세워두고 있었습니다." 피터는 그렇게 말했다. "온 라인 매장을 만들고 체육관에 직접 팔 작정이었죠. 소비자도 우리 를 직접 찾아오게 하고요." 그 말은 곡물이 들어가지 않고 유제품 도 없고 완두콩이나 강낭콩 단백질, 설탕도 넣지 않은 바를 만들겠다는 뜻이었다. 시중에는 그와 비슷한 것조차 없었다.

더 큰 경쟁자가 보지 못하거나 볼 생각도 하지 않는 것을 찾아내고 활용할 수 있다는 것이 바로 스타트업의 이점이다. "틈새를 보거나 규모가 작은 시장에 관심을 갖는 사람은 많죠. 그런데 그런 시장은 그들이 끼어들 만큼 크지 않습니다. 그래서 시카고 지역의 독립된 식료품점보다는 캘리포니아의 크로스핏에서 고객을 확보하는 편이 우리에겐 나았죠. 식료품점에서는 치열한 경쟁을 벌여야 하겠지만, 크로스핏 체육관에는 우리뿐이잖아요. 알렉스바는 말 그대로 그런 사람들을 위해 기획되고 설계되었죠. 그러면 문제가 깔끔하게 해결되고요."

그것이 바로 피터의 옆문이었다. 당시 크로스핏, 팔레오, 소비자 직거래 같은 틈새는 폭발 일보 직전의 시장으로, 피터 틸이 말하는 널찍한 문으로 바뀌고 있었다. 그리고 그 틈새는 피터 라할과 직접 부딪히는 경쟁자들이 그를 알아보고 짓밟기 전에, 알렉스바가 뿌리를 내리고 그곳에서 두각을 나타내어 성장할 기회를 준 완벽한 조합이었다. 당시 그의 경쟁사는 제너럴밀스General Mills와 네슬레Nestle 같은 대형 다국적기업들이었는데, 그들은 각각 라라바와 파워바를 인수했기에 마음만 먹으면 단백질바의 시장 진입을 가로막는 장애물을 확실하게 구축해 그를 쉽게 내쫓을 수 있었다.

5-아워 에너지5-hour Energy를 설립한 마노지 바르가바Manoj Bharga-va에게 에너지 드링크 시장으로 들어가는 옆문은 작은 틈새가 아니라, 작은 제품이었다. 마노지는 시장의 판도를 바꾸며 수익을 올린 플라스틱 사업에서 은퇴한 지 몇 년 후인 2003년 초, 로스앤젤레

스 외곽에서 열린 천연제품 무역박람회를 둘러보고 있었다. 플라스틱 사업에서 손을 떼더라도 그에게 지속해서 실수익 흐름을 창출해 줄 만한 것은 없는지, 인수할 만한 사업이나 라이선스를 취득할 만한 발명품은 없는지 탐색하기 위해서였다.

전시장을 걷던 그의 눈에 16oz짜리 새로운 에너지 드링크가 들어왔다. 마셔보니 효과가 오래 지속되었다. 다른 에너지 드링크로는 경험하지 못한 것이었다. "흠, 이거 괜찮은데." 그는 혼자 중얼거렸다. 그렇지 않아도 오전 내내 이런저런 회의로 기운이 많이 빠져 있었는데 그 드링크를 마신 후 몸이 다시 가뿐해지는 것을 느꼈기 때문이었다. "이걸 한번 팔아볼까?" 마노지는 그렇게 생각했다. 하지만 드링크를 만든 사람들의 생각은 달랐다. 그들은 '박사 학위를 소지한 과학자'이었던 반면, 마노지는 '급이 낮은 비즈니스맨'에 불과했다. 그들은 자기들의 발명품을 팔지 않을 것이며 제조법에 대한 라이선스도 줄 수 없다며 거절했다. 그들이 딴 데를 알아보라고 말했을 때, 마노지는 실험실을 알아보기로 마음먹었다. 그에게 활력을 불어넣고 마음까지 사로잡을 수 있는 자기만의 에너지 드링크를 만들기 위해서였다.

"그들의 상표를 보면서 생각했죠. '난 이것보다 더 잘 만들 수 있어. 어려우면 얼마나 어렵겠어? 알아내고 말 거다.'" 마노지는 그 드링크 같은 발명품을 만들겠다는 확실한 목적을 가지고 회사를 설립했고, 사내 과학자들의 도움을 받아 몇 달 만에 그에 못지않은 에너지 드링크의 제조법을 확보했다. 나중에 알게 된 일이지만, 이것이 사업의 전 과정에서 가장 쉬운 부분이었다.

정작 어려움은 그때부터였다. 우선 힘들여 만든 발명품을 어떻게 매장에 들여놓을 것인가가 문제였다. 마노지는 당시의 생각을 이렇게 설명했다. "드링크를 또 하나 만든다면 청량음료 매대를 두고 레드불Red Bull과 몬스터 에너지Monster Energy와 싸워야 했어요. 그뿐인가요. 코카콜라와 펩시, 버드와이저와도 싸워야죠. 붙어보기도 전에 다리가 풀리고 말 겁니다."

그는 실제로 맥이 풀렸다. 오프라인 매장의 한정된 공간을 두고 싸워야 하는 것은 물론, 틈새시장뿐 아니라 세계 최대 기업 몇몇이 장악하고 있는 음료 산업 전체와 경쟁을 벌여야 했기 때문이다. 당신이 세븐일레븐7-Eleven을 갖고 있거나 크로거Kroger나 테스코Tesco 같은 식료품 체인점의 총지배인이라면, 다이어트 코크Diet Coke나 마운틴듀, 스내플Snapple 같은 음료를 치우고 어디서 듣도 보도 못한 에너지 드링크를 선반에 올려놓겠는가? 특히나 2003년은 에너지 드링크 판매량이 급증하기 전이었고, 신생 시장에는 이미 레드 불과 몬스터 에너지라는 두 대형 주자가 버티고 있을 때였다. 당신이 아무리 마노지 바르가바 같은 사내에게 기회를 주고 싶어도, 일단 코카콜라와 펩시코에서 나온 지역 영업사원과 유통업자 들이 당신의 의도를 눈치채기라도 하면, 그들은 마이크로소프트가 가졌던 가격책정 재량권을 야구방망이처럼 휘두르거나 당신의 가게에서 자신들의 제품을 모두 회수해 갈 것이다.

마노지는 자신의 앞을 가로막고 있는 이런 장벽을 물끄러미 바라보았다. 아무래도 시장에 들어가려면 다른 방법을 찾아야 할 것 같았다. 그때 문득 그런 생각이 들었다. "피곤하다고 꼭 목까지 마른 건 아니잖아?" 그는 그렇게 중얼거렸다. 기력을 회복하기 위해 꼭 10~16oz짜리 단맛 나는 음료를 배가 부를 정도로 마셔야 할 필요는 없다는 뜻이었다. "타이레놀을 16oz짜리 병에 넣어서 파는 것과 다를 바 없잖아요?" 마노지는 그렇게 비유했다. "내가 원하는 건 빠른 효과일 뿐이야. 이걸 다 마실 생각은 없다고." 그렇게 마노지는 일반적인 16oz짜리 드링크를 2oz짜리 샷으로 줄였다.

순식간에 모든 것이 바뀌었다. 6개월도 채 되지 않아 그는 디자이너를 고용해 자신의 독특한 상표를 만들었고, 자신의 에너지 음료를 2oz짜리로 생산할 수 있는 음료병을 찾아냈다. "2oz라면 그건 드링크가 아닙니다. 결국 유통 방식이 해결책이었어요." 그는 그렇게 말했다.

그것이 5-아워 에너지가 들어간 옆문이었다. 그것은 드링크가 아니었다. 그렇기 때문에 레드불이나 몬스터 에너지에 직접적인 위협이 되지 않았다. 2oz짜리였기에 냉장 보관도, 커다란 전용 선반도 필요하지 않았고, 소매상들도 공간 걱정을 할 필요가 없었다. 계산대 언저리의 슬림 짐 Slim Jim(육포나 건조 소시지 등의 스낵 상표) 과 절인 계란 옆에 놓으면 딱 어울리겠다고 그들은 생각했다.

"거기가 제자리였어요." 마노지는 그렇게 말했다. "그 자리가 어울린다는 것을, 거기에 있어야 한다는 것을 금방 알 수 있었죠." 게다가 5-아워 에너지에 들어가는 성분은 사실 에너지보다는 마노지가 말하는 "뇌를 위한 비타민"이라는 개념에 가까웠기에, 그는 자신의 제품을 음료수 냉장 칸이 아닌 다른 곳에 놓을 수 있었고 심지어 식료품점이나 편의점이 아닌 다른 장소에도 진열할 수 있었다. 실제로 그가 2004년에 5-아워 에너지를 들고 처음 찾아간 곳은 **비타민** 매장 GNC였다. GNC는 이 제품을 1,000여 개의 매장에 넣기로 했다.

GNC는 몇 가지 이유에서 에너지 '드링크' 시장으로 진입하는 탁월한 쪽문이었다. 첫 번째 이유는 금방 알 수 있다. 식료품점이나 편의점에 비해 경쟁이 심하지 않으니까. 하지만 좀 더 재미있는 것은 두 번째 이유다. "나중에 보니 GNC도 계속 새로운 제품을 찾고 있었더군요. 대량으로 유통되는 제품은 GNC와 어울리지 않으니까요." 마노지는 그렇게 설명했다. "월마트에 있으면 누가 그걸 사겠다고 GNC로 가겠습니까?" 본질적으로 GNC는 세븐일레븐이나 세이프웨이 Safeway 같은 곳보다 소매 유통에 있어 더 쉬운 경로였다. 첫 주에 200병밖에 팔지 못해 저조한 출발을 보였지만, 덕분에 내성을 키울 수 있었다. 마노지는 처음엔 "어이가 없었다"고 말했다. 그러나 그들은 묵묵히 기다렸다. 제조업자도 소매점도 마찬가지였다. "6개월쯤 지나니 일주일에 1만 병 정도가 팔리더군요." 마노지는 월그린스 Walgreens나 라이트 에이드 Rite Aid와 같은 약국 체인을 찾아갔다. 그들도 5-아워 에너지를 덥석 물었다. 지금 5-아워 에너지는 웬만한 매장의 계산대 주변에서 쉽게 찾을 수 있다.

오늘날 알엑스바는 켈로그 Kellogg's가 2017년 6억 달러를 주고 인수했으며 단백질바 공간에서 가장 빠르게 성장하고 있는 브랜드 중 하나다.[27] 또 5-아워 에너지는 에너지 샷 사업에서 93%의 점유율을 차지하고 있다. 마노지는 거의 처음부터 그런 시장점유율을 누려왔다. 하긴 잠깐 67%로 떨어진 적도 없진 않았다. 코카콜라,

170

펩시코, 몬스터 에너지, 레드불 등 경쟁업체들이 2oz짜리 신제품으로 물량 공세를 펼친 탓이다. 하지만 그들은 결국 실패했다. "사람들이 5-아워 에너지가 어떤 제품이냐고 물을 때마다 나는 'WD40(전 세계에서 사랑받고 있는 다목적 방청 윤활유 – 옮긴이)' 같은 것이라고 말합니다." 마노지는 우리의 대화가 거의 끝나갈 무렵 그렇게 말했다. **"우리는 한 분야를 완전히 장악하고 있습니다.** 우린 그런 사람들이에요."

경쟁사가 확실한 독점력으로 구축한 곳에서 옆문을 통해 진입을 시도한 제품치고는 뜻밖의 결과다. 이 방법이 통하면 시장을 직접 지배할 가능성이 크다. 해자를 파서 넓힌 다음 그곳을 가로지르는 톨 브리지를 건설할 가능성, 믿을 수 없을 만큼 엄청난 성공을 거둘 가능성 말이다. 대다수 기업가의 목표가 바로 그것이다.

제프 레이크스가 '허스커스 파이팅!'이란 제목의 이메일을 보낸 지 나흘 뒤, 워런 버핏이 답장을 했다. 의례적인 인사로 시작한 그의 답변에는 마이크로소프트에 투자해야 한다는 레이크스의 분석에 대한 적극적인 논평과 함께 그들의 독점력이 부럽다는 설명도 뒤따랐다. "그러니까 아주 작은 개울에서 시작하는 물 한 바가지마다 돈을 받겠다는 얘기 아닌가요? 그런 공물을 꼬박꼬박 받아 양이 늘어나면 개울이 아마존으로 바뀌겠군요." 피터 틸은 2014년 강연을 시작하는 자리에서 비슷한 말을 그의 방식대로 표현했다. "비즈니스를 할 때 내가 좀처럼 떨치지 못하는 하나의 이데픽스Idee Fixe(고정관념)[28]가 있습니다." 그는 특유의 툭툭 끊는 말투로 얘기를 이어갔다. "창업가라면 항상 독점이 목표죠. 누구나 경쟁은 피하려고 합니다." 사실이다. 대부분 사람은 혼자서 교통을 통제하고 가능한 한 넓은 해자를 만든 다음 다리를 건너는 사람들에게 통행료를 징수하고 싶어 한다.

이처럼 옆문을 잘 이용하는 것은 아주 놀랍고 때로 꼭 필요한 기술이다. 그러나 이는 양날의 칼이기도 하다. 잘만 사용하면 환상적인 성장을 구가할 수 있지만, 자칫 잘못하면 헤어나오기 힘든 곤경에 빠질 수도 있다. 실제로 온라인에서 레이크스와 버핏의 이메일을 검색하면 그런 긴장감이 존재한다는 걸 알아챌 수 있다. 기업가 지망생들은 상재商材와 전략적 분석의 탁월한 사례로 이 이메일에 열광하지만, 그들이 그런 이메일(대부분 출력된 전체 이메일의 PDF 버전)을 읽을 수 있게 된 것은 그것이 공공기록물이기 때문이라는 사실을 모르는 것 같다. 그 문서는 2000년대 초에 미국의 여러 주 정부가 마이크로소프트를 반독점법 위반으로 고소했을 때, 소비자들이 법정에 진술조서와 증거문서로 제출한 것이었다. 그 소송에서 이들이 주고받은 이메일이 원고들의 모두진술의 핵심 내용이 되었고, 덕분에 소송은 오래 이어지지 않고 10억 달러가 넘는 합의금으로 타결되었다.

그러니 여러 말이 필요 없다. **옆문으로 가라, 꼭!** 도전해 볼 만한 시장이 있으면 그 길로 들어가 힘닿는 데까지 할 수 있는 것을 모두 하라. 안으로 들어가 매장을 차릴 때는 그토록 힘겹게 맞서 싸운 대상과 똑같은 존재가 되지 않도록 하라. 그래야 창업의 꿈을 현실로 바꿀 수 있다.

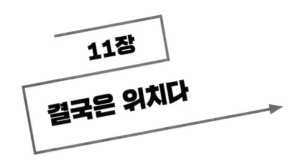

## 11장
## 결국은 위치다

어느 분야의 산업에서든 통용되는 변하지 않는 금언이 있다. **첫째 도 위치, 둘째도 위치, 셋째도 위치다.** 부동산에서 이 말은 주택의 가 치를 결정하는 가장 중요한 요인이다. 샌프란시스코만이 내려다보 이는 언덕 꼭대기에 자리 잡은 방 4개짜리의 집은 수백만 달러를 호가한다. 그러나 똑같은 대지 면적에 형태까지 같다고 해도 언덕 아래로 내려와 소방서 옆에 붙어 있으면 가격이 절반으로 뚝 떨어 진다. 그것도 운이 좋으면 말이다.

하지만 부동산 거물들은 집의 가치와 위치의 중요성을 말할 때 '사과 대 사과' 같은 어설픈 비교는 하지 않는다. 그들이 강조하는 것은 개별 구매자의 주관적 필요성과 기호의 관점에서 본 **위치의**

**강점**이다. 학령기의 자녀들을 키우는 부모에겐 좋은 학군에 있는 침실 3개짜리의 평범한 집이, 평범한 학군에 있는 침실 4개짜리 멋진 집보다 더 좋고 가치 있다. 그림에서나 볼 법한 비치하우스를 찾는 은퇴자들에게는 백사장에 지은 작은 집이, 3블록 떨어진 주택가에 파묻힌 큰 집보다 낫다.

도약할 발판을 찾으려는 신생 기업가에게도 정확히 똑같은 현상이 적용된다. 회사의 필요에 따라서는 남들이 외면하는 어떤 자리가 모두가 원하는 다른 자리보다 단연코 좋을 수 있다. 예를 들어, 서프보드를 만드는 회사라면 버몬트는 그다지 좋은 장소가 아닐 것이다. 하지만 1977년에 버튼스노보드Burton Snowboards를 설립하고 지금은 고인이 된 제이크 버튼 카펜터Jake Burton Carpenter처럼 스노보드를 만든다면, 버몬트가 최적의 장소일 것이다. 버몬트는 확실히 제이크가 첫 시제품을 만들 때 거주하던 맨해튼 이스트 86번가의 아파트보다 위치가 더 좋았다. 그는 사업을 제대로 하려면 자리를 옮겨야 한다고 판단했다. 흥미롭게도 벤 코언과 제리 그린필드도 같은 해에 벤앤드제리스를 시작하고자 뉴욕을 떠나 버몬트로 갔다. 하지만 이유는 달랐다. 통신 강좌로 아이스크림 제조법을 배우느라 어물거리는 사이, 뉴욕주 새러소타 스프링스Sarasota Springs에서 그들이 점찍어 놓았던 지점 가까이에 다른 사람이 아이스크림 가게를 열었기 때문이었다. 벤앤드제리스가 만들려는 아이스크림의 취향을 고려할 때 경쟁이 치열할 것으로 보이자, 결국 그들은 자리를 버몬트의 벌링턴으로 옮겼다.

새로운 회사를 만들어 자신의 잠재력을 최대한 발휘하고 싶다면, 지금 있는 곳을 먼저 파악해야 한다. 사업을 위해 꼭 차지해야 할 특정한 장소가 있는가? 제이크 버튼 카펜터의 버몬트처럼? 벤과 제리의 새러소타 스프링스처럼 벗어나야 할 붐비는 장소에 있지는 않은가? 아니면 지금 있는 바로 그 자리가 더할 나위 없이 좋은 곳인가? 온타리오주 오타와에 쇼피파이Shopify를 설립한 토비 뤼케Tobi Lütke처럼?

무언가 이상하지 않은가? 세계 최대의 전자상거래 플랫폼이 될 회사의 본거지로 오타와라고? 쇼피파이 같은 회사는 실리콘밸리로 가야 하는 것 아닌가? 실제로 토비가 2008년에 자금을 마련하기 위해 샌드힐로드로 갔을 때 벤처캐피털회사들이 이구동성으로 했던 말도 바로 그런 거였다.

"실리콘밸리가 아니면 누구도 흥미로운 일을 할 수 없습니다." 토비는 당시 그들이 했던 말을 전해주었다. 이처럼 걱정해 주는 척했지만, 그들은 사실 온라인 유통업을 돕는 전자상거래 소프트웨어 솔루션이라는 아이디어를 회의적으로 보고 있었다. "전자상거래는 1990년대에 이미 겪어봤지 않습니까?" "2000년대 초에 그게 통하지 않는다는 것을 봤잖아요?" 토비는 그렇게 기억을 더듬었다. 그 역시 그들이 망설이는 이유를 잘 이해했다. 결국 "전자상거래와 닷컴의 등장과 몰락은 불가분의 관계였습니다." 그리고 그는 하필 또 하나의 큰 버블이 막 터졌을 때 돈을 마련하겠다고 시내로 발을 굴렀다(토비는 실제로 발을 굴러 시내로 들어갔다. 실리콘밸리를 목적지로 삼은 2주간의 여행을 위해 그는 자전거를 구입했고 투자가들을 만날 때도 이를 타고 갔다).

그의 아이디어를 미심쩍어한 벤처캐피털리스트들이 놓친 것이 있다. 2000년대 초의 전자상거래에 대한 평가는 일부만 옳다는 것. 그때는 전자상거래가 잘 먹히지 않았다. 그때까지만 해도 말이다. "2001년에는 실제 온라인에서 신용카드를 사용하는 사람들보다 온라인 매장이 더 많았습니다." 토비는 그렇게 설명했다. "사람들이 잘못된 것이 아닙니다. 그저 너무 빨랐던 거죠." 기술도 마찬가지였다. 물건을 파는 사람이나 사는 사람 모두 전자상거래 경험이 크게 부족했다. 토비가 쇼피파이를 세우려 했을 때 해결하려 했던 것이 바로 그 문제였다. 사실 쇼피파이는 2004년에 그가 처가의 차고에서 스노데블Snowdevil이라는 온라인 스노보드 사업을 벌이기 위해 소프트웨어를 개발한 것이 그 시작이었다.

당시 전자상거래 사이트는 옛 상품 카탈로그를 단순히 디지털 공간에 옮겨놓은 것에 지나지 않았다. 네모난 칸에 움직이지 않는 제품 사진이 수십 페이지에 이어지는 식이었다. 검색 기능이 있긴 했지만 아주 초보적인 수준이었고, 이미지의 품질도 매우 빈약했다. 그리고 물건값을 지급하는 게 정말 어려웠다. "우리가 흥미를 느꼈던 것은 이런 종류의 개성 없는 네모 칸을 없애는 것이었습니다." 토비는 그렇게 말했다. "스토리를 전달할 수 있어야 했죠. 사람들이 관심을 갖는 제품에 멋진 스토리텔링을 입혀 전달하는 것 말이죠. 그건 쉬웠습니다. 특히 신용카드 부분이 쉬웠죠."

4년 동안 스노보드를 손질하다가 주력 사업을 소프트웨어로 바꾼 결과가 쇼피파이였다. 놀랍게도 초기에 미심쩍은 눈초리로 대했던 많은 벤처캐피털회사가 텀 시트Term Sheets(주요 거래조건서)에

서명했다. 세쿼이아캐피털 Sequoia Capital 같은 곳은 요즘 기업가들도 감히 꿈꾸기 힘든 파격적인 제안을 하기도 했다. 그러나 어떤 흥정에든 함정은 있었다. "모든 제안에는 회사를 실리콘밸리로 옮겨야 한다는 조건이 붙었어요." 토비는 그렇게 말했다.

이것은 사업과 전혀 무관한 몇 가지 이유로 고려 대상이 아니었다. "나는 원래 일반적인 통념을 믿지 않습니다." 토비는 그렇게 말했다. 몇 해 전에 전자상거래 소프트웨어를 구축하면서 프로그래밍 언어로 자바 Java를 버리고 루비 온 레일 Ruby on Rails을 택한 것만 봐도 알 수 있는 일이다. "나는 사람들이 이걸 해라 저걸 해라 하는 말에 별로 반응하지 않습니다." 그는 벤처캐피털회사들이 제시했던 다양한 제안에 대해 그렇게 말했다. "그래서 자리를 옮기지 않고 할 방법이 없는지 열심히 궁리했죠."

대단한 고집처럼 들린다. 오타와가 1년에 6개월 정도는 살기에 그리 편한 곳이 아니라는 점을 고려하면 더욱 그렇다. 오타와는 가을만 되면 아주 음산해지고 몹시 추워진다. 그래서 캐나다의 힘든 가을과 겨울 6개월 동안의 일일 평균 최고 기온보다 15도 이상 높은 실리콘밸리에 비해 핵심 인재를 모집하는 게 어렵다.

하지만 토비 입장에서 보면 오타와는 해볼 만한 것들이 많은 도시였다. 그는 몇 해 전에 외교관이 되려는 여자친구(지금은 아내) 피오나 맥킨 Fiona McKean과 함께 살고자 캐나다의 수도로 이주해 왔다. 그들은 월세를 아끼기 위해 만 10년 동안(심지어 성공한 후에도!) 그녀의 부모 집에서 살았다. 토비는 이미 존 필립스 John Phillips라는 에인절 투자자로부터 40만 달러를 투자받은 상태였다. 필립스의 부모도 우연이지만 오타와에 살았다. 게다가 오타와는 걸출한 인재들이 재능을 마음껏 발휘할 수 있는 곳이라고 그는 생각했다. 오타와는 캐나다에서 최고로 똑똑한 인재들이 공직과 공무에 자신의 재능을 바치고자 찾아오는 장소였으니까. 그가 만났던 대부분의 벤처캐피털리스트는 오타와가 지도의 어디쯤 있는지도 몰랐지만, 그렇다고 해서 그곳이 낙후되었다고 말할 수는 없었다.

결국 토비는 벤처캐피털회사들의 요구를 듣지 않았는데, 그것이 또 다른 이점이 되었다. 사실상 그들의 돈을 원하지 않았기 때문이다. 쇼피파이는 나중에 수십억 달러짜리 거인이 되었지만, 당시에 토비는 규모를 확대하는 데는 전혀 관심이 없었다. 따라서 2008년 당시에 벤처캐피털의 돈이 있었다면 좋았겠지만 사실 없어도 그만이었다. "기업은 언젠가 돈을 벌기 위해 존재하지만, 현상태를 유지하는 것이 목표인 회사도 있다고 생각합니다. 그게 내가 바라는 것이었고요. 내 의도는 세계 최고의 20인 회사를 만드는 것이었습니다."

그런데도 토비가 벤처캐피털리스트들을 만났던 이유는 그 숫자, 그러니까 20명도 그의 공동설립자 중 하나인 스콧 레이크Scott Lake에게는 너무 부담이 컸기 때문이었다. 그때까지 스콧은 스타트업의 CEO가 해야 할 일 중 많은 것을 해왔지만, 다른 것을 위해 회사를 떠나기로 한 터였다. "웃기게도 그는 자신이 훨씬 더 작은 회사에 어울리는 사람이라고 생각했어요. 나보다 더했죠. 그리고 스콧은 소프트웨어 분야의 CEO들은 대부분 설립 멤버 중에서도 최고기술자들이라고 생각한 것 같아요." 스콧은 기술 쪽이 아니었

다. 그는 사업이나 판매 쪽이었고 대인관계를 잘했다. 그리고 토비
는 예전이나 지금이나 프로그래머였다. "나는 무슨 일이든 기술로
타개해 보려고 했어요. 그게 내가 잘하는 것이었고요. 그것이 나의
정체성이었죠." 그는 그렇게 말했다. 돌이켜보면 그는 소프트웨어
회사를 운영하는 데 희한할 정도로 적합한 인물이었지만, 2008년
에는 그런 것에는 거의 관심이 없었다. 그가 실리콘밸리에 갔던 것
도 누군가에게서 들은 얘기가 있었기 때문이었다. 정말로 투자해
줄 좋은 벤처캐피털회사가 있다면 딱 맞는 CEO를 찾는 것을 도와
줄 대규모 인적 네트워크도 가지고 있을 거라는 이야기였다. 물론
CEO가 필요할 경우의 얘기지만.

토비는 좋은 CEO가 꼭 필요하다는 생각에, 여행 중에 쇼피파이
를 위한 텀 시트를 써주는 몇몇 벤처캐피털리스트로부터 소개를
받아 탐나는 후보들을 몇 명 만났다. 그는 밤늦게까지 술자리를 가
지기도 했지만, 그들 후보(또는 텀 시트) 중에는 늦은 봄까지 눈으로
덮인 광활한 동부 캐나다에 있는 회사를 미국 서부의 화창한 해변
으로 옮기고 싶을 만큼 마음에 드는 이가 없었다.

입증할 방법은 없지만, 쇼피파이가 이들 벤처캐피털이 처음에
내건 회사 이전 조항의 총알을 피할 수 있었던 것은 토비의 고집
덕분일 것 같다. 오타와는 토비가 소프트웨어를 구축할 때 판에 박
힌 사고를 지양하고 원하는 만큼 창의적으로 되는 데 필요한 거리
를 부여해 주었다. 그리고 이제 그 소프트웨어는 175개국[29]에서
1,000억 달러 이상의 재화와 서비스를 파는 82만 명 이상의 판매
자[30]에게 힘을 실어주고 있다. 2008년에 토비가 그들의 제안 중

하나라도 받아들여 자리를 옮겼다면, 실리콘밸리의 집단 기억이 토비의 계획에 있던 날카로운 장점을 무디게 만들었을 것이고, 그의 소프트웨어는 지금처럼 역동적인 저력을 발휘할 수 없었을지 모른다. 사실 실리콘밸리는 닷컴 붕괴에서 전자상거래가 맡았던 역할로 인해 외상후스트레스 장애PTSD에서 벗어나지 못한 상태였다. 사업체를 실리콘밸리나 그 밖의 다른 곳으로 옮기는 것을 폄하할 생각은 없다. 그런 결정은 전혀 새로운 방식으로 무언가를 다시 만들어보려는 성향에 따른 결과일 뿐이다. **저항은 늘 있게 마련이고 돈과 기억의 중력은 우리를 늘 친숙한 쪽으로 잡아당긴다.** 그래서 사람들이 옮겨주었으면 하는 곳보다 당신이 가려는 곳이 더 좋다는 판단이 서면, 그땐 저항해야 한다.

하지만 때로는 중력에 굴복하고 새로운 방향이나 다른 장소로 이끌리게 내버려 둘 필요도 있다. 리드 호프먼이 말하는 "활동의 열기The heat of the action" 쪽으로 말이다. 토비 뤼케와 달리, 카트리나 레이크Katrina Lake에게는 그런 장소가 실리콘밸리였다. 그녀가 그리로 자리를 옮긴 때는 2011년 초였다. 보스턴에서 하버드대학교 경영대학원에 다니던 카트리나는 2년 전 MBA 과정 졸업을 앞두고 사업을 벌인 터였다. 랙해빗Rack Habit이라는 회사였는데, 카트리나는 그 사업을 시작한 지 얼마 안 돼 이름을 스티치픽스Stitch Fix로 바꿨다. 그녀의 말에 따르면 "노드스트롬Nordstrom이 우리를 고소할 게 분명했기 때문"이었다(노드스트롬의 아웃렛 매장 프랜차이즈이 이름은 노드스트롬랙Nordstrom Rack이다).

스티치픽스란 아이디어는 아주 단순했다. 한 달에 20달러만 내면 고객이 가입할 때 작성한 개인적 성향 분석을 근거로, 스타일리스트가 직접 엄선한 의류 5벌을 상자에 담아 집으로 배송해 준다. 그 5벌을 모두 구입하면 상품 가격을 할인받을 수 있는데, 이때 '스타일링 수수료' 20달러가 총액에 포함된다. 5벌 중에 원하는 것이 하나도 없을 시에는 동봉한 박스에 넣어 반송하면 되고, 월별 요금 20달러만 나간다.

카트리나가 이 아이디어를 떠올리게 된 것은 "전자상거래 매장으로 이동하는 돈이 점점 많아지는 동시에 대대적인 비대면 유통이 이루어지고 있지만, 이 같은 여러 요소의 조합이 힘을 못 쓰는 분야가 있다는 걸 발견했기 때문이었다. 바로 의류업이었다. 사람들이 옷을 구입하는 데는 "매우 개인적이고 매우 정서적인 데다 아주 미묘한 차이"가 요인으로 작용한다고 그녀는 말했다. 따라서 그녀의 목표는 온라인 의류 쇼핑을 의인화하여 "의상에 개인적 경험을 덧붙이고 데이터와 기술을 활용하여 그 경험을 측정 가능한 대상으로 만들어 개선하는 것"이었다.

막상 스티치픽스를 세우고 운영해 보니 보스턴은 이런 사업을 하기에 적절한 장소가 아니었다. 스티치픽스는 의류회사이기에 당연히 뉴욕에 있어야 했다. 뉴욕은 패션의 중심지가 아닌가. 처음 아이디어의 중력이 그녀를 끌어당긴 곳도 뉴욕이었다. 그러나 2011년 봄이 가까워졌을 때, 그녀의 생각은 달라졌다. "문득 그런 생각이 들었어요. '꼭 뉴욕에 있어야 할 이유는 없어. 브랜드는 대부분 로스앤젤레스에 있고 유명 회사들도 대부분 베이 에어리어에 있잖아.'" 그녀는 또한 스티치픽스가 단순한 의류회사가 아니라, 테크놀로지회사일 수도 있다고 생각했다.

스티치픽스에서 옷을 판매하는 것은 사실이지만, 사업을 움직이는 것은 테크놀로지였다. 그리고 2011년 미국에서 카트리나가 원하는 만큼 규모를 빠르게 키우는 데 필요한 테크놀로지의 인재가 집중된 곳은 딱 1곳뿐이었다. 실리콘밸리. 하룻밤 사이에 중력의 방향이 바뀌었다. "인재들이 여기 있더라고요." 그녀는 그렇게 말했다. "여기에는 데이터 과학자가 많고 엔지니어도 넘쳐났어요. 테크놀로지로 서비스를 전달하는 문제라면, 다른 곳에서는 무척 어려웠을 겁니다."

몇 해 뒤에, 카트리나와 마찬가지로 보스턴에서 대학교에 다니는 도중에 아이디어가 떠올라 회사를 차린 사람이 있었다. 바로 드롭박스Dropbox의 CEO 드루 휴스턴Drew Houston이다. 그는 본격적으로 사업을 벌이기 위해 샌프란시스코로 자리를 옮겼고, 나중엔 그의 모교 MIT에서 졸업식 축사를 했다. 드루는 사업체의 위치를 옮기는 문제에 관해 얘기하면서, 리드 호프먼이 기업가들에게 했던 충고를 다시 한번 강조했다.

"어디에 사느냐가 중요합니다."[31] 드루는 후배들에게 그렇게 말했다. "무엇을 하든 고수들이 가는 곳은 늘 정해져 있습니다. 그곳으로 가야 합니다. 아무 곳에서나 안주하지 마세요. … 진짜 일이 다른 곳에서 벌어지고 있다면, 옮기세요."

세기가 바뀐 이후로 사업을 시작하려는 전 세계의 수많은 사람이 바로 이런 이유 때문에 실리콘밸리로 자리를 옮겼을 것으로 생각하는 것은 근거 없는 추측이 아니다. 인스타카트Instacart를 설립한 아푸바 메타Apoorva Mehta도 2010년에 아마존에서 퇴사한 후 실리콘밸리로 갔다. "창업에 관한 책이나 기사를 읽어 보니 그 많고 많은 기업가와 투자가 들에게 공통점이 하나 있더군요. 모두가 실리콘밸리에 모여 있다는 것이었죠. 그래서 생각했습니다. '축구를 한다면 브라질에서 해야 하고, 연기를 한다면 할리우드에 있어야겠지. 그렇다면 나는 샌프란시스코로 가야 하지 않을까?'"

물론, 이는 새로운 현상이 아니며, 꼭 실리콘밸리에만 적용되는 것도 아니다. 1983년에 남아프리카공화국 케이프타운에 있던 제인 워원드가 지구 반 바퀴를 돌아 로스앤젤레스로 가서 스킨케어 게임에 뛰어들었던 것도 그 때문이었다(로스앤젤레스는 스킨케어 살롱이 대규모로 밀집된 유일한 장소였다). 그보다 6년 전에 전설적인 잡지발행인 얀 웨너Jann Wenner 역시 마찬가지의 이유로 샌프란시스코에 있던 〈롤링스톤〉지 본사를 통째로 뉴욕시로 옮겼다. "생각하고 말고 할 것도 없는 일이었습니다." 그는 내게 그렇게 말했다. "필요한 인재들을 찾아야 한다면 뉴욕이 적재적소였죠. 거기가 그 산업이 있는 곳이니까요."

그러나 **해당 산업의 회사들이 없는 곳으로 가야 할 때도 있다.** 벤 코언과 제리 그린필드는 버몬트의 벌링턴에서 사업을 벌였다. 벤의 말대로 "거기엔 아이스크림 가게가 많지 않았다." 뛰어난 송 라이터이자 프로듀서인 안토니오 "L.A." 리드Antonio "L.A." Reid와 케니 "베이비페이스" 에드먼즈Kenny "Babyface" Edmonds는 1989년에 로스앤젤레스에 라페이스레코드LaFace Records를 세웠다가 조지아주 애틀랜타로 옮겼다. 로스앤젤레스를 떠날 당시 어떤 이유가 있었던 것은

183

아니었지만, 애틀랜타에 정착한 뒤에 그 이유는 분명해졌다. "인재들을 구하기 위해 오디션을 열었습니다." 리드는 애틀랜타에 처음 왔을 때를 그렇게 설명했다. "그리고 머지않아 인재들이 몰려들기 시작했죠. 시내에 레코드 레이블은 우리밖에 없었으니까요."

거의 20년 후 세이디 링컨Sadie Lincoln도 캘리포니아를 떠났다. 그녀는 북쪽으로 방향을 잡아 오리건주 포틀랜드로 갔다. 바스리Barre3, 이후 바3라는 피트니스 스튜디오를 차리기 위해서였다. 바3는 발레 바를 사용하며, 발레에서 파생된 작은 등축Isometric 운동을 활용하는 운동이다. 최근 들어 발레 바를 이용한 운동의 인기는 믿기지 않을 정도로 높아져, 바3를 비롯한 인기 브랜드가 많이 생겼고, 현시점 전 세계 크고 작은 도시에 수천 개의 스튜디오가 성업 중이다. 그러나 세이디가 그녀의 남편 크리스Chris와 어린 두 자녀와 함께 포틀랜드에 왔을 때는 바 열풍이 불기 전이었다. 요가, 필라테스, 실내 사이클링, HIIT(고강도 인터벌 트레이닝) 등 여러 트렌드와 부티크 피트니스처럼 바 운동은 그녀가 근무했던 뉴욕 외에 샌프란시스코 등 해안가 대도시에 집중되어 있었다. 이런 곳들은 다소 동종 고객층의 기대에 따라 어느 정도 표준화되어 있었다. 덕분에 포틀랜드에서 세이디는 새로운 유형의 피트니스 애호가들을 만나, 모든 면에서 탄탄한 경력을 쌓아갈 수 있었다.

"포틀랜드로 옮긴 것은 주변에 바 운동이 없다는 걸 확인한 후, 내린 결정이었습니다." 세이디는 그렇게 말했다. "전 발레 바를 좋아했습니다. 등축 운동이나 작은 움직임, 음악도 좋아했고요. 무엇보다 저는 피트니스 산업과 요가, 그 밖의 모든 전통적 발레의 유산에서 떨어져 신선한 눈으로 접근해야겠다고 생각했어요."

세이디는 바 운동을 좀 더 총체적이고 자기 주도적인 경험으로 리메이크하고 싶었다. 그녀의 의도는 당시 뉴욕과 로스앤젤레스의 바 브랜드들이 운동을 체계화하려 했던 경향과 배치되는 것이었다. "해답이나 어떤 방법론도 제시하지 않고 단지 운동 경험으로만 인식되는 스튜디오를 만들고 싶었어요. 수업을 시작할 때 강사들은 이렇게 얘기하죠. '바3에 오신 것을 환영합니다. 제가 지시하는 대로 하지 않아도 상관없습니다. 제 말은 그저 참고만 하세요. 제 말이 아니라 여러분 자신의 말을 들으세요. 저는 안내만 해드릴 겁니다. 전 여러분에게 하나의 플랫폼만 제공하겠습니다. 음악을 틀어드리고요. 제가 몸을 어떻게 맞추는지 보여드릴게요. 그러면 여러분은 여러분만의 동작을 만들면 됩니다.'"

세이디와 얘기를 나눠보면 포틀랜드였기 때문에 그녀의 방식이 뿌리를 내릴 수 있었고, 또 그래서 이후에 바3가 여성 기업가들이 전권을 쥔 140개 이상의 프랜차이즈 스튜디오[32]로 확산되어 전국적으로 성장할 수 있었다는 생각이 든다. 사실 나는 이번 장에서 소개한 모든 창업가와 얘기하면서 사업을 키우는 데 위치가 얼마나 중요한지 다시 한번 확인할 수 있었다. 결론은 하나다. "오직 그곳에서만."

쇼피파이는 오타와에서만 가능했다. 거기에는 토비 뤼케의 소프트웨어에 간섭할 의심 많은 실리콘밸리 사람들이 없었다. 스티치픽스는 베이 에어리어에서만 테크놀로지 사업이라는 정체성을 확보한 뒤 온라인 의류 판매를 인격화하는 임무를 수행할 수 있었다. 그리고 오직 베벌리 힐스, 뉴욕, 벌링턴, 애틀랜타, 포틀랜드에서만 이들은 놀라운 성장을 구가할 수 있었다.

이것이 사실이든 아니든, 이들 창업가의 마음속에는 **창업하고 사업을 성장시킬 이상적인 장소가 한 군데 있었다. 그러나 그곳으로 가려는 이유는 3가지였다.** 누군가는 해당 분야에 침투하기 위해 자리를 옮겼고, 누군가는 그 분야에서 벗어나기 위해 옮겼으며, 또 누군가는 그들이 있는 바로 그곳에서 기반을 갖추기 위해 자리를 지켰다. 그러니 이제 당신이 할 일은 당신의 사업이 어느 캠프에 속하는지 알아내는 것이다.

# 12장

# 관심을 끄는 법 1
## : 화젯거리

크리넥스Kleenex, 구글, 코크, 제록스Xerox, 밴드에이드Band-aid, 팝시클Popsicle, 챕스틱Chap-stick, 제트 스키Jet Ski, 큐팁스Q-tips, 스카치테이프Scotch Tape, 포스트잇Post-it. 이런 일류 브랜드들은 우리 주변 어디에나 있는 것이어서 이미 일반명사가 된 지 오래다. 그래서 아예 동사로 쓰일 때도 있다. 주소를 찾을 때는 구글한다. 코를 풀 때는 티슈가 아니라 크리넥스를 뽑는다. 입술이 건조하면 립밤이 아닌 챕스틱을 바른다. 이 같은 표현도 일상적이 되어서 그것이 상표인 줄 모르는 사람도 있다. 이처럼 우리는 과거 어느 때 누군가가 그때까지 들어본 적도 없고 무엇인지도 전혀 모르는 것을 만들어 세상에 내놓았다는 사실을 잊고 있다.

어떤 브랜드가 전 세계적으로 전설적인 지위를 획득했다는 것은 기적 같은 위업이다. 사실 살아남았다는 것 자체가 작은 기적이다. 납득이 쉽게 가지는 않지만 엄연한 통계적 근거도 있다. 해마다 미국에서만 약 85만 개의 새로운 사업체가 세워지는데,[33] 그중 1주년 기념일을 맞는 곳은 80%다. 이들 중 대부분은 직원이 없는, 즉 흔히 알려졌듯 꿈 하나만 믿고 누군가가 차고에서 혼자 벌인 사업체다.

좀 더 세부적으로 들어가 모바일 앱 같은 단일 사업을 살펴보면 수치가 더욱 의아하다. 가장 큰 앱스토어 5곳에서[34] 현재 다운로드가 가능한 앱은 모두 합해 500만 개가 훨씬 넘는다. 2018년에 이들 앱은 거의 2,000억 건의 다운로드를 기록하여[35] 3,650억 달러의 수익을 올렸다.[36] 이 책을 쓰던 2019년에는[37] iOS 앱스토어에서만 **매일 1,000개가 넘는 앱이 새로 추가됐다.**

좋은 소식이 있다. 모바일 앱은 중국과 인도, 브라질 같은 여전히 활용할 수 있는 엄청난 잠재력으로 번창하는 시장의 일부가 되었다.[38] 그리고 새로운 것에 대한 욕구는 어느 사업에나 있다. 자신의 아이디어를 세상에 내놓을 용기 있는 자를 위한 식탁은 언제나 열려 있다. 말 그대로 기회는 얼마든지 있다.

이번엔 안 좋은 소식이다. 해마다 80만 개에 가까운 사업체가 문을 닫는다.[39] 새로운 사업체 중 80%는 1년을 버텨내지만,[40] 5~6년간 생존하는 비율은 50%다. 동전 던지기인 셈이다. 앱 시장은 어떨까? 앱 시장은 지수법칙의 적용을 받아 가파른 상승세를 타기 때문에 대형 앱이 많이 개발된 샌프란시스코의 거리가 오히려 완만한 오르막길처럼 보일 정도다. 예를 들어, 상위 5개 앱[41]은 사용자가 모바일 기기에서 보내는 전체 인앱 타임In-app Time의 85%를 점유한다. 그렇다면 500만 개가 넘는 나머지 앱들이 남은 15%의 사용자 인앱 타임을 두고 경쟁한다는 의미가 된다. 별로 좋은 소식은 아니다.

하지만 나는 여기서 1가지를 알아냈다. 파워곡선 맨 꼭대기에 있는 앱과 하위권에 있는 앱, 5년을 넘기는 업체와 1년 정도밖에 못 버티는 업체의 차이는 아이디어의 질이나 기업가의 열정, 심지어 시장의 규모와 별로 관계가 없다는 사실이다.

대부분의 경우, 새로운 사업의 성공 여부는 사람들의 관심을 끌 수 있는 능력, 특히 **화젯거리를 만들어 내고 입소문을 내는 능력**에 달려 있다. 사람들은 흔히 이 2가지 개념을 서로 혼동해서 사용하지만, 사실 효율적인 방법으로 사람들의 관심을 끌고 사업을 키우려는 창업가라면 이 둘을 구별해서 다루어야 한다.

첫 번째 단계는 화젯거리를 만들어 내는 일인데, 그 이유는 따로 설명이 필요 없을 것이다(두 번째 단계인 입소문을 내는 것은 다음 장에서 다루겠다). 화젯거리를 만든다는 것은 많은 사람이 당신의 제품을 입에 올리게 하는 것이다. 이는 당신 회사의 존재를 알리고 더 나아가 당신이 무언가 멋지거나 흥미롭거나 새로운 일을 한다는 사실을 알리는 문제다.

화젯거리를 만들어야 하는 이유는 자명하지만, 그것은 결코 쉽거나 단순하지 않다. 사실 대부분의 회사가 이런 일에 서툴다. 그들의 분야에 본질적으로 특별히 흥미를 끄는 요소가 없기 때문이다. 메소드가 극복하려고 했던 장애도 바로 그런 것이었다. 비누를 가지고 무슨 재주로 사람들의 구미를 당기겠는가? 에릭 라이언도 인정했지만, 그가 모든 조사 자료를 침대 밑에 숨긴 것도 그것들이 너무 재미없고 따분한 분야인 데다 그가 생각해도 얼빠진 짓 같았기 때문이었다. 일단 따분함은 차치하고, 내가 화젯거리의 미덕을 사람들의 관심을 끌 수 있는 첫 단계로 생각하는 데는 그만한 이유가 있다. 사업을 시작하기도 전에 그리고 세상이 당신이나 당신의 제품을 평가하기 훨씬 전부터 화젯거리를 만들 수 있기 때문이다.

그런 식으로 화젯거리를 만들기 좋은 산업이 모인 대표적인 곳이 바로 할리우드다. 영화사가 어떤 영화를 흥행시키려고 할 때, 대중의 관심을 집중시키는 것보다 더 좋은 작전은 없다. 예를 들어, 2009년 봄에 가장 많은 화제를 불러일으킨 영화는 R 등급의 버디 로드 코미디 영화 〈행오버 The Hangover〉였다. 워너브리더스 Warner Bros.는 이 영화가 개봉되기 몇 달 전부터 관련 광고판과 버스 정류장 간판으로 미국 도시들을 뒤덮었다. 광고 포스터에 등장한 주인공들의 우스꽝스러운 모습부터 범상치 않았다. 옷차림이 엉망인 에드 헴스 Ed Helms는 부러진 앞니를 드러내며 어리둥절한 표정이었고, 선글라스를 쓴 자흐 갈리피아나키스 Zach Galifianakis는 아기 띠로 아기를 안고 있었다. 얼마 후 예고편들이 공개되었는데, 혀를 내두르게 만드는 광란의 해프닝은 마이크 타이슨 Mike Tyson과 애완 호랑이의 등장으로 난장판이 되어버린 라스베이거스 호텔방 안의 모습에서 절정을 이루었다.

영화가 개봉되던 6월 2일에는 사람들이 너도나도 〈행오버〉를 화제 삼았고, 그들 대부분이 실제로 영화관을 찾았다. 마침내 이 영화는 개봉 첫 주와 두 번째 주말에 박스오피스 1위를 차지했고, 첫 주에 7,000만 달러 이상의 수입을 올린 기세를 몰아 6개월 장기 상영이라는 사실상 전대미문의 기록까지 남겼다. 이 모두가 영화사가 대형 유료 광고의 물량 공세를 통해 만들어낸 화젯거리가 그 바탕이었고, 영화의 흥행 성적이 좋을 것이 확실해짐에 따라 그 기세가 더욱 거세졌을 뿐이다.

사실 워너브라더스의 마케팅 부서가 2009년에 〈행오버〉를 소문내는 데 쓴 돈은 아무나 마련할 수 있는 액수가 아니다. 하지만 화젯거리를 만드는 원칙은 어디에서나 똑같다. 전술만 바꾸면 된다. 1년쯤 뒤에 인스타그램Instagram을 설립한 케빈 시스트롬Kevin Systrom과 마이크 크리거Mike Krieger는 광고판이 아니라 개인적인 초대를 통해 사진 공유 앱을 화젯거리에 올리는 방법을 알아냈다.

"우리는 애플스토어를 통해 100명을 초대했고, 앱을 출시하기 전에 그들에게 인스타그램을 한번 사용해 보라고 말했습니다." 마이크 크리거는 내게 그렇게 설명했다. "우리는 직감으로 알았어요. 누군가가 파티를 열려고 하면, 그건 일종의 앱을 출시하는 것과 같습니다. 대부분의 사람은 파티에서 무엇을 하는지와 그 파티에 어떤 사람들이 오는지 알고 싶어 합니다. 그래서 우리는 이 100명을 어떻게 활용할지 생각했죠." 그들은 기본적으로 자신들의 새로운 사진 공유 앱을 세상에 알리는 데 가장 적합한 사람이 누구인지 판단해야 했다.

그들은 두 그룹에 초청장을 보내기로 했다. 기자와 디자이너였다. 기자들을 뽑은 이유는 설명할 필요가 없을 것이다. 그들은 수천, 때로 수백만 명에게 도달할 수 있는 플랫폼을 가진 이들이니까. 하지만 디자이너는? 그보다는 사진작가가 더 적합하지 않을까? 마이크의 얘기로는 꼭 그렇지도 않다. "우리는 사진작가들이 자신의 사진을 쉽게 인스타그램에 올리지는 않을 것으로 판단했습니다. 여러 제약조건이 있겠지만 그들이라면 무조건 초고해상도를 원할 테니까요. 디자이너도 사진을 좋아하지만 그건 그들의 본업이 아니거든요." 마이크는 그렇게 말했다. 기본적으로 전문 사진작가는 사진이라면 어깨에 괜한 힘을 주는 부류이지만, 사진 촬영 기술을 민주화시키기 위해 개발한 인스타그램은 디자이너들이 사진작가 행세를 할 수 있는 도구였다.

사실 케빈과 마이크는 그들의 첫 번째 아이디어인 버븐Burbn이라는 위치 기반 체크인 앱을 론칭하기 위해 지난 몇 년간 얼굴을 익힌 베이 에어리어 주변의 저널리스트 네트워크를 갖고 있었다. 그들은 먼저 이들을 타깃으로 삼았고, 그다음엔 디자이너들을 찾기 위해 드리블Dribbble이라는 사이트로 갔다. "디자이너들이 자신의 최고 작품을 과시하는 곳이죠. 그래서 우리는 톱 디자이너 10명을 골라 이메일을 보냈어요. 무시한 사람들도 있었지만, 상관없었어요. 반면 답장을 보낸 사람들도 있었죠. '알았어요. 한번 써볼게요.'"

결과론이긴 하지만, 인스타그램에 관한 소문을 내기에는 아주 이상적인 조합이었다. 케빈과 마이크는 테크놀로지라는 주제에서 어느 정도의 권위를 가진 기자들을 청중으로 활용하는 한편, 자신의 사진을 통해 그들만의 방식으로 인스타그램을 세상에 알려줄 탁월한 사용자들을 확보한 것이다.

"앱에는 커뮤니티 전반에 걸쳐 가장 인기 있는 사진을 보여주는 페이지가 있는데, 첫날 들어온 사람들의 반응이 대단했습니다." 마이크는 디자이너들의 사진을 본 초기 사용자들의 경험을 그렇게 대신 설명했다. "사람들이 그러는 거예요. '우와, 이걸 휴대폰으로 찍었다고?'"

시장의 반응은 즉각적이었다. "처음 24시간 동안 전 세계에서 2만 5,000명이 가입했습니다." 케빈은 그렇게 말했다. 그 직후 인스타그램의 기업 가치는 약 3,000만 달러의 평가를 받았고, 덕분에 800만 달러의 자금을 조달할 수 있었다. 1년 만에 그들은 1,000만 명의 가입자를 확보했고 부르지도 않은 투자자들이 사업을 키워주겠다며 사무실에 찾아왔다.

사실상 케빈과 마이크가 디자이너와 기자 들을 동원하여 했던 것은 쇼앤드텔 게임Show-and-Tell(초등학생들이 물건을 가져와 설명하는 게임)이었다. 디자이너들은 주머니 속에 있는 휴대폰으로 얼마나 놀라운 일을 할 수 있는지 보여주었고, 기자들은 예비 사용자들에게 그것이 의미하는 바를 정확하게 일러주었다. 시연과 설명의 완벽한 조합이다. 앱이든 소비재 사업이든 의류 제품이든 오프라인 유통 사업이든, 사람들의 눈에 띄기 위해서는 필요한 종류의 화젯거리를 만들어 내야 한다. 그것이 비법이다. 다시 말해, 자신이 가진 것을 사람들에게 보여주고 그것의 정체를 알려야 한다.

관계와 자원에 따라 접근하기 쉬운 집단이 있고 어려운 집단이 있다. 그리고 시연하는 사람인지 설명하는 사람인지, 보여주는 사람인지 말하는 사람인지 등 접근 대상도 선택해야 한다. 심지어 접근이 제한되는 집단도 있다. 하지만 다행히도, 꼭 큰 파도에 올라타야 화젯거리를 만들 수 있는 것은 아니다. 경우에 따라서는 적재적소에 있거나 적임자 한 사람을 찾는 것이 관건일 때도 있다.

미국 해군의 엘리트 특수부대인 네이비실 출신이자, TRX 서스펜션 트레이닝TRX Suspension Training 시스템을 고안한 랜디 헤트릭에게 그 적재적소는 샌디에이고에서 열린 IDEA 월드 컨벤션IDEA World Convention이었고, 그 적임자는 나중에 NFL 명예의 전당에 헌액獻額되는 쿼터백 드루 브리즈Drew Brees였다.

IDEA 월드 컨벤션에는 해마다 전 세계에서 1만 명 이상의 헬스 및 피트니스 전문가들이 모인다. 랜디는 네이비실로 해외에 파견된 동안 그만의 TRX를 개발한 뒤에 스탠퍼드대학교 경영대학원에 다니는 도중에 회사를 세웠다. 그는 2006년 컨벤션 플로어 사방 3m짜리 부스에 이동식 문을 설치한 다음, 코듀라Cordura 나일론 트레이닝 스트랩 수십 개를 가져와서 문 위에 걸었다. 그 후 사흘 동안 랜디는 부스에 들른 개인 트레이너와 체육관 운영자들에게 일일이 시연을 하고 요령을 설명했다.

"그것이 큰 전환점이었죠. 트레이너들은 의심이 많습니다. 그들이 정말 대단한 것으로 여긴다면 준비는 다 된 거나 마찬가지예요. 이제 가스에 불을 붙여 제대로 한번 요리를 해보는 거죠." 랜디는 그렇게 말했다. 그러나 만약 트레이너들의 반응이 시큰둥하거나 오히려 위험하거나 효과가 없을 것으로 여긴다면, 랜디가 요리하는 데 쓰려 했던 가스는 폭탄으로 바뀌어 그가 애초에 TRX 아이디

194

어를 생각해 냈을 때부터 만들고자 했던 것을 전부 날려버릴 수도 있었다.

화젯거리를 만들기가 까다로운 것은 그 때문이다. 좋은 화젯거리와 나쁜 화젯거리가 있다. 사업을 키울 수 있는 화젯거리가 있는가 하면, 몽땅 태워서 폭삭 주저앉게 만드는 화젯거리도 있다. 따라서 랜디의 경우는 **시연과 설명이 특히나 중요했다.** 랜디가 자신의 TRX 시스템을 말로만 설명했다고 생각해 보라. "이 시스템은 2개의 튼튼한 조절식 나일론 스트랩으로 구성되어 있고 끝에 손잡이가 달려 있어서 풀업, 푸시업, 딥스, 로스(노 젓기), 플랭크 등 모든 종류의 맨몸 운동을 할 수 있습니다." 운이 좋아 랜디의 설명만 듣고도 이미지를 떠올릴 수 있는 놀라운 능력을 가진 이들이 있다 해도, 수사가 너무 화려해서 선뜻 믿으려 하지 않았을 것이다.

하지만 스트랩을 직접 보고 랜디 같은 사람이 기능을 설명하는 동안 누군가가 시연해 보인다면 얘기가 달라진다. 2006년 IDEA 월드 컨벤션의 플로어에서 그날 수많은 피트니스 전문가가 새로운 트레이닝 시스템이 가진 성능의 낌새를 한눈에 알아차렸다.

첫째 날이 끝나갈 무렵, 랜디는 TRX 스트랩의 재고를 전량 팔았다. 그날 밤 그는 사무실로 전화를 걸어 베이 에어리어 매장에 남은 물량 모두를 당장 샌디에이고에 있는 그의 호텔로 보내라고 지시했다. 시범 이틀째에 TRX에 쏠린 관심은 더욱 커졌고, 랜디는 컨벤션 플로어에 떠도는 화젯거리를 듣고 몰려온 트레이너들에게 IOU(지급확인서)를 나눠주어야 했다. 부스를 찾아와 스트랩 사용법을 직접 봤던 이들은 자신들의 세트가 도착할 때까지 좀처럼 기다리지 못했다. "그래서 선물先物 증서를 팔 수밖에 없었죠." 랜디는 그렇게 회상했다. "다행스럽게도 셋째 날 제품이 도착한 덕분에 사람들이 증서와 스트랩을 교환해 갔습니다."

얼마 지나지 않아 컨벤션에서 생성된 화젯거리와 몇몇 엘리트 개인 트레이너들의 자발적인 광고 덕택에, TRX는 프로 운동선수들의 손에까지 들어가기 시작했다. 그중에서도 으뜸은 드루 브리즈였다. 그는 공을 패스하는 팔의 회전근개 부상으로 선수 생활을 끝내야 할지도 모르는 위기에 몰려, 재활훈련으로 회복하던 중이었다. 부상 때문에 첫 번째 프로팀인 샌디에이고 차저스San Diego Chargers 가 자유계약선수FA로 풀린 그를 제대로 평가해 주지 않으면서, 브리즈는 팀과도 결별했다.

"재활 중이던 브리즈는 서스펜션 트레이너에 완전히 반했습니다." 랜디는 그렇게 밀했다. 그리고 2006년 봄, 브리즈는 뉴올리언스 세인츠New Orleans Saints 와 입단계약을 한 다음 랜디에게 연락했다. "그가 그러더군요. '랜디, 이것 6개만 줘요. 뉴올리언스로 가져가서 세인츠 선수들에게 이걸로 훈련해 보라고 권해볼게요.'"

놀라운 제안이었지만, 진짜 기회는 따로 있었다. 〈스포츠일러스트레이티드Sports Illustrated 〉가 브리즈의 컴백 기사를 특집으로 다루기로 한 것이다. "브리즈는 TRX 서스펜션 트레이너로 훈련하는 사진을 기사에 꼭 실어달라고 당부했어요." 랜디는 그렇게 말했다. "〈스포츠일러스트레이티드〉를 읽는 체력관리 코치와 선수 들이 스트랩을 신기한 눈으로 보면서 생각했겠죠. '흠, 우리도 몇 개 비치해야겠는데?'"

2007년에 TRX를 둘러싼 화젯거리는 전 세계에 흩어져 있는 네이비실 전진기지를 벗어나 스탠퍼드대학교 경영대학원으로 자리를 옮긴 다음, 세계 최대의 피트니스 박람회인 컨벤션 플로어로 갔다가, 미국에서 가장 큰 스포츠 잡지에 실리기에 이르렀다. 다음으로 랜디가 해야 할 일은 사람들의 관심을 끄는 것이 아니라 수요를 충족시키는 것이었다.

그것이 목표 아닌가? 관심 자체는 목적이 아니다. 화젯거리를 만드는 이유는 화제를 수요로 바꿔 매출을 창출하기 위한 것이다. 이런 전환 과정에는 주류 미디어와 소셜미디어 둘 다 아주 중요한 역할을 한다. 랜디 헤트릭과 인스타그램을 만든 사람들은 우리가 지금까지 만나본 기업가들이 그랬듯, 미디어에 의존하여 제품에 관한 소문을 퍼뜨렸다. 리사 프라이스는 오프라 윈프리의 토크쇼에 출연한 후 갑자기 인기가 치솟았다. 데이먼드 존과 그의 파트너들은 랠프 맥대니얼스와 함께 〈비디오 뮤직 박스〉에 출연했다. 에어비앤비는 2008년 민주당 전당대회 기간에 CNN의 전파를 탔다.

게리 에릭슨도 1990년대 초반에 전통 미디어를 활용하여 그의 클리프바를 화젯거리로 만들었지만, 성격적으로는 역풍을 초래한 변칙적 수법이었다. 그는 시장의 유일한 주자인 파워바에 도전장을 내는 광고를 여러 사이클링 잡지에 실었다. "헤드라인부터 그랬어요. '당신의 몸입니다. 당신이 결정하세요. It's Your Body, You Decide.'" 게리는 그렇게 말했다. 그 광고는 정제한 성분을 원하는지, 아니면 에너지바에 들어가는 잡다한 성분 전부를 원하는지 물었다. 2가지 세트의 성분까지 사진으로 비교해 보여주었다. "덕분에 금방 소송

197

을 당했죠. 하지만 화젯거리를 불러일으킨 것만은 틀림없었습니다. 다들 그랬으니까요. '이봐, 클리프바라고 들어봤어?'" 게리는 그렇게 기억을 더듬었다.

나와 얘기를 나눈 기업가 중에서 여러 형태의 미디어를 능숙하게 활용하여 화젯거리를 만들고 수요를 촉진한 후 매출을 창출하는 방법을 정확히 알고 있는 사람이 있다면, 그것은 젠 루비오일 것이다. 어웨이를 설립하기 전에 이미 그녀는 온라인 아이웨어 유통업체 와비파커의 첫 번째 소셜미디어 매니저였고, 그곳을 떠나기 얼마 전부터는 마침내 모든 소셜미디어를 손안에 넣고 자유자재로 활용할 수 있었다. 그보다 앞선 2011년 초, 그녀는 고객과의 끊임없는 소통과 커뮤니티 활성화를 위한 일을 담당했다. 회사의 트위터, 페이스북, 텀블러Tumblr, 인스타그램(와비파커에 들어갔을 때 막 출시되었다) 등의 피드에 올라오는 모든, 그러니까 긍정적인 것이든 부정적이든 것이든 그 모든 메시지에 간단하게 답장하는 일이었다. 고객들이 와비파커의 홈트라이온 프로그램Home Try-on Program으로 주문한 안경테 5개를 쓴 사진을 올리면, 그 사진들을 와비의 공식 텀블러와 페이스북 페이지 커뮤니티에 다시 올려서 가장 마음에 드는 안경테에 투표하게끔 독려하기도 했다. "기본적으로 어떤 안경테를 사야 하는지 힌트가 되는 정보를 크라우드소싱한 것이죠. 그렇게 해서 정말 충실하고 적극적인 커뮤니티를 계속 키워갔습니다." 젠은 그렇게 회상했다.

젠은 소셜 미디어의 화젯거리를 온라인 구매 결정으로 바꾸는 방법을 찾아냈다. 또한, 전통 미디어로부터 관심을 받을 때 어떤 일이 일어나는지도 직접 목격했다. 그녀가 입사하기 몇 달 전(그때 는 와비파커가 정식 회사로서의 면모를 갖추기도 전이었다), 창업가들은 홍보회사를 통해 언론에 먼저 제품을 출시했다. 그들의 타깃은 〈보 그〉와 〈GQ〉였다. 와비파커의 공동설립자인 데이브 길보아<sup>Dave Gil-boa</sup>는 "우리는 이런 프리미어 잡지에 실려 그것을 공인 증표로 삼 고 싶었습니다. 그들을 독점 론칭 파트너로 내세워 홍보 수단으로 삼았죠"라고 털어놓았다. 이 작전은 적중했다. 그들이 전자상거래 사이트를 개설하기도 전에 〈GQ〉가 기사를 통해 와비파커를 안경 계의 넷플릭스<sup>Netflix</sup>로 소개했고, 이로 인해 수만 개의 제품이 팔려 나갔다. "가장 인기가 좋은 안경테는 4주 만에 매진됐고, 2만 명의 이름이 대기자 명단에 올라왔습니다." 데이브는 그렇게 말했다.

그러나 젠 루비오가 이 같은 경험을 통해 깨달은 것은 "브랜드 가 자신에 대해 무슨 말을 하든 아무도 신경 쓰지 않는다"는 사실이 었다. 그리고 몇 년 후 자신의 사업을 시작할 때도 그녀는 이 사 실을 잊지 않았다. 젠과 파트너 스테프 코리는 친구나 가족에게 손 을 벌려 마련한 첫 번째 자금 중 시제품 제작에 투입하고 남은 돈 을 모두 광고와 마케팅에 쏟아부을 수도 있었다. 그러나 그렇게 하 지 않고 와비파커의 노하우를 모방하여 홍보회사를 활용했다.

"우리는 어웨이를 다른 회사들과 차별화할 수 있는 가장 확실한 방법을 알고 있었어요. 언론이든 인플루언서이든 사람들이 신뢰하 는 다른 표현 매체를 통해 우리의 스토리를 들려주는 것이죠." 젠 은 그렇게 설명했다. 이는 〈GQ〉나 〈보그〉 같은 대형 잡지의 명절 선물 구매 가이드에 실리는 프리론칭 전략이었다. 하지만 이들 잡지는 선정 작업을 이미 끝냈고, 그들의 여행 가방은 다음 해 2월에나 나올 예정이었다. 너무 늦게 시작한 탓에 소용이 없게 됐지만, 젠과 스테프는 실망하지 않고 오히려 이를 기회로 삼아 새로운 전략을 세웠다. 테이스트 메이커 40명의 특이한 여행담과 사진을 담은 작고 튀는 4가지 색상의 탁자용 여행 잡지를 만든 것이다. 그들은 어웨이의 첫 번째 제품 출시 수량에 맞춰 잡지를 2,000부만 발간하고, 가격은 어웨이의 첫 여행 가방 소매가인 225달러로 정했다. 여행 잡지 한 권이 225달러라니! 하지만 이는 어웨이 캐리어를 무료로 교환할 수 있는 쿠폰이었다.

"잡지들이 커다란 상자에 담겨 배달되어 왔을 때, 스테프와 나는 서로를 보며 생각했죠. '이게 멋진 아이디어가 아니라면 잡지를 평생 이 사무실에 쌓아두고 보게 되겠군.'"

여행 가방을 파는 회사가 관심을 끌어보겠다고 값비싼 여행 잡지를 발간하는 짓은 분명 도박이다. 하지만 이는 결과적으로 화제를 불러일으키기 위한 영리한 전략이었다. "그 잡지에 소개된 테이스트 메이커나 편집자 들은 우리가 홍보회사나 소셜미디어 인플루언서들을 통해 연락을 취한 사람들이었어요. 그들에게 포스팅할 때 우리 이야기를 해달라고 부탁했죠. 처음부터 이렇게 한 건 **다른 사람의 입을 통해 우리 얘기를 하게 하려는 의도였어요.** 덕분에 우리가 우리 얘기를 직접 할 일은 많지 않았죠."

도박은 적중했다. 2015년 11월 9일, 젠과 스테프가 아침에 눈을 떴을 때 〈보그〉의 웹사이트에 어웨이라는 새로운 여행 가방 브랜드를 소개하는 특집 기사가 올라와 있었다. 그날 하루가 끝날 무

200

**어떻게 성공했나**

렴, TV 및 라디오 방송국들이 〈보그〉에 실린 그들의 기사를 소개했고, 젠과 스테프는 225달러짜리 여행 잡지 수백 권을 팔았다. 그리고 2주가 지나기 전에 그들은 2,000권의 여행 잡지를 전부 팔았다. 이는 그들의 첫 번째 여행 가방을 모두 팔았다는 뜻이다. 전통 미디어와 소셜미디어, 테이스트 메이커와 창업가 들의 개인 네트워크가 완벽하게 조화를 이루어 만들어낸 화젯거리가 50만 달러에 육박하는 수익을 창출했다.

재미있다. 랜디 헤트릭은 내게 드루 브리즈가 〈스포츠일러스트레이티드〉에 TRX 스트랩을 하는 모습을 싣게 했던 이야기를 해주었지만, 그때 그가 느꼈던 깊은 안도감을 나는 몇 년이 지난 후에야 느낄 수 있었다. 그 일로 나는 새로운 아이디어를 가진 사람이 식탁에서 앉을 자리를 찾기가 얼마나 힘든지 더욱 깊이 인식하게 되었다. 그가 했던 말에서도 이를 또렷하게 느낄 수 있었다. "아시겠지만 사업을 시작하는 사람, 특히 선례가 없는 제품을 가진 사람에게 가장 힘겨운 도전은 세상이 나를 모른다는 사실입니다. 그런 무명의 상태에서 레이더에 잡히려고 버둥거려야 하는 거죠."

그의 이야기를 들으면서 오래된 철학적 사고실험이 생각났다. '숲속에서 나무가 쓰러졌는데, 아무도 없어서 그 소리를 듣지 못했다. 그렇다면 그 나무는 소리를 낸 것일까?'

사업도 마찬가지다. 회사가 문을 열었는데 아무도 그 소식을 듣지 못한다면, 그 회사는 정말 존재하는 것인가? 아니면 그것은 1주년을 맞지 못한 채 노동통계국Bureau of Labor Statistics 보고서의 수치로만 짐작할 수 있는 17만 개의 새로운 사업체 중 하나일 뿐인가?

정답은 분명한 것 같다. **당연히 존재했다!** 절벽에서 뛰어내린 후 도중에 자기만의 비행기를 만들고자 했다면, 당연히 세상에 알려져야 마땅하다. 하지만 그 비행기를 만든 사람으로서, 그 비행기의 엔진으로 요란한 소리를 만들어 내는 것도 당신의 일이다.

회사 문을 여는 소리가 현관 계단을 빠져나가 잠재고객들이 들을 수 있을 만큼 멀리 퍼져나가게 만드는 것도 당신의 일이다. 시장에 내놓은 제품이나 서비스에 사람들의 관심을 집중시키는 것 역시 당신이 해야 할 일이다.

절대로 쉽지 않다. 그래서 갖가지 미디어의 도움을 받아야 한다. 젠 루비오의 말대로, 당신의 입으로 하는 당신의 얘기를 일부러 듣겠다고 오는 사람은 아무도 없기 때문이다. 하지만 그렇게 만드는 건 가능하다. 이상적인 고객들에게 입소문을 내는 동시에, 가능한 한 많은 고객 사이에서 화젯거리가 되게 만들 수 있다면 말이다.

## 13장

# 관심을 끄는 법 2
## : 입소문

소셜네트워킹 플랫폼이나 스마트폰, 빅데이터가 폭발적으로 증가하던 2012년, 통계학자 네이트 실버Nate Silver는《신호와 소음The Signal and the Noise》이라는 제목의 책을 출간했다. 정확한 예측의 어려움을 강조한 책이었다. 원래 '신호 대 소음 비율'은 주로 과학자와 공학자 들이 소량의 바람직한 정보의 위력을 주변 환경과의 관계를 통해 설명할 때나 사용하던 용어였다. 그러나 실버의 책이 크게 히트하면서 이 표현은 과학자가 아닌 사람들이 의사소통과 가치의 적절성 문제를 지적할 때 쓰는 편리한 약칭으로 바뀌었다. 다시 말해 온갖 정보를 접하게 되는 요즘 우리는 정작 무엇을 들어야 하는가? 무엇을 기억해야 하는가? 정말 중요하거나 신뢰할 수 있는 정보는 무엇인가?

이 모든 소음 중에서 신호는 무엇이며 어디에 있는가?

창업하는 사람들은 이런 문제를 해결해야 한다. 이 문제에서 자유로운 창업가는 거의 없다. 어떻게 일상에 끝없이 쏟아지는 정보의 혼란을 뚫고 나갈 것인가? 어떻게 하면 치열한 경쟁 속에서 두각을 나타낼 수 있는가? 어떻게 소비자들이 당신과 당신의 제품에 관심을 갖게 만들 수 있을까? **어떻게 하면 소음이 아닌 신호가 될 수 있는가?**

12장에서 보았듯이, 화젯거리를 만드는 것은 주파수를 정확히 맞추고 소리를 증폭시키는 측면에서 볼 때 매우 중요한 조치이지만, 그것이 전부는 아니다. 하나가 더 있다. 입소문을 내는 것. 그리고 이것이 아마도 더 중요한 조치일 것이다.

화젯거리를 만드는 것은 테이스트 메이커 혹은 미디어와의 접촉 같은 특정한 관계나 OPM이나 전문성 같은 자원을 활용하여 당신의 이름을 가능한 한 많은 사람 앞에 내놓는 행위다. 광고판이나 블로그 게시물, 팟캐스트 인터뷰, 유명인사의 발언 등이 중요한 이유다. 이것들은 투자가이자 베스트셀러 작가인 팀 페리스Tim Ferriss가 말하는 "서라운드 사운드 효과Surround Sound Effect"를 만들어낸다. 중요한 고객들이 주로 시간을 보내는 몇 안 되는 곳에서 당신의 이름을 입에 올리면 어디에 가나 당신을 쉽게 찾을 수 있게 된다는 의미다. "나는 그런 인식을 만들어냈고 실제로 어딜 가든 내가 있었습니다. 나를 피할 수는 없었어요."[42] 팀은 2011년에 제품디자인회사 ZURB 본사에서 열린 질의응답 시간에 청중들에게 그렇게 설명했다. "팀 페리스는 어디에나 있습니다. 아니, 사실 테크런치TechCrunch에, 기즈모도Gizmodo에, 매셔블Mashable에 있을 뿐이죠. 하지만 그거면 된 겁니다."

입소문을 내는 것은 방금 화젯거리에서 이룬 대단한 인지도를 매출로 바꾸는 문제다. 그것은 당신의 제품을 사람들의 손에 쥐여준 다음, 그들이 자신의 모든 친구의 귀에 대고 그 제품의 이름을 또박또박 말하게 만드는 것이다. 우리도 이런 방법으로 팟캐스트 〈하우 아이 빌트 디스〉의 성장에 기름을 부었고 그래서 매주 300만 명에 가까운 청취자를 확보할 수 있었다. 청취자들이 친구들에게 우리 얘기를 한다. 어쨌든 우리는 그렇게 하도록 부추긴다! 입소문은 광고판이나 기사, 인터뷰가 아니다. 입소문은 대화이고 이야기다. 친구끼리 주고받는 문자 메시지다. "이거 꼭 들어봐."

"이 간단한 말 한마디에 보이지 않는 힘이 있습니다.[43]··· '열려라 참깨' 같은 것이죠." 리드 호프먼은 〈마스터스 오브 스케일Masters of Scale〉이라는 팟캐스트의 '왜 고객의 사랑이 전부인가Why Customer Love Is All You Need'라는 에피소드에서 그렇게 말했다. "세계의 모든 돈을 쏟아붓고 마케팅의 귀재를 모두 투입해도 제품의 성장을 장기적으로 지속시킬 수 없어요. 고객들의 관심만으로도 안 됩니다. 필요한 건 그들의 변함없는 헌신입니다."

실제로 화젯거리와 입소문에는 차이가 있다. 화젯거리가 되는 것이 브랜드 인지도를 향해 큰 걸음을 내디딘 다음 고객 확보를 향해 양적 도약을 하는 것이라면, 입소문이 나는 것은 장기 팬덤을 형성하는 것이다.

205

12장에 소개한 영화 〈행오버〉의 경우가 그랬다. 이 영화는 개봉 첫 주말 박스오피스에서 거의 4,500만 달러의 수입을 올리며 초반에 일기 시작한 화젯거리의 파도에 완벽하게 올라탔다. 그러나 이 영화를 결국 성공으로 이끈 것은 첫 주부터 시작된 영화 팬들의 열광적인 지지 물결이었다. 친구들은 그들의 친구에게 영화에 대해 말했고, 그 친구들은 더 많은 친구에게 말했다. 그들은 단체로 또는 여러 차례 극장을 찾았다. 그렇게 이 영화는 첫 주에 7,000만 달러 수익이란 기세를 이어간 후 두 번째 주말까지 연속 1위에 올랐고 6개월 동안 미국 박스오피스에서만 2억 7,500만 달러 이상의 수익으로 대미를 장식했다.

〈행오버〉가 개봉되기 2년 전, 마크 저커버그는 새로운 페이스북의 사용자 중심 광고 프로그램을 발표하면서 테크 전문 기자단과 광고주들에게 말했다. "믿을 만한 친구의 추천보다 사람들에게 더 큰 영향을 미치는 것은 없습니다."[44]

〈행오버〉 시리즈는 이후 몇 년 동안 저커버그의 말이 옳다는 것을 증명해 주었다. 이 시리즈의 첫 두 편은 열성 팬을 기반으로 전 세계에서 10억 달러 이상의 티켓 판매 수익을 기록하면서 사상 최고의 수익을 올린 R 등급 영화 톱 10에 들었다.

"믿을 만한 추천은 성배다." 저커버그는 입소문 마케팅의 위력을 그렇게 표현했다.

그런 입소문 확산의 혜택을 톡톡히 본 창업가와 대화해 보면 그것의 가치와 위력을 금방 이해할 수 있다. 제리 머렐Jerry Murrell이 그 대표적 사례다. 1986년에 제리는 아내와 아들 넷과 함께 버지니아

알링턴에 수제 버거점 파이브가이스 Five Guys를 열었다.

파이브가이스는 현재 세계 곳곳에 1,500개 이상의 점포를 가지고 있는 미국에서 가장 인기 있고 사랑받는 패스트 캐주얼 Fast-casual(패스트푸드보다는 조금 좋은 품질의 음식을 제공하는 신개념 레스토랑—옮긴이) 체인 중 하나다. 하지만 파이브가이스는 사실 성공할 수 없는 아이디어였다. 1980년대는 패스트푸드의 기세가 크게 고조되던 시기였고, 동시에 1986년은 앞선 4년의 경기침체 이후 미국의 경제가 가장 저조한 해였다. 그리고 제리는 거듭된 사업 실패로 자신의 빅 아이디어를 1년 이상 지속시키지 못한 20%의 대열에 낀 불운한 사업가였다.

"이것저것 다 해봤죠." 그는 1970년대 중반과 1980년대 초반에 벌였던 초기의 벤처 사업을 그렇게 말했다. "금융설계도 했고 텍사스에서 석유에도 손을 대봤습니다. 무엇보다 생수 사업에 큰 기대를 걸었어요. 나중엔 아내와 함께 부동산 사업에 뛰어들기도 했습니다. 우리는 정말, 부동산을 상투에 잡는 데 전문가였어요. 나중에는 도대체 내가 뭘 하고 있는지 모르겠더군요."

그리고 너무나 자연스럽게 시도한 다음 사업이, 바로 펜타곤과 알링턴 국립묘지 가까운 곳에 차린 햄버거 가게였다. "사람들 눈에 잘 띄지 않는 곳이었어요." 제리는 가게 위치를 그렇게 설명했다. 설마 그랬을까 싶겠지만 실제로 그와 그의 아내 제이니 Janie는 당시 상황을 그렇게 보았다. 작고 외지고 옹색한 버거 가게…. 그런데 **그게 멋진 아이디어였다!**

"그렇게 하는 것이 맞는 것 같았어요. 왜인지는 몰라도 우리 모

207

두 거기에 동의했고요." 제리는 그렇게 말했다. 그들은 자녀들이 대학교 진학을 포기하면서 굳은 학자금에서 3만 5,000달러를 떼어내 낡은 장비 몇 가지를 수리하고, 정말로 월세가 저렴한 곳을 찾아서 가게를 여는 데 나머지 돈을 투입했다. "사람들이 찾기 힘든 곳에 가게를 내도 사람들이 오게 만들 수 있다면 문제없다고 생각했습니다."

말도 안 되는 소리 같다. 가게를 여는 사람이 가장 먼저 해야 할 일은 사람들의 눈에 잘 띄고 통행량이 많은 점포를 찾는 것이다. 그것이 장사의 기초이자 기본이다. 그런데 사람들 눈에도 잘 띄지 않는 외진 곳에서 화젯거리를 만든다고? 오프라인 매장으로?

그러나 돌이켜보면, 빈틈없는 선택이었다. 운도 따르긴 했지만. 만약 좀 더 통행량이 많은 대로에 매장을 열었다면, 제리와 제니는 그런 종류의 부동산을 장악한 대형 패스트푸드 체인점들과 경쟁해야 했을 뿐만 아니라, 그 중요한 초기에 매장을 찾은 고객들이 우연히 지나가다 들른 것인지 화젯거리와 입소문을 듣고 일부러 찾아온 것인지 전혀 구분하지 못했을 것이다. 하지만 파이브가이스를 찾기 어렵게 만든 덕분에 그들은 소문이 퍼지고 있는지, 퍼지면 얼마나 빨리 퍼지는지 좀 더 정확히 판단할 수 있는 조건을 마련할 수 있었다.

오래 기다릴 것도 없었다. "11시에 처음 문을 열었는데 누구 하나 얼씬거리지 않더군요. 12시 15분이 되자 겨우 한 사람이 들어왔어요. 그리고 12시 30분에는 매장에 빈자리가 거의 남지 않았죠." 제리는 그렇게 말했다.

다음 날도 마찬가지였고, 그다음 날도 또 그다음 날도 그랬다. 제리는 금방 사태를 파악했다. 파이브가이스를 방문한 사람들이 집이나 직장으로 돌아가서는 친구나 가족에게 길 저쪽 한구석, 사람들이 잘 다니지 않는 곳에 새로 생긴 식당 얘기를 하면서, 버거와 감자튀김을 좋아하면 꼭 가봐야 한다고 말하고 있었던 것. "우리 식당을 알아낼 방법은 그것밖에 없었습니다." 그는 음식 재료비와 인건비 정도의 자금밖에 없어서 광고나 마케팅은 엄두도 못 냈던 몇 주를 돌이켜보며 그렇게 말했다.

다행히 파이브가이스는 첫날부터 돈을 벌었다. 그래서 방과 후에 팔을 걷어붙이고 달려든 고등학생 자녀들과 주말에 따로 고용한 몇몇 직원에게 1986년치고는 꽤 괜찮은 주급을 지급할 수 있었다. 얼마 지나지 않아 2호점을 열려는 제리에게 투자자들이 줄을 섰다. 2호점은 조기 성공만큼이나 가능성이 희박하고 예정에 없던 시나리오였다. 제리와 제니가 1호점을 열기 위해 은행에 대출을 받으러 갔을 때만 해도, 모든 은행원이 그들을 정신 나간 사람으로 취급했다. 같은 은행을 다시 찾아가 2호점을 열고 싶다고 했을 때는 더욱 그랬다.

"우리를 비웃더군요." 제리는 그렇게 말했다.

하지만 상관없었다. 제리의 말대로 돈을 투자하겠다는 사람이 많았기 때문이다. 그들 중에는 아들들의 친구 부모도 포함되어 있었다. 그들은 파이브가이스가 성업 중이라는 사실을 아이들의 입을 통해 들은 터라, 숟가락을 얹고 싶어 했다. 입소문의 대상은 버거만이 아니었다. 사업에 대해서도 입소문이 퍼진 것이다.

"결국 돈을 대겠다는 사람들이 150명에서 200명 정도 되었습니다. 제리는 그들로부터 받은 15만 달러로 비슷한 크기의 작은 공간에 파이브가이스 2호점을 열었다. 버지니아 알렉산드리아의 낙후된 스트립 몰 안에 있는 매장이었지만, 그곳은 탄탄한 성공 가도의 출발점이었다.

그로부터 10년 뒤인 1996년에 더놋The Knot을 공동설립한 뉴욕대학교 영화 스쿨을 함께 나온 칼리 로니Carley Roney와 데이비드 류David Liu의 사연도 제리의 경우와 크게 다르지 않다. 원래 더놋은 회원들에게 결혼 관련 콘텐츠를 제공하는 포털로, AOL로부터 자금을 지원받아 시작됐다. 하지만 1997년 7월 칼리와 데이비드가 AOL에서 독립하여 더놋닷컴Theknot.com을 론칭하면서 풀서비스 결혼정보회사로 재출발했다. 그때 그들은 이미 AOL이라는 우주의 작은 한 귀퉁이에서 매달 25만 명의 방문객을 맞았고, 매일 300명 정도의 회원을 추가하고 있었다. 모두 1년 안에 이룬 성과였다.

"일단 더놋을 알게 되면 결혼을 앞두고 있는 가까운 사람들에게 우리 얘기를 하게 됩니다." 칼리는 그렇게 말했다. "회원들이 우리 브랜드에 열광하면서 금방 단골이 된 덕분에, 그런 식으로 들불처럼 성장할 수 있었죠."

여기서 '그런 식으로'라는 게 바로 입소문이다. "입소문이 우리의 유일한 마케팅이었어요." 그녀가 말했다. 칼리의 공동설립자이자 현재 남편인 데이비드는 좀 더 구체적으로 지적했다. "우린 광고에 돈을 쓰지 않았습니다."

실제로도 그럴 필요가 없었다. 이듬해인 1998년에 더놋은 100만 달러의 수익을 기록했다. 그다음 해에는 홈쇼핑 TV 채널 QVC가 더놋 사이트에 1,500만 달러를 투자하면서 상품을 확장했다. 3년 이 채 지나기도 전에 더놋의 성장 궤적은 계속 우상향했는데, 주로 입소문이 밀어 올린 것이었다.

더놋이 궤도에 오른 지 10년이 지났을 즈음, 알리 웹Alli Webb은 드라이 사업으로 같은 종류의 성장을 경험했다. 드라이바Drybar라 는 이름으로 알려진 그 사업은 전문적으로 드라이 서비스만 제공 하는 이색 헤어숍이었다. 2008년에 알리는 야후!Yahoo!의 '엄마들' 전용인 피치헤드Peachhead라는 사이트에 글을 올려서, "스트레이트 앳 홈Straight-at-home이라는 방문 서비스를 시작했다. 피치헤드는 로 스앤젤레스 지역의 약 5,000명의 엄마를 위한 온라인 자원으로 기 능했다. "나는 오랫동안 스타일리스트로 일했어요. 늘 방문 드라이 서비스 사업을 구상했죠. 요금은 35달러나 40달러 정도로 정했죠. 누가 관심을 보였을 것 같아요?" 알리가 내게 물었다.

엄마들은 관심만 보인 것이 아니었다. "이메일 문의가 쇄도했습 니다." 알리는 그렇게 말했다. 이메일은 금방 예약으로 바뀌었고, 그다음 믿을 만한 추천으로 바뀌어 피치헤드 엄마 커뮤니티의 바 깥으로 확산되었다. "순식간에 바빠졌어요. 전부 입소문이었죠. 제 가 엄마 1명을 방문하면 그 엄마가 친구 6명에게 얘기해요. 그리고 그 자리에서 그들이 내게 전화를 걸죠. '예, 예'라는 말밖에 무슨 말 이 필요하겠어요?" 알리 웹은 단일 포럼 게시물로 개업하고 화젯 거리를 만든 뒤 입소문 마케팅 기계를 가동하여 결국 4개의 드라 이바를 열었고, 그 뒤로 2년이 채 지나지 않은 2010년에 25개 드

211

라이바에서 연간 2,000만 달러 이상의 수입을 올렸다.[45]

각기 다른 10년 단위로 서로 다른 3가지 업종에서 대단한 창업가 3명이 특별한 속임수나 별다른 광고도 없이 오직 그들의 제품을 사용해 보고 반한 사람들의 입소문만으로 판매를 추진하고 성장을 촉진시켰다. 대단하다! 꿈같은 얘기 아닌가? 무언가를 만들어 누군가에게 주었는데, 사람들이 한눈에 반해 친구들에게 얘기하고 그 친구들이 또 그 친구들에게 추천한다. 그런 방식으로 어느새 제리와 제니 머렐 부부처럼 1,500개의 지점을 내거나 칼리 로니와 데이비드 류처럼 25만 명의 월간 사용자를 확보하고, 알리 웹처럼 2,000만 달러의 수익을 올린다.

좋다. 그런데 어떻게 하면 그렇게 되는데?

아마 이런 이야기를 들으면 다들 이렇게 물을 것이다. 2016년 가을에 〈하우 아이 빌트 디스〉를 처음 시작했을 때 나도 똑같은 의문을 가졌다. 나는 NPR에서 팟캐스트를 시작하면 처음부터 조금 요란스럽게 화젯거리를 만들 수 있다는 것을 알았다. 발 없는 말이 천 리를 가는 법. **이봐, 너희들 라즈가 기업가정신에 관한 비즈니스 팟캐스트를 시작했다는 얘기 들어봤어?** 그러면 NPR 청취자와 〈TED 라디오 아워TED Radio Hour〉의 팬 중 적지 않은 수가 적어도 첫 회나 1~2회 정도는 들어볼 것이다.

하지만 또한 나는 론칭하기 전에 형성한 화젯거리에만 의존하면 언젠가 한계에 이를 것이라는 사실도 알고 있었다. 2013년 초에 〈TED 라디오 아워〉에서 그런 현상을 본 적이 있다. 사람들은 TED 강연TED Talks을 좋아했다. 사람들은 팟캐스트도 정말 좋아하기 시작했다. 이 둘을 묶으면 어떨까? 상당한 청취율을 만들 레시피가 바로 문밖에 있는 것이나 다름없었다. 적지 않았던 〈TED 라디오 아워〉의 다운로드 수가 한동안 다소 평탄한 상태를 유지했다는 사실만 제외하면 말이다. 쇼가 시작된 지 몇 주가 지나면서 사람들이 친구에게 팟캐스트에 대해 말하고 듣기를 권하기 시작하면서, 다운로드 수는 성장도표의 x축과 y축에서 오른쪽 위로 이동하기 시작했다. 〈하우 아이 빌트 디스〉가 우리 모두가 믿었던 잠재력을 실제로 드러낼 조짐이 보인다면, 이제는 입소문을 만들어낼 필요가 있었다.

그러면 다시 중요한 질문으로 돌아가 보자. 어떻게 하라는 말인가? 입소문이 중요하다는 것은 알겠는데, 어떻게 그것을 만들어낸다는 말인가? 더 많은 사람이 우리의 버거를 사거나 우리의 웹사이트를 방문하거나 우리의 살롱에 오게 하는 방법이 무엇인가? 나의 경우 어떻게 사람들이 새로 시작한 팟캐스트를 다운로드받게 한다는 말인가?

입소문을 내는 어떤 공식이 있거나 확산을 가속화시키는 그로스 해킹이 있다면, 나도 알려주고 싶다. 그러나 나 자신의 경험이나 여러 분야 기업가들의 경험으로 보건대, 입소문을 내는 믿을 만한 방법은 하나밖에 없다. **제품이 정말 좋아야 한다.**

사실 제품이 그저 좋은 것만으로는 안 된다. **누군가가 추천하고 싶을 정도로 좋아야 한다.** 그리고 평범한 것을 추천하는 사람은 없을 테니 새롭고 특별해야 하며, 친구들과 쉽게 공유할 수 있는 것이어야 한다.

그것이 나와 우리 팀이 〈하우 아이 빌트 디스〉 에피소드를 만들 때마다 생각하는 문제다. 이 창업가의 스토리는 무엇이 다른가? 이 에피소드를 정말로 특별하게 만들고 공유할 수 있게 만들어주는, 그러니까 내가 앞서 말한 '와우!' 모멘트와 결국 이 사람의 위키피디아 페이지에 올라갈(이런 일은 생각보다 자주 일어난다) 믿을 만한 여정은 어디에 있는가? 이런 방식으로 접근하는 이유는 우리 청취자들이 이 팟캐스트를 좋아해 주길 바라서가 아니라, 그들의 시간을 낭비하고 싶지 않기 때문이다.

생각해 보라. 인간이 하루 중 깨어 있는 시간은 16시간이다. 그 16시간 중의 8시간은 직장이나 학교에서 보내고, 1~2시간은 준비하고 출·퇴근하거나 등·하교하는 데 쓴다. 그리고 또 1~2시간은 식사하고 술 마시고 또 1~2시간은 볼일을 보거나 집안일을 하는 데 쓴다. 아이가 없을 경우 내 마음대로 쓸 수 있는 시간이 2~4시간 남는데, 우리의 일상을 생각하면 그것도 감지덕지하지만, 그래도 시간이 많다고는 할 수 없다. 그래서 매일 아침 〈하우 아이 빌트 디스〉의 새로운 에피소드를 내보낼 때마다, 청취자들에게 요구하는 것은 45분에서 1시간 정도 또는 소중한 자유시간의 25%다. 엄청난 책임이 아닐 수 없다! 그런 책임을 회피한다면 새로운 팬이 방금 알게 된 이 팟캐스트에서 막 들은 스토리를 파트너나 직장 동료, 친한 친구에게 얘기하게 만들 기회를 내 손으로 갖다 버리는 것이나 다름없다.

의식하든 하지 않든, 성공하는 창업가들이라면 누구나 사업을 설계하고 꾸려갈 때 이러한 계산을 한다. **그들은 새로운 것, 특별한**

**것, 대단한 것을 할 수 있는 방법을 알아냈다.** 사람들이 화제로 삼을 만한 것 그리고 소문을 퍼뜨릴 만한 것을 말이다.

칼리 로니와 데이비드 류는 그들의 말처럼 "온라인 커뮤니티와 결합한, 세계에서 가장 멋진 웨딩 잡지"를 만들었다. 그러다 "신부들이 정말 골머리를 앓는 것이 전반적인 레지스트리 절차"라는 사실을 알고, 전자상거래와 마찬가지로 1997년 당시에는 전혀 새로운 아이디어였던 온라인 선물등록Gift Registry(신혼부부가 원하는 선물의 목록을 사이트에 올리면 집들이에 오는 하객들이 목록에 있는 선물을 사 오는 아이디어-옮긴이) 서비스를 추가했다. 이 서비스는 예비 신부들의 엄청난 스트레스 요인을 해소하고, '결혼 산업 결합체'를 통해 그들과 같은 고민을 하고 있는 다른 사람들과 정보를 공유할 수 있는 광장을 마련해 주었다.

이와 달리, 알리 웹이 드라이바를 통해 제공하려 했던 서비스에는 새로운 것이 없었다. 그녀는 몇 년째 파티나 결혼식 등 중요한 행사에 가는 친구들의 집에 방문해 머리를 손질해 주고 있었다. 하지만 알리의 아이디어가 특별한 건 그녀의 친구들이 모두 가지고 있던 아주 특이한 문제를 해결했기 때문이다. 그냥 드라이만 하면 되는데 알리가 곁에 없으면 친구들은 비싼 미용실에 가서 커팅과 염색 등 불필요한 것까지 하면서 스트레스를 받거나 저렴한 미용실에 터벅터벅 걸어가 썩 마음에 들지 않는 보통의 미용 서비스에 만족해야 했던 것이다.

"둘 다 나쁜 선택이군. 그것밖에 없다니." 당시 알리는 그렇게 생각했다. 적당한 가격으로 살롱 수준의 서비스를 받을 수 있는 중도

215

의 선택지가 없었다. 그것이 드라이바를 대단하고 특별하고 새로운 것으로 만들었다. 통장을 축내지 않고도 여성을 놀랍게 변신시키는 서비스. 그것이 알리의 초창기 고객들 상당수가 자신의 친구들에게 드라이바를 소개하게 만드는 데 그녀가 제공한 전부였다.

하긴, 얼핏 보면 버거와 감자튀김도 전혀 새로울 것이 없었다. 실제로 제리와 제니 머렐 부부가 파이브가이스를 시작한 1986년에는 어디에 가든 미국인들의 식단에 버거와 프렌치프라이가 빠지는 법이 없었다. 바로 한 해 전에 맥도날드 McDonald's는 매장 597개를 새로 열어 총매장 수를 거의 9,000개로 늘렸다.[46] 웬디스 Wendy's는 '소고기는 어디 있어 Where's the Beef?'라는 유명한 광고를 앞세워 기록적인 연간 매출을 달성했으며,[47] 칼스주니어 Carl's Jr.도 마침내 프랜차이즈 매장을 열기 시작했다. 패스트푸드는 기세가 등등했다. 그런데 제리는 어떻게 했는가? 다른 길로 갔다. 그는 패스트가 아닌 슬로를 택했다. 3~4배나 가격이 비싼 버거를 만들었고 그래서 준비하는 데도 시간이 3~4배나 더 걸렸다.

"우리 매장 중에 이런 표기가 붙었던 곳도 있었어요. '바쁘시면 이 근처에 정말 맛있는 햄버거 가게가 많습니다.'" 제리는 그렇게 회상했다. 모든 사람이 그런 표지판을 세워놓은 그에게 미쳤다고 말했다. "하지만 그게 오히려 도움이 되었어요." 그는 그렇게 말했다. 파이브가이스는 여타의 햄버거 가게와 다른 곳이며 다른 어떤 것을 하고 있다는 것을 보여주는 선언이었기 때문이다.

제리와 제니는 최고의 버거와 감자튀김을 만들기 위해 구할 수 있는 최고의 재료들을 사용했다. 가장 싸지도 가장 빠르지도 가장 복합적이지도 않았다. 그저 가장 좋았을 뿐이다. 더욱이 특별한 것은, 아이들이 그들의 진짜 의도를 알아차리게 한 것이었다.

"아이들더러 좋아하는 데를 고르라고 하면 최고를 고르리라 생각했죠." 제리는 그렇게 말했다. 그래서 가장 비싼 피클을 샀다. 또 당시 알링턴에서 작지만 최고의 빵을 파는 곳에서 햄버거 번을 샀다. 그들이 마요네즈를 조달받은 뉴욕의 한 업자는 사실 다루기가 힘들어 첫 번째 구매 담당자가 포기하자고 졸랐던 곳이었다. 하지만 그들이 이 업체를 고집했던 것은 다른 업자의 마요네즈에 비해 그 마요네즈가 번이나 그 밖의 다른 재료와 훨씬 잘 어울렸기 때문이었다. 제리와 제니는 감자튀김을 만들 때 땅콩기름을 사용했는데, 그 기름은 모든 식용유 중에서 가장 비쌌지만 가장 맛있는 감자튀김을 만들어냈다.

217

감자는 또 어땠을까? 그들은 아이다호 릭비에 있는 작은 농장에서 감자를 공급받았다. 메릴랜드 오션시티에 있는 스래셔스<sup>Thrasher's</sup>가 감자튀김을 만들 때 감자를 사 오는 곳이 그곳이었기 때문이다. 스래셔스는 제리와 그의 아이들이 워싱턴 D. C.로 처음 이사 왔을 때 발견한 작은 노점식 프렌치프라이 판매대였다. "보드워크<sup>Board-walk</sup>(해변을 따라 데크처럼 만든 산책로)에서 감자튀김을 파는 곳이 20곳은 됐지만 유독 1곳만 줄이 길었어요. 거기가 스래셔스였죠. 그렇다면 감자도 틀림없이 맛있으리라 생각했습니다." 제리는 그렇게 말했다.

최고의 재료를 사용하려는 제리와 제니의 유별난 고집 덕분에 가장 맛있는 버거와 감자튀김이 만들어졌고, 그로 인해 워싱턴 D. C.에 살면서 파이브가이스 같은 곳을 경험해 보지 못한 사람들 사이에서 금방 팬이 생겨났다. 버거와 감자튀김은 새로울 것이 없는 메뉴였지만, 품질은 확실히 새로웠다. 그래서 그들은 특별했고, 놀라웠으며, 궁극적으로 좋은 버거를 좋아하는 사람들에게 추천할 만한 곳이 되었다. 알리의 드라이 서비스가 멋지게 보이고는 싶지만 통장까지 건드리고 싶지는 않은 여성들에게 새로웠던 것처럼. 칼리와 데이비드의 온라인 결혼 선물등록과 결혼 준비 커뮤니티가 결혼을 앞두고 어디로 가야 할지 모르는 사람에게 새로웠던 것처럼.

월트 디즈니Walt Disney의 어록 중에 자주 인용되는 말이 있다. "무엇을 하든 잘하라. 매우 잘하라. 사람들이 당신이 하는 것을 한 번 보면 다시 와서 또 보고 다른 사람까지 데려와 당신이 얼마나 잘하는지 보여주고 싶게끔 말이다." 이것이야말로 내가 만났던 모든 창업가의 공통된 특성이다. 그들은 성공의 주요 요인을 '긍정적인 입소문'으로 꼽았다. 그들은 정말 대단하고 정말 특별한 것을 만들었다. 너무 좋고 너무 특별해서, 그것은 경쟁의 소음을 뚫고 또렷한 신호가 되어 그들이 상상했던 것보다 더 먼 곳까지 뻗어갔다.

# 14장

# 시련에 주저앉지 말라

사업을 하다 보면 모든 걸 그만두고 접고 싶을 때가 있다. 지극히 정상적인 현상이다. 내가 인터뷰를 했던 사람들도 잠깐이긴 해도 거의 모두가 어느 순간 그런 생각을 했다.

　사실 그만두고 싶은 사람은 없다. 조금만 버티고 이 고비만 넘기면 잘 풀릴 것 같고, 이제 와 모든 걸 접기에는 너무 아깝다. 하지만 돌아가는 형세를 보니 일이 그렇게 만만할 것 같지 않다. 당장 코앞이 문제다. 아무래도 그만 접는 것이 가장 쉬운 길인 것 같다. **이쯤에서 포기하는 것이 가장 현명한 판단이라고 말해주는 사람들도 있다.** 제정신이 박힌 사람이라면 이쯤에서 그만두어야 한다고 말하기도 한다. 물론 그들이 잊고 있는 것이 있다. 제정신이 박힌 사람이라면 애초에 자기 사업을 시작했겠는가? 그러니 그런 조언은 아무 소용이 없다.

아니, 그런 조언도 쓸모가 있을지 모른다. 그것을 조언이 아닌, 당신의 여정이 본격적인 시련기에 접어들었음을 알려주는 신호로 받아들인다면 말이다. 이미 비행기를 만들고 시동을 걸었다. 하지만 고도를 유지하기가 무척 힘들다. 이유는 확실치 않다. 그렇다면 이제 선택해야 한다. 돌아갈 것인가 계속 갈 것인가. 탈출 버튼을 누를 것인가 더 많은 동력을 찾을 것인가. 생사의 갈림길에 선 기분이 든다.

시인 로버트 프로스트 Robert Frost라면 앞으로 나아가라고 말할 것이다. 머그잔이나 포스터나 인스타그램 인플루언서들의 계정에서 자주 접하게 되는 문구가 있다. "가장 좋은 탈출 방법은 정면 돌파다 The best way out is always through." 프로스트는 1915년에 쓴 시 '하인들의 하인 A Servant to Servants'에서 그렇게 말했다. 이 시는 남편과 호숫가에 세운 집에서 하숙집을 운영하는 여인의 이야기로, '허구한 날 끝도 없이 반복되는 일'에 신물이 난 그녀의 삶을 담았다. 그녀는 호숫가를 벗어나 숲속으로 들어가는 환상에 빠진다. '모든 것을 내려놓고 흙을 밟으며 살고' 싶다. 하지만 그의 남편 렌은 '매사 좋은 쪽으로만' 생각한다. 그리고 말한다. "한 번 더 힘을 내야 해.… 가장 좋은 탈출 방법은 정면 돌파야." 그녀도 결국 그런 생각에 동의한다. 정면 돌파 외에 빠져나갈 방법이 없다는 것을 알기 때문이긴 하지만.

당신은 아직 그 정도는 아닐지 모른다. 하지만 여러 창업가를

220

인터뷰했던 경험으로 말하자면, 어느 날 그만두고 싶은 생각에 마음이 심란해질 때가 온다. 성공한 창업가들은 누구나 이런저런 순간에 프로스트의 시에 등장하는 두 사람과 비슷한 처지에 놓이는 것 같다. 앞이 보이지 않을 때, 일이 제대로 마무리되지 않을 때, 그들은 모든 것을 집어던지고 숲속 오두막으로 들어가 속 편하게 살고 싶었을 것이다. 그러나 그들은 지금까지 자신이 벌여놓은 것과 여기까지 오느라 고생했던 지난날, 또 자신만 바라보고 있는 많은 사람을 보면서 다시 한번 힘을 내기로 한다. 결국은 그것이 그들을 곤경에서 빠져나가게 해줄 낙하산일 테니까.

게리 허시버그Gary Hirshberg도 1980년대 대부분을 그렇게 보냈다. 그와 그의 파트너 새뮤얼 케이먼Samuel Kaymen은 그들이 세운 회사 스토니필드팜Stonyfield Farm을 적자의 수렁에서 빼내 흑자의 양지로 올려놓기 위해 무진 애를 썼다. 스토니필드팜은 처음부터 말 그대로 요구르트 중의 요구르트였다. 게리와 샘이 판매처를 확보한 첫날부터 스토니필드팜은 모든 마켓에서 최고의 플레인, 크림온톱, 홀 밀크 요구르트로 인정받았다. 그러나 그들이 아무리 용을 써도 이윤을 내기는 어려워 보였다.

첫 번째 이유는 제품이 6개짜리 플레인 홀 밀크 쿼트 한 종류밖에 없었기 때문이다. 그들은 이를 거의 원가에 팔았다. 뉴햄프셔 월턴에 있는 식료품점 하우즈마켓Harwood's Market에 납품하기 위해서였다. 당장 수입은 생겼지만 치고 나갈 여력은 되지 못했다. "제품은 꾸준히 팔리고 있었어요. 하지만 들어오는 돈으로 소를 먹일 곡물 사료와 윤활유, 장비, 연료, 땔감 등을 구입하고 나면 남는 게 없

221

없습니다." 요구르트 사업을 시작하려면 이 정도는 각오해야 한다.

사업이 5개월째로 접어들면서 매출은 5만 달러로 올랐지만, 빚이 7만 5,000달러였다. 제품을 찾는 수요는 감당하지 못할 정도로 증가했지만, 현금이 바닥나 더는 사업을 키울 수도 없었다. "하우즈마켓 사람들이 전화해서 그러더군요. '맙소사. 당신들의 물건이 좋아요. 잘 팔린다고요.'" 게리는 그렇게 회상했다. "그래서 자존심 강한 사업가들이 하는 대로 했죠. 어머니한테 전화한 거예요. 3만 달러를 빌렸습니다."

그리고 그는 계속 돈을 빌렸다. 어머니에게, 장모에게, 말 그대로 수백 명에게 여러 가지 이유로 여러 차례 손을 벌렸다. 아마 그렇게 빌린 돈이 200만 달러는 되었을 것이다.

개업 2년째인 1984년에 게리와 새뮤얼은 뉴잉글랜드 지방의 천연식품조합과 식료품 체인에 판로를 개척했고, 한 주에 요구르트 360상자를 생산하면서 매출이 25만 달러까지 올라갔다. 그러나 여름에 그들은 다시 파산 위기에 몰렸다. 농장을 확장하는 방법밖에 없었다. 그래야 플레인 쿼트 외에 작은 1인용 컵과 다양한 맛의 요구르트를 개발할 수 있으니까. 그러려면 50만 달러가 필요했다. 경비를 간신히 해결하는 정도의 돈으로는 적자를 면할 도리가 없었기에 **살아남으려면 어떻게든 규모를 한 단계 늘려야 했다**(프로스트 시의 주인공들처럼 말이다). 그래서 추수감사절에 게리는 장모가 될 도리스Doris에게서 5만 달러를 빌렸다. 아내가 될 메그Meg와 주말에 처음 인사를 드린 자리에서 돈부터 빌린 것이다!

이듬해 매출이 다시 올라 50만 달러에 이르자, 그들은 외부 낙농업자들로부터 우유를 공급받기 시작했다(우습지만 키우던 소를 팔아버렸기에 그럴 수밖에 없었다). 그러나 일주일씩 간신히 버티기는 마찬가지였다. "늘 목요일 오전에 임금을 지급했습니다. 당시엔 주급만 5,500달러였죠." 게리는 그렇게 말했다. "그 전날 밤, 은행에는 현금이 없었어요." 그래서 그는 밤중에 침대에서 몰래 빠져나와 복도를 걸어 사무실로 가서 장모에게 전화를 걸었다. 몇천 달러만 더 빌릴 수 있는지 묻기 위해서였다. 사실 그런 일이 처음도 아니었다. 갈수록 상황이 더욱 나빠졌고 그런 일이 자주 발생하자 아내 메그가 결국 사태를 파악하고 개입했다. "어느 날 밤인가 아내가 장모님과 통화하고 있었는데, 상대편이 전화를 끊는 것 같더군요. 아내는 수화기에 대고 사정했어요. '엄마. 이러지 마세요.'"

만약 당신이 게리 허시버그이고 사업을 벌인 지 2년쯤 되었는데, 당신이 만든 제품을 많은 사람이 좋아하긴 하지만 궤도에 오를 정도는 못 되었다고 하자. 이때 당신의 배우자가 두 손 들고 "이 미친 짓 좀 그만해요!"라고 말한다면 **더 버틸 수 있겠는가?** 더구나 배우자의 말에 틀린 데가 없다면 말이다.

"아내에겐 하루하루가 악몽이었죠. 그녀는 이게 미친 짓이라는 것도 잘 알고 있었어요. 굴뚝에 불이 나질 않나 우물 양수기가 고장 나질 않나, 심지어 전기까지 나갔어요. 우리 농장은 언덕 꼭대기의 완전히 고립된 장소에 있었는데, 정말 돌아버리겠더군요."

게리는 뚝심으로 버텼다. 하지만 상황은 점점 더 안 좋은 쪽으로 치달았다. 1년 뒤 스토니필드 요구르트의 인기는 꾸준히 상승하는 중이었고 매출도 100만 달러를 넘어섰으며, 우유를 조달해

주는 지역의 공급업자도 10여 곳으로 늘어났다. 하지만 50만 달러를 끌어들여 확장했던 그들의 농장은 생산 능력의 한계치에 이르렀다. 결국 매사추세츠주 서쪽 접경 건너쪽에 있는 한 낙농업자와 계약을 맺고 부족한 생산량을 해결하기로 했다. 그렇게 1년 반 동안은 일이 잘 풀렸다. "길도 포장하고 전력도 일정하게 확보했습니다. 정말로 성장하기 시작한 거죠." 게리는 그렇게 말했다. 매출도 110만 달러에서 170만 달러까지 올라갔다. "숲에서 빠져나가고 있다고 생각했죠."

그러나 1987년 10월, 그 유명한 주식시장의 붕괴가 닥쳤다. '블랙 먼데이'였다. 그로부터 일주일 전 목요일에 은행에서 전화가 걸려왔다. 중소기업청이 매사추세츠주의 그 낙농업자로부터 대출담보금을 회수하려고 하는데, 농장을 매입할 의사가 있는지 묻는 전화였다. 좋은 제의였지만 '전화로 농장을 살 정도'의 형편은 못 되어 게리는 정중하게 거절했다. 그리고 월요일에 주식시장의 바닥이 꺼지면서 매사추세츠의 낙농장은 법정관리에 들어가고 말았다. 은행은 스토니필드 요구르트의 컵과 뚜껑, 과일과 요구르트 등 모든 재료가 안에 그대로 있는 상태에서 농장 문을 잠가버렸고, 주 정부는 농장 안의 물건들을 모두 빼내려면 10만 달러를 내야 한다고 게리와 새뮤얼에게 통고했다. 보관비로는 터무니없는 가격이었다.

이쯤 되면 포기해야 하지 않을까?

게리는 포기하지 않았다. 그는 다시 우물로 돌아가 두레박을 내렸다. 어머니와 장모를 비롯한 여러 투자자에게 훨씬 더 많은 돈을 요청한 것이다. 몇 시간 내에 물건을 빼내지 않으면 과일과 요구르트 믹스가 상해버릴 판이었다. 그러나 겨우 물건만 빼낼 수 있는 10만 달러만으로는 사태를 해결할 수 없었다. 그는 10만 달러를 더 요청했다. 스토니필드팜의 낡은 공장을 보강하여 필요한 만큼의 생산량을 감당할 수 있는 수준까지 끌어올리기 위해서였다.

"달리 방법이 없잖습니까?" 게리는 그렇게 반문했다. "전에 요구르트가 만들어지던 그 언덕 위 농장에 수탉들만 돌아다니고 있더군요. 그들을 보며 제가 말했어요. '그래, 녀석들아, 걱정하지 마라. 우리가 반드시 돌아오마.'"

그리고 그들은 그렇게 했다. 사업은 이미 공장이 감당할 수 있는 생산 능력의 100% 이상 성장해 버렸지만 말이다. "모자란 부분을 채우려면 하루 24시간씩 일주일에 7일을 생산해야 했습니다. 새뮤얼과 나는 하룻밤씩 번갈아 가며 요구르트를 만들었죠. 그런 식으로 20개월을 계속했어요."

**20개월!**

주식시장의 붕괴가 그들을 타임머신에 넣고 2년 전으로 돌려보낸 것 같았다. 게리와 새뮤얼이 다시 직접 요구르트를 만들어야 했기 때문만이 아니다. 옛날처럼 현금을 날리기 시작했기 때문이다. "이미 빌린 20만 달러 외에도, 매주 2만 5,000달러씩을 더 빌렸죠." 크리스마스가 되었을 때 그들의 빚은 60만 달러로 불어났다. 그다음 해 크리스마스에는 수치가 더욱 부풀어 200만 달러에 가까워졌다. 1989년에 빚이 270만 달러에 이르자 신경이 날카로워진 개인 투자자 300명이 그들을 추궁하기 시작했다. 그의 장모가 빌려준 돈은 100만 달러를 넘어섰는데 "절대 잃어서는 안 될 돈이었다.” 첫아들 출산을 앞두고 있던 아내 메그는 이런 소용돌이에 얼이 빠져 있었다. 게리와 새뮤얼은 생산량을 맞추고 모든 주문량을 해결하기 위해 버몬트에 있는 새로운 낙농업자와 3개월째 협상을 벌이고 있었지만, 그 낙농업자는 마지막 순간에 계약 조건을 바꿔 그들의 사업을 통째로 삼키려고 했다. 뒤통수를 얻어맞은 게리는 회담장을 박차고 나왔다. 초봄의 눈보라를 헤치고 2시간을 운전해 집으로 돌아가서 아내에게 결렬 소식을 전할 일이 까마득했다.

좋다. **이제는 끝내야 할 때다.** 제정신이 박힌 사람이라면 이런 끔찍한 일이 연달아 터지는데 어떻게 버티겠는가? 더구나 아내가 출산을 앞두고 있는 마당에.

“끝났다고 생각했죠.” 게리는 독소조항에 서명할 수밖에 없는 낭패를 그렇게 말했다. “암담하던 때가 한두 번이 아니었는데 그때는 특히나 앞이 캄캄했습니다. 우리는 매주 2만 5,000달러씩을 날리고 있었어요. 도저히 갚을 수 없는 돈을 끌어다 쓰고 있었죠. 헤어날 길이 없었습니다.”

게리 허시버그는 10년 동안 눈보라를 뚫기 위해 허우적거렸지만, 결국은 먹히기 직전에 몰리고 말았다. 이처럼 스타트업들이 이윤을 내지 못해 완전히 절망하게 되는 중간지대를 이르는 명칭이 있다. ‘슬픔의 골짜기 Trough of Sorrow.’ 폴 그레이엄이 만든 이 말은 신생기업이 제품－시장 맞춤 Product-Market Fit이 부족해 고전하는 시기를 일컫는다. 미국의 소프트웨어 개발자 마크 앤드리슨 Marc Andreessen은 2007년 스타트업 가이드 Guide to Startups 시리즈(이 시리즈 중 제4부의 제목은 ‘중요한 단 1가지 The Only Thing That Matters’다)에서 이를 이렇게 설명했다. "고객은 제품에서 별다른 가치를 발견하지 못하고,48 입소문이 나지 않으며, 사용량도 별로 늘지 않고, 언론의 평가 역시 시큰둥하며, 판매 주기가 지나치게 길어지고, 성사되지 않는 거래가 너무 많아진다."

에어비앤비도 2008년 민주당 전당대회가 끝난 뒤 이런 처지에 놓였다. 그들은 몇 주 사이에 800명의 집주인을 가입시키고 상당한 예약을 확보했다. 그런데 조 게비아의 설명대로 "전당대회가 끝나자 모든 수치가 급격히 주저앉기 시작했다." 조와 그의 공동설립자 브라이언 체스키와 네이션 블레차르지크 입장에서는 맥이 빠지는 일이었다. 철저히 계획을 세우고 기금을 마련할 수 있는 유리한 위치를 확보해 이제 회사를 키우는 일만 남았다고 생각한 터였다. 그러나 다시 '0'을 향해 떨어지는 모든 수치가 그들의 아이디어를 이해하지 못하던 벤처 자본 세계의 의구심을 확인해 주는 것 같았다. 그들이 피치 데크를 첨부하여 이메일을 보냈던 최초 투자자 20명 중 답장을 보내온 10명이 투자하지 않겠다고 통보했을 때, 그들이 이런 정신 나간 주택 공유 임대 개념을 포기하고 비행기에서 뛰어내려 낙하산 줄을 당겼다고 해도 누구 하나 그들을 탓하지 않았을 것이다. 게리 허시버그와 새뮤얼 케이먼이 당장 눈앞도 제대로 보이지 않는 1988년 차가운 4월의 밤, 농장으로 차를 몰고 돌아오면서 요구르트 사업을 접기로 했다고 해도 그들에게 돌을 던질 사람은 아무도 없었을 것이다.

하지만 두 팀의 창업가들 모두 포기하지 않았다. 그들은 계속 밀고 나아갔고 고도를 유지하기 위해 안간힘을 쓰다가, 결국 해결

방법을 찾았다. 게리와 새뮤얼은 버몬트에서 집으로 차를 몰고 돌아오던 길에 우연히 자신들의 문제가 무엇인지 발견했다. "내가 새뮤얼을 보며 말했죠. '그냥 답답해서 하는 말인데, 우리의 생산량을 감당할 만한 요구르트 공장을 아주 저렴하게 지을 곳이 어디 없을까?' 그랬더니 새뮤얼이 그러더군요. '나도 같은 생각을 하고 있었어.' 그래서 우리는 차 안에서 실내등을 켜고 수첩을 꺼낸 다음, 요구르트 공장을 설계하기 시작했죠."

게리와 새뮤얼은 그날 밤 11시에 돌아왔다. 게리는 새뮤얼이 그날 출하할 요구르트를 만드는 것을 거들어준 다음 집으로 돌아가 메그에게 그 소식을 알렸다. "잠에서 깬 아내가 묻더군요. '그래서 계약은 했어요?' 내가 말했죠. '아니, 그렇게는 안 할 거예요. … 더 좋은 생각이 있으니까!'"

게리는 그날 밤 사무실에서 혼자 잤지만, 그의 판단은 틀리지 않았다. 자기 공장을 짓는 것, 변하는 생산량에 맞출 수 있는 공장을 짓는다는 건 대단한 아이디어였다. 그것이 그동안 찾지 못해서 쩔쩔매던 마지막 퍼즐 조각이었다. 그 퍼즐 조각 하나를 맞추는 데 18개월의 시간과 59만 7,000달러가 들었다(그중 85%는 뉴햄프셔 중소기업청이 대출 보증을 서주었다).

1989년 말, 스토니필드팜은 뉴햄프셔의 런던데리에서 새로운 시설을 가동하기 시작했다(지금까지도 그들의 본사는 이곳이다). 그해 스토니필드팜은 140만 달러의 적자를 기록하고 있긴 했지만, 매출은 340만 달러에 달했고, 추세선은 이미 돌아서고 있었다. 다음 해 수익은 거의 2배가 되었고 스토니필드팜의 손실은 90만 달러로 줄어들었다. 그 이듬해인 1992년에 매출은 1,000만 달러를 넘어섰고 회사는 드디어 문을 연 이후 처음으로 흑자를 기록했다.

스토니필드팜과 마찬가지로 에어비앤비도 창업가의 아이디어에는 문제가 없었다(이런 서비스를 하는 시장은 이미 있었으니까). 문제는 실행이었다. 그리고 실행의 문제는 2가지였다. 첫째, 집주인들이 직접 찍어 올리는 집 사진은 대부분 어설펐고 그래서 어딘가 집이 후줄근하거나 추해 보였다. 둘째, 집을 빌리는 사람은 그 집에 도착한 후 집주인에게 숙박비로 현금을 지급하는 걸 거북하게 여겼다. 누군가의 집에 머무는 것을 허락받고 현금 뭉치를 건네주는 것은 조금 어색했다. 아하, 그렇군. 조와 브라이언과 네이선도 그걸 깨달았다. 그들은 에어비앤비 홈페이지에 급히 결제 시스템을 첨가한 뒤, 초기에 가입한 파워 유저들의 집을 직접 찾아다니며 자신의 집 사진을 멋지게 찍어서 올리는 법을 가르쳤다.

효과는 금방 나타났다. 마크 앤드리슨이 제품-시장 맞춤의 증거로 제시한 모든 관련 지수가 양의 방향으로 돌아섰다. 한 번 이용한 집을 다시 찾는 사람과 추천의 글이 증가했다. 사람들은 이 회사를 화제로 삼을 수밖에 없었다. 사이트 방문자가 늘고 유저 가입자가 증가했으며 예약이 급증했다. 언론 취재도 완전히 새로운 국면으로 들어섰다. 얼마 되지 않아 그들은 대형 투자가들과 의미 있는 계약서에 서명하기 시작했다.

이것이 완전한 제품-시장 맞춤이 신생 사업의 성공을 이끌어내는 방법이다. 제품-시장 맞춤을 이루는 일은 이처럼 간단하다. 가장자리의 1~2가지만 바꿔도 사용자 경험과 사업의 장기적 전망과 관련된 모든 것이 바뀐다. "그것만 확실히 하면, 다른 것들은 모두 무시해도 좋다." 앤드리슨은 그렇게 말했다.

스토니필드팜은 1가지를 바로잡았다. 요구르트 공장을 직접 지은 것이다. 이 1가지 변화로 그들은 슬픔의 골짜기를 빠져나와 제품-시장 맞춤에 들어가 성장의 로켓에 올라탈 수 있었다. 스토니필드팜은 1992년부터 흑자로 돌아섰고, 1995년에는 4,400만 달러의 매출을 올렸으며, 1998년에는 7,800만 달러, 1990년대 막바지에는 총수익 1억 달러를 돌파했다.

에어비앤비는 2가지를 고쳤다. 사진과 결제였다. 그리고 불과 몇 년 만에 도시 호텔에 빈방이 없을 때나 통할 것 같았던 별스러운 아이디어를 가진 세 청년은, 숙박 산업 전반을 뒤흔들며 위협하는 테크 산업 유니콘의 선두에 선 억만장자로 변신했다.

게리 허시버그나 조 게비아 같은 창업가들과 이야기를 나누면서 암울하던 시기에 그들이 내렸던 결정을 들을 때면 늘 감탄을 금할 수 없다. 그러나 **내가 가장 끌리는 부분은 그들이 어떻게 그 마지막 퍼즐을 찾아냈는가 하는 점이다.** 그들에게 물어보면 모른다고 할 것이다. 그들은 그저 그 순간 합리적이라고 생각한 일을 했을 뿐이다. 그들 앞에 놓인 여러 선택지 중에 그들은 가장 나쁘지 않은 것을 골랐다. 그러나 그것이 전부는 아닌 것 같다.

나는 니먼 펠로에 참여하고 있던 2008년에, 언론 쪽으로 진로를 모색하면서 나만의 시련기에서 벗어나고자 안간힘을 썼다(그해 초, 나는 어느 임원 실세로부터 내게 라디오 진행을 맡을 만한 기량이 없다는 이야기를 들었다). 그리고 하버드대학교 케네디행정대학원Ken-

에서 로널드 하이페츠<sup>Ronald Heifetz</sup> 교수의 리더
십 강의를 들었다. 수업 도중에 그는 조직에서 의미 있는 변화를
만드는 데 리더가 미치는 영향을 설명하면서, 지금은 많이 알려진
무도회장과 발코니의 비유를 들었다.

무도회장 플로어에 있으면 파트너에 집중하게 되고, 주변을 감
싸고 돌아가는 다른 사람과 부딪히지 않으려고 애를 쓰게 된다. 붐
비고 혼잡한 무도회장에서 일어날 수 있는 일에 어떻게 반응하며
대비할지 신경 쓰게 되는 것이다. 하지만 그 자리를 벗어나 발코니
로 올라가 플로어를 내려다보면 예상과는 전혀 다른 광경이 눈에
들어온다. 플로어는 현장에 있을 때 느꼈던 것만큼 붐비지 않는다.
붐벼도 어떤 특정한 순간에만 붐빈다. 자세히 보면 사람들의 움직
임에서 어떤 패턴이 보이고 처음에 혼란스럽게 느껴졌던 움직임이
예측 가능한 것으로 바뀐다.

이것이 경기를 치르거나 군대를 지휘하거나 사업을 운영하면서
위기를 돌파하고 불확실성과 싸워야 할 때 리더십이라는 도전을
다루는 하이페츠의 전략이다. **해야 할 일을 알기 위해서는 지금 처한
상황을 제대로 파악해야 한다.** 하이페츠도 이렇게 썼다. "현실을 더
욱 또렷하게 직시하면서 동시에 더 큰 그림을 조망하기 위한 유일
한 방법은 갈등과 거리를 두는 것이다."[49] 요령은 그런 조망을 플
로어로 다시 가져가 애초에 발코니로 올라가게 만든 그 도전에 그
것을 적용하는 것이다.

하지만 오해하지 마시라. 이것은 요령일 뿐이다. 왜냐하면, 갈등
에 사로잡혀 있을 때는 본능적으로 물러서기가 싫기 때문이다. 그

래서 발코니로 올라가게 만들 계기를 줄 사람이나 사건이 필요하다.

에어비앤비 창업가들에게 그 계기를 준 사람은 Y 콤비네이터의 폴 그레이엄이었다. 그레이엄은 그들을 뒤로 완전히 물러서게 하여 가장 큰 사용자 풀이 뉴욕에 있다는 사실을 보게 했고, 성장 문제를 해결하려면 실리콘밸리가 아니라 뉴욕으로 가야 한다고 일깨워주었다. 게리 허시버그와 새뮤얼 케이먼에게는 폴 그레이엄이 없었지만, 대신 자신들을 거의 죽음 직전까지 내몰았던 사업가적 경험이 있었다. 그것이 버몬트 낙농업자가 거래 조건을 바꾼 후 회의실 바닥에서 피투성이로 죽어가게 만든 사업의 문제를 헤아리게 만들었고, 덕분에 스토니필드팜을 구해냈다. 그제야 그들은 하루하루의 힘든 일과와 주급 지급의 걱정에서 벗어나 앞에 놓인 농장 터의 용도를 알아차렸고 그곳에 자신들의 공장을 세워 생산 능력 문제를 자체적으로 해결할 수 있었다.

언젠가 이처럼 사업을 접을 생각을 진지하게 고심하는 단계에 이른다고 해도, 제대로 된 조망을 확보하게 되면 계속 앞으로 밀고 나아갈 용기를 얻을 수 있다.

프로스트 시의 하숙집 여주인은 '하인들의 하인' 끝부분에서, 그녀 자신과 그녀가 대화하고 있는 방문객에게 다짐한다. 그렇다고 모두 포기하고 숲속으로 달아나 살지는 않을 것이라고. 그럴 수 없다. 속으로도 그런 생각은 하지 않는다. 달아나는 것은 그녀의 본심이 아니다.

"덕분에 일을 잠깐 놓을 수 있었네요.… **하지만 이 일이라는 게 그렇게 마냥 놓고 있을 수 있는 게 아니에요. 일이야 늘 있을 만큼 있죠.**

늘 그만큼은 있다고요." 여인은 그렇게 말한다.

　내가 보기에 이는 성장의 시련에서 살아남아 성공한 모든 창업가가 공통으로 갖고 있는 경험이다. 그들은 슬픔의 골짜기를 통과했고 제품-시장 맞춤을 위해 싸웠으며, 사업을 포기하지 않고 계속 밀고 나아갔다. 그들은 살아남아 또 하루를 버티고 자신의 제품을 선반에 다시 올리며 고객들이 문을 열고 들어오게 만들고 공급업자들에게 돈을 지급하고 투자자들의 수표를 쓰는 데 필요한 일이라면 무엇이든 했다. 그들은 발코니에 서서 무도회장을 내려다보며 오늘 할 일이나 내일 할 일을 깨닫기만 하면, 한 번 더 고삐를 바짝 당겨 마침내 골짜기를 빠져나갈 수 있으리라는 희망을 버리지 않았다.

233

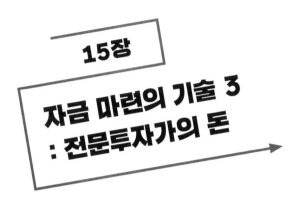

# 15장
## 자금 마련의 기술 3
## : 전문투자가의 돈

창업을 한다고 해서 모두가 유니콘이 되는 것은 아니다. 사실 그럴 필요도 없다. 부트스트래핑한 돈으로 직원 몇 명을 데리고 작은 사업체를 운영하다가 은퇴할 때 이를 누군가에게 물려주거나 판다고 해도 문제 될 것이 없다. 문제가 없을 뿐만 아니라, 사실은 그것이 정상이다.

　미국 대다수의 중소기업은 직원이 20명 미만이고(그나마 직원이 있을 경우)[50] 연간 총수익은 30만~200만 달러 정도다.[51] 실제로 내가 몇 해에 걸쳐 만나본 대부분의 기업인이 이 정도의 성공을 목표로 삼고 있었다. 그들은 무한한 성장이나 총체적 시장붕괴 혹은 늘어나는 전문투자가의 돈에 대한 부담 등, 사업의 규모를 키울 때

따르는 여러 가지 문제에 별다른 관심을 두지 않았다.

그러나 목표가 규모를 키우는 것일 때 이를 은행 대출과 현금흐름만으로 이룰 수 없다면, 어느 순간 벤처캐피털 세계를 기웃거릴 수밖에 없다. 자원 집약적인 사업을 궤도에 올릴 방법은 결국 그것밖에 없다. 하지만 기업인들에게 이들은 쉽지 않은 상대다. 벤처캐피털 세계는 폐쇄적인 곳으로 평판이 자자하니까. 실리콘밸리와 미드타운 맨해튼 등 양 해안의 제한된 구역에서 일하는 이들에게는 불문율이 있고, 또한 이들은 낯선 용어를 사용하기 때문에 평범하고 명료한 언어로 말하는 데 익숙한 사람이라면 그 벽을 뚫기 어려워 보인다.

에인절 투자자도 있고 시드 머니도 있다. 캡테이블<sup>Cap Table</sup>(주주명부)이 있는가 하면 엑시트<sup>Exit</sup>(투자 회수)도 있다. 시리즈 A, B, C 희석<sup>Dilution</sup>이 있는가 하면 우선주도 있다. 번 레이트도 있고 런 레이트<sup>Run Rate</sup>(매출 추정치)도 있다. VC(벤처캐피털)도 있고 PE(사모펀드)도 있다. FINRA(금융산업규제기구)도 있고 NASD(전미증권협회), SEC(증권거래위원회)도 있다. 베스팅<sup>Vesting</sup>이 있는가 하면 투자<sup>Investing</sup>도 있고 그냥 베스트<sup>Vest</sup>도 있다. 베스트는 또 얼마나 많은지! 창업 한번 하려면 머리가 핑핑 돈다. 바로 그 점이 핵심이다. 이처럼 뜻이 분명치 않은 용어들을 그냥 애매하게 내버려 두는 이유는 대상을 불투명하게 만들고 그 불분명한 상태를 유지하기 위해서다. 그래야 벤처캐피털리스트에 관해 알려주기 싫은 것 1가지를 계속 눈치채지 못하게 만들 수 있으니까. 그 1가지가 무엇이냐고? 그것은 바로 그들도 우리와 같은 인간이라는 사실이다. 그들에게도 천리안 따위는 있을 리 없고 그들 역시 슈퍼히어로가 아니다. 사실 성공한 사람들은 대부분 운이 좋아서 성공한 것이다. 전망이 좋은 사업에 일찍 뛰어든 행운, 어쩌다 아주 많은 돈을 구한 덕분에 자주 잘못된 베팅을 해도 결국에는 성공하는 행운 말이다.

간단히 말해, 아무리 경험이 많아도 벤처캐피털리스트들의 투자는 적중하기보다 실패하는 경우가 더 많다. 이런 말을 하는 이유는 당신 마음속에 의심을 심어주거나 겁을 주기 위해서가 아니다. 그저 미리 대비해 두라는 뜻에서 하는 말이다. 왜냐하면 이 장은 사실 전문투자가의 돈이 필요하다는 판단이 설 때, **그런 돈을 얻는 일을 어떻게 볼 것인가** 하는 문제를 다루기 때문이다. 다시 말해, 전문투자가의 돈과 그들의 마음가짐을 이 같은 과정을 거친 사람들의 시각에서 이해함으로써, 당신이 그들의 방으로 걸어 들어갈 때 무엇을 기대하고 기대하지 말아야 하는지 알려주기 위해서나. 결과야 어찌 되든.

2009년에 젠 하이먼Jenn Hyman도 그랬다. 그는 렌트더런웨이Rent the Runway라는 온라인 디자이너 드레스 대여 사업을 위해 175만 달러의 시드 라운드를 모아야 했다. 여성 드레스를 한 벌 사는 데는 수천 달러가 들지만, 렌트더런웨이에서는 적은 비용으로 마음에 드는 드레스를 대여할 수 있었다. 고객은 드레스를 집으로 배달받고 그 옷을 입고 가야 할 장소에 참석한 후 일을 마치면 옷을 다시 반송했다. 말하자면 집카Zipcar와 넷플릭스와 자포스Zappos를 결합한 개념인데, 렌트더런웨이는 이후 미국 최대의 드라이클리닝 서비스까지 겸하게 된다.

이제 렌트더런웨이는 1,200명이 넘는 직원을 거느리고 매년 1억 달러 이상의 수익을 올리고 있지만, 2009년에 젠과 그녀의 공동설립자인 제니퍼 플라이스Jennifer Fleiss가 투자가들을 만났을 때는 그다지 호의적인 반응을 얻지 못했고, 때로는 크게 마음이 상하기도 했다.

"여러 사람과 얘기를 나누었지만, 도무지 진지한 데가 없었어요." 젠은 내게 그렇게 말했다. "한번은 아주 유명한 회사의 파트너가 내 손을 덥석 잡더니 그러는 거예요. '아주 기발하군요. 예쁜 드레스는 골고루 다 입으시겠네요. 좋겠어요.'"

젠은 그 투자가나 그의 회사와 두 번 다시 상종하지 않았지만, 남성이 대부분인 그쪽 사람들에게 받은 반응 중에서도 그렇게 거들먹거리고 오만무례한 경우는 없었다.

"투자가들은 거의 다 그러더군요. '아내한테 말해볼게요.' '우리 딸에게 의견을 물어보죠.' 아니면 '우리 담당 관리자와 얘기 좀 해보고요.' 사실 이 세 집단 모두 우리가 의견을 듣고 싶은 표적 고객이었죠." 젠은 그렇게 말했다. 어찌 보면 당연한 반응처럼 보이기도 한다. 그렇지 않은가? 40~50대 남성들이 드레스를 알면 얼마나 알겠는가? 그러나 아무리 모른다고 해도 그들은 사업만큼은 알아야 하는 사람들이다. 그런데 젠과 제니퍼에게 보인 반응으로 보건대, 그들은 사업도 모르는 것이 분명했다. 그들 눈에는 그녀의 사업 모델이나 사업 계획이 적절치 않아 보였던 것 같다. 잠재적 투자자들은 젠의 아이디어의 사업적 가치를 이미 논의 대상에서 제외한 것처럼 행동했다. 그뿐만 아니라 자신이 내려야 할 결정을 주변의 여성들에게 미루면서 적절한 인구학적 코호트의 의견도 확인하지 않았다.

"그런데 이들 '표적 고객'들이 왜 문제인지 아세요?" 젠은 그렇게 말을 이었다. "첫째, 벤처캐피털리스트의 아내는 백만장자예요. 원하는 드레스는 무엇이든 살 수 있는 사람이죠. 그러니 그런 사람은 우리 타깃이 아니에요. 그렇죠? 벤처캐피털리스트의 딸은 대부분 열두 살 언저리예요. 벤처캐피털리스트들이 한창 활동할 나이는 마흔다섯에서 쉰 살 정도이니까요. 그러니 그들의 딸도 중요한 타깃은 못 되죠. 또 벤처캐피털 산업계는 많은 이가 선망하는 직종이라 여성 관리자의 경우 50대나 60대가 많아요. 그러니 역시 우리의 타깃층이 아니고요." 제품에 대한 경험이 없고 주변에 타깃에 해당하는 사람도 알지 못할 경우, 투자가들은 대개 새로운 아이디어를 별 도움도 안 되고, 눈독 들일 가치도 없는 것처럼 취급했다. 이런 식의 대화를 할 만큼 했다고 생각한 젠과 제니퍼는 투자가들의 반응을 기다리기 전에 선수를 치기로 했다. "우린 그들에게 동영상을 보여주고, 그들을 우리 팝업 매장에 초대해서 우리의 고객이 누구인지, 우리가 누구에게 제품을 어떻게 배달하는지 이해시켜주었어요." 젠은 그렇게 설명했다.

팝업 매장을 통해 많은 사실이 드러났다. 젠은 매장을 통해 자신의 아이디어에 발이 달렸다는 걸 처음부터 확신하게 되었고, 마침내 적지 않은 투자가들이 그 아이디어를 이해하게 되었다. "거기 있으면 여성들의 표정이 바뀌는 걸 볼 수 있어요." 젠은 팝업 매장을 찾은 여성들이 그녀의 드레스를 입는 모습을 지켜본 경험을 그렇게 설명했다. "그들은 어깨를 당당히 펴고 머리를 휙 넘긴 다음 자신 있게 걸음을 옮겨요." 아무것도 모르면서 다 아는 척하던 투자가들 역시 이런 광경을 지켜보며 마침내 렌트더런웨이를 하나의 사업 제안으로 인정하게 되었고, 그때부터 시드 라운드를 위한 자본이 조금씩 들어오기 시작했다.

그런데도 본격적인 투자의 수문은 열리지 않았다. 전문투자가들은 이 2명의 20대와 그들의 '예쁜 드레스' 보관소에 대한 의구심을 여전히 버리지 못했다. 상황이 바뀐 건, 그들의 이야기가 〈뉴욕 타임스〉 비즈니스 섹션에 실리면서 두 사람의 사진이 1면 상단에 올라간 다음부터였다. 사이트 가입자가 10만 명을 돌파했다. 렌트더런웨이는 첫해 예상 목표액을 몇 주 만에 달성했다. 그러자 기다렸다는 듯이 "시리즈 A 홍보를 위한 사무실에 벤처캐피털 투자가들이 몰려드는 소동이 일어났어요." 젠은 당시 상황을 그렇게 설명했다. "처음엔 투자가를 못 찾아서 쩔쩔맸는데, 이제는 약속도 하지 않은 사람들이 다짜고짜 우리 건물 엘리베이터에 나타나 계약을 하자며 달려들더군요."

젠 하이먼의 스토리에 성차별과 남성우월주의라는 답답하고 역겨운 과정이 있었던 것은 분명하다. 그러나 그녀가 전문투자가의 돈을 손에 넣는 방법에는 사실 특별한 점이 없었다. 벤처캐피털리스트들은 돈에 관해서는 빠삭하지만, 꼭 당신 사업을 당신만큼 잘 아는 것은 아니다. 당신이 처음 하는 사업이라서 잘 모른다고 해도 그들도 모르기는 마찬가지일 때가 많다. 그래서 바로 코앞에 있는 기회도 알아보지 못하는 잠재적 투자가에게는 일일이 떠먹여 주고 모든 점을 연결해 줘야 한다고 말하는 창업가들을 나는 여럿 봤다.

물론 상황을 확실히 '알지' 못해도 모든 투자가가 그런 식으로 나오는 것은 아니다. 또한 모든 창업가가 젠 하이먼이 견뎌야 했던 수모를 당해야 하는 것도 아니다. 그들이 여성이고 또 의류 분야에 있더라도 말이다. 텍사스 오스틴에 본사를 둔 애슬레저Athleisure 회사 아웃도어보이시스Outdoor Voices를 설립한 타일러 헤이니Tyler Haney 가 그런 경우다. 2014년에 처음 시드 라운드를 진행할 때 그녀가 투자가들(주로 남성)로부터 받은 심사는 옷차림으로 승부를 걸어보려는 여성에 대한 냉소적인 화살이 아니었다. 그저 시장에 이런 브랜드가 들어갈 여유 공간이 있는지에 관한 정당한 의구심에서 비롯된 것이었다.

"이메일 회신이나 미팅에서 다들 똑같은 질문을 했어요. '언더아머Under Armour도 있고 나이키도 있잖아요. 그런데 액티브웨어 브랜드가 또 필요한가요?'" 타일러는 그렇게 말했다. "그런 의심을 받다 보니 퍼즐이 하나씩 맞춰지기 시작하더군요. '지금 사무실에 나와 함께 있는 이들은 남성이다. 그리고 기존의 액티브웨어 브랜드는 남성들이 만들어 실제로 실력 있는 운동선수들의 손에 들어갔다.' 그렇게 생각하니 여기 와서 이런 액티브웨어 브랜드를 홍보한다는 것은 의미가 없겠다 싶더군요. 피트니스를 경기 성적에서 해방시켜 즐기는 놀이로 만드는 사업이 유능한 운동선수로 성장한 사람들에게 무슨 의미가 있겠어요?"

남성들이 장악하고 있는 사무실에 가서 똑같은 얘기를 언제까지 반복할 수는 없었다. 그들과 얘기해 봐야 소득이 없었다. 그래

240

서 타일러는 뭐가 뭔지 잘 모르는 투자가들을 제치고 그들의 비서와 딸에게 먼저 다가갔다. 젠 하이먼이 했던 방식이었다. 그녀는 투자 미팅을 하기 전에 먼저 투자가들의 여성 보좌관이나 여자 친구 혹은 아내들을 직접 만났다.

"나는 사무실에 있는 여성 직원들에게 제품을 보내고 투자가의 아내들에게도 보냈죠." 타일러는 그렇게 설명했다. "사무실에 있는 여성들과 그들 아내에게 제품을 보내고 난 후 투자가들을 만나니 그제야 내 얘기를 끝까지 들어주더군요. 그리고 이것이 대단한 아이디어라는 사실을 알아보기 시작했어요. 그들과 얘기하는 시간이 길어진 거죠."

첫 번째 잡아야 할 투자가는 피터 보이스Peter Boyce였다. 매사추세츠주 캠브리지에 본사를 둔 제너럴캐털리스트General Catalyst라는 대형 벤처캐피털 소속이었다. "그는 제품과 홍보 영상을 봤어요. 나는 그의 여자 친구 나탈리아에게 우리 제품을 보여주었죠. 아주 좋아했어요. 그가 그러더군요. '이런 콘셉트가 아주 마음에 들어요. 내가 돕고 싶군요.'" 결국 제너럴캐털리스트가 시드 라운드의 선두에 서준 덕분에, 그녀는 110만 달러의 투자금을 확보할 수 있었다. 이 돈으로 타일러는 직원 3명을 더 뽑았고 사무실을 열어 제품도 더 많이 만들었다.

젠 하이먼과 타일러 헤이니가 처음 전문투자가의 돈을 구하면서 겪은 경험은 5년이라는 간격을 두고 벌어진 일이고, 경험의 성격이나 스타일도 크게 다르다. 하지만 그들이 만났던 전문투자가들이 해당 분야의 전문적 지식이나 사업 경험이 없음에도 그들의 펀딩 기대치에 과도한 영향력을 행사했다는 점에서는 매우 비슷하다. 그런 영향력을 버텨낸다는 것이 쉬운 일이 아니었지만, 결과적으로 보면 믿기지 않을 정도로 도움이 된 부분도 있었다. 단, 그렇지 않은 사람도 있다.

그중 특히 기억나는 것은, 내가 2019년 9월에 워싱턴 D. C.의 무대에서 인터뷰한 트리스탄 워커의 사례다. 트리스탄은 자신의 이름을 따 워커앤드컴퍼니를 세웠는데, 유색인종을 위한 헬스앤드 뷰티 제품을 만드는 회사였다. 1990년대 초, 리사 프라이스가 스킨케어 시장에서 아프리카계 미국 여성들의 채워지지 않는 요구를 알아채고 캐롤스도터를 만들었던 것처럼, 트리스탄은 2013년에 남성 유색인종, 특히 아프리카계 미국 남성들이 면도용품에 불만이 많다는 사실을 인지했다. 시장에는 그들만의 특이한 문제, 특히 레이저 범프 Razor Bump(면도할 때 모낭이나 지방 분비샘을 건드려 빨갛게 부어오르는 자국)를 다루는 제품이 없었다. 이는 사실 어제오늘의 얘기도 아니지만, 따로 마련된 '소수민족을 위한 뷰티 용품' 통로에도 그런 문제를 해결해 줄 제품은 없었다. 사실 어느 매장에든 그런 통로의 진열대에는 먼지만 쌓이고 사람들도 큰 관심을 두지 않았다.

트리스탄의 아이디어는 유색인 남성들이 면도할 때 겪을 수 있는 여러 문제를 한꺼번에 해결하는 패키지 제품을 개발해, 이를 보기에도 세련된 디자인을 갖춰 세트로 만드는 것이었다. 그런 패키지와 세트에는 안전면도기, 면도날 세트, 브러시, 면도 크림, 프리/포스트 셰이빙 오일 등이 포함되었다. 그는 그렇게 만든 제품 라인에 베벨Bevel이라는 이름을 붙이기로 했다. 계산해 보니 이를 생산하는 데 전문투자가의 돈 240만 달러가 필요했다. 이는 하드웨어와 소프트웨어를 모두 합한 제조 비용으로, 부트스트래핑이나 친구나 가족에게 도움을 청해 해결할 수 있는 금액이 아니었다. 하지만 그 정도의 자금이 없으면 일이 꼬일 수밖에 없었다.

젠 하이먼과 다른 점이라면, 트리스탄은 전문투자가들에게 어느 정도를 기대할 수 있는지를 알고 있었다는 점이다. 그는 벤처캐피털의 세계를 속속들이 알고 있었으니까. 트리스탄은 실리콘밸리에서 몇 년 동안 스탠퍼드대학교 경영대학원에 다녔고, 트위터에서 인턴 생활을 하며 위치확인 앱 포스퀘어의 초창기 직원으로 입사해 사업개발 관련 일을 했다. 이를 그만둔 뒤에는 벤처캐피털회사 앤드리슨호로위츠Andreessen Horowitz에 사내 예비 창업가EIR로 들어간 경력도 있었다. 거기서 그가 한 일이 바로 새로운 아이디어를 개발하고 평가하는 일이었다. "전자상거래업체들이 여기저기서 우후죽순처럼 생겨나던 때였습니다." 그는 그렇게 말했다. "그들의 홍보 프레젠테이션을 들었어요. 어떤 종류의 회사들이 투자금을 마련하고 어떤 유형의 회사가 그러지 못하는지 알게 되었죠. 이런 일을 시작하기 아주 좋은 때였습니다." 트리스탄은 심지어 벤 호로위츠로부터 격려는 물론, 지도까지 받았다. 호로위츠는 그에게 2가지 중요한 조언을 해주었다. 그는 이렇게 말했다. 첫째, "대개 좋은 생각처럼 보이는 것은 나쁜 생각이고, 나쁜 생각처럼 보이는 것은 좋은 생각이야. 좋은 생각의 문제는 너도나도 다 하겠다고 달려든다는 것이지. 그렇게 되면 만들 필요가 없어지잖아." 그는 두 번째도 얘기했다. "당신이 세상에서 제일 잘할 수 있는 것을 해. 본인의 이야기로 어떤 문제를 해결할 수 있는, 당신만의 고유한 계획이 있는 일 말이야." 그렇게 호로위츠는 트리스탄이 당초에 생각했던 화물 운송 방식에 혁신을 일으키고 놀이를 통해 아이들의 비만 문제를 다루려는 아이디어를 포기하게 했고, 대신 그만이 해봤던 경험이 있는 사업을 추구하게끔 독려했다.

베벨이 탄생하고 트리스탄이 돈을 모으기 위해 샌드힐로드를 오가기 시작한 것은, 이런 상황에서였다. 모든 기회를 수치로 평가하는 전문투자가들은 트리스탄의 아이디어에 높은 점수를 주었다. "벤처캐피털리스트는 과거에 함께 일했던 사람, 계보와 경험이 있는 사람, 블루오션 기회를 가진 창업가를 원한다고 말합니다." 트리스탄은 그렇게 말했다. "그런데 다들 반응이 똑같았어요. 좀 두고 보겠다는 얘기였죠." 그래서 그는 시장을 설명해 주었다. "유색인들은 유독 건강과 뷰티에 돈을 많이 씁니다." 그는 기회도 설명했다. "유색인종 특히 흑인들은 지구상에서 문화적으로 가장 큰 영향력을 가진 집단입니다." 그런 다음 트리스탄은 자신의 제품이 유색인종의 80%와 나머지 인구의 30%를 괴롭히고 있는 이 긴급한 문제를 해결하는 비전을 제시했다. 베벨이야말로 온갖 제품으로 차고 넘치는 헬스앤드뷰티 분야에서 당연히 있으리라 예측되는 확실한 제품이라는 생각이 들게끔 한 것이다. "평소에 빈 공간이나 블루오션 같은 단어들을 입에 올리는 투자가라면 당연히 이런 곳에 돈을 넣어야 하는 것 아닙니까?" 트리스탄은 그렇게 말했다.

트리스탄은 60명에 이르는 투자가들을 만났지만, 3명을 제외하고는 모두가 고개를 저었다. 그 3명을 찾는 데도 무척 많은 시간이 걸렸다. 57명은 냉담했다. 그는 스탠퍼드대학교 출신의 엘리트 벤처캐피털리스트였고, 이미 대형 테크놀로지 스타트업 두 군데에서 경험을 쌓은 베테랑이었으며, 이런 회사들이 베팅하게 만드는 데 어떤 논리적 근거를 사용해야 하는지도 정확히 알고 있었다. 그리고 그들의 일관된 거절로 그의 사기는 완전히 꺾일 수도 있었다. 그는 자신이 하고 있는 모든 것에 의구심을 품고 그의 사업가적 본능에 의심을 품었을 수도 있었다. 하지만 그는 그렇게 하지 않았다. 거기에는 몇 가지 이유가 있었다.

"그 60명의 투자가 뒤에 60명이 더 있다는 것을 알고 있었으니까요." 트리스탄은 그렇게 설명했다. "그리고 내 아이디어에 투자하지 않는 사람이라면 다른 사람이 똑같은 아이디어를 내놓아도 절대 돈을 대지 않을 겁니다." 그러니까, 아이디어는 문제가 아니라는 얘기였다. 문제는 투자가들이 문제를 문제로 생각하지 않는다는 점이었다. "그들이 퇴짜를 놓기 시작하자 그제야 그들이 내 아이디어를 이해하지 못하고 있다는 걸 깨달았어요. 나는 그들에게 다른 사람들이 가진 문제를 설명하려 했어요. 귀담아듣지 않더군요." 트리스탄은 그들이 갖고 있지 않은, 그래서 확인할 수도 없는 문제를 해결하려는 제품 라인을 만들고 있었다. 그런 문제는 투자가들이 당면한 현실이 아니었고, 아니면 적어도 그들의 시간과 돈을 투자할 가치가 있을 만큼 큰 문제가 아닌 것이 틀림없었다. 바로 그래서 그는 역설적으로 자신을 절대 의심하지 않았다.

"실리콘밸리 사람들, 특히 경영을 한 번도 해본 적이 없는 벤처캐피털리스트들은 자신이 항상 옳다는 아주 흥미로운 세계관을 갖고 있습니다." 그는 의아해하는 우리 청취자들에게 말했다. "하지만 벤처캐피털리스트의 베팅은 90%가 빗나갑니다. 그들이 하는 일이 그래요. 그리고 나는 그들에게 나쁜 아이디어라면 아주 좋은 아이디어일 것이라고 확신했죠."

트리스탄이 투자가들을 만났을 때 써보면 좋았을 다른 방법이나 더 잘할 수 있었을 몇 가지가 있었을지 모른다. 그러면 얘기가 훨씬 쉬워졌을 수도 있다. 가령 피치 데크를 더욱 잘 만들 수 있었을 것이다. 그는 첫 번째 피치 데크를 파워포인트로 만들면서 클립아트를 사용했다. 아니면 그들의 욕망에 더욱 직접적으로 호소할 수도 있었을 것이다. "나는 희망과 꿈을 팔았습니다." 그는 그렇게 말했다. 아니면, 돈 얘기만 해야 했는지도 모른다. "내 성장 도표는 오른쪽 위로 올라갔어요." 그는 그렇게 지적했다. 어쩌면 조금 더 말을 느리게 하거나 빠르게 해야 했는지도 모른다. 아니면, 그가 할 수 있는 것은 사실 아무것도 없었을 수도, 어쩌면 모두 제대로 한 것일 수도 있다. 누가 알겠는가? 적어도 나는 모른다. 그리고 일단, 여기서는 그런 얘기를 하려는 것이 아니다. 내가 얘기하려는 것은 벤처캐피털리스트를 어떻게 생각할 것인가 하는 문제다.

첫 번째로 알아야 할 것은, 벤처 자금을 모으는 것이 약속의 문제라는 사실이다. 이를테면 사람들이 마땅히 돈을 지급할 만한 제품이나 서비스를 가지고 있다는 약속, 가능한 한 많은 사람에게 어필할 계획이 있다는 약속, 많은 돈을 받는 대가로 그런 어필을 하기 위해 뼈 빠지게 노력하겠다는 약속이다.

두 번째로 알아야 할 것은, 좋은 투자가는 당신이 하는 약속이 약속에 지나지 않는다는 것을 안다는 사실이다. 그들은 당신이 어떤 보장도 해주지 못한다는 사실을 이미 알고 있다. 당신이 모든 일을 완벽하게 할 수도 있다. 그러나 모르는 사이에 상황이 바뀌어서, 당신이 어떻게 할 도리가 없는 경우도 생길 수 있다. 모든 도박에는 엄청난 손실을 볼 위험이 항상 따른다. 전문투자가들은 이런 사실을 알고 인정한다. 그래서 거액의 수표를 쓰기 전에 그들은 이같은 위험을 줄이기 위해 할 수 있는 모든 것을 한다. 그런 것 중 그들이 가장 많이 쓰는 방법은 바로, 많이 질문하고 또 질문하는 것이다. 그들이 당신이 하려는 사업 분야에 대해 잘 모를 경우에는 특히 질문이 많아진다.

"사업 규모를 어떻게 키울 건가요?"

"성장 포인트가 무엇입니까?"

"이런 걸 찾는 고객은 누구입니까?"

"비슷한 것이 이미 있지 않나요?"

"비용을 어떻게 줄일 수 있죠?"

"어디에서 제품을 만들 겁니까?"

"본사는 어디에 둘 예정입니까?"

"마케팅 전략은 무엇입니까?"

"이런 게 왜 필요하죠?"

"과연 사람들이 이런 걸 할까요?" (기억하겠지만 에어비앤비의 공동설립자들도 거의 모든 투자가에게서 이 질문을 받았다.)

호주에서 온라인 그래픽 디자인 플랫폼 캔바Canva를 공동설립한 멜라니 퍼킨스Melanie Perkins도 2012년에 3개월에 걸쳐 100명이 넘는 투자가들로부터 이런 종류의 질문을 수없이 받았다. 그녀는 투자가를 찾기 위해 호주의 외딴 도시 퍼스에서 시작해 샌프란시스코를 거쳐 하와이의 마우이까지 갔다(퍼스에서 콘퍼런스가 열렸을 때 멜라니가 만났던 투자가 빌 타이Bill Tai가 테크 콘퍼런스를 구실로 마우이에서 카이트서핑 행사를 열었기 때문이다). 그사이에도 거친 곳이 한두 군데가 아니었다. 투자가들이 참석하는 행사라면 어디든 마다하지 않고 갔으니까.

멜라니는 미국에 체류하는 내내 캔바를 설립하고 출시할 돈을 모으려고 애썼다. 하지만 수표를 써줄 사람을 찾는 문제에 관한 한 그녀는 아무런 성과도 거두지 못했다. 다행이라면, 그런 노력이 전혀 쓸모없는 것은 아니었다는 것이다. 거절을 당할 때마다 하나씩을 더 배웠기 때문이다.

"우리는 아주 다양한 질문과 코멘트를 받았는데, 그게 정말 유익했습니다. 그 과정을 통해 우리가 하는 일을 제대로 알게 되었고 전략을 다듬을 수 있었으니까요." 멜라니는 그렇게 말했다. 그녀의 홍보는 변함없이 허탕이 되었지만, 투자가를 만나고 돌아오면 곧바로 질문을 통해 알아낸 것을 반영하여 피치 데크를 수정했다.

"정말 어려운 질문이 나올 때마다 그 문제는 피치 데크의 맨 앞으로 갔어요." 멜라니는 그렇게 회상했다. "그래서 제일 어려운 질문들에 제일 먼저 답할 수 있었죠."

결국 투자가들은 더는 질문할 것이 없었다. 중요한 내용은 멜라니의 피치 데크 앞부분에 이미 설명되어 있었기 때문이다. 그러한 설명들은 투자가들의 의구심과 불안을 크게 덜어주었다. 그들이 캔바의 사업을 완전히 이해했는지는 몰라도, 적어도 그들은 디자인과 출판 도구가 온라인으로 이동하면서 생겨나기 시작한 기회를 알아차렸다. 관광 비자가 만료되어 호주로 돌아가야 했을 무렵, 멜라니는 75만 달러를 모았고 나중에는 150만 달러까지 확보하면서 시드 라운드를 초과 달성했다. 나는 이 모든 것이 의심 많고 위험에 민감한 투자가들이 할 수 있는 질문에 대한 답을 빠뜨리지 않고 전부 찾아 대응했기 때문이라고 생각한다. 멜라니도 같은 생각일 것이다.

기업가라면 당연히 언제 어디서 불쑥 튀어나올지 모르는 질문에 대비해 두어야 한다. 진 하이먼이 그랬고 트리스탄 워커도 그랬다. 그리고 정답이 없을 것 같은 질문에 우물쭈물할 때 투자가들이 쏟아내는 의심은 당신의 뇌리로 스멀스멀 기어들어 와 본인이 하는 일에 의심을 품게 만들 수 있다. "내가 지금 미친 짓을 하고 있는 건 아닌가? 정말 터무니없는 아이디어일지도 모르잖아. 전혀 먹히지 않을 방법을 쓰는 것일 수도 있어." 하지만 그런 것 역시 아주 당연한 현상이라고 생각하면서 마음의 준비를 단단히 해두자.

자금을 마련할 때는 매일 이런 싸움을 벌이게 된다. 이 장 앞부분에서 말했듯, 사업을 확장하는 것이 목표라면 이런 성가시고도 또 자신을 의심하게 만드는 생각들을 물리치기 위해 더욱 마음을 다잡아야 한다. 가능한 한 사업체를 크게 키우는 데 모든 힘을 쏟아붓지 않으면, 이런 투자가 흐지부지 사라질 수도 있다.

트리스탄이 워커앤드컴퍼니를 세울 때 가장 속상했던 것은 전문투자가의 돈을 써야 한다는 사실이었을 것이다. 트리스탄이 시드 라운드 단계에서 넘어야 할 산은 생각보다 험했다. 적어도 크리스 록Chris Rock이 제작하고 주연한 다큐멘터리 〈굿 헤어Good Hair〉와 비교하면 그랬다. 크리스 록은 이 다큐를 통해 흑인 여성의 머리카락과 헤어스타일 문제를 다루었지만, 그가 해결해 보겠다고 생각한 문제가 전혀 문제가 되지 않는다는 확신이 있었기에 그런 작품을 만들 수 있었다. 그러나 트리스탄이 몇 년 후 회사를 확장하고 정말로 사업다운 사업을 해보기 위해 샌드힐로드를 다시 찾았을 때, 그는 진짜 좌절을 맛보았다. 온갖 수를 쓰고 무슨 말을 해도 3,000만 달러 이상은 모을 수 없었기 때문이다. 3,000만 달러라면 많은 것 같지만, 워커앤드컴퍼니와 같은 해에 론칭한 해리스Harry's 같은 경쟁사처럼 별 볼 일 없는 회사에 벤처캐피털리스트들이 수억 달러를 투자했다는 것을 고려하면, 그들로서는 확신이 서지 않는 투자 선택이었던 게 분명했다. 돈을 더 많이 확보하지 못하면 마케팅이나 제품 개발, 연구는 물론 생산에도 투자할 수 없다. 회사를 키우려면 다른 방법을 찾아야 했다.

트리스탄이 할 수 있는 것이라고는 이 말을 기억하는 것뿐이었다. "이 아이디어를 실현할 자격이 있는 사람이 있다면, 그것은 바로 나다." 그리고 그가 이 분야에서 가장 좋은 '나쁜' 아이디어를 가졌다는 것 그리고 그가 이를 실행할 수 있는 유일한 위치에 있다는 것, 또 자신이 벤처캐피털리스트들보다 그의 사업과 시장에 관해 더 많이 알고 있다는 것이었다. 투자가들은 돈을 알고 있었지만,

그는 자기 사업을 알고 있었다. 다행스럽게도 회사의 장기적인 비전을 실현하기 위해 그가 할 수 있는 일이 하나 더 있었다. 2018년 12월, 그는 오픈마켓에 올렸을 때 벌 수 있는 돈보다 훨씬 적은 액수를 받고 워커앤드컴퍼니를 P&G에 매각했다.

계약서에 명시한 대로 트리스탄은 회사를 애틀랜타로 이전했고, P&G 180년 역사상 최초로 그들 자회사의 아프리카계 미국인 CEO가 되었다. 그 과정에서 트리스탄의 시리즈 A에 투자했던 벤처캐피털회사들의 수익률은 심하게 축소되었다. 이는 자신이 제시한 조건에 따라 회사를 성장시키려는 트리스탄의 의도에 따른 조치였고, 더욱 자신감을 갖고 앞으로 나아가기 위한 일 보 후퇴였으며, 미래의 기업가들 특히 유색인종 기업가들에게 무언가를 보여주려는 메시지였다. 그 메시지란 벤처캐피털리스트들이 돈에 대한 전권을 장악하고 있지만, 그렇다고 그들이 반드시 당신보다 현명하거나 그들이 항상 옳은 건 아니라는 사실이었다. 당신이 그들의 돈을 가져다 쓰기로 했든 하지 않았든, 당신 역시 옳을 수 있다.

251

## 16장
## 만든 것은 지켜라

나는 내 인생의 대부분을 도시에서 살며 보냈다. 그런데 어쩌다 외바퀴 손수레를 사용한 적이 있었다. 그날 나는 손수레를 끌고 가다 울퉁불퉁한 가장자리에 바퀴가 걸리는 바람에 수레 속 내용물을 모두 쏟아버리고 말았다. 외바퀴 손수레에 무언가를 싣고 이동해 본 적이 있는가? 손수레를 보도블록 위로 밀어 올리거나 한 계단 아래로 내리다가 균형을 잃고 넘어지면서 내용물을 허공에 날린 적은 없는가? 이런 상황이 얼마나 낭패일지 상상해 보라!

　좀 더 좋은 방법은 없을까? **손수레 앞에 바퀴가 아니라 공이 있다면?** 그리고 손수레 앞에 달린 그 공이 360도 회전해 기동성이 커지면서 끌고 당기기가 쉬워져 더할 나위 없는 안정감을 준다면?

멀리 갈 필요가 없다. 볼배로Ballbarrow가 있으니까! 정말이다. 볼배로만 있으면 일하는 것이 달라진다. 이를 발명한 제임스 다이슨James Dyson의 삶이 달라졌던 것처럼. 제임스는 기회주의자인 세일즈매니저와 변덕스러운 이사회와 소송을 벌이다가 이에 패소하면서 거의 10년 동안 죽어라 고생한 뒤 빈손만 털고 일어서게 되었다.

제임스 다이슨이라고 하면, 그의 이름이 들어간 먼지 주머니 없는 사이클론 진공청소기가 떠오른다. 다이슨 청소기는 그를 영국에서 손꼽히는 부자이자 가장 큰 땅을 소유한 지주로 만들어주었다. 다이슨은 자신의 마차 차고(말이 그렇지, 정말 청송받아 마땅한 공구 창고였다)에서 5년 동안 진공청소기 시제품을 5,000개 넘게 만든 끝에 기필코 그의 가문을 빛낼 완성품을 만들었다. 청소기를 만들기 오래전인 1970년대 초, 다이슨은 낡은 농장을 구입한 뒤 그 마차 차고가 있는 곳에서 그의 첫 번째 사업의 핵심 발명품을 구상했다. 볼배로였다.

"집을 수리하고 정원도 가꿨죠." 그는 내게 그렇게 말했다. "그런데 폭이 좁은 외바퀴 손수레에 문제가 많았어요. 일단 매우 불안정했죠. 땅이 무른 곳에서는 수레 다리가 자꾸 빠졌어요. 바퀴도 마찬가지고요. 안 되겠다 싶어 직접 설계한 겁니다."

그렇게 해서 시장에 내놓은 제품은 그가 새로 구입한 집을 개조하면서 겪어야 했던 문제를 전부 해결했다. 그런데 문제가 있었다. 철물점이나 원예용품점이 그의 제품을 들여놓으려 하지 않은 것이다. "너무 생소하게 보였던 모양이에요. 게다가 구입해 가는 사람도 많지 않았어요. 정말 스몰 마켓이었죠."

생각해 보라. 평생을 살면서 외바퀴 손수레를 몇 대나 구입하겠는가? **1대 아니면 2대 정도가 고작이다.** 바로 그랬다. 그래서 제임스는 지역 신문에 광고를 내 소비자들에게 직접 판매하기로 했다. "늘 요실금 팬티나 대머리 치료제 옆에 제 광고가 붙었죠. 그래도 꽤 괜찮은 사업이었어요. 사람들이 정말로 수표를 보냈다니까요."

수표가 많아지면서 몇 년도 안 돼 그의 볼배로는 영국 시장의 50%를 점유했다. 그러나 그 액수가 얼마가 됐든 그것으로는 어림도 없었다. 여전히 적자를 면치 못했기 때문이다. 돈이 벌리지 않았기에, 결국 투자를 받을 수밖에 없었다.

제임스는 일단의 투자가들과 회사를 설립했다.[52] 회사 이름을 커크-다이슨Kirk-Dyson으로 정했다. 50대 50의 동업이었다. 자금을 조달하는 과정에서 그는 볼배로의 특허를 회사에 양도했다. 웬만한 산업 분야에서는 그렇게 하는 것이 관행이었고, 지금도 그 점은 변함이 없다. 하지만 돈이 다시 바닥나고 새로운 투자가들이 이사회에 들어오면서 그의 소유 지분은 30%로 줄어들었다. 이는 그가 설계한 전체 사업의 핵심인 바로 그 제품에 대한 특허를 사실상 자신이 효과적으로 소유하지 못한다는 의미였다. 누가 됐든 회사는 나머지 주식 70%를 지배하는 사람의 소유가 되는 것이다.

엎친 데 덮친 격으로 조금이라도 수익을 내볼 생각에서 미국 시장 진출을 결정했을 때, 파트너십을 확보할 책임을 맡은 세일즈매니저가 미국의 어떤 플라스틱회사에 설계도를 팔았다. 결국, 그 회사는 제임스의 볼배로를 제조하고 볼배로란 이름으로 이를 판매하게 되었다. 당연히 제임스는 자신의 지식재산권을 보호하기 위해 소송을 제기했지만, 볼배로는 더 이상 그의 소유물이 아니었다. 그의 이름으로 특허를 받았어도 소용없었다. 그는 모든 소송에서 지면서 수십만 달러에 이르는 변호사 비용만 떠안게 되었다. 1979년에 미국 법정에서 벌어진 또 다른 소송에서 패소한 후 영국으로 돌아왔을 때, 이사회는 그가 세운 회사에서 그를 쫓아냈다.[53]

제임스는 두 번 다시 이런 실수를 저지르지 않으리라 다짐했다. 몇 년 후 암웨이Amway가 그의 듀얼사이클론Dual Cyclone 진공청소기의 디자인을 흉내 내어 CMS1000이라는 진공청소기를 만들었다. 그로부터 10년 뒤에는 후버Hoover도 똑같은 짓을 했는데, 그들은 그의 디자인을 베꼈단 사실을 굳이 숨기려 하지도 않았다. 후버는 그들의 청소기를 트리플 보텍스 클리너Triple Vortex Cleaner라고 불렀다. 아주 독창적인 청소기였다. 하지만 제임스는 준비가 되어 있었고, 덕분에 이번에는 다르게 처리할 수 있었다. 그는 사업체를 소유했고 그의 발명품에 대한 기본특허권을 장악했다. 그리고 이번에는 특허 침해 소송을 제기하여 승소했다. 미국 법정에서 암웨이와 5년을 싸운 끝에 타결을 보았고, 암웨이는 다이슨 진공청소기의 공동 판매 라이선스를 받았다. 후버는 영국 고등법원에서 열린 재판에서 패소했지만, 재차 항소했다. 그리고 3년간의 다툼 끝에 후버는 2002년에 법정 밖에서 다이슨과 600만 파운드에 합의했는데, 이 배상액은 당시 영국 특허 소송에서 법원이 지급하라고 명령한 배상금으로서는 사상 최대 금액이었다.[54]

제임스는 볼배로로 인해 몇 해에 걸쳐 극심한 고통을 겪었지만, 소송에 대한 그의 감정은 오락가락했다. 1994년에 그는 볼배로 소송에 대해 "터무니없는 실수"였다고 말했고,[55] 3년 뒤 쓴 자서전에서는 또 이렇게 말했다. "힘들게 낳은 아이를 잃은 심정이었다."[56] 그러나 시간이 지나고 특허를 지키는 데 여러 차례 성공하면서, 그는 상황을 훨씬 더 낙관적으로 보게 되었다(몇십억 달러는 한 사람을 그렇게 바꿀 수 있다). 우리가 만나서 대화를 나누었던 2018년에 제임스는 그렇게 말했다. "누구나 이런 통과의례를 몇 차례 거쳐야만 지식재산권을 소유하는 것이 얼마나 중요한지, 자기 회사에서 과반의 지분을 갖는 것이 얼마나 중요한지, 심지어 주식을 전부 소유하는 것이 얼마나 중요한지 이해할 수 있습니다."

물론 그의 말이 옳다(그리고 감히 누가 영국 여왕보다 더 많은 재산을 소유하고 있는 이와 논쟁하겠는가). 그러나 자기가 만든 회사를 지키는 일이 그렇게 간단한 것은 아니다. 지식재산권을 소유하고 지배하는 것과 법정에서 이를 방어하는 것은 별개의 일이다. 물론, 재산을 지키기 위해 무조건 소송을 제기해야 할 때가 있다. 2010년에 랜디 헤트릭이 온라인에서 자신의 TRX 서스펜션 트레이너가 중국 위조품들의 바다에 빠져 허우적대는 것을 발견했을 때가 바로 그런 경우였다. "그런 것들이 내 사업을 집어삼켰습니다." 그는 내게 그렇게 말했다. "아마존에서 TRX를 찾으면 우리 제품 옆에 유사한 제품들이 나란히 뜹니다. 그것들의 가격은 우리 것의 4분의 1이나 5분의 1밖에 안 돼요. 당연히 그들은 시장 개발을 위해 돈을 쓸 필요가 없었으니까요. 이런 행태가 사업 모델 전반에 큰 부담을 주는 겁니다."

2014년과 2015년에는 이런 해적품에 밀려 TRX는 사실상 마이너스 성장을 기록했다. 더는 고소를 미룰 수 없었다. 랜디는 특허를 침해한 업체 중 가장 큰 곳을 찾아 연방법원에 특허와 상표권 소송을 제기했다. 3년이라는 세월과 250만 달러가 소요되었지만, 결국 TRX는 만장일치 평결로 승소하여 680만 달러의 손해배상금을 받았다. "우리의 모든 상표와 핵심 특허의 효력을 인정해 준 판결이었습니다. 그리고 거의 동시에 사업도 40% 급상승했죠." 그는 이렇게 설명했다.

지식재산권을 지키기 위한 랜디의 소송은 분명 올바른 결정이었다. 그러나 내가 그렇게 많은 기업가를 인터뷰하면서 지식재산권에 대해 배운 것이 하나 있다. 소송을 하는 것만큼이나 중요한 것은, 언제 소송을 하지 말아야 하는지를 아는 것이란 사실이다. 그리고 그것보다 **훨씬 더 중요한 것은 왜 소송을 하는지 아는 것이다.**

커트 존스Curt Jones도 1988년에 설립한 아이스크림회사 디핀다트Dippin' Dots를 힘겹게 끌고 가던 중에 바로 그런 사실을 깨달았다. 지난 20년 동안 스포츠 경기장이나 콘서트장, 쇼핑몰, 놀이공원 등에 한 번도 가보지 않은 사람이라면, 디핀다트가 독특한 맛의 아이스크림 혼합물을 액체 질소에 떨어뜨리면서 급속 냉동시켜 만든 알록달록한 구슬 크기의 아이스크림이라는 사실을 모를 수 있다. 웬만한 아이스크림 못지않게 맛있고, 팝락스Pop Rocks를 먹는 만큼이나 재미있어서 우리 애들도 디핀다트라면 사족을 못 쓴다.

1990년대 중반에는 미국은 물론 해외 어린이들까지 디핀다트에 열광했다. 커트는 이 사업을 도매상-대리점 모델로 전환했고, 그로 인해 디핀다트는 태생지인 테네시 내슈빌의 놀이공원 오프리

257

랜드<sup>Opryland</sup> 같은 곳의 재래식 소매점과 작은 가판대에서 벗어나 전국으로 확산할 수 있었다. 덕분에 디핀다트는 처음으로 돈을 버는 사업으로 전환되었다. "벌기 무섭게 나갔죠." 커트는 사업 초기 당시의 상황을 그렇게 설명했다. "하지만 도매를 통해 어느 정도 소득이 창출되기 시작했습니다. 5년 정도 되었을 때는 도매로 100만 달러의 매출을 기록했죠."

각 대리점은 라이선스에 따라 회전신용을 기반으로, 제품과 함께 브랜드 로고가 붙은 대형 냉동고를 구입해 갔다. 제품은 1갤런짜리 가열 밀봉된 아이스크림 봉지 5개 단위로, 구식 우유 상자에 포장된 뒤 다시 드라이아이스가 가득 채워진 단열 용기에 담겨 배달되었다. 대리점은 또한 컵과 가방, 관련 포장재, 마케팅 물품 등에 디핀다트 로고를 사용할 권리를 가졌다. 당연히 문제 될 게 없는 계약이었다며 커트는 당시 상황을 설명했다. "계약 조건이 아주 엄격한 건 아니었습니다. 그래서인지 1990년대 후반부터는 브랜드에 대한 지배력이 조금씩 약화되기 시작했죠." 대리점들이 디핀다트라는 이름으로 온갖 종류의 물건을 생산하고 있었지만, 색깔이나 크기가 제각각이었다. 커트의 표현대로 "중구난방"이었다.

브랜드를 적절히 활용하고 있는 다른 대리점들은 돈을 적지 않게 벌고 있었지만, 계약이 1년만 유효하므로 자산을 형성하고 제품을 개선하기가 불가능하다고 불평했다. 이에 따라 커트는 1999년에 프랜차이즈 모델로의 전환을 단행했다. 이는 5년 계약, 5년 갱신으로 대리점의 영업권을 크게 늘려주는 대신, 커트에게 정액 수수료가 아닌 판매에 따른 로열티를 지급하는 방식이었다. 아울러 커트는 무엇보다 디핀다트 로고 사용법과 관련하여 더 많은 규정을 포함시켰다. 이런 조치로 113개 대리점 중에 가맹점으로 전환한 105개 대리점의 향후 6년간 디핀다트의 연간 매출액은 4배로 뛰었고, 결국 윈-윈 제안이 되었다.

그런데 프랜차이즈 계약에 서명하지 않은 8개 대리점은 몇 년 전부터 다른 계획을 갖고 몰래 일을 벌이고 있었다. 한편 커트는 1996년부터 텍사스 댈러스 출신의 토머스 모지 Thomas Mosey라는 사나이와 특허권 침해 소송을 벌이는 중이었다. 모지가 닷츠오브펀 Dots of Fun이라는 이름으로 액체 질소를 이용해 직접 '다트 아이스크림'을 만들었기 때문이었다. 디핀다트의 슬로건은 '미래의 아이스크림 Ice Cream of the Future'이었다. 닷츠오브펀의 슬로건은 무엇이었을까? '내일의 아이스크림 … 오늘 드세요 Tomorrow's Ice Cream ... Today.'

디핀다트는 1992년 커트가 출원한 아이스크림의 특허를 근거로 1996년에 닷츠오브펀에 대한 판매금지 명령을 받아냈다. 덕분에 경쟁은 잠시 뒤로 미루어졌다. 그러나 디핀다트가 프랜차이즈로 전환한 1999년에 이 특허 소송을 담당했던 특별 담당 판사가 닷츠오브펀이 일반 아이스크림을 구슬 아이스크림과 함께 컵에 담으면 특허 침해가 아니라는 판결을 내렸다.

가맹점으로 가입하지 않았던 8개 대리점의 "주모자(커트는 그렇게 불렀다)"가 모지에게 손을 내밀어 더 좋은 거래를 모색했다. "그들이 모지에게 가서 이렇게 말했어요. '이봐요, 이번에 나온 새로운 판결로 당신도 아이스크림을 만들 수 있을 것 같아요.' 그리고 실제로 그렇게 되었죠. 모지는 다시 아이스크림을 만들었고 이름을 미

259

니멜츠<sup>Mini Melts</sup> 로 바꿨어요."

이는 커트 존스가 겪게 될 길고 긴 악몽의 시작에 불과했다. 그는 다시 6, 7년 동안 토머스 모지와 법정 다툼을 벌였다. 커트는 모지와 미니멜츠에 1,600만 달러를 요구하는 소송을 걸었고, 모지는 커트의 특허가 부당하다고 맞고소하며 1,000만 달러를 요구하고 나섰다. 길고 지루한 법정 싸움의 세세한 내용은 여기서 생략하겠지만, 결국 누구도 승자가 되지 못했다. 커트의 특허는 사기죄를 이유로 취소 처분되었고, 그로 인해 커트는 자신의 소송비용 외에 모지의 변호사 비용까지 모두 지급해야 했다. 그 금액이 무려 1,000만 달러에 달했는데, 그가 이 사기 판결에 항소하고 오명을 벗기 위해 지출한 75만 달러는 여기에 포함되지도 않았다.

이 글을 읽기 전, 미니멜츠라는 브랜드를 들어본 적이 있는가? 미니멜츠 아이스크림을 한 컵이라도 먹어본 적 있는가? 지금도 미니멜츠가 시중에서 팔린다는 사실을 알고 있는가? 만약 그렇다면 당신은 어쨌든 미국의 소수에 속한다. 디핀다트는 또 어떤가? 들어본 적이 있는가? 디핀다트를 파는 가판대를 본 적이 있는가? 한 컵이라도 맛을 보았는가? 만약 어린 자녀가 있다면, 이 질문 중 적어도 하나 이상에는 그렇다고 답할 것이다. 이 아이스크림이 맛있기 때문만은 아니다. 브랜드 자체가 워낙 유명하기 때문이다.

우리와의 인터뷰에서 커트도 인정했듯이, 토머스 모지나 닷츠 오브펀 그리고 미니멜츠와 끝장을 보려 했던 그의 결정은 커다란 오판이었다. 원칙적으로는 정당했다 하더라도 말이다. 법원이 커트의 특허 침해에 대한 주장을 기각하지 않았더라도, 디핀다트의 진정한 가치는 지식재산권이 아니라 브랜드에 있었다. 처음에 성공을 거둔 대리점들이 브랜딩에 힘을 쏟은 것은 우연이 아니었다. 또 일단 프랜차이즈 모델로 전환하여 브랜드 요건을 더욱 엄격하게 만들자 사업 전체가 도약한 것도 놀라운 일이 아니다. 야구장이나 놀이공원에 간 아이들은 '다트 아이스크림'을 찾는 것이 아니라 디핀다트를 찾는다. **이 같은 브랜드 자산은 돈으로 살 수 있는 것이 아니다.** 모지도 결국 깨닫게 되었지만, 그런 자산은 베낄 수도 없고 그런 방식을 고소할 수도 없다.

1996년에 첫 소송을 제기할 때만 해도 커트는 일이 이렇게 될 줄 예상하지 못했을 것이다. 당시 그의 입장과 의도는 전적으로 일리가 있었다. "우리는 모지가 정당한 특허를 침해했다고 생각했죠." 커트는 그렇게 말했다. "우리가 바라는 것은 딱 하나였어요. 그 사람이 하고 있는 일을 당장 중단하는 것." 지극히 당연한 말이다. 그러나 그때 풍경이 바뀌었다. 최초의 판매 중지 명령을 비껴갈 수 있었던 1999년부터 소송이 종결된 2006년까지, 디핀다트는 급속히 성장했다. 커트의 특허를 노골적으로 악용한 경쟁사도 디핀다트에 그다지 영향을 미치지 못했다. 내가 보기에 사업으로서의 디핀다트의 견고함은 거의 전적으로 브랜드의 힘 덕분이다. **최고 브랜드의 힘, 바로 그것이 핵심이다.**

바로 그것이 랜디 헤트릭의 소송과 커트가 벌인 소송의 차이점이다. 커트는 랜디와 마찬가지로 그의 지식재산권을 지키려 했고 당연히 그래야 했지만, 커트는 끝내 자신이 실제로 만든 것(브랜드나 사업)을 실존적 위험에 노출시켰다. 랜디는 자신이 만든 것을 실존적 위협으로부터 지켜냈지만 커트는 그러지 못했다. 의도는 좋았지만 커트는 자신이 왜 소송을 하고 있으며 실제로 무엇을 보호해야 하는지를 잊어버렸다.

하지만 정작 중요한 것은 다른 곳에 있다. 커트는 여전히 이 폭풍을 헤쳐나갈 수 있었다는 것, 또한 소송은 나중에 전략적인 실수로 밝혀졌지만 어쨌든 그런 시련에서 살아남았다는 사실이다. 소송이 종결된 2006년에 디핀다트는 4,700만 달러의 매출을 올리며 그때까지 중에서 최고의 한 해를 보냈다. 문제는 동시에 주변의 고삐가 풀리기 시작했다는 점이다. 우유 가격이 34% 올랐다. 연료비도 올랐다. 액체 질소 가격도 10% 상승했다. "매출은 전년도와 별 차이가 없었는데, 200만~300만 달러의 이익이 손실로 돌아섰습니다." 커트는 그렇게 말했다. 게다가 그들은 1,400만 달러가량의 부채를 떠안고 있었다. 평소 부채액의 2배였다. 계속 지급하고 있던 변호사 비용 때문이었다. 설상가상으로 어음만기가 도래한 시기에 맞춰 금융위기가 전 세계를 강타했다. 커트와 수년간 함께 일해 온 지역 은행은 디핀다트에게 빚을 갚거나 구조조정을 하라며 3개월의 시한을 주었다.

그러나 그 3개월 사이에 금융위기가 걷잡을 수 없이 악화되었고 모든 것이 불리하게 돌아가는 가운데, 은행이 긴축 재정을 결정하면서 그동안 봐주었던 편의를 모두 거둬들였다. 커트에게는 거의 결정타였다. 1987년 주식시장 폭락의 여파로 게리 허시버그와 스토니필드팜이 겪었던 것처럼, 디핀다트의 연장 시한이 만료되고 지급 기한이 도래한 날 은행은 그에게 채무불이행 상태임을 알리는 이메일을 보냈다. 따라서 커트의 다른 모든 대출에 대해서도 채무불이행이 통고됐다.

커트는 그 후 3년 동안 싸웠다. 채권자들과 싸웠고, 판매량이 줄면서 시장과 싸웠다. 자신의 대출금 때문에 제 코가 석 자인 사람들은 예전만큼 진기한 아이스크림을 사 먹지 않았다. 그래도 그는 갚을 수 있는 만큼 갚았다. 은행 이자가 신용카드 이율만큼이나 터무니없는 경우도 많았다. 그는 회사의 연명을 위해 할 수 있는 일은 무엇이든 했다. "손을 털고 이 정도면 됐다고 할 수도 있었습니다. 하지만 나는 일리노이주에서 두 번째로 가난한 카운티의 농장에서 자랐어요. 거기서는 농사를 짓지 않으면 학교나 교도소에서 일하는 것 외에 다른 것을 할 게 없었죠. 디핀다트의 직원은 200명이었습니다. 그 지역에 200개의 일자리를 제공하고 있었던 겁니다. 그래서 상황이 나빠졌을 때, 우리는 어떻게든 회사를 살리기 위해 개인 자산을 적지 않게 투입했어요. 그때는 다들 이렇게 생각했던 것 같아요. '이 고비만 넘기면 다 잘될 거야.'"

한동안은 그럴 것 같았다. "경기침체와 저조한 매출 때문에 2007년 말부터 2010년까지가 가장 힘들었지만, 그래도 우리는 살아남았습니다." 그는 그렇게 말했다. "2011년에는 실제로 이 난관에서 벗어날 수 있을 것 같았어요." 하지만 은행이 회사를 압류했다. 결국 커트와 디핀다트는 연방파산법 11조에 따라 파산 선고를 하도록 강요받았다. 자존심과 원칙에 따라 빚을 갚아나가던 구시대의 남자였던 커트로서는 절대 그럴 수 없다고 생각했다.

그때부터 디핀다트는 정말로 커트의 손에서 벗어나기 시작했다.

볼배로가 제임스 다이슨의 손을 떠나는 방식과 너무 닮았다. 디핀다트가 파산보호를 신청한 지 3일 후, 마크와 스콧 피셔 <sub>Mark and Scott Fischer</sub>라는 두 부자父子가 손을 내밀어 투자자로 참여하고 싶다며 의사를 타진해 왔다. 그들은 샤파렐 에너지 <sub>Chaparral Energy</sub>라는 석유 개발 분야 가족 사업을 소유하고 있었는데, 석유 외에 돈을 투자할 곳을 찾는 중이었다. 파산은 생각조차 해본 적 없고 은행으로부터 몇 년 동안 시달려온 커트 입장에서, 피셔 부자의 50대 50이라는 파트너 제안은 매우 매력적일 수밖에 없었다.

일이 그렇게 간단하기만 하다면.

"하고 있던 일을 무조건 고수해야 할 긍정적인 이유는 많았을 겁니다." 커트는 11조에 따른 구조조정 과정을 그렇게 말했다. "그러나 이는 피셔 가문이 들어와서 파트너가 되는 문제만이 아니었습니다. 그들은 회사에 더 많은 돈을 투자하고 더 빨리 성장시키는 방법에 관해 이야기했습니다. 옳은 말만 쏟아내더군요."

얼마 지나지 않아, 그런 옳은 일들 대부분이 엇나가기 시작했다. "그들과의 거래가 점점 더 이상하게 흘러갔습니다. 그들은 50대 50 파트너가 아니라 더 많은 소유권을 가져갔어요. 재정적인 리스크의 일부를 그들이 떠맡기로 했으니까요." 커트는 당시 피셔 부자의 논리적 근거를 그렇게 회상했다. "그래서 약 6개월 사이 이루어진 거래에서 내 소유권은 사실상 아무것도 남지 않았습니다. 그들은 기본적으로 그 빚을 갚는 조건으로 회사를 사들였고, 3년 동안 내 CEO 자리를 보존해 주었습니다." 커트의 소유권 반환 조항이 포함된 3년 계약이 끝났을 때 디핀다트의 새 소유주들은 계약을 갱신하지 않기로 했고, 커트는 공식적으로 회사에서 쫓겨났다.

외부의 위협으로부터 자신이 세운 것을 지켜내는 일은 믿기지 않을 만큼 어렵다. 위협이 내부에서 올 때, 그러니까 가장 필요할 때 도움의 손길을 내밀어 당신의 신뢰를 얻은 파트너로부터 위협이 올 때는 더욱 어렵다. 그들은 구세주나 수호천사의 얼굴을 하고 있으니까. 당신을 구해주러 온 사람을 어떻게 밀어낸단 말인가? 커트는 몰랐다. "내가 구조조정을 했더라면, 회사를 살릴 절호의 기회를 잡았을지도 모릅니다." 그는 그렇게 말했다. 명심하라. **그들은 구구절절 옳은 말만 했다.** 그리고 불행하게도 이 모든 말 중에 그를 끼워주겠다는 얘기는 없었다.

비즈니스 세계가 불확실하다는 것만큼이나, 한 사업이 성장하고 확장될 준비가 되어 있는 위대한 기업이라는 게 확실해질 때가 있다. 경쟁자들이 당신을 따라 하거나 소송을 제기하기 시작할 때다. 아니면 좋은 시절의 젠 하이먼과 나쁜 시절의 커트 존스의 경우처럼, 부르지도 않았는데 투자가들이 당신 회사의 문을 두드리고 수표를 써주겠다고 할 때다. 두 경우 모두, 발코니로 올라가 댄스 플로어를 내려다볼 수 있어야만 보호해야 할 것이 무엇인지, 보호하는 방법이 무엇인지 알 수 있다. 언제 내 마음대로 방아쇠를 당길지, 언제 무기를 도로 집어넣을지 알아야 한다. 아는 것도 실행하는 것도 쉬운 일이 아니지만, 알거나 실행한다고 해서 꼭 훌륭한 사업을 건설할 수 있는 것도 아니다. 하지만 전자를 이해할 수 있다면 후자도 역시 이해할 수 있을 것이다.

대형 제약회사인 존슨앤드존슨Johnson & Johnson은 1982년을 앞두고 대단한 한 해를 맞이할 준비를 하고 있었다. 미국 경제는 불황의 늪으로 빠져들었지만, 그들의 수익은 전년보다 16% 이상 증가했다. 수십억 달러의 가치를 지닌 다국적 복합기업으로서 포트폴리오에 140개 이상의 회사를 거느리고 시중에 최소한 그만큼의 제품을 유통시키고 있는 존슨앤드존슨은 어떤 한 제품의 성능 덕분에 적지 않은 부분에서 기세를 올리고 있었다. 그것은 다름 아닌, 처방전 없이도 살 수 있는 타이레놀Tylenol이라는 진통제였다. 1981년, 몇 년간 꾸준한 판촉 활동을 벌인 덕분에 타이레놀은 진통제 시장의 3분의 1 이상을 석권하고 5억 달러 이상의 매출을 올렸다.[57] 존슨앤드존슨이 거둔 전체 수익의 20% 가까운 금액이었다. 임원들은 타이레놀의 성장 잠재력이 당분간 지속되리라고 예상하면서, 5년 내 타이레놀의 예상 시장점유율을 50%로 책정했다.[58]

그러던 1982년 가을, 시카고 지역에서 며칠 사이에 7명이 알수 없는 이유로 사망하는 사건이 발생했다. 수사기관의 조사 결과 희생자들은 모두 최근에 캡슐 형태로 판매된 타이레놀을 복용한 것으로 밝혀졌다. 타이레놀 병을 검사하고 추적한 결과, 누군가가 지역의 약국이나 식료품점에서 타이레놀 병을 여러 개 구입한 후 캡슐 몇 개를 열어서 안에 있는 아세트아미노펜에 청산가리를 섞은 것이 드러났다.

중독 사망 소식에 시민들은 공포에 휩싸였다. 행정당국은 시카고 거리를 누비며 확성기를 통해 주민들에게 약장에 보관하고 있는 타이레놀을 복용하지 말라고 경고했다. 다음 날 시카고 시장은 시민들에게 갖고 있는 타이레놀을 지역 경찰서와 소방서에 제출하라고 독촉했고, 다시 이틀 후 시장은 도시의 모든 상점의 타이레놀 판매를 전면 중지시켰다. 다른 주와 도시들도 재빨리 같은 조치를 취했다. 타이레놀 사건은 6주 동안 매일 뉴스의 첫머리를 장식했다.[59] 그로 인해 타이레놀 판매는 무려 80%나 감소했다. 존슨앤드존슨으로서는 수습하기 힘든 참사였다.

그러나 그 뒤를 이어 나타난 것은, 존슨앤드존슨의 CEO 제임스 버크James Burke의 탁월한 리더십과 위기관리 능력이었다. 그의 사례는 거의 40년이 지난 지금까지도, 여러 경영대학원에서 위기관리의 표본으로 다뤄지고 있다.

버크는 서둘러 전국에 흩어진 타이레놀 캡슐 제품 총 3,100만 병을 회수했다. 동시에 그는 고객들이 반납한 타이레놀 캡슐을 모두 안전한 태블릿 제품으로 교환해 주겠다고 발표했다. 버크는 한 달 안에 타이레놀의 캡슐 제품을 전국 매장의 선반에 되돌려놓겠다고 선언했다. 그러면서 새로운 제품은 박스를 접착제로 붙이고 병의 목 부분을 플라스틱으로 밀봉한 뒤 뚜껑 아래까지 얇은 막으로 밀봉하는 등 '삼중 밀봉'[60] 처리하여 조작이 불가능하게 만들었고, 병에는 개봉했을 때 막이 찢어져 있는 제품은 반품하라는 경고문을 붙였다. 변조 방지 포장법이 시장에 처음 등장한 순간이었다. 타이레놀 사건이 6주 동안 계속 보도된 가장 큰 이유는 버크가 거의 매일 전국의 주요 매체의 뉴스 책임자들과 연락하며 대중들이 최신 정보를 빠짐없이 접하고 있는지 확인했기 때문이었다.

버크가 취한 이 같은 조치들은 요즘 비슷한 사건으로 피해를 보는 기업들이 취하는 표준적인 관행처럼 보인다. 하지만 그런 위기에서 존슨앤드존슨에 조언했던 한 홍보 담당 임원은 〈뉴욕타임스〉가 2002년에 사건 20주년을 맞아 쓴 '그 모든 것의 시작이 되었던 리콜'이라는 부제의 기사에서 다음처럼 말했다. "1982년까지만 해도 그것이 무엇이든 제품을 회수하는 기업은 없었습니다."[61] 사실 버크가 타이레놀 리콜을 결정했을 때 가장 크게 저항한 것은 자신의 이사회가 아닌 외부 기관이었다. FDA와 FBI 모두 그의 아이디어에 반대했다. "FBI는 우리가 리콜하는 것을 바라지 않았습니다."[62] 버크는 1982년 11월 〈포천 _Fortune_〉 지와의 인터뷰에서 그렇게 말했다. "누가 하든 그렇게 하면 범인이 그럴 것 아닙니까? '거봐. 내가 이겼지? 난 대기업도 무릎 꿇릴 수 있다고.' FDA도 리콜이 사람들을 안심시키기는커녕 더 큰 불안만 조장할 것이라고 주장했어요."

그래도 버크는 밀고 나갔다. 그 같은 결단에는 큰 비용이 들었다. 모든 일이 마무리될 즈음, 존슨앤드존슨은 리콜과 변조 방지 포장법으로 제품을 다시 내놓는 데 1억 달러를 썼다. 중독사건 이후 1분기 순이익은 25% 이상 감소했고,[63] 그해가 끝나갈 무렵 37%까지 올라갔던 타이레놀의 시장점유율은 7%로 곤두박질쳤다. "사내에는 브랜드를 되살릴 방법이 없다고 느끼는 사람들이 많았어요.[64] 타이레놀은 이제 끝났다고 여겼죠."

물론 그렇게 끝나지는 않았다. 타이레놀의 반등 그 자체는 그다지 놀라울 일이 아니었다. 놀라운 것은 반등 속도였다. 2개월도 안 돼 존슨앤드존슨의 주가는 중독사건 이전의 최고치를 회복했다.[65] 8개월 만에 타이레놀은 진통제 시장에서 이전 점유율을 85% 회복했고,[66] 1983년 말에는 원래의 점유율을 거의 따라잡았다.[67]

타이레놀을 기적적으로 회복시킨 공로는 전적으로 과감하고 투명한 데다 회사의 가치와 일치하는 방식으로 조치를 취한 제임스 버크의 능력에 돌려야 한다. 그리고 이는 1880년대 후반에 설립된 이래로 존슨앤드존슨의 신조에 늘 반영되어온 가치였다. "우리가 일차적으로 책임져야 할 사람은 환자이고 의사와 간호사이며 어머니와 아버지 그리고 우리의 제품과 서비스를 이용하는 그 밖의 모든 사람이라고 생각합니다."[68]

"존슨앤드존슨의 신조는 그 점을 아주 분명히 해놓고 있습니다.[69] … 우리에게 가장 중요한 것은 바로 그것이었죠." 버크는 7명이 비명에 간 직후의 시기에 대해 그렇게 말했다. "그 비극이 제품 리콜에 1억 달러를 쓸 수 있게끔 주주와 그 밖의 사람들을 설득하는 데 필요한 무기를 주었죠." 이는 또한 소비자의 신뢰를 얻는 계기가 되었다. "우리 회사 신조에서 가장 중요하게 여기는 것이 소비자이니까요." 버크는 그렇게 말했다. 존슨앤드존슨은 수개월 동안 그렇게 위기를 헤쳐나갔다.

버크가 취한 모든 조치의 중심에는 신뢰가 있었다. 그는 존슨앤드존슨의 팀원들이 옳은 일을 하리라 믿었고 그러면 대중도 호응해 주리라 믿었다. 신뢰는 그들이 타이레놀을 그렇게 크고 중요한 프랜차이즈로 만든 방법론이었다. 신뢰는 그의 일상을 좌우하는 중요한 단어였다. 신뢰는 "얻기 위해서 애를 쓰는 거의 모든 것"을 실현시켜주었고 "그래서 성공할 수 있는 원동력이 되었다."[70]

시간은 제임스 버크가 옳다는 것을 증명해 주겠지만, 그도 치명적인 제품 조작으로 인한 재정적인 타격과 평판 손상을 흡수하는 데 있어 존슨앤드존슨이 특권적인 지위에 있었다는 사실만큼은 인정했다. "우리 사회는 덩치만 크면 무조건 비난하는 경향이 있습니다." 버크는 그렇게 말했다. "그러나 이번에는 규모 덕을 단단히 보았습니다. 타이레놀이 독립된 별개의 회사였다면 그런 결정을 내리기가 훨씬 더 힘들었을 겁니다."

제니 브리튼 바우어 Jeni Britton Bauer가 2015년 4월에 내린 결정을 주목해야 하는 이유도 바로 그 때문이다.

2015년에 제니스스플렌디드아이스크림 Jeni's Splendid Ice Creams은 영업 13년째를 맞고 있었다. 당시 제니스스플렌디드아이스크림은 제니의 출신지인 중부 오하이오에서는 아주 잘 알려진 브랜드였다. 타이레놀 같은 사업에 비할 바는 아니었지만, 규모나 프로필이나 성격으로 볼 때 그들의 수익은 놀랍다고 해도 이상할 게 없었다. 제니와 그녀의 세 파트너는 6곳에 아이스크림 매장을 열었다. 그들은 고급 식료품점에도 제품을 납품했고 우편 주문도 활발했다. 하지만 그들이 남들과 차별화된 아이스크림으로 그렇게 두드러진 성공을 거둘 수 있었던 것은 광적인 수준으로 품질에 집중했기 때문이었다. 제니는 재료를 조달하는 장소와 방법에 각별한 정성을 기울였다. 그녀는 아이스크림의 특별한 맛을 위해 우유 단백질의 분자 구조를 실험하는 데 많은 시간을 쏟았다. 사업에 지장을 줄 만큼 큰돈이 드는 사소한 일에도 집요할 정도로 세심한 주의를 기울였다. 그런 장인정신의 르네상스는 1970년대 후반의 벤앤드제리스 이후 어떤 종류의 사업에서도 유례를 찾기 힘든 것이었다. 이로 인해 상품을 대중화하고 가격을 내리라는 압력에 계속 시달리기는 했지만 말이다. 그래도 제니는 완벽한 아이스크림 맛을 찾기 위한 탐구를 고집했고, 2011년에는 아이스크림 제조법에 관한 책까지 출간하면서 전국적인 관심을 받았다. 제니스스플렌디드아이스크림은 2015년 3월 뉴욕 현대미술관에서 열린 앙리 마티스 컷아웃Henri Matisse Cut-Outs(종이나 천 등을 오려 만든 작품-옮긴이) 쇼에 등장한 색상을 바탕으로 한 일련의 아이스크림을 출시하면서, 다시 한번 전국적인 명성을 얻었다. 그와 동시에 그때까지 가장 경쟁이 치열했던 시장이자 오하이오 콜럼버스의 본사에서 가장 멀리

271

떨어져 있는 로스앤젤레스에 그 지역 1호점을 열게 되었다.

"고속으로 달리고 있었죠." 제니는 그렇게 표현했다. "그러던 어느 날 머리 위에 폭탄이 떨어졌어요. 네브래스카 링컨에서 팔린 아이스크림 파인트에서 리스테리아 양성 반응이 나온 겁니다."

리스테리아는 발열과 근육통, 메스꺼움, 설사 등을 유발하는 식품 매개성 세균으로 노인이나 만성질환자 및 임산부 등 면역력이 떨어지는 사람에게는 치명적일 수 있었다. 식품에서 이 같은 세균이 나왔다는 사실은 정말로 나와선 안 될 뉴스였다. 더구나 조기 성장의 고통을 겪고 살아남아 사업이 고비를 넘긴 것 같아서, 이제 본격적으로 브랜드의 인지도를 높여 장기적인 성공을 준비해야겠다는 생각이 드는 순간에는 특히 그렇다.

"그런 전화를 받게 될 줄은 상상조차 못 했죠." 제니는 그렇게 회상했다.

그녀는 제임스 버크가 33년 전에 처했던 바로 그런 상황을 맞고 말았다. 시카고에서 사망한 사람들이 타이레놀과 연관이 있는 깃 같다는 뉴스가 나온 날, 버크와 그의 팀은 뉴저지 뉴브런즈윅주에 있는 존슨앤드존슨 본사에서 머리를 맞대고 앉아 다음 취해야 할 조치를 결정했다. 제니스의 파트너이자 제니스스플렌디드아이스크림의 CEO인 존 로<sup>John Lowe</sup>가 링컨의 오염된 아이스크림 파인트 소식을 전화로 받은 날, 제니스 팀도 본사에 모여 무엇을 어떻게 해야 할지 의논했다.

"아주 짧은 시간에 대단히 많은 결정을 매우 빨리 내려야 했어요." 제니는 그렇게 말했다. 제임스 버크를 떠올리게 하는 말이었다. "아직 탈이 났다는 사람은 없었지만, 돌발적인 상황에 대한 준비는 해둬야 했습니다. 무엇부터 할지 결정해야 했죠."

그들은 아이스크림 생산을 전면 중단하고 제품을 전량 회수하기로 했다. 하지만 어떻게 해야 할지 몰랐다. 한 번도 일어난 적이 없던 사태였기 때문이다. 왜 아니겠는가?

"방법을 정했습니다. FDA에 서류를 제출하고 승인을 받은 다음, 몇 시간 내에 전국에 유통된 아이스크림 265t을 회수 조치했어요." 그녀는 그렇게 말했다. 시중에는 그들이 만든 아이스크림이 없고 리스테리아의 출처를 찾을 때까지는 새로운 아이스크림을 만들 수도 없으니, 모든 매장을 닫을 수밖에 없다는 얘기였다.

1982년 타이레놀의 판매량은 80% 감소했지만, 그들에게는 캡슐이 아닌 다른 제품이 있었기 때문에 매출이 '0'까지 떨어질 일은 없었다. 하지만 2015년 제니스에겐 아이스크림이 가진 전부였다. 그들의 매출은 순식간에 '0'이 되었다. 매장은 문을 닫았고 기계도 멈췄다. 매일의 손실액만 15만 달러였다.

"그때는 시계가 가는 소리가 들리더군요." 제니는 그렇게 말했다. 똑딱똑딱 '0'을 향해 가고 있었다. "직원이 600명이었는데 할 일이 없어진 겁니다. 나를 포함해서요. 둘러봤더니 끝났더군요. 아무것도 남아 있지 않았어요."

하지만 사실 남아 있던 게 있었다. 제니와 그녀의 남편인 찰리 바우어, 그녀의 시동생인 톰 바우어 그리고 그들의 CEO인 존 로까지. 이들은 지난 10년 동안 쌓아온 충성으로 똘똘 뭉친 공동체였다.

**"우리는 회사를 하나의 공동체로 지역사회와 함께 키웠습니다. 천천**

히 말이죠." 제니는 그렇게 말했다. 그들의 아이스크림은 노스마켓<sup></sup>North Market 식품매장의 대표 품목이었다. 2005년에 처음으로 독립 매장을 열기 전까지 3년 동안 제니스스플렌디드아이스크림은 노스마켓에 가야만 살 수 있었다. 그 뒤로 3년 사이 콜럼버스 시내와 주변에 매장을 3곳 더 열었다. 콜럼버스 바깥으로 진출한 것은 2011년으로, 그때에도 거리가 250km도 안 되는 클리블랜드가 유일했다. 제니스스플렌디드아이스크림은 콜럼버스가 주인이었다(나는 콜럼버스에 마련한 라이브 무대에서 제니 브리튼 바우어를 인터뷰했는데, 그녀를 무대로 불러냈을 때 터진 청중의 환호는 우리가 경험한 어떤 라이브 에피소드에서도 들어본 적이 없는 큰 함성이었다). 제니와 그녀의 회사 역시 콜럼버스를 떠나서는 생각할 수 없었다.

"이미 깊은 신뢰가 형성되어 있었죠. 그리고 그 신뢰가 우리를 구해주었어요." 제니는 그렇게 말했다.

그 단어가 또 나왔다. '신뢰.' 제임스 버크는 타이레놀 중독 사건을 제대로 처리해 빠른 시간 내에 소비자의 신뢰를 얻어야 했다. 제니 브리튼 바우어는 철저한 관리로 브랜드의 신뢰를 쌓았기 때문에 현명하게 결정을 내리기만 하면 상황은 크게 나빠지지 않을 것이리라 확신했다.

고객의 신뢰를 확인할 수 있는 첫 번째 징후는 금방 나타났다. 사람들은 굳게 닫힌 제니스 매장 입구에 격려의 메모를 붙이기 시작했다. "우리에겐 매장에 포스트잇을 붙이는 멋진 사람들이 있었어요. 너무 아름다웠죠." 제니는 리스테리아 사건이 있고 나서 3년이 되기 전인 2018년 초 함께 나눈 대화에서 그렇게 회고했다. "우

274

리끼리 그냥 그랬어요. '그거 알아? 우리가 이래서 싸우는 거야.'"

　　그들은 결국 리스테리아의 출처를 찾아냈다. 600m² 크기의 제조시설에 있던 장비 뒷벽에 실금처럼 가늘게 갈라진 틈에서 나온 것이었다. 제니스 팀은 신속하게 문제를 해결하고 이전 수준의 생산량을 만회할 준비를 했다. 그러나 제임스 버크와 마찬가지로 제니 브리튼 바우어도 문제를 바로잡는 것만으로는 성에 차지 않았다. 그녀는 아이스크림을 **만드는 사람으로만 만족하지 않았다.** 그녀는 **아이스크림을 재발명했다.** 복숭아 통조림으로 피치코블러 아이스크림(내가 개인적으로 가장 좋아하는 아이스크림으로, 근처에 제니스 매장이 있으면 나는 일단 차를 몰고 간다)을 만드는 것에 그치지 않고, 그녀가 찾을 수 있는 최고의 복숭아를 납품할 사람을 찾기 위해 전국을 샅샅이 뒤졌다.

　　버크가 모든 타이레놀 제품에 삼중 밀봉의 변조 방지 포장법을 도입했다면, 제니는 2015년 8월 말 회사 블로그에 공개서한을 올렸다. 그녀는 서한에서 그간의 경위를 상세히 밝히고, 소비자들이 전말을 알 수 있게끔 아이스크림 제조 과정을 설명하는 한편, 제니가 "식품안전 제다이 Food Safety Jedi"라고 묘사한 새로운 품질관리 책임자를 채용한다고 발표했다. 그리고 새로 시행하는 리스테리아 통제 프로그램의 일환으로, 2개월간 하루도 빠지지 않고 200회에 가까운 소독을 시행했다고 밝혔다.[72] 산업 권장 횟수의 1,000배에 달하는 소독이었다. 제니는 앞으로 또 나올지도 모르는 리스테리아의 정확한 출처를 찾아내 제거하려면 그렇게 해야 한다고 생각했다.

이는 궁극적으로 기업의 투명성을 강조하는 제스처였지만, 동시에 확고한 상호 신뢰를 정착시키기 위한 조치이기도 했다. 그 신뢰는 제임스 버크가 보도 매체에 모든 것을 공개하며 지키려 했던 대중의 신뢰와 다르지 않았다. 버크의 조치는 당시 관행을 깨는 파격이었을 뿐만 아니라, 언론을 가까이하지 않는다는 평판을 가지고 있던 존슨앤드존슨에게는 어울리지 않는 행동이었다.

제니와 버크의 타고난 기질이 어떤지는 몰라도, 두 사람 모두 이런 위기의 순간에는 그들의 결정이 사태의 추이에 커다란 영향을 미친다는 사실을 알고 있었다. 그런 순간은 종종 좋든 나쁘든 사업 궤도에 하나의 변곡점이 될 수 있기 때문이다.

제니는 NBC 뉴스의 한 기사에서 그 순간을 이렇게 설명했다. "이는 그 시점을 경계로 전과 후로 나뉘어 내 기억 속에 생생하게 살아 숨 쉬는 순간입니다.[73] 위기가 닥치고, 그 **위기의 전과 후가 나뉠 때 우리는 예전과 전혀 다른 방식으로 전진해야 합니다.**" 어떻게 전진할지 아니 전진할 수나 있을지의 여부는 그 순간에 얼마나 신속하게 얼마나 과감하게 그리고 얼마나 투명하게 대응하느냐에 달려 있다.

제임스 버크와 제니 브리튼 바우어는 위기가 닥쳤을 때 신속하고 과감하며 투명한 리더십을 보여준 모범 사례다. 이는 단기적으로는 사업을 구해내고 장기적으로는 지속적인 성장의 길을 열어준 리더십이다. 오늘날 타이레놀은 그 하나만으로 10억 달러 규모다. 제니스스플렌디드아이스크림은 30개 이상의 점포에서 연간 4,000만 달러의 매출을 올리고 있다.

유능하고 효율적인 리더십이 없을 때, 기업과 그 주변 공동체에 어떤 일이 일어나는지를 보려면 이들과 반대로 접근하는 리더들의 회사를 보면 된다. 그들은 회사를 파국으로 치닫게 만드는 문제와 맞닥뜨렸을 때 숨거나 미루거나 사건의 초점을 흐리려고 한다.

1996년을 기준으로 상해 사건 전문변호사와 교통안전 컨설턴트 들은 차량 전복사고가 급증한 사실에 주목하기 시작했다.[74] 총 30건이었는데 일부 사건엔 인명 피해도 있었다. 그들은 사고가 SUV인 포드 익스플로러 Ford Explorer에 장착된 파이어스톤 Firestone ATX 타이어의 결함과 관련이 있다는 사실을 밝혀냈다. 뜨거운 노면에서 장시간 고속 주행을 할 경우, 타이어의 트레드 Tread(접지면)가 사이드월 Sidewalls(옆면)과 분리되면서 SUV를 전복시킨 것이다.

제임스 버크의 지휘 아래 1982년 타이레놀 캡슐의 전량 회수 작전은 **수일 만에** 완료되었다. 제니 브리튼 바우어는 **몇 시간 내에** 아이스크림 파인트를 선반에서 내린 후 신속하게 모든 매장을 폐쇄했다. 그러나 파이어스톤 ATX 타이어는 **4년 동안** 리콜되지 않았고, 연방 규제당국의 조사만 받았다.[75] 심지어 2000년 2월에 시행된 조사 이후 자극을 받은 포드 사와 브리지스톤 Bridgestone 파이어스톤 사의 양측 지도자들은 서로를 고소했다.

초기에 조치를 취하지 못한 잘못이 포드나 파이어스톤에만 있는 건 아니었다. 문제는 당국의 처사였다. 사고가 처음 발생한 1996년과 특히 1997년 초에 사고 피해자들의 의뢰로 소송을 준비하던 변호사들은 포드 익스플로러의 안정성이나 파이어스톤 타이어에 결함이 없다는 말을 믿지 않았다. 보나 마나 규제당국은 자동차회사와 타이어 제조업체에 조사 계획을 알려주었을 것이었다. 게다가 변호사들은 규제당국이 제대로 조사하리라고 믿지도 않았다. 변호사들은 규제당국이 서둘러 대충 수사한 다음 과거에 그랬던 것처럼 아무런 잘못도 발견하지 못했다고 사건을 흐지부지 종결시킬까 우려했다. 결론이 그렇게 난 상태에서 법정으로 가게 되면 변호사들의 재정적 청구 가능성은 약화될 수밖에 없었다.

그러나 1997년 말, 원고 측 한 변호사는 이렇게 말했다. "타이어 관련 사망으로 제기된 일련의 소송으로 포드와 파이어스톤은 이 문제에 대해 경각심을 가졌어야 했다."[76] 사실 파이어스톤은 1998년 ATX 타이어에 누적되기 시작한 보증 청구에 경각심을 가졌어야 했다. 1999년에 포드 사람들은 '경각심을 가질' 필요가 없다고 생각했다. 포드의 핵심 리더 중 일부는 국제 시장에서 다량으로 판매되어 익스플로러에 장착된 파이어스톤 타이어의 결함을 이미 보고받았기 때문이다.

그럼에도 불구하고, 아무 일도 일어나지 않았다. 아니 아무 일도 일어나지 않은 것은 아니다. 타이어 사고가 계속해서 일어났고, 사망자 수도 계속 늘어났다. 2000년 초 미국도로교통안전국National Highway Traffic Safety Administration, NHTSA 이 마침내 첫 조사에 착수했을 때, 그들은 200명이 넘는 타이어 관련 사망자에 대한 보고서를 검토했다. 95%에 가까운 사례가 1996년 이후 발생한 사고였다. 그런 뒤에도 포드와 파이어스톤이 아직 도로 위를 굴러다니는 1,450만 개에 가까운 타이어의 대량 리콜에 동의하기까지는 6개월이 더 필요했다.77) 그렇게 많은 시간이 걸린 것은 두 회사의 리더가 앞으로 닥칠지 모르는 고통과 피해를 가능한 한 빨리 막기 위해 적절한 조치를 취하기보다, 사고의 주요 원인이 누구의 잘못에 있는지, 희생자들의 고통과 피해를 누가 책임져야 하는지를 두고 논쟁하는 데 시간을 허비했기 때문이다.

포드는 타이어 구조에 결함이 있다며 파이어스톤을 비난했다. 파이어스톤은 무엇보다 포드의 잘못된 지붕 설계와 과도한 오버스티어Oversteer(핸들을 꺾는 각도보다 실제로 더 많이 회전하는 특징), 너무 낮게 설정된 타이어의 공기압 기준이 문제라고 탓했다. 파이어스톤의 권장 공기압은 30psi인데 포드가 26psi를 고집했다는 것이었다.

실제로 사고가 누구의 책임인가 하는 문제는 희생자와 그들의 가족, 타이어 관련 사고의 가족들에게만 중요하다. 위기에서 회사를 어떻게 이끌고 돌파할 것인지 파악하려면 무엇보다 리더십에 공백이 생겼을 때 일어나는 현상의 전반적인 그림을 살펴보면 된다.

포드와 파이어스톤의 사례는 그 그림이 너무 황량하다. 2001년 말에 조사가 마무리되고 리콜이 완료되었을 때, 타이어 관련 전복 사고로 숨진 사람은 270여 명, 다친 사람은 800여 명에 달했다. 포드는 그해 55억 달러의 손실을 보았다고 발표했고, 브리지스톤 파이어스톤은 20억 달러의 손실을 보며 구조조정을 단행했다. 이런 손실로 인해 포드는 결국 CEO를 교체했고, 브리지스톤 파이어스톤은 CEO와 사장 모두 해임했다. 무엇보다 파이어스톤이 문제가 된 타이어를 제조한 일리노이 디케이터의 공장을 폐쇄함으로써 회사는 2억 달러의 손실을 보았고 1,500명의 직원이 일자리를 잃게 되었다.

결국 두 회사는 수천 건의 손해배상과 소송 건에 합의하는 데 10억 달러가 훨씬 넘는 금액을 지출했고, 브리지스톤 파이어스톤은 포드와 맺었던 100년간의 업무 관계를 청산했다. 브리지스톤의 신임 CEO 존 램프John Lampe는 당시 포드의 CEO였던 자크 내서Jacques Nasser에게 보낸 서한에서 파트너 관계의 종결을 선언하면서 낯익은 말을 했다. "개인적인 관계도 그렇지만, 기업 관계는 신뢰와 상호 존중을 바탕으로 구축됩니다.[78] 우리의 관계 기반이 심각하게 훼손된 마당에 더는 포드에 타이어를 공급할 수 없다는 결론에 도달했습니다."

여기서도 '신뢰'라는 말이 다시 나온다.

양측의 지도자들이 그들의 사업 파트너에게 요구했던 것과 같은 수준의 신뢰와 존경을 대중과 그들의 고객에게 보여주었더면, 사망자가 크게 줄었을 것이고 그보다 더 많은 사람이 그들의 직업을 유지했을 것이다. 재앙으로 사업이 타격을 입을 때(그것이 100년의 유구한 역사를 가진 다국적 대기업이든 전국에 막 뿌리를 내리기 시작하는 기세등등한 스타트업이든), 제니 브리튼 바우어가 묘사한 중요한 '전과 후'의 순간을 뚫고 나갈 수 있는 믿을 만한 방법은 하나밖에 없다. 사람을 우선시하고 그다음으로 대중의 인식을 중시하는 신속하고 과감하고 투명한 조치, 그뿐이다.

# 18장
# 피벗의 기술

근현대 진화론은 주장이 상반된 두 학파가 지배했다. 하나는 찰스 다윈Charles Darwin 같은 점진주의자로, 종 단위의 큰 변화는 오랜 기간에 걸쳐 느리고 점진적인 작은 변화들이 축적되어 이루어진다고 생각하는 부류였고, 다른 하나는 1970년대 초에 나일스 엘드리지Niles Eldredge와 스티븐 제이 굴드Stephen Jay Gould에 의해 대중화된 '단속평형이론Punctuated Equilibrium' 가설을 믿는 시간 단속주의자로, 종 단위의 변화는 짧은 기간에 폭발하듯 빠른 속도로 이루어지며 변화와 변화 사이에 긴 안정기가 놓인다고 주장하는 부류였다.

어떤 면에서는 두 학파의 주장 모두 맞을 것이다. 진화는 천천히 일어날 수도 빨리 일어날 수도 있고, 때로는 같은 계통 내에서 두 종류의 변화가 모두 일어날 수도 있다. 사실 우리는 이런 개념의 기본적 진실을 진화 그 자체의 세부 내용보다 훨씬 더 오랫동안 인간 경험의 일부로 이해한 것 같다.

단속평형이론이 처음으로 발표되기 45년 전인 1926년에, 어니스트 헤밍웨이Ernest Hemingway는 장편소설《태양은 다시 떠오른다The Sun Also Rises》에서 조연급 등장인물 마이크 캠벨Mike Campbell의 입을 빌려 이렇게 말했다. 어떻게 파산했느냐는 질문에 대한 마이크의 대답이었다. "2가지였죠. 서서히 그러다 갑자기요."

그로부터 85년 뒤 헤밍웨이의 이 구절에서 영감을 얻은 존 그린John Green은《잘못은 우리 별에 있어 The Fault in Our Stars》에서 이렇게 썼다. "나는 잠들 듯 사랑에 빠졌다. 천천히 그러다 갑자기."

같은 해 경제학자이자 심리학자이면서 노벨상을 받은 대니얼 카너먼Daniel Kahneman은 그의 상징적 작품이 된《생각에 관한 생각Thinking, Fast and Slow》을 내놓았는데, 그 중심 전제는 인간의 정신이 2가지 상호 의존적인 사고 체계에 따라 작동한다는 주장이었다. 첫째는 느리고 계산적이며 논리적이고 계획적인 체계이고, 둘째는 빠르고 충동적이며 갑작스러운 체계다.

혁명, 부, 사랑, 잠, 사상.

이런 것들은 모두 서서히 진행되다가 어느 순간 갑작스럽게 바뀐다. 사업 역시 마찬가지다. 그리고 시장이나 산업, 소비자의 취향이나 심지어 날씨에도 이런 변화가 일어난다. 스테이시스피타칩스를 만든 스테이시 매디슨Stacy Madison도 그런 변화를 겪었다. 그리고 그런 변화가 일어날 때 영향을 받는 창업가는 그에 대응하여 '피벗

Pivot(사정에 따라 사업 구조를 바꾸는 것)', 즉 전환할 만반의 준비를 해야 한다. 그래야 생존이나 성장을 기대할 수 있다.

스테이시 매디슨과 그녀의 공동설립자 마크 앤드러스Mark Andrus 는 1996년 보스턴 중심가에 밀어닥친 포장 샌드위치 파도의 선두를 달리고 있었다. 이 파도는 2000년대 초, 미국의 점심시간 해안을 강타했다. 그들은 핫도그 카트를 개조하여 멋을 낸 스테이시스 드라이츠Stacy's D'Lites에서 맞춤형 롤업 피타 샌드위치 건강식을 팔았다. "어딜 가든 볼 수 있을 정도로 피타 롤업은 흔했지만, 선택지는 사실 몇 가지 없었습니다. 기껏해야 치킨 시저 정도였죠. 우리는 12종류의 샌드위치를 준비해 놓고 주문을 받았습니다. 전부 좀 더 고급스러운 메뉴였어요."

여기에 기업용 이메일이 인기를 끌면서 보스턴에서 그들의 샌드위치는 즉각적인 입소문 효과를 톡톡히 보았다. "우리 푸드 카트는 금융가의 경계에 있었는데, 사람들이 건물로 돌아가 그들의 사무실로 이메일을 보내면 그 사무실이 다른 사무실에 알려주고 그랬어요." 스테이시는 그렇게 회상했다. "그 덕분인지 점심시간 내내 20명 정도는 줄을 섰죠."

스테이시는 줄을 서서 기다리는 사람들이 지루하지 않을까 싶어 하루 영업이 끝나면 남은 피타를 잘라 여러 가지 맛이 나는 칩으로 구웠다. 처음에는 시나몬 슈거와 파르마 갈릭부터 시작했다. 그녀는 그렇게 만든 칩을 주문한 샌드위치를 기다리는 손님들에게 무료로 나눠주었다.

"처음에는 고객층을 유지하기 위한 아이디어였는데, 사람들이 너무 좋아하는 거예요." 스테이시는 그렇게 말했다. "일종의 해피아워Happy Hour(특정 메뉴를 저렴한 가격이나 무료로 제공하는 서비스-옮긴이)였던 셈이죠. 맛있는 공짜 피타칩 때문인지 손님들은 기다리는 것도 신경 쓰지 않았어요." 얼마 가지 않아, 사람들이 칩을 좀 구할 수 있느냐고 묻기 시작했다. 파티나 회의 자리에 내놓고 싶다는 것이었다. 아예 따로 제품으로 만들어서 팔라고 권하는 사람도 있었다. 그들의 의견을 받아들여서 만들긴 했지만, 카트에 진열할 정도의 규모만 유지했다. 스테이시는 피타칩을 봉지에 넣어 금색 리본으로 묶은 다음 샌드위치를 구입하는 사람들에게 1달러에 판매했다.

284

칩을 팔아서 부자가 될 일은 없을 거라고 생각했지만, 중요한 것은 그게 아니었다. "칩 때문에 단골이 생겼어요." 제품의 진화가 고객에게 미치는 영향에 대해 그녀는 그렇게 설명했다. "늦은 오후에 먹을 간식거리로 피타칩을 살 수도 있었으니까요."

그러다 가을이 왔고 날씨가 변하기 시작했다.

"9월과 10월이면 뉴잉글랜드는 금방 쌀쌀해지죠." 스테이시는 그렇게 말했지만 사실 쌀쌀한 정도가 아니었다. **그래서 무언가 다른 걸 해야겠다고 생각했죠.**"

다른 사업을 새롭게 시작할 생각은 없었다. 적어도 초기에는 그랬다. 1996년에는 스테이시스드라이츠가 잘 풀렸으니까. 장사를 처음 시작한 그해, 그들은 2만 5,000달러를 벌었다. 얼핏 대수롭지 않아 보일지 모른다. 하지만 두 사람이 하는 푸드 카트로 일주일에 5일만 장사하고, 찌는 여름과 혹한에는 손님이 많지 않다는 점을 고려하면 이 정도도 대단한 성공이었다. 스테이시가 말한 다른 것이란, 실내에서 장사해 보고 싶다는 의미였다.

거창한 가게까지는 필요 없었다. 그저 샌드위치를 만들고 피타 칩을 구울 수 있는 정도의 공간이면 됐다. 그러면 시내에서 일하는 단골손님들을 1년 내내 편안하게 대접할 수 있을 것 같았다. 그들은 부동산 중개소를 찾아 자신들이 찾는 조건을 말했다. 중개인은 그들의 면전에서 웃었다.

"지금 당신들이 있는 근처에서 실내 영업장을 찾으려면, 오봉팽과 던킨도너츠 뒤에 줄을 서야 할 겁니다." 날이 추워지고 땅이 굳기 시작하면 대도시 소규모 점포를 위한 영업용 부동산 시장이 뜨거워진다는 사실을 그들은 몰랐던 것이다. 스테이시와 마크가 올라탄 파도는 단순한 샌드위치 랩의 파도가 아니라는 것을 부동산 중개인의 반응이 말해주고 있었다. 그 파도는 일반적인 포장 음식 서비스였고, 파도를 뭍으로 밀어 올리는 주체들은 대형 체인점이었다. "스타벅스Starbucks도 그때 막 등장했어요." 스테이시는 그렇게 설명했다. "너도나도 그런 자그마한 공간을 원했죠."

가을이 겨울로 바뀌면서 장소를 찾기는 더욱 어려워졌다. 그들의 카트가 자리 잡은 곳과 가까운 시내의 점포들은 나오기 무섭게 누가 채가거나 그들이 생각한 가격대를 벗어났다. 그들은 메이시스Macy's 백화점 안에 카페를 내보고자 흥정을 계속했다. '스테이시스앳메이시스Stacy's at Macy's'라는 이름까지 정해놓았지만, 이는 원래 의도했던 것보다 훨씬 큰 프로젝트였고, 뉴욕에 있는 메이시스 본사가 일을 복잡하게 만드는 바람에 틀어지고 말았다.

결국 1997년 1월, 스테이시와 마크는 피타칩회사를 설립하고 칩을 정식 제품으로 내놓는 데 필요한 것들을 알아보기 시작했다. 동시에 그들은 스테이시스드라이츠를 운영하면서 계속해서 작은 실내 점포를 찾았다. 그들은 1년 내내 두 사업을 병행했다. 평일에는 개조한 핫도그 카트에서 주문받은 피타 샌드위치를 만들고, 나머지 시간에는 칩 레시피를 다듬고 포장을 디자인하고 필요한 모든 라이선스를 받아 상점에 제품을 납품했다.

마침내 그들은 이쪽이든 저쪽이든 1가지만 선택해야겠다는 판단을 하기에 이르렀다. "둘 다 하기엔 너무 벅찼거든요." 스테이시는 그렇게 말했다.

그들은 몇 가지 이유로 피타칩을 선택했다. "추운 겨울에 밖에서 있는 것이 너무 힘들었어요. 푸드 카트를 한 군데, 두 군데, 세 군데로 늘릴 것이 아니라 상점 몇 곳에 피타칩을 팔 수 있다면 더 많이 더 빨리 팔 수 있겠다 싶었죠." 스테이시는 그렇게 말했다.

그 말은 사실이었다. 포장된 소비재 사업에 필요한 자본보다 오프라인 매장을 차리는 데 들어가는 돈이 훨씬 더 컸기 때문만은 아니었다. 1997년, 그녀의 설명대로 "안에 아무것도 넣지 않은" 완전 천연 스낵 식품인 무방부제 칩으로 사업을 전환한 덕분에, 스테이시는 자신을 삼키려고 하는 파도(포장용 음식)에서 벗어날 수 있었다. 다른 파도(자연식품)로 갈아타 앞으로 치고 나갈 중요한 모멘텀을 마련한 것이다. 그것은 게리 허시버그가 스토니필드팜에서 1억 달러의 매출을 올릴 때 올라탔던 바로 그 파도였다.

"사람들은 온통 자연식품에 빠져 있었죠. 그건 우리가 원래부터

하고 있었던 것이고요. 그래서 처음 시작했을 때는 피타칩을 소형 고급 식료품점과 유기농 시장에 팔았어요." 스테이시는 그렇게 말했다. 사실 스토니필드팜과 정확히 같은 시장이었다. 뉴잉글랜드의 홀푸즈 전신인 브레드앤서커스 Bread & Circus는 당시 6개의 점포를 가지고 있었다.

"보스턴 시내에 있는 브레드앤서커스를 찾아가 말했죠. '안녕하세요. 스테이시라고 합니다. 이건 제가 만든 칩인데요, 한번 시식해 보셨으면 해서요.'" 스테이시는 당시 상황을 설명했다. 매니저의 반응이 좋았다. 그는 매장에서 판매할 칩을 주문한 다음 브레드앤드서커스 본사에도 몇 개 보냈다. 그들은 모든 매장에서 그녀의 칩을 팔기로 했다.

2001년에 스테이시스피타칩스는 100만 달러의 수익을 올렸다. 2003년에는 코스트코 Costco와 샘스클럽 Sam's Club에도 들어갔다. 스테이시와 마크가 보스턴 금융가 언저리에 작은 샌드위치 카트를 차린 지 10년도 안 된 2005년, 그들은 대기 손님에게 무료로 나눠주던 것과 똑같은 칩으로 6,500만 달러의 매출을 올렸다. 이듬해 초, 스테이시스피타칩스는 펩시코 PepsiCo에 의해 2억 5,000만 달러에 인수되었다.

스테이시와 마크의 첫 몇 년은 변화의 점진성과 돌발성의 연구 대상이다. 어느 순간 그들은 점점 상승하는 곡선의 선두에 있는 느낌이었지만, 다음 순간 그들의 여력으로 해볼 만한 소형 매장들을 몇몇 대형 경쟁사들이 선점하며 순식간에 시장을 장악하는 바람에 소박한 야망은 물거품이 되는 것 같았다.

피타 샌드위치에서 스테이시스피타칩스로의 피벗은 시장 변화에 대한 대응 방법의 교과서적인 사례로, 필요에 따른 변화이자 기회를 알아보는 안목이 만들어낸 결단이었다. 그것은 모든 사업의 성공적인 피벗을 가능하게 하는 비법으로, 현 상태를 계속 고집하여 성장하거나 살아남을 수 없을 때는 다른 일이나 다른 장소를 찾아야 한다는 사실을 깨닫게 한다.

저스틴 칸Justin Kan과 에밋 시어Emmett Shear의 트위치Twitch가 그랬다. 2007년 3월에 시작한 라이브 동영상 플랫폼 저스틴닷tvJustin.tv는 연중무휴의 라이브 피드로 크리에이터의 삶을 다루는 유일한 채널이었다. 스테이시스드라이츠와 마찬가지로 저스틴닷tv도 순식간에 인기를 끌었다. 그러나 규모는 훨씬 컸다. 잠깐 사이에 수십만 명의 월간 순방문자 수를 기록했고, 이후 그 수를 수백만 명으로 늘리며 '라이프캐스팅Lifecasting'의 혁명을 일으켜 전국의 수많은 언론으로부터 주목을 받았다. 그러나 끊임없이 자신의 일상을 노출시켜야 하는 부담을 견디지 못한 저스틴은 그해 여름, 방송을 중단하고 말았다. 다행히 "라이브 스트리밍을 하고 싶어 하는 사람들이 많았고, 또 라이브 동영상 스트리밍을 지원하기 위해 우리가 개발한 기술이 매우 유용했기 때문에 누구나 이용할 수 있는 서비스로 피벗할 수 있었습니다."79 저스틴닷tv의 CEO인 에밋 시어는 당시 상황에 대해 그렇게 말했다.

이는 급속 성장으로 이어졌다. 이듬해 4월에 두 사람은 3만여 개의 송출 계정과 이용자가 검색하고 탐색할 수 있는 카테고리를 다수 확보했다. 저스틴닷tv는 이후 몇 년 동안 이런 노선을 따라 거듭 진화하면서 수백만 명의 사용자와 수십 개의 채널을 추가했다.

그러나 2019년 초, 에밋은 〈포천〉지가 주최한 브레인스톰 테크 디너Fortune Brainstorm Tech Dinner에서 "2011년에 성장이 멈추었을 때는 어떻게 해야 할지 몰랐다"[80]고 말했다. 동시에 그들은 그들의 동영상 카테고리 중 하나인 게임이 다른 모든 카테고리를 합친 것보다 더 많은 사용자를 끌어들이고 있다는 것을 깨달았다.[81] 놀라운 일도 아니었다. "내가 저스틴닷tv에서 보는 유일한 콘텐츠는 게임 콘텐츠였어요. 실제로 즐겨본 게 그것뿐이었으니까요"[82] 그는 브레인스톰 테크 청중들에게 그렇게 말했다. 그들은 스테이시 매디슨과 마크 앤드러스가 칩 사업을 따로 시작한 것처럼, 트위치닷tv Twitch.tv라는 자매 사이트를 따로 만들어 2가지를 병행하기로 했다. 그러다 2014년에 트위치의 규모가 걷잡을 수 없이 커지자, **그들은 다시 한번 더 피벗했다.** 이번에는 회사 전체를 트위치로 변환해 이름을 트위치인터렉티브Twitch Interactive로 바꾼 후, 저스틴닷tv를 완전히 폐쇄했다.

저스틴닷tv의 실적이 시원치 않아 폐쇄한 것은 아니었다. 전혀 그렇지 않았다. 나름대로 성공적이었지만 트위치와 같은 수준은 못되고 트위치와 같은 속도나 규모로 성장하지 못했기 때문이었다. 이 점이 무척 흥미로웠다. 이 부분은 내가 창업가들에게서 직접 듣거나 경영대학원과 실리콘밸리에서 전설로 자리 잡은 수많은 피벗의 계기 중에서도 가장 중요한 특징일 것이다. 기업의 경우 실패에서 성공으로 선회하는 경우는 거의 없는 것 같다. 나쁜 아이디어는 좋은 아이디어로 발전하지 않는다. 오히려 좋은 아이디어에서 위대한 아이디어로 바뀐다.

　성공한 피벗의 사례 중 가장 유명한 인스타그램도 이전 버전인 위치확인 앱 버븐이 실패했거나 아이디어가 나빠서 나온 결과가 아니었다. 사용자 기반은 작았지만, 창업가들은 50만 달러의 벤처 자금을 모았고, 앱도 모든 사람이 즐겨 사용하는 기능(물론 사진)을 가지고 있었다. 케빈 시스트롬과 마이크 크리거가 **문제라고 생각했던 부분은 버븐이 생각만큼 좋거나 원하는 만큼 빠른 속도로 성장하지 못하고 있다는 것이었다.** 그리고 저스틴닷tv가 거의 같은 시기에 게임 콘텐츠에서 경험했듯, 사람들은 앱 자체보다 앱이 갖고 있는 어떤 특징을 더 좋아했다. 그리고 그것이 그들에게 피벗의 영감을 주었다.

　제인 워원드의 더말로지카도 같은 경우다. 그녀의 스킨케어 교습소인 국제피부연구소는 절대 실패하지 않았다. "수강생이 만원이어서 대기자 명단을 작성해야 했어요." 제인은 그렇게 말했다. "사람들은 샌프란시스코에서 날아왔고, 피닉스와 네바다에서도 왔습니다. 그들은 서로 만나고 함께 방을 쓰고 우정을 쌓았죠." 분명 효과가 있는 아이디어였다. 트리스탄 워커의 말처럼 그녀에게 있는 문제라곤 **"규모를 키울 수 없다"**는 것뿐이었다. 사람은 제인 하나뿐이었고, 피부연구소도 한 곳에 불과했기 때문에 사업의 성장 잠재력이 본질적으로 제한적일 수밖에 없었다.

　반면 스킨케어 라인은 무한한 잠재력을 가지고 있었다. 당시 "미국의 살롱 산업에는 아무것도 없었어요." 제인은 그렇게 말했다. 그리고 그녀의 학생들이 미용실로 돌아갔을 때 집어 드는 것은 전부 유럽산 제품이었다. 그런 상황에서 미국산 스킨케어 제품이라는 틈새시장은 큰 기회였다. 그것은 즉시 피벗을 촉발시켰고 그녀의 사업은 사실상 하룻밤 사이에 완전히 바뀌었다.

내가 이 모든 피벗에서 깊은 인상을 받은 것은 그런 선회가 또한 기업가들이 갖고 있는 마음가짐의 진화를 의미하기 때문이다. 그런 지점에 도달한다는 것은, 혼자라고 해도 꿈을 현실로 만들기 위해서라면 필요한 것은 무엇이든 하겠다는 의지의 문제다. 이는 기업가의 마음속에 심어진 아이디어의 씨앗을 배양하는 문제이고, 의심하는 사람이나 경쟁자로부터 그 아이디어를 지키면서 언젠가는 그것이 진정한 사업으로 꽃을 피우리라 희망하는 그런 문제다. 그리고 스테이시와 마크, 케빈과 마이크, 제인이 각각 피벗의 순간에서 맞닥뜨린 것은, 그들이 아이디어를 키우기 위해 하는 일이 지금 그들의 사업을 키우기 위해 해야 했던 일과 근본적으로 다르다는 사실이었다.

291

2012년에 스튜어트 버터필드가 대규모 다중사용자 온라인게임인 글리치 Glitch를 종료하기로 결정했을 때도 그와 다르지 않았다. 스튜어트는 벤처캐피털과 엔지니어, 디자이너, 코더로 구성된 팀의 도움으로 몇 년 동안 게임을 개발해 왔다. 돈과 인력도 그렇지만 이 모든 것을 확보할 수 있었던 것은 온라인 사진 공유 서비스인 플리커 Flickr를 성공시킨 공동설립자라는 명성의 위력 덕분이었다. 플리커는 2005년에 야후!에 인수되었다. 그것은 그 자체로 2002년에 스튜어트가 처음으로 온라인게임을 디자인한 시도로부터의 피벗이었다. 절대 끝나지 않는 멀티플레이어 온라인게임을 그는 게임 네버엔딩Game Neverending이라고 불렀지만, 정작 그것을 완성하지는 못했다.

에밋 시어도 그랬지만 게임은 스튜어트가 정말로 열정을 쏟은 분야였고, 당시 저스틴닷tv처럼, 게임 네버엔딩은 웹 2.0 초기에 믿을 수 없을 정도로 혁신적이었다. 10년 뒤에 글리치에 대한 스튜어트의 야망도 마찬가지였다. "그것은 사람들이 전에 보았던 것과는 전혀 달랐어요. 훨씬 더 개방적이고 협조적이었죠. 닥터 수스Dr. Seuss가 몬티 파이튼Monty Python과 현대판 그래픽 소설을 만난 것 같았는데, 그곳에서 우리는 정말로 개인의 창의성을 북돋아 주려고 노력했어요."

그들의 노력은 효과적이었다. 스튜어트의 추산으로는 수천 명의 열성적인 게이머들이 처음부터 글리치를 좋아했고, 심지어 2009~2010년의 초창기 버전도 좋아했다. "실제로 긍정적인 초기 지표들이 많았죠. 그래서 유료로 했습니다. 1년에 내야 할 돈이 1인당 평균 70달러 정도였죠."

그 게임에 가입한 사람은 수십만 명에 이르렀다. 역설적이게도 그때부터 초기의 긍정적인 지표들이 부정적인 방향으로 기울기 시작했다. 그 게임에 쏠린 관심은 사실 온라인게임에 대한 일반적인 관심이 증가한 결과였기 때문이었다. "우리와 거의 동시에 그리고 우리와는 별개로, 팜빌FarmVille이나 징가Zynga 등 이 모든 캐주얼 게임의 규모가 엄청나게 커졌어요." 스튜어트는 그렇게 말했다. 긍정적인 면은 "온라인게임이 투자자들의 생각대로 된 거예요. 갑자기 수십억 달러짜리가 되었으니까요." 플리커를 만들고 게임을 기업화하려는 사람의 입장에선 벤처캐피털리스트의 돈을 확보하기가 수월해졌다는 의미였다. 그는 힘들이지 않고 1,750만 달러를 모금했다. 부정적인 면은 온라인게임에 대한 관심이 급증하면서, 대규모 지속적인 성공을 추구하는 게임 종류가 글리치보다 반 발짝 이상 앞서가기 시작했다는 점이었다.

"게임 초반 몇 분 동안 사람들을 붙들어두는 게 너무 힘들었어요. 게임이 기존 것들과는 너무 다르고 이상했기 때문이죠. 게임을 해본 사람들이 그랬어요. '뭐 이딴 게 있어?' 그리고 3분 후에 다들 나갔죠." 그들의 견고했던 판매 깔때기 Sales Funnel는 흔히 말하는 "새는 바가지 Leaky Bucket"로 바뀌었다. 그리고 새는 바가지는 더는 쓸모가 없었다. 원래 깔때기의 기능은 이런 식이어야 했다. "처음에 사람들이 제품 이야기를 듣습니다. 그런 다음 웹사이트에 가서 가입하고 게임을 조금 하죠. 그 각각의 단계에서 떨어져 나가는 사람이 몇몇 있을 순 있지만(그래서 깔때기라고 불린다), 그래도 또 몇몇은 결국 돈을 지급합니다."

그러나 글리치의 새는 바가지는 달랐다. 사람들은 돈을 낼 의사가 있는 지점에 도달하기도 전에 깔때기 꼭대기에서 떨어져 나갔다. "끝까지 버티는 사람들이 많지 않았어요." 스튜어트는 그렇게 말했다. "만들고 나면 매번 그다음엔 그걸 고치고, 그런 다음 게임에 박진감을 추가하고 그다음은 맞춤형으로 했죠. 하지만 그런 시도를 계속 반복하면서도 사람들이 게임에 진득하게 붙어 있게 만드는 마법의 공식은 발견하지 못했습니다."

2012년에 스튜어트는 글리치가 더는 통하지 않는다는 것을 깨달았다. "1,750만 달러짜리 벤처캐피털 투자에 합당한 사업은 결코 될 수 없었죠." 그는 콕 집어 말했다. 그래서 어느 날 밤 그의 공동설립자들과 글리치 이사회에 그의 결정을 알리는 편지를 작성했다. 다음 날 아침 출근한 그는 전체 회의를 소집했다. "첫 문장을 절반도 못 읽었는데 눈물이 나더군요." 그는 그렇게 말했다. "그 방에 있는 사람들은 대부분 내가 직접 설득해서 데려온 사람들이었어요. 우리 회사에서 일해야 하고, 우리의 스톡옵션을 받아들여야 하고, 이 프로젝트를 믿어야 하며, 나를 믿어야 한다고 설득했던 사람들이었죠. 그런 그들을 실망시킨 겁니다."

하지만 스튜어트 버터필드는 글리치를 종료한 뒤에 자신에게 남은 것이 무엇인지 알지 못했다. 이는 상황이 불리해져 가는 걸 미리 알아채고 던킨도너츠와 스타벅스가 숨통을 조이기 전에 먼저 손을 쓴 스테이시 매디슨과 마크 앤드러스나, 자신만이 들어갈 수 있는 적합한 시장의 틈새를 본 제인 워워드, 아니면 사람들이 버븐에 흥미를 느끼는 것은 위치확인 기능이 아니라 사진이라는 사실을 알아챈 케빈 시스트롬과 마이크 크리거와는 달랐다. 스튜어트 버터필드는 수백만 프레임의 게임 전용 애니메이션과 거기에 효과음으로 딸린 수백 시간의 오리지널 음악 외에 자신을 보여주겠다고 애를 쓰다가 남은 것이 무엇인지 알지 못했다. 그런 것들로 도대체 뭘 할 수 있을까?

스튜어트가 자신에게 남은 것이 정말 무엇인지 알아차리기까지는 일주일 정도가 걸렸다.

"그런데 재미있는 것이 있었어요. 글리치는 사업으로서 성공하지 못했지만, 우리가 개발한 내부 통신용 시스템 덕분에 매우 생산적으로 일할 수 있게 되었다는 사실이었죠." 스튜어트는 그렇게 말했다. 이 시스템에는 이름이 없었다. 그들은 그 시스템을 거기에서 이루어지는 의사소통과 별개의 것으로 취급한 적이 없었다. "우리는 그것을 어떤 실체로 생각하지도 않았어요." 그는 말했다. 그것은 단지 어떤 목적을 위해 만든 하나의 채널 같은 개념으로, 누가 언제 입사하더라도 회사의 워크플로와 관련된 대화의 전체 내역을 파악할 수 있게 해주는, 말하자면 '기존 내부 통신에 대한 반전'이었다. 회사에 입사하면 받게 되는 아무것도 없는 '받은 편지함'으로 시작하는 표준 이메일 기반 통신 시스템으로는 결코 할 수 없는 소통 방식이었다.

"게임을 종료하기로 한 후에야 이런 시스템이 없으면 다시 일할 수 없겠다는 생각이 들더군요. 다른 사람들도 이걸 좋아할 것 같았어요." 스튜어트는 그렇게 보았다.

그 시스템, 그 아이디어가 슬랙이다. 지금 슬랙은 수십억 달러의 가치를 지닌 클라우드 기반 협업 소프트웨어 사업이 되었다. 그러나 당시 스튜어트와 그의 팀은 이 개념을 예비 기업고객들에게 알리는 것이 쉽지 않았다. 그 아이디어가 어떻게 유기적인 피벗의 중심점인지 그 핵심을 파악하지 못했기 때문이었다. 그들은 그것이 그들의 원래 사업과 연결되어 있긴 해도 철학적으로는 직접적인 관계가 없는 부수적인 도구라고 생각했다. 그럴 만도 했다. 복잡한 온라인게임과 기업용 미들웨어(제어 프로그램과 응용 프로그램의 중간 기능을 하기 위한 소프트웨어—옮긴이) 사이에 어떻게 선로를 놓는다는 말인가?

사실 선로를 놓을 필요는 없었다. 이미 스튜어트 버터필드가 했던 모든 것의 진정한 원동력으로 존재하고 있었기 때문이다. 그것은 이미 2002년 브리티시컬럼비아의 밴쿠버 시절에 시작되었다. "대규모 다중사용자 온라인게임엔 2가지가 있었습니다." 스튜어트는 게임 네버엔딩과 글리치에 대해 그렇게 얘기했다. "그리고 플리커라는 대규모 다중사용자 사진 공유 방법이 있었죠. 사실 슬랙은 직장의 대규모 다중사용자 커뮤니케이션일 뿐입니다."

스튜어트가 추구했던 여러 아이디어의 진정한 씨앗은 바로 대규모 다중사용자 협력 시스템, 그것이었다. 그가 그동안 해온 모든 피벗의 핵심에는 그 씨앗이 있었다. 이는 글리치 창립 멤버를 계속 유지시키고 결국 정리해고를 당해야 했던 글리치의 많은 직원을 다시 돌아오게 만든 씨앗이기도 했다. "나는 소프트웨어를 만드는 것을 좋아하고, 다른 사람들과 함께하는 것을 좋아했을 뿐이에요." 스튜어트는 말했다. "그들은 모두 소프트웨어를 만드는 걸 좋아해요. 그리고 일을 하면 할수록, 우리는 이 모든 것이 실제로 완벽하게 말이 된다는 것을 깨달았죠."

**자신이 벌이고 있는 사업이 애당초 그 사업을 벌이게 만든 아이디어(자신의 아이디어!)보다 더 크고 중요하다는 것을 깨닫기 위해서는 나이와 상관없이 엄청난 감정적 성숙함이 필요하다.** 아이디어가 자신이 생각했던 것이 아닐 수도 있다는 것을 받아들이거나, 성장하는 사업을 관리하느라 정신이 없는 와중에 사업이 자신이 의도했던 것에서 조금씩 천천히, 그러다 갑자기 멀어졌다는 사실을 받아들이

려면 겸손해야 한다.

　그리고 익숙한 것에서 벗어나 새로운 것을 향해 나아가기 위해서는 진정한 용기가 필요하다. 좋은 아이디어가 그다지 좋지 않게 보이기 시작하고, 가려는 방향이나 하려던 것이 원래 의도했던 사업과 거리가 한참 멀어 보일 때는 특히 그렇다.

# 3부 ― 목적지

사업에 있어 가장 두려운 부분은 뭐니 뭐니 해도 성공이다. 성공은 목적지, 즉 목표에 도달하는 것이다. 그곳에 이르렀을 때 본격적으로 일이 시작되기 때문이다. 그 순간 당신은 결정해야 한다. 이제 무엇을 해야 하는가? 다음엔 무엇을 할 것인가? 앞으로도 계속하던 일을 반복할 것인가? 그냥 버틸 것인가? 만들 것인가? 무엇을? 얼마나 크게 만들 작정인가? 무엇으로? 왜? 여기까지 오는 것도 어려울 만큼 어려웠다. 성공은 했지만, 그 성공을 지속시켜야 하는 책임과 그에 따르는 불안 때문에 쉬운 게 하나도 없다. 왜 이런 고생을 계속해야 하는가?

하나같이 답하기 어려운 질문이다. 사실 정답도 따로 없는 것 같다. 초반에는 살아남는 것이 가장 큰 걱정이니까. '완벽' 같은 것은 바라지도 않는다. 그런 것은 애당초 목표가 아니었다. 그저 함정만 만나지 않았으면 하는 심정이다. 누구에게 물려줄 생각 같은 건 하지도 않았다. 단지 낯선 미지의 세상에 발을 들여놓고 하루를 더 버티는 것에만 집중할 뿐이다.

하지만 세월의 시련을 견뎌내는 사업체를 만들고 싶다면, 이런 질문들을 진지하게 생각해 봐야 한다. 그 사업은 처음부터 당신을 움직이게 만든 아이디어를 세상으로 옮기는 단순한 전달 수단 이상의 어떤 것이었다. 그것은 당신의 사명과 가치를 반영하고, 당신이 들러붙어 씨름하는 모든 일에 명예를 부여하며, 당신이 여기까지 올 수 있도록 도와준 사람들에게 합당한 대우를 할 수 있게 하는 그런 일이다.

다음 행보가 무엇이든 이런 질문에 대한 답을 알아내기만 해도 성공했다는 기분을 느낄 수 있다. 남아서 계속 이끌 것인지, 그만두고 떠날 것인지, 한발 더 나아가 또 다른 분야에서 성공을 재현할지는 문제가 되지 않는다. 만약 그 사업이 당신 것이라는 이유로 그 답을 알아내는 걸 소홀히 한다면, 애초에 당신의 영감을 자극했던 것이 무엇인지 잊었다면, 그동안 견뎌낸 길고 고된 기업가적 여정에는 깊은 후회만 남을 것이다. 지키지 못한 약속처럼.

성공했다는 느낌은 잊어라. 원했던 자리에 도달하고 돈이 아무리 많아지더라도, 동기가 좋지 않았다면 실패했다는 느낌을 지우지 못할 것이다. **기업가로서 진정한 성공의 길은 이윤이 아니라, 더 심오한 목적을 추구하고 그것을 성취하는 것**이기 때문이다. 처음부터 목적지는 늘 똑같았다. 이러한 사실을 알고 언제 그곳에 도달할지 알아야 그때부터 그에 대한 보상이 쌓이기 시작한다.

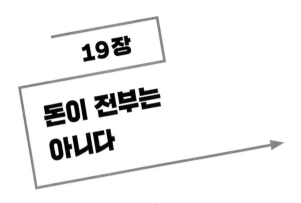

## 19장

# 돈이 전부는 아니다

2008년 3월, 일주일 남짓한 기간에 미국 투자은행 5위의 베어스 턴스 Bear Stearns가 주택저당증권에 너무 많은 돈을 베팅했다가 결국 감당하지 못해 주저앉았다. 6개월 뒤 미국 투자은행 4위의 리먼브 러더스 Lehman Brothers도 비슷한 이유로 파산 신청을 했다. 이를 신호 로 시장은 도미노가 쓰러지듯 빠른 속도로 공식적인 경기침체에 들어섰고 세계는 금융위기의 늪으로 빠져들었다.

　이들의 몰락을 두고, 최근의 실패 사례인 혈액검사회사 테라노 스 Theranos나 전자상거래 스타트업 팹 Fab 같은 회사를 지적할 때처 럼 우직한 무분별이나 지나친 망상이 빚어낸 결과라고 탓할 수는 없다. 베어스턴스는 '생각하기보다는 먼저 실행하라 Move fast and break things' 같은 만트라에 따라 움직이는 현대의 테크 유니콘처럼 젊은 치기에 열정만 넘치는 무분별한 거인이 아니었다. 베어스턴스는 1923년에 설립되었고, 리먼브러더스는 조금씩 형태를 바꾸긴 했어도 어쨌든 150년 이상 건재했다. 여러 면에서 그들은 미국을 세계에서 가장 강하고 부유한 국가로 건설하는 데 필요한 자금을 지원한 당사자였고, 그들이 그런 서비스를 제공한 배경에 진지한 목적이 있었다고 해도 틀린 말이 아니다. 그러나 2000년대 초 부동산 거품이 부풀어 오르는 동안, 두 회사는 모두 세컨더리 시장<sup>Sec-</sup>ondary Market에 들이닥친 주택저당증권의 유혹을 뿌리치지 못했다. 그 시장은 서브프라임 모기지 사태가 터진 이후에 평론가들이 '카지노'라고 불렀을 정도로 탐욕 외에는 다른 목적이 없는 시장이었다. 참가자들의 수법은 투자가나 자산관리자라기보다 도박꾼의 행태를 닮아 있었다. 그들은 베팅의 대가가 무엇이든 아랑곳하지 않고 큰돈을 벌기 위해 큰 위험을 감수했다. 여기서 말하는 위험이란 대출기관들이 도박에 쓸 칩을 더 많이 확보하기 위해 신용등급이 낮은 대출신청자들에게 허용하는 담보대출의 기준을 낮춰 대출 액수를 늘린 것이었다.

베어스턴스와 리먼브러더스는 남북전쟁과 대공황, 두 차례의 세계대전 그리고 수십 차례의 금융공황에서 살아남은 역전 노장이었다. 그들은 수백 개의 회사에 자금을 융통해 주고 수천 명의 백만장자를 탄생시켰다. 그러나 존경을 받던 두 회사도 결국 그들 자신의 욕심에서는 살아남지 못했다.

비틀스<sup>The Beatles</sup>는 돈으로 사랑을 살 수는 없다고 말했다<sup>Money</sup>

can't buy me love. 루소도 돈으로 행복을 살 수 없다고 가르쳤다. 성경은 돈을 사랑하는 것이 모든 악의 뿌리라고 경고한다. 그리고 서브프라임 모기지 사태는 돈이 사업의 첫 번째 동기가 될 수 없다는 것을 너무나 생생하게 보여주었다.

좋은 결과를 내고 회복 능력이 있으며 당신이 떠난 뒤에도 오랫동안 세상에서 선의의 힘을 발휘하는 회사는, 그 중심에 더 큰 목적을 갖고 있다. 바로 **사명**mission이다. 당신에게는 설립자로서 처음부터 회사의 정체성을 명확하게 밝히고 그것을 구체적으로 설명하여, 풍요로울 때 사람들을 지켜주고 어려울 때는 의지할 대상이 되어줄 책임이 있다.

사업 초기에는 잠재력을 가진 기업이라고 해도 폭발적이고 끝없는 성장에 대한 유혹을 이기지 못해 타격을 입거나 침몰하는 경우가 부지기수다. 그러나 '미션 퍼스트Mission First'로 접근하는 창업가는 그런 유혹을 다룰 수 있는 능력을 남들보다 더 많이 갖추고 있다. 뚜렷한 사명 의식은 돈이 부족하거나 성장이 저조할 때 그 진가를 더욱 발휘한다. 연륜이 짧은 기업은 특히 그렇다. 사명이 계속 싸워야 할 이유를 주기 때문이다. 이와 달리 '머니 퍼스트Money First'를 앞세워 사업을 운영하면, 돈이 없어지면 하던 일을 포기하고 서둘러 방향을 바꾸거나 좋지 못한 징후가 나타나는 순간, 당초의 생각을 접거나 손을 떼게 된다.

젠 하이먼은 부자가 되고 싶었기 때문에, 남성 벤처투자가들의 성차별과 남성 우월주의, 또 노골적인 비아냥을 견디지 못했다. 젠은 하버드대학교의 학위를 하나도 아닌, 2개나 가진 재원이었다(학부와 경영대학원). 그녀는 대학교를 졸업한 직후 스타우드호텔앤드리조트Starwood Hotels and Resorts에서 초급 애널리스트로 일하던 스물두 살 때 이미 허니문 레지스트리에 관한 아이디어를 구상하고 있었다. 이 아이디어는 지금도 널리 사용되고 있으며 심지어 확장되기까지 했다. 젠은 인재양성소 IMG의 사업개발 이사를 지냈고, 지금은 슈퍼스타다. 백만장자가 젠이 가진 목표의 전부였다면, 여성 패션이나 여성과 옷장과의 관계나 여성을 이해하지 못하는 4, 50대 남성 부자라는 장벽을 애써 뚫지 않고도 좀 더 쉽게 목적을 달성할 방법을 100가지는 찾았을 것이다. 아니, 거들먹거리는 위압적인 벽에 부딪혔을 때 쉽게 그만두었을 수도 있다. 무엇이 됐든 벤처투자가 권하는 사업을 하면 쉽게 자금을 끌어낼 수 있다고 생각했다면, 그녀도 말을 고분고분 따랐을 것이다.

하지만 젠 하이먼이 그들을 찾아간 건 돈 때문이 아니었다. 그녀는 **어떤 목적을 위해서 그리고 그 목적이 있어서 그곳에 갔다.** "옷은 자신을 느끼는 어떤 방식입니다." 젠은 자신의 아이디어를 추진한 계기에 관해 설명하면서 그렇게 말했다. "아침에 멋진 외출복을 입으면 힘이 솟든 아름다워지든 섹시해지든 여유로워지든, 어쨌든 그날 갖고 싶은 기분을 느끼게 됩니다. 그러면 그날 하루 전체가 달라지죠." 젠은 그런 변신의 효과를 직접 경험했고, 그녀의 공동설립자인 제니퍼 플라이스와 함께 이를 시험해 보고 싶었다. 그들은 렌트더런웨이라는 모델이 현장에서 어느 정도 통하는지 확인하고자 여러 곳에 팝업 매장을 열었고, 그곳에서 여성들이 그렇게 변신하는 모습을 거듭 확인할 수 있었다.

"자신감을 주는 옷의 정서적 효과를 눈으로 직접 확인할 수 있었어요. 여성들은 옷을 걸치는 순간부터 표정과 태도와 몸짓이 달라졌고 자신을 다르게 생각하고 느끼는 것 같았죠." 젠은 그렇게 말했다. "팝업에서 우리는 여성들이 입고 왔던 옷을 벗어 놓고 멋진 드레스를 입은 다음, 자신을 아름답고 느끼는 모습을 지켜봤습니다. 걸음걸이에서부터 자신감이 묻어났죠. 나는 이 아이디어가 여성들에게 합리적이거나 현명한 선택을 제시하는 사업에만 그치지 않고, 어떤 감정까지 전달해 그날 하루를 멋진 기분으로 보낼 수 있게 해주는 사업이 될 수 있을 거라 확신했습니다."

이것이 렌트더런웨이의 **사명**이었다. 젠과 제니퍼는 그들이 만들고자 하는 것이 무엇인지 알고 있었다. 그것은 그들과 같은 여성들에게 힘과 능력 그리고 아름다움을 느낄 수 있게 해주는 회사였다. 이를 알았기에 젠은 그 모든 홍보 미팅에서 보인 투자가들의 냉대와 싸우며 투지를 불태울 수 있었고, 결국 투자가들을 직접 팝업 매장에 초대하여 여성들이라면 이미 알고 있는 것을 그들이 직접 눈으로 확인할 수 있게 만들었다. 그제야 투자가들은 이 사업의 본질을 이해했다. 젠은 사업 모델뿐 아니라 그녀가 만든 회사의 더 큰 사명까지 투자가들에게 납득시킨 것이다.

사명은 일이 뜻대로 되지 않을 때 단순히 투지를 불태우게 만드는 것을 넘어, 방향까지 제시해 준다. 사명은 기회를 확인시켜준다. 사업에 대한 사람들의 관심을 끌어올려 주는 것부터 사업을 뒤엎거나 축소하는 문제에 이르기까지, 어떤 상황에서든 선택의 영역을 분류하고 우선순위를 정하게 만든다. 아마도 신생 기업에는 이것이 가장 중요한 과제일 것이다. 제품개발과 펀딩, 고용, 마케팅 등 모든 것이 창업가를 중심으로 어지럽게 돌아가기 시작하면, 창업가 개인과 사업체 집단 모두 방향을 잃기 쉽기 때문이다. 방향 감각을 상실하게 되면 어떤 사명감도 유지하기 힘들다. 그리고 어디로 가는지 모르면 왜 가는지도 알 수 없게 된다.

2019년에 나는 보스턴 지역에 본사를 둔 큐리그 닥터페퍼Keurig Dr Pepper와 앤호이저부시Anheuser-Busch가 합작해서 만든 드링크웍스Drinkworks에 연사로 초청받았다. 드링크웍스는 칵테일 제조기 큐리그Keurig를 만드는 회사다. 만약 모스크바 뮬Moscow Mule(보트카를 베이스로 한 달콤한 칵테일 – 옮긴이)을 만들고 싶으면, 큐리그가 어떤 크기의 잔에 얼음을 얼마나 넣어야 하는지 알려준다. 그다음 팟을 넣고 탱크에 물을 채운 다음 버튼을 누르면, 완벽한 온도에서 최상으로 혼합된 모스크바 뮬이 나온다. 아주 깔끔한 공학 작품이다.

내가 드링크웍스 팀을 만났을 때, 그들은 성장통의 초기 단계를 겪고 있었다. 그들은 모든 제품에 특허를 출원하고 완전한 제품군을 갖춘 후 엄청난 화젯거리를 만들어냈다. 그들의 데모 영상은 빠르게 확산되었고, 온라인과 SNS를 통해 소개된 기사는 10억 회나 노출되었다. 그들은 〈투데이Today〉 쇼에 출연했고, 지미 팰런Jimmy Fallon의 〈투나잇 쇼The Tonight Show〉에도 소개되었다. 그런데도 그들은 시장의 관심을 더욱더 높이지 못해 안달이었다. 그도 그럴 것이 술은 매우 엄격한 규제를 받는 산업인 데다 주마다 규제 내용이 달라서, 당시에는 플로리다나 미주리에 거주해야만 그 기계를 살 수 있었기 때문이다. 이 때문에 그들의 기계와 성능에 관한 이야기를 들은 사람은 많았지만, 정작 이를 구입할 수 있는 사람은 많지 않았다. 심지어 회사가 위치한 주에서도 살 수 없었다. 새로운 회사가 자리 잡기에는 모든 면에서 불리한 조건이었다. 회사의 잠재력이 당국의 규제로 계속 억눌리게 되면 직원들의 사기가 저하될 수밖에 없으니까.

그들과의 대화가 끝나갈 무렵, 내가 물었다. "여러분에게 1가지 질문을 하겠습니다. 여러분의 사명은 무엇입니까? 무엇을 위해 매일 아침 출근합니까?"

가장 먼저 입을 연 사람은 팀워크를 중시하고 할 수 있는 한 최고의 제품을 만드는 것이 그들의 사명이라고 말했다. 다음 사람은 자신들은 매우 사명 지향적이라고 전제하면서, 세계 최고의 음료 제조기를 만드는 것을 목표로 삼는다면 그것이 곧 소비자를 위한 부가가치를 창출할 것이라고 말했다.

두 사람의 대답은 나뿐 아니라 그들의 동료들에게도 아무런 감흥을 주지 못했다. 두 사람의 뒤를 잇는 어떤 대답도 들을 수 없었다. 이미 나온 답변에 관해 설명을 덧붙이는 이조차 없었다. 도무지 그들에게선 어떤 열정도 느낄 수 없었다.

나는 말했다. "좋습니다. 이건 어떤가요? 우리의 사명은 사람들이 모임을 하기 쉽게 만드는 제품을 만드는 것이다. 파티를 열고, 주방이나 거실에서 친교를 다지기 쉽게 해주는 제품을 만드는 것 말이죠. 교외에 살면서 맞벌이하는 가정이든, 도시에서 젊고 활기찬 생활을 꾸려가는 가정이든 집에 전통적 개념의 홈바를 만들 여유를 갖기는 쉽지 않을 겁니다. 드링크웍스는 그런 사람들의 집에

309

필요한 가정용 제품입니다. 냉정수기가 사무실용이듯 말이죠. 대화가 이루어지고 관계가 형성되며 친목을 다지는 장소. 아, 그러고 보니 그 기계가 완벽한 칵테일도 만들어 주네요."

남의 회사를 두고 터무니없는 브랜딩을 하는 것처럼 들릴지도 모르겠다. 그중에는 생각나는 대로 뱉은 말도 있었다. 그러나 대부분은 그곳에 도착하기 며칠 전부터 그 팀을 위해 준비한 내용이었다. 물론 그들은 칵테일을 만드는 기계를 만든다. 아주 단순한 얘기다. 하지만 **그들이 왜 그 기계를 만드는지와 그들이 무엇을 만드는지는 엄연히 다른 문제다.** 젠 하이먼이 렌트더런웨이에서 하는 일은 디자이너의 패션 상품을 대여하는 것이지만, 그녀가 그런 사업을 하는 이유는 고객들에게 당당함과 자신이 아름답다는 것을 느끼게 만들고 싶어서였다.

그렇다면 드링크웍스가 정말로 하는 일은 무엇인가? 그리고 왜 그 일을 하는가? 이런 것들은 내가 나를 위해 답하려고 했던 질문이자, 그들의 사명에 대해 제기한 질문의 핵심이었다. 이는 그들의 제품이 시장에 깊숙이 침투하는 것을 가로막는 여러 주 정부의 복잡하고 경직된 관료주의를 헤치고 나아갈 때, 그들에게 일정한 방향을 제시해 주는 답을 스스로 찾게끔 돕고자 의도한 질문이었다.

영국 남서부 출신의 전직 승려인 앤디 푸디컴Andy Puddicombe은 드링크웍스와 정반대의 문제를 갖고 있었다. 드링크웍스는 제품을 사람들에게 알리는 데 성공했음에도 이를 어디로 가져가야 할지 몰라 고심하고 있었지만, 앤디의 사명은 처음부터 한 번도 바뀐 적이 없었다. 그것은 명상의 문턱을 낮추고 가능한 한 많은 사람이 명상에 접근할 수 있게 하는 것이었다. 그는 모스크바에서는 명상을 가르칠 가망도 없고 기대하기도 힘들다는 판단으로 2004년에 승복을 벗고 환속했지만, 그 순간부터 자신이 가야 할 곳을 정확히 알고 있었다. 그가 몰랐던 것은 단지 인기 있는 명상 앱 헤드스페이스Headspace라는 목적지에 도착하기까지 여러 우여곡절을 겪게 될 8년이라는 세월이 남았다는 것뿐이었다.

앤디가 스코틀랜드의 한 수도원에서 명상 수련회를 열 수 있는 자리가 열리기만을 기다리고 있던 4년 동안, 헤드스페이스의 배경을 이루는 사명은 앤디의 모스크바 시절의 초기 형태를 갖춰갔다. "나는 내 마음을 더 잘 이해하기 위해 장기전을 할 생각이었습니다." 앤디는 그렇게 말했지만, 그런 가운데서도 수도원이라는 전혀 다른 체험을 통해 명상을 가르치는 것의 의미를 깨닫게 되었다.

앤디는 처음에는 매우 원칙적으로 접근했다. "아주 전통적인 방식으로 가르쳤어요. 그러나 명상 센터에 오는 사람들을 조금씩 알게 되면서, 그들의 삶에서 벌어지고 있는 일에 대해 스스럼없이 더 많이 대화하게 되었죠." 앤디는 그렇게 말했다. 사람들이 이러한 가르침을 이해할 수 있게 하려다 보니 그동안 고수해 왔던 전통적이고 공인된 방법론에서 벗어나는 경우가 많았다. 그는 사람들에게 수련에 대한 자기 생각과 거기서 배운 교훈을 생활에 적용한 방법들을 나눴다. "전에는 가르침을 안전하게 지키고 거기에 사사로운 것들이 투영되지 않도록 삼가는 것을 지나치게 강조했죠." 앤디는 그렇게 설명했다. "하지만 나는 내 개인적인 체험이나 격의 없는 대화가 전통적인 방법보다 사람들에게 더 많은 반향을 일으킨다는 사실을 알게 되었습니다."

이처럼 승려의 신분으로 그가 내세운 전통과 평범한 수행자로서의 그의 고백은 효과적인 측면에서 뚜렷한 간극을 드러냈다. 이를 확인한 앤디는 10년 동안의 치열한 정진수행을 마치고 승복을 반납했다. 수행하는 삶을 포기하고 영국으로 돌아가기 위해서였다. "나는 나 자신도 경험해 보지 못했지만, 사람들의 마음에 진정으로 반향을 일으킬 수 있는 명상을 설명해 줄 방법을 찾았습니다. 그래서 신비적 요소를 제거한 명상을 생각해 냈고 이를 좀 더 사람들 곁으로 가져가려고 애썼죠."

영국으로 돌아온 뒤 앤디의 첫 여정은, 일대일로 명상을 가르칠 장소를 찾아 명상의 **방법**과 **이유**를 사람들에게 이해시키는 것이었다. 모스크바의 명상 센터에서 그가 처음 맞았던 제자들에게 했던 방식이었다. "가능한 한 모든 순간마다 내용을 기록하면서 내가 하려는 일이 무엇인지 알아내려고 했습니다." 앤디는 그렇게 말했다.

쉽지 않은 일이었다. 앤디는 성인이 된 이후 첫 10년 동안 그가 몸을 바쳤던 전통에 여전히 익숙했고, 거기에 질긴 인연을 느끼고 있었다. 비록 몸은 승단을 떠났지만 그렇다고 모든 것을 무시하지는 않았다. 그러나 티베트인들이 이야기와 은유를 사용하듯 그가 효과 있으리라 예상한 방법을 나름대로 적용해 봤지만, 소용이 없었다. 방법을 수정해야 했다. 어떤 식으로? 물론 그 답은 사명에 있었다. 무엇이 됐든, 명상에서 신비성을 걷어내고 문턱을 낮춰 사람들이 더 쉽게 접근할 수 있게 만드는 것이었다.

명상을 해보고 싶게 만들고 사람들이 명상의 재미에 푹 빠지게 하는 것이 그의 목표였다. "명상에 대해서는 많이 들어도 보고 읽어도 봤겠지만, 명상을 통해 어떤 놀라운 도약을 하려면 직접 체험해 봐야 하기 때문이죠." 그래서 그는 실전에 훨씬 더 많은 스토리텔링을 가미했다. 그는 티베트 전통에서 많은 은유와 비유 들을 빌려와 더 쉽게 접근하고 실천할 수 있게끔 적당히 각색했다.

앤디는 그의 첫 수련 장소인 런던의 한 종합건강센터 클리닉 룸에서 그 모든 것을 조율했다. 그 건강센터는 동양의 명상 기법에 대응하는 서양의 포괄적 용어인 '마음 챙김Mindfulness'에 대해 호감과 호기심을 갖고 있는 의사가 운영하는 곳이었다. 앤디는 그 의사가 "마음 챙김이 클리닉의 여러 문제를 해결하는 데 도움이 될 것 같다고 생각"했다고 말했다. 앤디는 의도적으로 런던의 금융가에 자리 잡은 한 클리닉을 출발점으로 삼았다. 명상의 문턱을 낮추려면 가르침에 접근하기 쉬운 사람들이 대상이어야 하고, 수련 장소도 접근하기 쉬운 곳이어야 했다. "전통적인 명상 장소로 여겨지는 곳에 사람들을 앉혀놓는 것이 싫어서 일부러 그런 곳을 선택했습니다. 하지만 명상을 건강 클리닉이나 그 비슷한 것의 대안으로 제시할 생각은 없었어요. 그저 명상을 일상적인 것으로 느끼게 하고 싶었습니다."

얼마 지나지 않아, 앤디는 매일 6명에서 10명의 사람을 상대하게 됐다. 대개 일상적인 문제를 안고 있는 사람들이었다. "그들은 우울증, 불안감, 불면증, 스트레스, 편두통 등으로 어려움을 겪고 있었어요." 그는 10주 동안 매주 1시간씩 사람들을 만났는데, 시간이 가면서 10주간의 모듈식 코스를 개발하여 모든 사람이 혜택을

313

볼 수 있게 했다. 여기서 말하는 모든 사람이란 말 그대로, 모두를 뜻한다. "지금 헤드스페이스 앱에서 듣게 되는 것들 모두 그 기간에 개발한 내용과 언어를 기반으로 하고 있습니다. 무엇이 통하거나 안 통하고 어떤 언어가 관계를 만들거나 만들지 못하는지를 이해하는 측면에서 이는 정말로 중요한 수련장이었습니다." 앤디는 그렇게 설명했다.

헤드스페이스는 2018년 중반, 3,000만 명이 넘는 사용자와 100만 명의 유료 가입자를 확보하지만, 거기까지 가기 전에 앤디는 우선 일대일 방식의 클리닉을 뛰어넘을 방법부터 찾아야 했다.[83] 돈을 더 벌기 위해서가 아니라 더 많은 사람에게 더 빨리 다가가기 위해서였다. "명상을 세상에 선보이고 싶었어요. 더 많은 사람이 명상을 하길 바랐죠. 하지만 클리닉 밖에서는 어떻게 해야 할지 몰랐어요." 앤디는 그렇게 말했다. 주말에 여기저기서 워크숍을 몇 번 하긴 했지만 거기까지였다. 그러다 2009년 초에 지인에게서 한 사람을 소개받았다. 나중에 헤드스페이스 공동설립자가 되는, 전직 광고대행사 임원 리치 피어슨Rich Pierson이었다. 그는 매일 치열한 경쟁 속에 술에 절어 살아야 하는 광고계에서 지칠 대로 지쳐 있었다. 그래서 걱정거리를 좀 덜어내고자 앤디가 일하는 바로 그 클리닉에서 침술을 배우고 있었다. 리치는 광고계에서 발을 빼고 좀 더 멀쩡한 정신으로 목적이 분명한 생활로 전환하고 싶었는데, 그러려면 불안감부터 처리해야 했다. 앤디 역시 자신의 더 큰 사명을 이루려면 브랜딩과 클리닉을 넘어서는 무언가를 만들어야 했는데, 그러려면 도움이 필요했다.

"명상을 몰랐던 사람들이나 심지어 명상을 통해 아무런 혜택도 받은 적 없는 사람들에게도 명상이 효과적이라는 걸 확인했어요. 하지만 클리닉에서는 여전히 일 대 일이었죠. 다른 방법을 몰랐으니까요. 본격적으로 사람들을 모집해야 하나? 직장을 대상으로 해야 할까? 어떻게 해야 할지 몰랐고, 사업 경험도 없었죠. 그냥 리치가 좀 도와주면 이 아이디어를 클리닉 밖으로 끌어낼 수 있을지 모르겠다는 생각만 했죠." 앤디는 그렇게 말했다.

리치는 돕겠다고 했고, 앤디도 리치가 명상 과정을 이수하는 데 동의했다. 이상적인 결론이었다. 그리고 아이디어를 몇 달 실험해 본 후, 2010년에 그들은 헤드스페이스를 개설했다. 앱은 아니었다. 영국 전역에서 명상 워크숍을 진행하는 라이브 이벤트회사였다.

짐작하겠지만, 대단한 사업이 되기는 힘들었다. 오프라 윈프리나 데이브 램지Dave Ramsey가 아닌 이상, 라이브 이벤트 워크숍은 만만치 않을 뿐만 아니라 확장하기도 어렵다. 워크숍 강사는 앤디 푸디컴뿐이지 않은가. 그가 하루에 감당해야 할 워크숍은 너무 많았다. 그 한계를 극복해 보고자 애쓰지 않은 것도 아니다. 그러나 더 중요한 것이 있었다. 사업이 궤도에 올라설 조짐이 보이기 시작한 것이다. 두 사람은 이미 앤디의 본래 사명을 실천에 옮기고 있었다. 그들은 앤디가 지난 몇 년 동안 개발한 명상 수련을 통해 점점 더 많은 사람을 끌어들였고 더욱 무서운 집중력을 발휘했다. 그리고 드디어 2012년에 그들은 10주간의 검증된 콘텐츠를 365일 명상 프로그램으로 전환할 때가 되었다는 결론을 내렸다. 디지털로 온라인에 살아 숨 쉬며 스마트폰의 버튼만 누르면 말 그대로 수십억 명의 사람들이 접속할 수 있는 프로그램이었다.

자신이 어디서 왔으며 명상을 들고 어디로 가야 할지 알고 있었기에, 앤디 푸디컴과 리치 피어슨은 그 앱이야말로 그들이 가고자 하는 곳에 도달하는 유일한 논리적인 방법이라는 판단을 내렸다. 그들의 등을 떠밀었던 더 깊은 목적의 본질이 있었기에 그들은 더 화려할 수도 있는 다른 선택지들을 외면할 수 있었다.

**큰 사명은 이처럼 창업가와 그의 사업에 상상하기 힘들 만큼의 큰 힘을 가져다준다.** 세속의 모든 소유를 버리고 성인이 되어 줄곧 돈을 바라보지 않겠다고 맹세한 어느 전직 승려를 이끌어 현대 기업가정신의 정상에 올려놓은 것은, 다름 아닌 사명이었다. 그는 이 사명 하나만 가지고 편안한 연봉의 유혹을 뿌리치고 회의의 눈초리를 거두지 않는 투자가들을 뒤로하고 자신의 원칙을 지켜냈을 뿐만 아니라, 정상으로 향하는 길목에서 가장 중요하고도 유일한 통로를 묵묵히 건넜다.

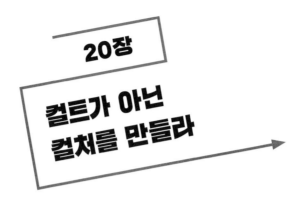

## 20장
# 컬트가 아닌
# 컬처를 만들라

2009년부터 실리콘밸리에는 '컬처 데크Culture Deck'라는 유명한 문서가 인터넷에 떠돌았다. 컬처 데크는 연쇄 창업가Serial Entrepreneur 리드 헤이스팅스Reed Hastings가 팀원들과 함께 넷플릭스라는 자그마한 회사를 설립한 후 10년이라는 기간에 걸쳐 제작한 문서로, 약 130개의 파워포인트 슬라이드로 구성되었다. 이 문서는 애초에 사내 교육용으로 제작된 것이었다. 넷플릭스가 상장되고 흑자로 돌아서기 시작한 직후부터 헤이스팅스와 그의 매니저들은 신입사원을 채용할 때도 이 문서를 활용했다. 넷플릭스의 리더들은 '우리가 어떤 존재가 되고 싶은지, 어떤 식으로 운영하기를 원하는지'에 더욱 심혈을 기울였다고, 헤이스팅스는 말했다.[84]

초기 몇 해 동안 컬처 데크에 대한 반응은 극명하게 엇갈렸다. 이를 좋아하는 신입사원이 있는가 하면 나름의 이유로 손사래를 치는 직원들도 있었다. 그러나 헤이스팅스는 그 데크가 단순한 교육용 문서 이상의 의미가 있다고 확신했다. 이는 직원 채용과 업무 평가의 도구가 될 수도 있었다. 2017년에 헤이스팅스는 자신과 이름이 같은 실리콘밸리의 유명한 또 다른 리드(호프먼)의 팟캐스트 〈마스터스 오브 스케일〉에서 호프먼에게 이렇게 말했다. "이 데크를 모든 지원자에게 보여줘야 한다고 생각했습니다."[85] 그보다 2년 전인 2015년에는 또 이렇게 말했다. "입사를 지원한 모든 사람에게 그 데크의 의미를 제대로 이해시키고 싶었습니다."[86] 그는 2009년 이미 슬라이드셰어 SlideShare(프레젠테이션 슬라이드 등을 저장할 수 있는 호스팅 서비스-옮긴이)에 그 프레젠테이션을 올려 자신의 말을 실천에 옮겼다. 이렇게 해서 그 슬라이드들은 티셔츠 캐넌 T-shirt Cannon에서 튀어나온 슈퍼볼 Super Ball(통통 튀는 작은 고무공)처럼 인터넷 곳곳을 요란하게 휘젓기 시작했다. 그리고 그 결과는 대단했다.

넷플릭스는 자신들이 누구이고 무엇을 믿고 어떻게 운영하는지 명확하게 정의한 다음, 이를 문서화하여 세상에 공개함으로써 차선의 취업 후보들을 걸러냈을 뿐 아니라 "평소 같았으면 넷플릭스를 염두에 두지도 않았을 많은 사람까지 지원하게끔" 만들었다.[87] 2000년대 후반과 2010년대 초반의 실리콘밸리 같은 약탈적인 고용 환경에서 그들은 다른 무엇보다 문화를 선택함으로써 경쟁적 우위를 확보했다. 그래서인지 넷플릭스는 20년도 채 되지 않은 기간에 직원 보수가 가장 높고 이직률이 가장 낮은 1,500억 달러 규모의 가치를 지닌 미디어회사로 성장하여,[88] 영화와 TV에 사운드와 컬러가 도입된 이후 본 적이 없던 돌풍을 일으키고 있다.

이러한 '컬처 퍼스트 Culture First' 접근법도 사실 자연스럽게 다가온 것은 아니었다. 리드 헤이스팅스가 처음 세운 회사 퓨어소프트웨어 Pure Software의 운영 방식은 달랐다. 거기서는 무엇이든 '미 퍼스트 Me First'였다. 그가 이기적이었기 때문은 아니다. 오히려 그 반대였다. **그는 모든 것을 했고 적어도 모든 것을 직접 하려고 했다.** "내가 고객을 더 많이 방문하고, 출장을 더 많이 가고, 코드를 더 많이 작성하고, 인터뷰를 더 많이 하면 어쨌든 조금 더 잘되지 않을까, 그렇게 생각했죠."[89] 그는 그렇게 말했다. 회사의 설립자이자 CEO로서 해결해야 할 문제나 코드에 고쳐야 할 버그가 있다면 확실한 최선의 선택이 자신이라고 생각했다. 어쨌든 그가 만든 회사이니까. 하지만 혼자서 그 모든 일을 하는 것은 무리였다. "밤새 코딩을 한 다음 낮에는 CEO 노릇까지 하려니 샤워할 시간도 나지 않더군요."[90] 일이 제대로 될 리 없었다. 헤이스팅스는 다른 방법을 찾아야 했다.

컬처 데크가 만들어진 것은 결국 그런 실수를 통해서였다. 퓨어소프트웨어에 문제가 생길 때마다, 그는 직접 해결하려 들기보다 그런 문제가 또다시 일어나지 않게끔 규칙을 마련하는 방법을 택했다. 2018년에 그는 TED 콘퍼런스에서 가진 크리스 앤더슨 Chris Anderson과의 인터뷰에서(운 좋게도 나는 그 인터뷰 현장의 방청석에 있었다. 아주 매혹적인 대화였던 것으로 기억한다), 그 절차를 "반도체 생

319

산 방식,[91] 바로 그것"이라고 말했는데, 이는 실제로 시도해 보지 않고도 컬처 퍼스트에서 어느 정도를 얻을 수 있는가 하는 문제로 귀결된다. 헤이스팅스는 앤더슨에게 이렇게 말했다. 진짜 문제는 "우리가 바보도 알 수 있는 빤한 시스템을 추구했다는 점입니다. 그러다 보니 결국 바보들이나 일하고 싶어 하는 환경이 되고 말았죠. 당연히 그 이후 시장이 바뀌었고 우리 회사는 적응할 수 없었습니다."

퓨어소프트웨어는 결국 제일 큰 경쟁사에 인수되었고, 리드 헤이스팅스는 그때 받은 거금으로 넷플릭스를 공동설립했다. 넷플릭스에서는 절차에 집착하거나 창업가가 모든 일의 중심에 서는 실수를 반복하지 말아야겠다고 그는 다짐했다. 그는 운이 좋았다. 그만한 운을 가진 창업가도 많지 않을 것이다. 창업가들은 흔히 스스로 모든 것을 하려고 하고 자신만이 일을 가장 잘 알고 있다고 믿으며 그 믿음을 반영하는 규칙을 만들려는 충동에 사로잡힌다. 정말로 성공한 창업가라면 그런 충동이야말로 무서운 파괴력을 지니고 있다고 경고할 것이다. 하지만 창업가가 정한 규칙이 별다른 효과를 내지 못하고 그의 결론이 틀렸다는 사실이 계속 드러나도, 창업가는 자신이 조금 더 몸을 부지런히 움직이고 더 열심히 하면 모든 것이 잘되리라 생각한다. 그런 식으로 접근하면 육체적으로나 정신적으로 한계에 부딪힐 수밖에 없다. 리드 호프먼의 인터뷰에서도 헤이스팅스는 이렇게 말했다. "일을 많이 하는 것은 진정한 해결책이 아닙니다.[92] 규모가 커져도 성공을 지속시키려면 조직의 모든 사람을 활용해야 해요. 그러기 위해서는 문화를 조성할 방법을 본격적으로 생각해 봐야 합니다." 상식적인 말처럼 들릴지도 모르겠다. 실제로 그것이 상식이니까! 하지만 놀랍게도 내가 만나본 창업가 중에는 회사의 규모가 커질수록 모든 것을 스스로 하려는 이가 너무 많았다. 결국 그렇게 되면 사업과 관련된 일이 사업 그 자체보다는 오로지 창업가를 중심으로 돌아가기 시작한다.

이는 더할 나위 없이 좋은 의도를 가지고 있는 기업가조차도 피하기 어려운 함정이다. 이러한 함정은 눈에 잘 띄지 않는다. 사업을 시작한 이후에도 아주 오랜 기간, 창업가는 자신의 사업을 자신이나 자신의 아이디어와 동일시한다. 아이디어의 씨앗이 마음에 심어지고 그 씨앗에 영감으로 물을 주어 씨앗이 싹을 틔우고 흙을 뚫고 나오면, 그들은 연구를 통해 영양분과 빛을 쬐어 하나의 상품으로 만개하게 만든다.

거기까지 가는 길은 모든 것을 쏟아붓는 과정이다. 가지고 있는 시간과 에너지와 집중력을 모두 투입해야 한다. 머릿속에 온통 그 생각밖에 없다 보니 시간이 조금 지나면 자신과 자신의 아이디어를 가르는 선이 흐릿해지기 시작한다. **창업가가 할 일이 어디까지이고 회사가 할 일이 어디서부터인지를 구분하기 힘들어지는 것이다.** 다른 사람도 창업가 못지않게 사업이나 문제를 파악할 수 있다고 생각할 수 없게 된다. 실적이 안 좋거나 고통스러운 시기에는 특히 그렇다. 그래서 팀의 누군가가 당신이 모든 것을 자기중심적으로 만들고 있다고 볼멘소리를 해도 납득하지 못한다. 당신이 하는 모든 일은 사업을 위한 것이다. 당신은 당신이 가진 모든 것을 바쳤다. 바칠 것이 더 있다면 그것마저 쏟아부었을 것이다. 하지만 당

321

신이 당신과 사업을 구분하지 못한다면, 당신의 정체성과 회사의 정체성을 분리하지 못한 채 내버려 둔다면 어떤 일이 일어나겠는가? 적어도 외부에서 볼 때는 사업밖에 모르는 당신이 자신밖에 모르는 외골수로 비춰지지 않겠는가?

이런 함정에 빠진 창업가들을 일컫는 말이 있다. 예일대학교 경영대학원에서 CEO를 연구하는 제프리 소넌펠드 *Jeffrey Sonnenfeld* 교수에 따르면, '**군주 CEO** *Monarch CEO*'이다.[93] 소넌펠드는 〈워싱턴포스트 *Washington Post*〉 기자와의 인터뷰에서 이렇게 말했다. "창업가들의 사업을 규정하는 것은 그들이고, 그들의 삶을 규정하는 것은 그들의 사업입니다." 이런 인물 중 최근 몇 년 사이에 가장 악명을 떨친 사람은 지금은 사라진 의류 소매업체 아메리칸어패럴 *American Apparel*의 창업가 도브 차니 *Dov Charney*다.

아메리칸어패럴은 21세기 첫 10년 동안 의류업과 의류 문화에서 당당히 한 축을 맡았던 거인이다. 그들의 광고는 찌르는 듯 날카로웠고 성적 감성을 대담하게 도발했다. 그들의 매장은 있어야 할 모든 도시 중에서도 가장 좋은 길목에 자리했다. 그들은 로스앤젤레스 시내에 있는 크고 오래된 공장 건물에서 옷을 제조했고, 10년 동안 어디를 가나 그들의 옷과 그 옷을 입은 사람을 볼 수 있었다. 나 역시 지금까지 번갈아 가며 입는 아메리칸어패럴 티셔츠와 후드티를 몇 벌 가지고 있다.

미국 내에서만 의류를 제조하고 유통시켰던 아메리칸어패럴이 국제 브랜드로 부상한 속도는 그들의 몰락 속도만큼이나 빨랐다. 그들은 2000년에 로스앤젤레스 시내에 있는 그들의 유명한 공장으로 자리를 옮겼고, 2005년에는 미국에서 가장 빠르게 성장하는 회사로 발돋움했다. 2011년에는 매장을 250개 이상으로 늘렸고 수익이 5억 달러를 상회했다. 그러다 2014년에 도브는 성희롱 소송과 악성 금융 거래에 휘말려 자신이 설립한 회사의 이사회에서 쫓겨났다. 그리고 2015년에 아메리칸어패럴은 연방 파산법 11조에 의거하여 파산을 신청했다. 2017년에 도브 차니가 알고 있던 회사는 사라졌다. 회사와 창업가 사이의 모든 관계는 단절되었고, 그들의 지식재산권은 경매를 통해 경쟁사인 길단액티브웨어 Gildan Activewear에 1억 달러도 안 되는 가격에 넘어갔으며, 그들의 소매 매장은 문을 닫았다.

애석한 한편, 경각심을 불러일으키는 이야기다. 도브 차니는 아메리칸어패럴이었고 아메리칸어패럴은 도브 차니였다. 그것이 문제였다. 모두가 그 사실을 알았다. 〈뉴욕타임스〉는 "차니는 회사 외에는 다른 관심사가 없었다. 그는 자신을 필수 불가결한 존재로 여겼다"라고 말했다.[94] 또 〈파이낸셜타임스 The Financial Times〉는 "미스터 차니는 그토록 자주 비난받아온 불미스러운 행동이 종종 칭찬을 받은 파격적인 패션 레이블의 이미지와 불가분의 관계라고 믿는 것 같다"라고 썼다.[95] 차니도 이 같은 평가를 부인하지 않았을 것이다. 그는 〈파이낸셜타임스〉 기자에게 말했다. "나는 브랜드의 일부입니다."

그런 동시성의 깊이가 바로 문제의 발단이었다. 회사의 역사를 여러 시점에서 꿰뚫고 있던 차니는 아메리칸어패럴의 CEO이자 디자이너였으며, 메인 사진작가, 남성 피팅 모델, 광고의 핵심이자 회사의 가장 큰 부담이었다. 법적으로만 그런 것이 아니었다. 창업가가 사업에 지나치게 몰두할 때 흔히 일어나는 일이긴 하지만, 그는 어느 순간 완벽주의자로 변신했다. 그는 매장 매니저들에게 직접 전화로 지시했다. 그는 몇 가지 문제가 있는 창고로 숙식처를 옮겼고, 샤워기를 설치해 놓고 하루 24시간 그곳에 거주하며 직원들의 일하는 모습을 감시했다.[96] 언젠가는 아메리칸어패럴 본사 주차장에 차가 몰려서 혼잡해지자, 아래로 내려가 체증이 풀릴 때까지 직접 교통정리를 한 적도 있었다.

이런 것들은 회사가 성장하면서 갑자기 좀생이로 변하는 창업가의 일면일 수도 있고, 급할 때는 일을 가리지 않고 팔을 걷어붙이는 리더의 겸손과 의협심 넘치는 제스처일 수도 있다. "많은 창업가가 이런 전환에 어려움을 겪고 있습니다." 다트머스대학교 터크 경영대학원Tuck School of Business at Dartmouth의 시드니 핀켈스타인Sydney Finkelstein 교수는 차니가 이사진에서 쫓겨났을 때 그렇게 말했다. "회사 규모가 작을 때는 창업가가 시시콜콜 참견해도 꼭 나무랄 일만은 아니죠. 하지만 일정 선을 넘어 회사가 성장해야 할 때는 이를 관리할 전문가를 두어야 합니다."[97]

아메리칸어패럴에도 관리 전문가가 있었다. 하지만 오래 버티지 못했다. 핀켈스타인 교수는 이 회사를 "회전문"이라고 불렀다. 아메리칸어패럴의 임원들은 〈뉴욕타임스〉와의 인터뷰에서 차니를 "하나부터 열까지 통제하는" CEO로 묘사했다.[98] 같은 기사에서 분석가들은 아메리칸어패럴이 '인재들이 일하기 싫어하는 곳'이라는 오명을 얻었다고 지적하면서, 이는 지속적인 두뇌 유출로 상부 경영진 내부에 권력 공백이 생길 정도였기 때문이라고 했다.

고위 경영진, 즉 초기 성장기의 창립 공신들은 기업의 장기적인 성공에 가장 중요한 키를 쥔 사람들이다. 그들이 기업문화를 뿌리 내리게 하고 회사를 성장시킬 방법을 결정하기 때문이다. 도브 차니가 시선을 내부로 옮겨 엉뚱한 길로 가던 비슷한 시기에, 넷플릭스에서 리드 헤이스팅스는 그 부분의 문제점을 알아차리고 고민하기 시작했다. 초기에는 기업문화에 창업가의 의사가 반영되는 것이 분명하지만, 창업가의 영향력은 거기까지라고 그는 생각했다. 벤처캐피털 클라이너퍼킨스카우필드앤드바이어스 Kleiner Perkins Caufield & Byers가 2015년에 주최한 CEO 워크숍에서, 헤이스팅스는 벤처캐피털리스트 존 도어 John Doerr와 가진 인터뷰에서 이렇게 설명했다. "문화적 뿌리가 튼튼하다면 그 모델에서 새로운 리더십이 개발되고 그것이 문화를 지속시킬 것입니다."[99] 그러나 뿌리가 불안하고 지도부가 끊임없이 바뀌면 문화도 같은 운명을 피할 수 없다. 차니는 재능 있는 리더들을 수시로 해고하거나 쫓아냄으로써, 아메리칸어패럴이 내세우는 문화를 죄다 뿌리째 뽑고 그 공백을 자신으로 채웠다. 마침내 아메리칸어패럴의 컬처는 차니의 컬트가 되었다. 차니가 무너지면서 아메리칸어패럴도 같이 무너졌다.

그래서 규모에 맞는 성장을 이야기한 리드 호프먼의 관점을 다시 생각하게 된다. 창업가는 회사의 문화를 어떻게 창조할 것인가? 이 문제는 매우 신중하고 치밀하게 생각해서 계획해야 한다. 그래서 나는 생각했다. **회사는 공유하는 가치로 시작하고 끝난다고.**

1-800-GOT-JUNK의 설립자인 브라이언 스쿠다모어 Brian Scudamore는 쓰레기 수거 사업을 벌여 연간 약 50만 달러의 수익을 올렸을 때 그런 사실을 깨달았다. 5대의 트럭과 11명의 직원으로 약 5년 만에 얻은 결과였다. 그의 깨달음은 꽤 상서로운 조짐 같아 보인다. "더는 신이 안 나더군요." 그는 그렇게 말했다. 브라이언은 심지어 직원들과 함께 있는 것을 피할 지경에 이르렀다. 퇴근 후 직원들과 어울리고 싶어 하지 않는 CEO보다 더 나쁜 것도 세상에 없진 않겠지만, 그의 경우는 그 이상이었다. "직원들이 문제였을 뿐"이라고 그는 말했다. "미꾸라지 한 마리가 웅덩이를 흐린다는데, 내가 데리고 있는 직원 11명 중 9명이 미꾸라지더라고요." 그들이 못된 사람이라는 뜻은 아니다. 단지 **그가 만들고자 했던 회사와 기업문화에 나쁜 영향을 미치는 사람들**이라는 뜻이었다. "내 눈에 보이는 게 그들 눈에는 보이지 않는 모양이었어요. 그들은 쓰레기를 그냥 하치장으로 운반하기만 할 뿐, 고객에게 어떤 안도감 같은 것을 주어야 한다는 의식 같은 게 없었어요. 쓰레기가 사라지면서 자신들의 공간을 되찾았다는 안도감 같은 것 말이죠." 브라이언은 그렇게 말했다.

그것이 브라이언이 가지고 있던 사업 비전이었고, 그가 자기 회사에 심고자 했던 문화적 가치였다. 쓰레기 수거 사업은 사람을 배려하고 사람을 긍정하는 일이어야 했다. 그의 목적은 고객의 부담을 덜어주면서, 몇 년씩 고객을 사방에서 포위한 채 짓누르고 있던 묵은 짐에서 해방시키는 것이었다. 쌓여 있는 소유물에 뺄셈을 함으로써 고객들의 삶을 덧셈으로 바꾸는 것이 그가 하려는 일이었다. 1-800-GOT-JUNK에서 하는 일에는 그런 정서적이고 심리적인 의미가 있었다.

하지만 브라이언이 처음 사업을 시작할 때 함께한 직원들은 그런 요소를 보지 못했다. 그들은 쓰레기를 그냥 갖다 버리는 것으로 할 일을 다 했다며, 그저 환경미화원처럼 생각하고 행동했다. 브라이언의 비전에 맞지 않는 사람들이었다. 결국, 그는 그들을 해고했다. **전부 다. 한 번에.** 그리고 그에 대한 책임은 전부 그가 졌다. "그들의 리더로서 나는 말했어요. '실망시켜 미안합니다. 하지만 이런 식으로는 계속할 수 없습니다.'"

결국 당분간은 브라이언 자신이 모든 일을 해야 했다. "트럭 5대를 굴리던 일 처리 능력이 한 번에 1대씩만 운행하는 수준으로 떨어졌죠. 콜센터 역할을 하면서 예약하고 발송하고 고물도 치웠어요." 그는 옛날로 돌아가 친숙한 맥가이버 칼 같은 기업가정신을 되살려야 했다. 올바른 방향으로 나아갈 수 있게 하는 문화를 뿌리 내리기 위한 일 보 후퇴였다. 그리고 그런 후퇴가 25년 후 캐나다와 호주, 미국 모든 주요 대도시에 자리 잡은 수백 개의 가맹점에서 연간 2억 5,000만 달러의 수익을 올리는 기업으로 우뚝 서게 해주었다. "회사를 세울 때 가장 중요한 것은 사람입니다." 그는 그렇게 말했다. "올바른 사람을 찾아 제대로 대우해 주는 것이죠."

그렇게 하려면 어떻게 해야 하는가? 먼저 자신의 가치관을 공유할 수 있는 사람들부터 찾아야 한다. 앨리스 워터스Alice Waters는 그런 사람들을 찾아 셰파니스Chez Panisse를 열었다. 셰파니스는 아마 현대 미국 요리 분야에서 큰 비중을 차지하는 식당으로 몇 손가락 안에 꼽힐 것이다. 셰파니스는 UC 버클리대학교 캠퍼스 남쪽, 셜

비 가게였다가 낡은 미술 공예품 가게로 바뀐 곳을 개조해 1971년에 처음 문을 열었다. 셰파니스는 캘리포니아 요리의 발상지가 되었는데, 이것이 팜투테이블 요리 Farm-to-Table Cuisine의 시작이었다. 기법이 아닌 재료에 각별한 정성을 들이는 앨리스는 요리사들이 음식을 바라보는 생각을 바꾸었고, 아울러 손님들이 식당에 갖는 인식을 바꾸었다. 당연한 얘기지만, 앨리스가 셰파니스를 세운 목표는 그것이 아니었다. 그녀는 단지 그녀의 집과 친구들의 집에서 하던 것을 재현하려 했을 뿐이었다. 사람들이 모여 이야기를 나누면서 아주 간소하고 맛있는 음식을 먹을 수 있는 공간을 만드는 것이 그녀의 목표였다.

사실 셰파니스에 대한 구상이 구체화되고 있던 1960년대 후반과 1970년대 초, 누가 이런 개념을 입에 올렸다면 반문화적이라고 코웃음을 쳤을 것이다. 때는 바야흐로 통조림과 인스턴트식품의 황금기였으니까. 패스트푸드 프랜차이즈들이 곳곳에서 생겨나고 있었고, 셰파니스가 문을 연 2년 뒤엔 스완슨 Swanson이 헝그리맨 Hungry-Man 디너를 선보였다. 1975년에는 전자레인지 100만 대가 미국 가정에 들어갔다. 1971년에 앨리스는 사람들에게 자신의 아이디어를 말했지만, 모처럼 외식하겠다고 나왔는데 파테 앙 크루트 Pâté en croûte나 올리브 오리고기 혹은 사과 타르트(첫날 저녁의 메뉴였다)같이 간소하기 짝이 없는 프랑스 요리를 돈 내고 사 먹으라면 무슨 말도 안 되는 소리냐고 반문할 게 틀림없었다. 하긴 앨리스와 그녀의 파트너들 역시 돈을 벌 생각은 하지도 않았다니, 그건 더욱 말이 안 되는 얘기였다!

"돈을 벌려고 한 일이었다면 나 자신이 부끄러웠을 겁니다." 앨리스는 내게 그렇게 말했다. "이 프로젝트에 관여한 사람 누구도 이걸로 돈을 벌게 되리라곤 생각조차 못 했죠. 물론 **돈까지 벌게 된다면 더 좋겠지만 기대는 안 했어요. 사실 별로 원하지도 않았고요. 그냥 좋아서 하는 일이었으니까요.**"

어떤 사업이든, 사업을 키울 때 주변 사람들이 갖춰야 할 자세가 바로 그것이다. "셰파니스에서 일했던 사람들은 하나같이 똑같은 열정을 품고 있었어요." 앨리스는 그렇게 말했다. 그래서 그녀는 그런 기준으로 사람을 채용했다. 처음에 친구들을 많이 고용한 것도 그 때문이었다. "하루에 15시간씩 직장에서 일해야 한다면, 기왕이면 좋아하고 같은 가치를 공유하는 사람들과 함께 있어야 하지 않겠어요?"

돈이나 수익성보다 같은 목적과 같은 가치를 공유했다는 바로 그 이유로, 셰파니스는 단독 식당의 평균 수명이 5년이고 그중 90%가 첫해에 문을 닫는 산업에서 장수할 수 있었다.[100] 물론 셰파니스는 지금도 건재하다. 앨리스는 억만장자가 되려 하지 않았다. 지금도 그녀는 앨리스 주식회사를 설립하고 그녀의 이름과 얼굴을 수단으로 전 세계에 가맹점을 모집할 생각이 없다. 그녀는 분점을 내지 않는다. "체인점을 둘러보겠다고 전 세계를 날아다닌다니, 상상도 할 수 없는 일이에요." 그녀는 그렇게 말했다. 그녀의 목표는 음식만큼이나 소박하다.

"늘 그곳에 있고 싶고 끊임없이 성장하고 변화하는 장소가 되었으면 해요." 앨리스는 셰파니스를 프랜차이즈가 아닌 유일한 식당으로 유지하기로 결정한 이유에 대해 그렇게 말했다. 그래서 그녀는 다른 방식으로 식당의 영향력을 확장할 수 있었다. "이런저런 사람들이 우리 식당에 아이디어를 제시하면서 내가 바라던 대로 됐어요. 내가 동일한 가치를 공유하는 사람을 찾는 걸 중요하게 생각하는 것도 그 때문이죠. 그들은 우리 사업에 생명을 불어넣는 사람들이에요."

생각해 보면, 넷플릭스의 컬처 데크가 가진 목적도 그것이 전부다. 넷플릭스는 디자인도 평범한 130여 장의 프레젠테이션용 슬라이드에 적힌 아이디어를 믿는 사람들을 찾는다. 그들은 동료로, 하나의 조직으로, 하나의 문화로, 동일한 가치를 공유하는 사람들을 찾는다. 그들은 리드 헤이스팅스와 그의 공동설립자인 마크 랜돌프 Marc Randolph가 1998년 봄에 론칭한 회사를 먼 미래로 이어갈 수 있는 차세대 리더들을 원한다.

공동의 가치관을 기반으로 사업을 일으켜 항구적인 문화를 창조한다는 것은 아주 단순한 개념이지만, 이는 사실 많은 창업가를 괴롭히는 개념이기도 하다. 이 때문에 그들은 매일 자질구레한 문제에 파묻히거나 사업에 완전히 매몰되고 만다. 더 나쁜 것은 오직 자신만이 그 회사에 필요한 것이 무엇인지 알고 있다고 생각하게 되는 것이다. 대부분의 경우 회사가 필요로 하는 것은 그의 능력 밖의 일이다. 리드 헤이스팅스가 자신의 교육용 자료를 세상에 공개한 이후 이제는 그 자신이 1년 4분기 동안 단 1가지도 결정을 내리지 않는 CEO가 되기를 바랄 정도가 되었지만, 세상에는 도브 차니가 갔던 길을 따라가려는 창업가들이 너무 많다. 그들은 창고

330

에 샤워기를 설치하고, 무전기를 가슴에 품고 잔다(잠을 자기라도 하면 말이다). 무서운 건 한창 일에 빠졌을 때일수록 리드 헤이스팅스보다는 도브 차니를 흉내 내게 된다는 점이다.

2019년 워싱턴 D. C.에서 가진 트리스탄 워커와의 대화가 끝나갈 즈음, 나는 그에게 지금 알고 있는 것 중에 15년 전에 알았더라면 좋았을 것 하나만 얘기해 달라고 했다. 트리스탄의 대답은 간단명료했다. "자신의 가치관을 아는 것입니다." 하지만 **아는 것만으로는 안 되고 적어야 한다**. 그는 그렇게 했다. 그때가 첫 번째 펀드 라운딩을 하기 3주 전이었다. 유색인 남성의 면도 문제를 해결해 보겠다는 아이디어를 자신의 이름이 들어간 워커앤드컴퍼니라는 수백만 달러 규모의 사업체로 변모시키기 위한 라운딩이었다.

그가 기록한 가치관은 전부 6가지였다. 용기, 영감, 존경, 판단, 건강, 충성심. 그는 이 6가지를 마치 그의 자녀들의 이름을 대듯 술술 늘어놓았지만, 그건 중요한 문제가 아니다. 정작 이 6가지를 주목해야 하는 이유는 이런 개념이 서른여섯 살 창업가의 마음속에 아주 또렷하게 박혀 있었기 때문이다. 그는 평생 '부유한 사람Wealthy Man'이 되겠다는 특별한 목표를 가지고 있었다. 퀸스에서 자라, 미국에서 명문 중의 명문으로 꼽히는 기숙학교인 하치키스 스쿨Hotch-kiss School에서 장학금을 받은 트리스탄은 단순히 '돈이 많은 사람Rich Man'이 되는 것과 돈이 많지만 돈의 의미를 잘 알면서 돈을 벌고 쓸 줄 아는 '부유한 사람'의 차이를 구별할 줄 알았다. 그는 진정으로 부유한 사람만이 열 수 있는 문을 목격했고, 자신과 가족을 위해 그 문을 열길 원했다. 고등학교를 졸업하는 순간부터 그런 목표는

331

그가 대학교에서 전공한 것(경제학)과 대학원을 간 곳(스탠퍼드대학교 경영대학원), 인턴을 한 곳(트위터) 그리고 졸업한 뒤 세상에 나와 일한 곳(포스퀘어와 앤드리슨호로위츠) 등 그가 내린 모든 결정의 추진력이 되었다.

신중하지 못했다면 트리스탄도 자아도취에 빠진 도브 차니 스타일의 궤적에 쉽게 올라탔을지도 모를 일이다. 하지만 그는 자신의 표현대로 "나처럼 생긴 사람들을 위해" 해결해야 할 문제를 찾아냈다. 그는 단지 아이디어의 씨앗을 뿌리고 그 아이디어가 꽃을 피우고 번창할 수 있도록 세심한 정성을 기울여 땅을 가꾸면, 많은 사람을 고용할 수 있는 사업체로 키울 수 있으리라 생각했고, 그에 대한 일련의 해결책을 개발했다. 트리스탄의 목표가 바뀐 것은 한순간이었다. 그 목표들은 특이했고 자기중심적이기보다는 다수를 위한 것이자 공동체적인 것이었다. 어떤 사업을 100년 정도 지속시키기 위해서는(그것도 그의 새로운 목표 중 하나였지만), 사업에서 자신의 비중이 너무 커져서는 안 된다고 트리스탄은 생각했다. "사람은 확장되지 않기" 때문이었다. 자신의 아이디어, 자신의 스토리, 자신의 가치만이 확장될 수 있다. 그것을 알고 그것을 공유하기만 하면 말이다.

"자신의 가치를 알면 직원들과 공감대를 형성할 수 있습니다. 그 가치가 이 소란스러운 세상에서 소비자들과 공감대를 형성하게 해줍니다. 하지만 더 중요한 것은 그 가치로 인해 목적을 갖게 된다는 점이죠." 트리스탄은 그렇게 말했다. "자신의 가치를 모르면 결정에 일관성이 없어져요. 건강한 정신에 영감을 주려면 일관성

332

이 있어야 합니다."

일관성이 있어야 직원에게 영감을 줄 수 있다고 나는 생각한다. 그리고 모든 사람이 볼 수 있도록 기록해 놓은 일련의 명확한 가치만큼 일관된 것도 없다. 리드 헤이스팅스에게 물어보면 알 수 있는 일이다. 아니면 그의 7,000명의 직원에게 물어봐도 된다.

## 21장

# 크게 되려면
# 작게 생각하라

우리 가족이 워싱턴 D. C.에서 베이 에어리어로 이사했을 때 가장 먼저 한 일은 페리를 타고 오클랜드의 잭 런던 광장에서 만을 가로질러 샌프란시스코로 건너가 그곳에서 어슬렁거리며 하루를 보낸 것이었다. 아들 녀석들은 샌프란시스코에 가면 남들이 하는 건 모두 해보겠다고 했다. 나는 피셔맨스워프 Fisherman's Wharf에서 바다사자를 보고 케이블카를 타고 파월 스트리트로 건너가 알카트라즈섬Alcatraz Island을 방문하고 싶었다. 하지만 그 유명한 페리 빌딩 Ferry Building에서 내려 엠바카데로 Embarcadero로 걸어가 시내 쪽으로 난 마켓 스트리트Market Street를 올려봤을 때, 나는 방문자로서 공항을 통해 들어오거나 베이 브리지를 가로질러 들어올 때는 보지 못했던 도시의 경관에 완전히 압도되고 말았다.

한쪽에는 영화에서 보던 샌프란시스코가 있었다. 원마켓플라자One Market Plaza의 베이지색 쌍둥이 건물, 트랜스아메리카 피라미드 Transamerica Pyramid, 엠바카데로 센터 Embarcadero Center의 4개의 탑 등. 지구처럼 보이는 그 센터의 탑은 손가락이 아닌 건물을 사용하여 뿔을 하늘로 치켜세웠다.

다른 한쪽에는 건설용 크레인들과 글래스 타워가 건축물로 패치워크를 만들어 내고 있었다. 하늘에 드리우거나 땅에서 솟아오른 그 모습이 수많은 종유석과 석순 같았다. 대부분 주거용 콘도 단지였지만, 형태와 시각적 변환 효과에서 런던의 게르킨Gherkin을 연상시키는 61층짜리 탄환 모양의 건물을 중심으로 수많은 건물이 포진해 있었다. 세일즈포스 타워 Salesforce Tower라는 건물의 이름은 그곳과 미션 스트리트에 있는 다른 많은 건물에 들어선 거대한 클라우드 기반의 소프트웨어회사의 이름을 따서 붙여진 것이었다.

나는 변화무쌍한 도시의 풍경을 물끄러미 바라보았다. 유례없는 대대적 변화를 겪고 있는 도시의 단층선들이 미션 스트리트와 마켓 스트리트 바로 아래에서 나란히 달리고 있었다. 남쪽에는 세일즈포스, 트위터, 인스타카트, 에어비앤비, 핀터레스트Pinterest, 징가, 트룰리아Trulia, 도큐사인DocuSign, 리프트Lyft, 우버 등 2000년대 초에 일어난 인터넷 골드러시 때 주맥主脈을 찾아낸 뒤 각자의 영역에서 지배권을 장악한 많은 테크 기업들의 본사가 있었다. 또 북쪽으로는 기라델리초콜릿Ghirardelli Chocolate, 웰스파고Wells Fargo, 리바이스트라우스Levi Strauss 등 사실상 이 도시를 건설한 유구한 전통의 기업들이 랜드마크를 형성하고 있었다. 이쪽은 1840년대 후반과 1850년대에 일어난 진짜 골드러시 때부터 금을 채굴하지는 않았어도 채굴하는 사람들의 편의를 위해 주변에서 사업체를 운영하다가 부유해진 지역이었다.

도밍고 기라델리Domingo Ghirardelli는 서터스밀Sutter's Mill에서 금이 발견됐다는 소식을 듣고 1849년에 이탈리아를 떠나 캘리포니아로 이주했다. 그는 광업에 손을 댔지만, 초기에 캘리포니아로 들어온 사람들이 대부분 그랬던 것처럼 쓰라린 실패를 맛보았다. 애초에 상업에 종사한 조상을 뿌리로 두었던 그는 노다지를 찾겠다는 환상을 버리고, 대신 스톡턴에 광산 용품과 사탕을 파는 가게를 열기로 했다. 스톡턴은 샌프란시스코에서 시작하여 시에라 산맥 기슭에서 가장 가까운 광구에 이르는 도로 중간에 있는 마을이었다. 몇 년 사이 가게가 번창하자 그는 샌프란시스코에 두 번째 가게를 열었고, 그 후 1851년에 그 가게가 불타버리자 그 자리에 과자점을 세웠다. 나중에 기라델리초콜릿컴퍼니Ghirardelli Chocolate Company가 되는 과자점이었다.

1852년 샌프란시스코가 폭발적으로 성장하자, 헨리 웰스Henry Wells와 윌리엄 파고William Fargo는 뉴욕에서 건너와 웰스파고앤드컴퍼니Wells, Fargo & Co.를 세우고 광부와 상인들을 위한 금융 서비스를 시작했다. 그들은 몇 년 사이에 골드컨트리 곳곳에 지점을 열었다. 그들은 대부분의 은행이 그랬듯 예금을 동부 뉴욕으로 돌려보내기보다 그 지역에 보관하고 현지 고객 서비스에 집중함으로써 주민들로부터 신뢰와 평판을 얻었고, 1855년 대지진 당시 지역 주민들이 살아남을 수 있도록 도와준 것을 계기로 사실상 모든 경쟁사를 몰아냈다.

웰스파고는 샌프란시스코를 키운 광부와 상인 들에게 서비스를 집중함으로써 한동안 시내의 유일한 은행으로 존재했고, 그로 인해 현지 은행 사업에 대한 지배권을 더욱 확실히 다진 후 다른 지역으로 빠르게 확장해 갈 수 있었다.

리바이 스트라우스의 행적도 기라델리와 웰스나 파고와 크게 다르지 않았다. 그는 1853년에 뉴욕에서 샌프란시스코로 건너가 채굴자와 급증하는 지역 주민 들을 상대로 직물 가게를 열었다. 지역 상점에 직물, 포목, 채광 도구 등을 공급하는 도매업으로 시작한 스트라우스는 1870년대 초에 드디어 청바지에 손을 댔다. 청바지는 네바다주 리노에 있는 한 재단사가 스트라우스의 데님 일부를 구입하여 주머니와 지퍼에 금속 리벳을 달아 더 튼튼한 바지로 만드는 방법을 알아낸 다음, 그에게 새 디자인에 대한 특허 출원을 할 테니 돈을 먼저 지급해 달라고 부탁하면서 시작되었다. 파트너가 된 두 사람 역시 백만장자가 되었다.

스타트업의 경우 광산의 주맥을 찾겠다고 길이라는 길을 모두 가려 하거나 환상의 유니콘을 좇는 것보다는, 골드러시를 관통하는 리바이스 루트를 택하는 것이 덜 위험하다. 아니 위험하지 않은 정도가 아니라, 훨씬 저렴하고 잠재적 수익성도 그에 못지않다는 사실을 나는 창업가들과의 대화를 통해 여러 차례 확인할 수 있었다. 마켓 스트리트를 따라 사우스오브마켓SOMA의 오피스 공간을 채운 몇 안 되는 테크 기업들이 사업을 시작할 때 수억 달러의 벤

337

처 자금이 필요했다는 사실을 생각해 보라. 우버만 해도 창업 후 10년 동안 200억 달러를 모았지만, 우버가 성공할 때 그 뒤에는 아직 성공하지 못한 100개의 우버 경쟁사들이 있었다는 사실을 알아야 한다. 이런 종류의 자본 집약적이고 승자독식의 환경보다는 대단한 활황을 누리는 곳에서 작은 틈새시장을 찾아 그곳에 사업체를 만드는 편이 성공할 확률이 높다.

전자제품 제조업체인 벨킨 Belkin International의 설립자인 쳇 핍킨 Chet Pipkin도 UCLA 학생 시절이었던 1980년대 초에 같은 결론에 도달했다. 마침 PC 혁명으로 테크놀로지의 골드러시가 막 시작된 때였기에 쳇은 컴퓨터에 관한 것들을 하나부터 열까지 배우고 조사하며 괜찮은 사업 아이템을 찾고 있었다. 그는 PC를 만들 생각도 잠깐 했지만 "아주 빨리 접었다"고 말했다. "그런 사업에 필요한 자금이 상상했던 수준을 크게 초과했고 그 공간을 향해 달려들 사람이 많을 것 같았기" 때문이었다고 했다.

1982년에 이미 IBM과 코모도어 Commodore 등 6개의 PC 제조업체들이 시중에 컴퓨터를 내놓고 있었다. 1984년에는 애플을 포함해 4개의 업체가 더 생겼다. 사우스 로스앤젤레스에서 부모와 함께 사는 고작 스물두 살짜리에겐 감당하기 힘든 경쟁이었다. 그리고 IBM은 그냥 컴퓨터 제조사가 아니었다. 그들은 13년 전에 아폴로 달 착륙 프로젝트에서 컴퓨팅 엔진을 프로그래밍하는 등 우주 탐험의 배후에서 많은 역할을 했다. 코모도어 64는 눈이 휘둥그레지는 전대미문의 그래픽과 사운드 기술을 보유하고 있었다. 애플의 수준은 모두가 알고 있는 얘기다. 함부로 발을 들이밀었다가는 무일푼이 되기 딱 좋은 시장이었던 셈이다.

그러나 쳇은 크게 신경 쓰지 않았다. 이제 막 발돋움을 하는 PC 산업을 공부하면서 자신 같은 사람이 채울 수 있는 빈틈이 어디엔가 있을 것이라고 믿었기 때문이었다. "사람들이 미처 생각하지 못하는 것이 분명 있으리라고 생각했어요. 그게 정확히 무엇인지는 모르지만 거기가 내가 들어갈 자리라는 것은 알고 있었죠." 그는 그렇게 말했다.

그는 동네 컴퓨터 상점들을 돌아다니는 재미에 시간 가는 줄 모르고 지내다가, 마침내 틈새를 찾았다. "그냥 지켜봤어요." 그는 그렇게 기억을 더듬었다. "거의 첫날부터 금방 눈에 띄더군요. 사람들이 PC와 프린터를 구입한 다음 꼭 이렇게 묻곤 했어요. '이거 어떻게 해야 작동하죠?'"

요즘 이런 질문을 한다면 무슨 뚱딴지같은 소리냐고 할 것이다. 새 컴퓨터와 새 프린터를 집으로 가져와 플러그를 꽂은 다음 전원을 켜면 와이파이를 통해 자동으로 연결되니까. 하지만 1982년에는 일이 그렇게 간단하지가 않았다. "컴퓨터를 만드는 업체가 서로 달랐습니다." 쳇은 그렇게 설명했다. "제조사마다 커넥터가 달랐고, 프린터의 연결방식도 제각각이었어요. 그러니 이런 것들을 구입해서 제대로 작동시키는 건 거의 악몽이었죠."

마치 영국과 미국 철도의 초창기 시절과 같았다. 기차선로의 폭이 나라마다 다르고, 차량을 누가 제조하고 누가 소유하느냐에 따라 연결방식도 달랐다. 거대한 네트워크 전체 기능을 제대로 작동시켜서 방대한 경제적 잠재력을 실현시키려면, 모든 시스템이 표준화되거나 호환 가능해야 했다. 그래서 철도회사들은 결국 머리를 맞댔다. 그들은 철도 궤간과 폭의 표준화에 합의하고, 1873년에 일라이 제니<sup>Eli Janney</sup>라는 미국 발명가가 설계한 기준을 바탕으로 더 쉽게 차량들을 결합할 수 있는 연결 장치를 적용하기 시작했다.

쳇 핍킨은 고객들이 컴퓨터 본체를 연결하느라 진땀을 흘리는 걸 보며 PC 산업에서의 일라이 제니가 되기로 했다. "커다란 공백이 있고 거기서 기기들이 제대로 작동할 수 있게 만드는 멋진 도구를 제공할 수 있는데, 그런 걸 못 보고 지나치면 안 되죠." 그는 그렇게 말했다. 그의 말대로 "하드웨어를 만드는 것보다 훨씬 더 매력적이고 재미있을 것 같은" 기회였다.

그렇게 쳇은 자신의 길을 택했다. 그는 도구 제작에 솜씨가 있던 형과 아버지의 도움을 받아, 아버지 집 차고에서 급한 대로 약 120×240cm 합판에 래미네이트 필름을 붙여 임시 작업대를 조립한 다음, 여러 가닥의 전선과 조립한 커넥터로 1세대 PC와 1세대 프린터를 연결하여 작동시킬 수 있는 케이블을 만들었다.

쳇 자신도 인정하듯 그렇게 세련된 디자인은 아니었지만, 기능에는 문제가 없었다. 처음에는 부지런히 뛰어다니면서 구매자를 열심히 찾았다. 하지만 오래 할 필요는 없었다. 고객들이 그를 찾기 시작했으니까. 잡지 〈컴퓨터 딜러<sup>Computer Dealer</sup>〉에 처음 벨킨을 광고하자, 카네기멜런대학교의 학생 전용 매장에서 연락이 와 IBM PC의 병렬 포트에서 엡손<sup>Epson</sup> 프린터로 연결하는 케이블 100개를 주문했다.

"그때까지 받은 주문 중에 가장 큰 건이었습니다." 쳇은 1982년 초창기의 반응을 그렇게 설명했다. 그들의 거침없는 질주를 막는 유일한 제약이라면, 케이블을 빨리 만들어 내는 능력뿐이었다. 쳇은 직원을 몇십 명 늘려서 문제를 해결했고, 벨킨은 사업 첫해인 1983년 말 18만 달러의 매출을 기록했다.

이는 몇 안 되는 사람들이 차고에 모여 엄청난 성장 잠재력을 가진 신생 분야에 뛰어든 후 처음부터 폭발적인 성공을 거두었다는 흔한 사례 중 하나다. 하지만 이들의 성공은 그렇게 가볍게 볼 일이 결코 아니다. 당연히 이런 의문이 들기 때문이다. 왜 이 분야의 대형 주자들은 쳇이 본 기회를 알아차리지 못했을까? 벨킨이 몇 년을 걸려도 따라잡을 수 없는 거대한 규모를 갖고 있는 기업들은 왜 그 모든 가치를 움켜쥘 수 있는 기회를 잡으려 하지 않았을까? 쳇에 따르면, 호황기일수록 작은 틈새를 볼 여유가 없기 때문이다. 따라서 이를 찾아내고 소유하는 것 자체가 기업가로서는 대단히 가치 있는 전략이 된다.

"IBM은 PC를 만들기에도 손이 모자랐어요. 한동안은 그들도 넘치는 수요를 감당할 만큼의 PC를 만들지 못했고, 중소기업이나 소비자가 어떤 프린터를 선택할지도 몰랐죠. 그래서 어떤 것을 만들어야 할지 당연히 몰랐을 겁니다." 쳇은 그렇게 설명했다.

그러니까 어떻게 보면 그의 말은 간단했다. IBM 등 몇몇 PC 제조업체들은 그들의 주력 사업에서 해야 할 일이 너무 많아서 규모가 작은 기회에는 눈길을 주지 않았고, 심지어 그쪽은 제대로 알지도 못했다는 얘기였다. 반면 벨킨 같은 기업의 입장에서 볼 때 그런 틈새시장은 "규모도 완벽하고 업무량도 딱 맞았다."

물론 쳇이 PC 제조업체들에게 위협이 되지 않았다는 것은 다행스러운 일이다. 그는 그들의 시장점유율을 빼앗으려 하지 않았다. 어쨌든 시간이 지나고 기반이 탄탄해지면서 쳇이 만들기로 마음을 굳힌 제품들은 그가 정말로 보완하려고 했던 PC 제조업체들의 선행 지표가 되었다. 그의 사업 목표는 더 많은 소비자가 더 많은 주변기기로 더 많은 PC를 가동할 수 있게 만드는 것이었다. 따라서 벨킨이 다른 경쟁사의 컴퓨터보다 특정 회사 컴퓨터에 필요한 케이블을 더 적게 만들기로 했다면, 그것은 이 회사가 사업을 되돌아보고 다시 점검해 봐야 한다는 의미가 되었다.

케이블과 연결기기를 만드는 제조업자로서의 역량을 토대로 쳇은 그만의 철도 차량 연결 장치를 발견했으며, 그만의 청바지와 곡괭이와 삽, 그만의 뱅킹 서비스를 찾아냈다. PC 혁명의 주변에서 자신의 영역을 확보하고 그 혁명의 주류가 되는 데 필요한 연료의 일부를 제공함으로써, 그는 일라이 제니나 리바이 스트라우스, 도밍고 기라델리, 헨리 웰스와 윌리엄 파고 같은 사람들의 발자취를 따랐다. 자기만의 알짜 광맥을 찾아낸 쳇은 2018년에 벨킨을 중국의 재벌 폭스콘Foxconn의 자회사에 8억 달러를 받고 매각했다.

1982년에 창업가의 아버지 차고에서 시작된 벨킨은 오늘날 모든 애플 스토어의 선반에 당당히 올라 있다. 하지만 이런 믿어지지 않는 도약을 들으면서 나는 흥미롭게도 문득 허브 켈러허가 생각났다. 허브는 〈하우 아이 빌트 디스〉를 시작하기 위해 내가 처음 인터뷰한 인물 중 하나였다. 허브의 스토리 중에서도 특별히 가슴에 와닿았던 부분은 너무 많은 일을 하지 않으려 끊임없이 애를 썼던 허브의 자제력과 그런 노력이 국제항공사로 성장하기 어려울 것 같았던 사우스웨스트항공사에 끼친 직접적인 영향이었다.

"앞으로 10년 동안 내가 사우스웨스트항공에서 가장 관심을 집중시킬 문제 10가지를 골라 직원들에게 편지를 썼습니다." 허브는 이 회사의 초기 단계에서 취했던 조치를 설명했다. "그 첫 번째는 경쟁에 너무 신경 쓰지 말고 현실에 만족하자는 것이었습니다."

하지만 그런 그의 의도는 예상치 못한 방향으로 흘러갔다. 텍사스의 대형 항공사들이 사우스웨스트가 태동한 순간부터 숨통을 조이려 했고 비행기를 띄우기도 전에 그들을 주저앉히려고 소송을 벌인 것이다. 허브는 몇 년 동안 그들과 고되고 지루한 싸움을 벌여야 했다. 거기서 살아남아 사우스웨스트를 마침내 하늘에 띄운 그는, 이후 30년 동안 대형 항공사들이 차례로 파산하거나 불리한 합병으로 무덤을 파는 과정을 지켜보았다.

TWA, 이스턴Eastern, 스위스에어Swissair, 알로하Aloha, 팬암Pan Am, 콘티넨털Continental, 노스웨스트Northwest, 아메리카웨스트America West 등이 그렇게 사라져갔다. 무슨 일이 있어도 사우스웨스트만큼은 그런 운명을 피해야 한다고 허브는 생각했다. "그래서 그런 구호를 내걸었던 겁니다. '작게 생각하고 작게 행동하면 커진다. 크게 생각하고 크게 행동하면 작아진다.'" 그는 내게 직원들에게 보낸 편지에 그렇게 썼다고 말했다. 큰 항공사처럼 생각하거나 행동하지 말고, 그들의 화려한 외양에 현혹되지도 말며, **그들이 정해놓은 조건으로 그들과 경쟁하지 말라고 경고했다.** 대신 사우스웨스트가 가장 잘하는 것을 고수하면서 분수에 맞고 설립 취지에 따라 운영하고 현재의 항로를 유지한다면, 모든 것이 잘 풀릴 것이고 기회가 알아서 찾아올 것이라고 설득했다. 작게 생각하고 작게 행동하면, 지금의 한계도 사라질 것이라는 얘기였다.

여기서 우리는 현대 비즈니스 역사에 뚜렷한 자취를 남긴 기술과 산업의 골드러시에서 가장 값진 교훈과 영감을 주는 이야기를 보게 된다. 그것은 코닐리어스 밴더빌트 Cornelius Vanderbilt나 제이 굴드 Jay Gould를 비롯하여 19세기 후반과 20세기 초반을 쥐락펴락했던 여러 철도업계 거물들의 이야기가 아니다. 그것은 1980년대와 1990년대를 선두에서 이끌었던 IBM이나 애플, 그 밖의 대형 소프트웨어 기업들의 이야기도 아니다. 또한 그것은 샌프란시스코의 미션 스트리트를 따라 줄지어 서서, 우리가 가려는 곳과 우리가 지나온 곳 그 사이 경계선의 한쪽을 차지하고 있는 우버나 세일즈포스 혹은 트위터 같은 2000년대 초 인터넷 붐으로 탄생한 쟁쟁한 테크 기업들의 이야기도 아니다.

호황 산업에 줄을 대어 건실하고 수익성 있는 사업을 구축한 기업가나 혁신가의 사례를 찾고 싶다면, 리바이 스트라우스나 일라이 제니, 쳇 핍킨이나 심지어 허브 켈러허의 이야기만큼은 못 돼도 비슷한 이야기는 얼마든지 확인할 수 있다. 3cm 폭으로 보일 듯 말 듯 자신의 존재를 겨우 드러내지만 1km 깊이까지 뻗어 있는 금맥처럼, 그들은 작은 틈새의 무진장한 수익성을 약속한다. 이는 틈새시장이야말로 야심 찬 창업가가 다음 골드러시가 될 광산에 자신의 깃발을 꽂을 발판이라는 사실을 암시하는 증거다.

기업은 가족과 같다. 밖에서 보면 모두 고만고만하고 별다른 특징이 없어 보이지만, 들여다보면 저마다 복잡한 사연이 가득하다. 기업들은 아주 특이해 보이는 별난 방법으로 일을 한다. 그들은 그들에게만 의미가 있고 그들끼리만 통하는 규칙과 전통과 용어를 가지고 있다. 그들은 또한 내부적으로 별난 경쟁을 벌이며 파벌을 만들어 다툰다. 그들은 케케묵은 인습과 남들이 알면 안 되는 비밀과 치부를 숨기고 있다. 그래도 그들은 역사를 공유하며 결국 공동의 정체성을 만들어간다. 정체성은 하나의 깃발처럼 좋은 시절에는 그들을 감싸주고 힘겨울 때는 그 아래 모여 함께 임무를 완수하거나 위협에 대응할 힘을 준다.

리더는 그 깃발을 들고 작전을 지휘하며 미래의 진로를 모색하는 사람이다. 가족에서 그들은 부모이고 스타트업에서는 창업가다. 복잡한 가정의 보통 부모들이 그렇듯 설립자들의 관계도 복잡해지려면 한없이 복잡해질 수 있다. 팽팽한 긴장이 조성되고 심하면 관계가 틀어지기도 한다. 설립자들은 서로를 사랑하고 서로를 세심하게 돌보며 사업이 성공하기를 함께 바라지만, 그런 만큼 자주 다툰다. 일하는 방법을 놓고 의견이 맞지 않을 수도 있고, 리더십 스타일이 상충하거나 각자의 목표가 바뀌어서 싸우기도 한다. 바쁜 일정에 쫓기며 그렇게 몇 해를 보내다 보면, 제풀에 지쳐 나가는 경우도 있다.

어느 경우가 됐든 창업가는 파트너십의 밀월 기간이 끝나고 기업가정신의 로맨스마저 사라진 자리에, 기업 경영이라는 현실적인 의무만 남는 단계에 대비해야 한다. 사람 일이 다 그렇지만 그때가 되면 섹시함이나 짜릿함도 반감된다. 그래도 회사가 돌아가려면 일을 해야 한다. 일이 제대로 풀리지 않으면 어려운 결정을 내릴 준비를 해야 하니까. 그것은 아마 지금까지 내린 결정 중에서도 가장 어려운 결정이겠지만 또한 그토록 힘겹게 만든 사업의 수명을 지속시키기 위한 가장 중요한 결정이기도 하다.

카트리나 레이크는 다른 사람들보다 일찍 그런 결정을 내려야 했다. 퍼스널 스타일링 서비스 스티치픽스를 만든 지 18개월이 안된 2012년 여름, 그녀와 공동설립자인 에린 모리슨 플린Erin Morrison Flynn은 헤어졌다. 플린은 제이크루J.Crew의 바이어이자 카트리나의 대학교 친구의 아내였다. 그들은 남다른 인연과 패션 산업을 흔들어보겠다는 공동의 포부를 품고 2011년 2월에 스티치픽스를 설립했지만, 회사의 진로를 두고서는 공통점이 많지 않다는 사실을 금방 알게 되었다.

"누군가를 진심으로 좋아해도 상황을 보는 시각이 너무 다르면 입장을 바꿔 생각하기가 어렵더군요." 카트리나는 그렇게 말했다.

불행히도 그들의 비전과 견해의 차이가 결국 그들을 법정까지 데려갔고 그 문제를 해결하는 데 들인 시간은 카트리나와 에린이 정식으로 스티치픽스를 공동설립하기까지 걸린 시간보다 더 길었다. 창업할 당시에는 누구도 그런 상황을 상상하지 못한다. 창업가마다 스토리가 다르게 흘러가는 것도 그 때문이다. 내가 카트리나를 인터뷰하면서 그들의 관계가 어긋난 사연을 물어봤을 때, 그녀는 말을 조심하면서도 자신의 경험을 낯익은 단어로 설명했다.

"극복할 수 없는 차이점을 얘기할 때는 마치 이혼하는 부부의 모습과 비슷하죠." 그녀는 그렇게 말했다. "한 지붕 밑에 있으면서도 앞날을 같은 식으로 볼 수 없다는 느낌을 받게 돼요."

카트리나와 에린 같은 상황이라면 누군들 달리 무엇을 할 수 있었겠는가? 두 사람이 삐걱거려도 사업이 잘되고 있다면 얘기가 달라질까? 그래도 최소한 갈라설 가능성은 염두에 두어야 한다. 결단을 내리지 않으면 관계가 점점 더 악화될지 모른다. 그래서 공동설립자와의 긴장 관계는 세심하게 관리해야 한다. 그렇지 않으면 의욕 자체가 사라질 수 있으니까. 그런 관계는 기업 내 문화 기반을 약화시키고 관계가 최악의 상황으로 치달으면 직원들까지 자신이 하는 일에 의문을 품게 만든다. 거기까지 가지 않게 하려면, 사소한 파워플레이를 자제하고 자존심을 버려야 한다. 그렇지 않으면 파트너십의 유효기간이 끝났다는 것을 인정하고 갈라설 방법을 찾는 것이 낫다.

물론 이론적으로 따지면, 이 2가지 선택만 있는 것은 아니다. 창업가들은 종종 제3의 방법을 찾아 문제를 돌파하기도 하는데, 그렇게 하는 이유는 오로지 사업과 그들의 관계를 모두 지켜내고 싶기 때문이다. 에릭 라이언과 애덤 라우리가 메소드를 확장하여 환경친화적인 가정용 청소용품을 선도하려다 난관에 부딪혔을 때가 바로 그랬다. 메소드는 8,000만 달러 이상의 매출을 올린 뒤 벨기에 소비재 제조업체 에코버 Ecover에 인수되었다.

둘 사이에 긴장이 조성된 것은 블로크 Bloq라는 퍼스널케어 제품이 참담하게 실패한 2008년 무렵이었다. "비행기가 추락한 것 같았죠. 문제가 한두 개가 아니었어요. 하나부터 열까지 전부 잘못됐어요. 실제로 그랬습니다." 에릭은 그 샤워용품에 대해 그렇게 얘기했다. 소매상들은 좋아했지만, 소비자들은 거들떠보지도 않았다. "진열대에 못 박아놓은 것처럼 꼼짝도 하지 않더라고요."

메소드는 블로크의 실패로 재정적인 문제뿐 아니라 여러 면에서 큰 타격을 입었다. "날린 돈만 수백만 달러였습니다." 애덤은 그렇게 말했다. "하지만 제품의 실패보다 더 큰 문제는 위태로워진 평판이었어요. 우리의 고객, 그러니까 소매 업체들은 그러거나 말거나 했죠. 어찌 됐든 구덩이에서 빠져나와야 하는 건 우리 자신이었습니다."

군대에서 통용되는 5P라는 것이 있다. "올바른 준비는 부실한 성과를 예방한다Proper Preparation Prevents Poor Performance." 이를 사업의 5P로 바꾸면 이렇게 될 것이다. "제품이라는 비행기가 추락하면 파트너십에 문제가 생긴다Product Plane Crashes Produce Partnership Problems." 애덤과 에릭의 경우가 그랬다.

"몇 년 동안 계속 으르렁댔습니다." 애덤은 블로크의 후유증에 대해 그렇게 말했다.

"그러니까 결혼 같은 거였죠." 에릭은 그렇게 말했다.

틀린 말이 아니다. 두 사람, 그러니까 거의 평생을 친구로 지내면서 서로를 너무나 잘 알았던 그들은 한 번도 겪어보지 못한 문제에 부딪혔다. 둘 다 투자한 돈이 많았고 그들을 바라보고 의지하는 사람들도 있었다. 그러면 이렇게들 생각할 것이다. 에릭과 애덤은 함께 지낸 세월도 있고 공동설립자가 될 만큼 대단한 상호 보완 능력이 있으니 피해를 최소화하고 이런 위기의 순간을 헤치고 나갈 수 있지 않을까?

하지만 아이러니하게도 메소드라는 브랜드를 개발하는 단계에서 그들을 완벽한 파트너로 만들어주었던 모든 것이 오히려 사업을 운영하면서 발생하는 문제를 해결하고 견해 차이를 해소하는 것을 엄청나게 복잡하게 만들었다.

"우리는 친구가 되는 법은 알았어도 동료나 파트너가 되는 법은 몰랐습니다." 에릭은 그렇게 말했다.

거기에는 성격적인 문제도 일부 있었다. 애덤은 내성적이고 에릭은 외향적이었다. 또 성격에서 비롯된 상이한 업무처리 방식도 일부 문제가 되었다.

"에릭과 나는 같은 문제도 전혀 다른 각도에서 접근합니다. 그게 큰 자산이었죠. 하지만 이것이 커다란 장애가 될 수도 있어요." 애덤이 말했다.

"둘 다 스트레스가 이만저만이 아니었어요. 그럴 때 나는 본능적으로 문제에 달려들어 그것에만 매달리는 편이에요. 애덤은 좀 더 깊이 생각해 볼 공간을 찾는 유형이고요." 에릭도 말했다.

그것이 갈등을 해결하는 비법이지만, 미시간주 그로스 포인트 출신의 20대로서는 다루기 벅찬 비법이었다. 그들은 어느 해에 비행기 안에서 우연히 만나 옛 우정을 되살린 것에 그치지 않고 다음 해에 함께 사업을 하는 단계로까지 발전했다. 그런 두 사람에게 문제를 극복하는 법, 즉 방법론의 차이를 부채가 아닌 자산으로 만드는 법은 서로를 인정하고 이해하면서 각자 고유한 업무 스타일을 수용하고 조정하는 것이었다.

"그렇게 하려면 마음을 좀 더 크게 열어야 했어요. 자각도 많이 필요했고요. 서로의 말을 많이 들어야 했습니다. 그래서 의식적으로 이런 말을 많이 했죠. '우리는 이 문제를 해결해야 해. 그렇지 않으면 결말이 좋지 않을 거야.'"

뉴스 커뮤니티 사이트 레딧Reddit을 설립한 스티브 허프먼Steve Huffman과 알렉시스 오해니언Alexis Ohanian의 경우 그들의 관계를 위협한 것은 사업의 파트너십이 아니라 우정이었다. 2006년에 레딧을 컨디내스트Conde Nast에 매각했다가 2009년에 회사를 그만두고 몇 년이 지났을 무렵에 그 일이 발생했다. 스티브와 알렉시스는 8년째 함께 살고 있었다. 버지니아대학교에서 룸메이트로 만난 것이 그 시작이었다. 당시에 둘은 레딧을 구상했고, 그 후 컨디내스트에 회사가 인수될 때 두 사람은 뉴욕에 있었다. 그들은 대학교도 같이 졸업했고 폴 그레이엄의 Y 콤비네이터 과정도 함께 이수했다. 사업을 매각하는 협상도 함께 진행했다(설립한 지 18개월이 채 안 되었을 때였다). 그들은 처음으로 기업을 이끄는 힘겨운 멍에를 3년 동안 같이 졌다. 알렉시스와 스티브는 함께 어른이 되었고, 게다가 백만장자가 됐다.

"우리는 많은 일을 함께 겪었지만, 사실 일을 두고는 논의다운 논의를 한 적이 없었습니다." 스티브는 그렇게 말했다. "그래서인지 레딧을 떠날 때쯤엔 사이가 별로 좋지 않았어요." 스티브의 말은 어떤 의미에서 지난 5년 동안 회사 내부에서 벌어진 일을 암시하는 말이기도 했다. "우리는 레딧에서 서로가 맡은 역할에 대해 논의한 적이 없었어요. 각자의 경계가 어디까지이고 누가 무슨 책임을 질 것인지에 관해서도 얘기한 적이 없었죠. 언쟁을 해결할 방법이 정말로 없었습니다." 그러나 스티브와 알렉시스가 그들의 초기 시절을 회상하는 이야기를 들으면서, 나는 그들이 당시에 컨디내스트에 사업을 매각하는 문제로 들떠 있었다는 걸 짐작할 수 있었다("그러니까 내가 16개월 동안 한 일이 어머니와 아버지가 평생 벌어들인 돈보다 더 많은 돈을 버는 일이 됐더군요." 알렉시스는 그렇게 말했다). 그리고 그들의 사업 문제의 밑바탕에는 사실 개인적인 문제가 있었다는 것을 분명히 알 수 있었다.

"친한 친구 사이에선 필요 없지만, 창업가라면 꼭 키워야 하는 근육이 있어요. 우린 솔직히 그런 근육을 단련시키지 않았습니다."

알렉시스는 그렇게 설명했다. "가장 친한 친구와 회사를 차리는 건 아주 멋진 일이지만, 공동설립자로서 나누어야 할 대화와 친구로서 나누는 대화는 전혀 다릅니다. 그리고 우리는 어렵지만 꼭 해야 할 대화를 충분히 하지 못했습니다."

알렉시스와 스티브가 조용히 갈라서고 있던 바로 그때쯤, 앤디 던Andy Dunn과 브라이언 스펄리Brian Spaly도 온라인 남성복 기업 보노보스Bonobos에서 같은 문제를 겪고 있었다. "일단 친구와 같이 사업을 하게 되면, 우정이 사업 파트너십으로 완전히 바뀝니다." 앤디는 그렇게 말했다. "그러니까 평소에 하던 얘기를 할 시간은 없어지죠. 갓 태어난 조그만 회사에 전적으로 매달려야 하니까요." 그러다가 사무실 상황이 어려워지면 창업가인 동시에 친구이기도 한 둘은 상대방으로부터 필요한 응원을 받지 못하고 인내심도 갖지 못한다. 쓰지 않은 탓에 우정의 근육이 퇴화되었기 때문이다.

바로 이런 경우가 가장 안 좋은 부정적인 피드백 루프다. 앤디와 브라이언은 사업에서 상충하는 역할과 전문적인 의견 차이로 인해 친구로서의 대화 자체가 매우 불편해졌고, 그래서 상처는 더욱 안으로 곪아갔다. 해결되지 않은 문제 때문에 사업에 쏟아야 할 관심의 양은 커졌고, 그들은 우정으로 얻은 에너지를 관계를 악화시키는 데 소모했다. 2008년에 브라이언이 보노보스를 떠날 때, 두 사람 사이에는 직업적 관계는 물론 이렇다 할 개인적 관계도 남지 않았다(나중에 둘은 화해하고 지금은 다시 친한 친구로 지낸다). 2009년에 알렉시스와 스티브가 레딧을 떠나 직업적인 관계를 끝냈을 때 남은 것은, 흉하게 비틀어진 우정뿐이었다.

"계약이 만료되었을 때 우린 그냥 그렇게 말했어요. '이봐. 어쨌든 잘됐어. 나중에 보자고.' 그냥 그렇게 되고 말았죠." 스티브는 그렇게 말했다.

"미운 감정은 없었어요." 알렉시스는 그렇게 해명했다. "그냥 잊기로 했을 뿐이죠."

파트너십이든 우정이든 잊어버리는 것처럼 나쁜 것도 없다. 잊어버리면 모든 것이 삭아 없어진다. 파트너와 친구로 함께 쌓아 올린 모든 본질적인 것도 그렇게 사라진다. 2015년에 레딧이 잇달아 닥치는 위기를 겪을 때도 그런 일이 일어날 뻔했다. CEO는 중년의 위기를 넘기지 못해 그만두었고 그 자리를 이어받은 엘렌 파오 Ellen Pao는 통제 불능의 공격적인 사용자(트롤) 수십 명이 퍼부어대는 비난을 견디지 못해 공식 사임했다.

다행히도 레딧이 최악의 상황을 겪고 있을 때 스티브와 알렉시스는 관계를 회복하기 시작했다. "어디서부터 풀렸는지는 정확히 기억나지 않지만, 그렇게 생각했던 것 같아요. '아니, 내 가장 친한 친구가 어디 갔지?'" 스티브는 그렇게 말했다. "우리는 문제를 서로 의논해서 처리하기 시작했죠." 레딧을 만들고 처음 몇 년 동안 그들은 그런 식의 대화를 나눈 적이 없었다. 둘은 함께 스티브의 심리치료사를 찾았고, 5년 동안 서로 무시하고 또 5년 동안 거리를 두면서 그르친 우정을 회복하고자 애썼다. 그들이 같이 만든 레딧이 망가지고 그들도 알아보기 힘들 정도로 변하게 되면서, 두 사람의 관계는 조금씩 가까워졌다.

완벽한 타이밍이었다. 우정이 회복되면서 그들의 파트너십도 다시 활기를 띠게 되었다. 이를 계기로 그들은 자신들이 레딧을 얼마나 아끼는지 새삼 깨닫게 되었고, 결국 서로를 설득하여 풀타임으로 돌아와 트롤로부터 회사를 구하는 데 힘썼다. 그들이 다시 돌아오고 스티브가 CEO로 취임하기 한 해 전인 2014년, 레딧의 평가액은 5억 달러였고 계속 하향세를 그리고 있었다. 하지만 2019년 레딧은 두 사람의 주도로 30억 달러의 평가를 받으면서 3억 달러의 자금을 모았다. 알렉시스와 스티브가 그런 반전의 공을 서로 가져가려고 할 리는 없겠지만, 개인적으로나 직업적인 관계의 문제로 조성된 긴장을 잘 다스림으로써 자신들이 만든 회사를 구해내고 자칭 "인터넷의 1면 Front Page of The Internet"을 되살려낸 사실을 무시한다면 그것도 큰 실수일 것이다.

애덤 라우리가 에릭 라이언과의 관계(업무상 결혼)를 바로잡지 못하면 끝이 안 좋을 거라고 말했을 때, 그것이 파트너십의 끝을 말하는지 사업을 접는 것을 말하는지는 금방 알 수 없었다. 나는 어려운 시기를 함께 겪은 공동설립자들을 많이 만나보았지만, 일을 제대로 처리하지 못하고 힘든 결정을 내리지 못할 경우 순식간에 모든 것이 연달아 무너질 위험에 처한다는 사실을 그들을 통해 알게 되었다.

실제로 결혼한 공동설립자들이라면 특히 그렇다. 그들이 해야할 일은 더 힘들고 더욱더 긴급하다. 문제를 피할 방법이 없기 때문이다. 생각해 보라. 애덤과 에릭은 싸워도 갈 집이 따로 있었다. 앤디 던과 브라이언 스펄리, 카트리나 레이크와 에린 플린, 알렉시스 오해니언과 스티브 허프먼도 그랬다. 하지만 결혼한 커플이라면? 그들은 업무 문제를 집으로 가져가고, 부부간의 문제는 일터로 가져간다. 도망갈 곳이 없다!

샌프란시스코에 본사를 둔 퍼스널케어업체 이오프로덕트EO Products를 설립한 수전 그리핀-블랙Susan Griffin-Black과 브래드 블랙Brad Black 부부가 이례적인 것도 그 때문이다. 그들의 결혼 생활은 그들의 사업이 한창 성공 가도를 달릴 때 끝났지만, 둘은 사업뿐 아니라 두 사람을 기반으로 자리 잡은 그들의 인간관계와 파트너십을 보호하면서 이혼이라는 인습적 수렁을 헤쳐나갔다.

수전은 물론 브래드 역시 이제는 결혼 생활의 파경으로 인한 개인적인 일탈의 트라우마를 견뎌낼 필요가 없다고 말했다. 그래서인지 그들은 깊은 신뢰에 입은 상처를 극복하기 위해 쓸데없이 에너지를 소진할 뻔한 고비를 넘기고 앞으로 나아갈 길을 더 쉽게 찾을 수 있었다. 배신은 조용히 앉아 당신이 사무실에서 집으로 돌아오기만을 기다리는 그런 것이 아니다. 배신은 어디를 가든 따라다닌다. 이것이 공동설립자의 전형적인 결별 이야기가 친구나 배우자의 결별보다 훨씬 더 볼썽사납고, 시간이 지나면서 개인적인 관계를 간단히 해결한 수전과 브래드의 스토리보다 더 서글픈 결말을 맞게 되는 이유다. 자녀를 키우고 결혼 생활을 유지하는 데 따르는 요구 외에도 함께 창업하고 경영하면서 받은 재정적 압박은 그들로부터 많은 것을 앗아갔다. "그 모든 과정을 겪으면서 우리는 개인적인 관계에서 길을 잃었어요. 그래도 우리는 서로를 정말 배려했습니다." 수전은 그렇게 말했다.

그리고 바로 그것이 다음의 일을 가능하게 한 핵심이었다. 알렉시스 오해니언과 스티브 허프먼처럼 수전과 브래드를 치유해 준 것은 서로에게 가진 기본적인 존경과 연민이었다. 상담이 그들의 결혼 관계를 회복시키지 못한다는 것을 두 사람도 잘 알고 있었다. 그러나 장기적으로 보면 상담도 큰 도움이 되었다. 이를 통해 그들은 둘의 차이를 극복하는 법을 배웠기 때문이다. 그리고 그것은 개인적인 갈등에도 불구하고 당시 한창 주가를 올리던 사업과 무럭무럭 자라나는 자녀를 정상 궤도에서 이탈시키지 않으려 했던 공동설립자이자 공동 부모로서 둘에게 꼭 필요한 기술이었다.

"어려웠어요. 고통스러웠고요. 서로 속일 수도 있었고, 속을 수도 있었죠. 선택의 여지는 많았습니다." 수전은 그렇게 말했다. 그러나 역시 이혼한 부모 밑에서 자란 그녀는 상황이 좋지 않을 때 부모의 잘못된 결정으로부터 아이들을 보호하는 것이 얼마나 중요한지 잘 알고 있었다. 그래서 그녀와 브래드는 1,500km나 떨어진 곳에서 살기를 거부했고(그들은 여전히 크리스마스에 함께 가족 여행을 한다), 모두에게 좋은 일이 아니라면 회사를 팔지 않기로 했다. "우리 둘에게는 아이들을 위해 그리고 직원들을 위해 가장 올바른 길을 택할 힘이 남아 있었어요." 수전은 사업을 유지하기로 한 최종 결정에 대해 그렇게 말했다. "우리가 책임져야 할 사람들이 있었고, 이를 의식했기에 그러한 선택을 한 겁니다."

물론 아무나 할 수 있는 선택은 아니다. "처음 2년이 힘들었어요. 그중에서도 처음 6개월이 제일 힘들었고요. 물론 우리 직원들 모두 그렇게 말했어요. 하지만 옳은 일을 한 것 같아요." 브래드는 이혼은 하되 회사를 계속 함께 운영하기로 한 자신들의 결정에 관해 그렇게 말했다. 어쨌든 직원들은 그들의 이혼에 큰 충격을 받은 것 같지 않았다. "먼저 사람들과 따로 대화를 나눈 뒤 이에 관해 회의도 했는데, **꺼림칙한 부분은 없었어요.** 우리는 서로 숨기는 게 없었으니까요."

아이들과 마찬가지로 직원들도 모든 일이 잘되어가도 뭔가 분위기가 이상하면 금방 눈치를 챈다. 한동안은 그런대로 지낼 수 있다. 그러나 해결되지 않은 문제와 다스려지지 않는 긴장, 무언의 갈등은 내부의 기능장애와 사업실적의 저하로 그 모습을 드러내기 시작한다. 2009년에 레딧에서 퇴장하기까지 이어진 스티브 허프먼과 알렉시스 오해니언의 악화된 관계가 2014년과 2015년에 사이트 이용자들의 불만을 수면 위로 폭발시키는 원인을 제공했을까? 그렇게 두 사람에게 묻는다면 두 사건을 떼어 놓고 생각할 수 없다는 데 마지못해 동의할 것이다. 마찬가지로 앤디 던과 브라이언 스펄리의 성격적 갈등과 회사의 주도권을 놓고 보노보스 내에서 벌인 두 사람의 싸움 역시 둘을 가르는 일직선을 그리기 어려울 것이다. 압력솥 뚜껑을 무작정 누르고 있을 수는 있다. 하지만 결국 압력은 어디로든 빠져나가야 한다. 열을 낮추거나 배출 밸브를 젖히지 않으면, 결국 뜨거운 폭발의 타이머가 작동할 것이다.

수전과 브래드의 이혼은 실제로 이오프로덕트가 더 좋고 더 빠른 방법으로 성장하고 번영할 수 있게 만든, 수년간 축적된 압력의 배출구였다. 이는 또한 자신이 누구인지 각자 들여다보고 친구나 부모, 사업 파트너로서 더 건강하고 튼튼한 관계를 형성하는 데 필요한 개인적인 공간을 제공했다.

"우리는 배우자로서 할 수 있는 최선을 다했습니다. 그리고 이혼한 뒤 우리 관계의 깊이는 결혼한 상태에서 얻을 수 있었던 것보다 훨씬 깊어지고 의미 있어졌습니다." 브래드는 그렇게 말했다.

"이혼은 사업에서 우리가 책임져야 할 문제에 대해서도 각자의 역할을 분명히 정해주었어요. 그리고 서로에 대한 배려와 비슷한 가치관이 그것을 뒷받침했죠." 수전은 그렇게 덧붙였다.

"그렇다고 지금도 늘 사이가 좋다는 뜻은 아닙니다. 싸움을 하지 않는 것도 아니고요." 브래드는 요즘 둘 사이의 파트너십을 그렇게 설명했다. "하지만 싸움을 아주 빨리 정리하는 편이죠."

공동설립자들과 대화하면서 배우는 게 한둘은 아니지만, 거의 모든 창업가가 오랜 기간 헤아리기 힘들 정도의 심각한 어려움을 겪었다는 사실과 또 결혼과 가족이라는 단어를 써가며 그 시기를 헤쳐나간 그들의 방법에서 나는 많은 사실을 깨우치고 힘을 얻는다. 아마도 나 역시 남편이자 아버지 또 기업가로서 그들과 닮은 점이 많기 때문일 것이다.

부모나 부부처럼 생각할 줄 아는 것이야말로, 기업가 지망생이라면 누구나 언제 어디서 맞닥뜨리게 될지 모르는 도전에 대비하여 길러두어야 할 기술이다. 창업가들이 마음과 영혼과 에너지와 돈을 사업에 쏟아붓는 모습은 가정을 꾸릴 때와 조금도 다르지 않기 때문이다. 가족을 지키기 위해 기쁜 마음으로 희생을 아끼지 않는다면, 사업을 지키기 위해서는 왜 그렇게 하지 않겠는가?

# 23장

# 너 자신을 알라

내가 2012년에 〈TED 라디오 아워〉의 진행을 맡고자 〈위크엔드 올 싱스 컨시더드*Weekend All Things Considered*〉를 그만두었을 때, 뉴스 분야에 종사하고 있던 내 친구들은 내게 정신 나간 짓이라며 절레 절레 머리를 흔들었다. 나는 전국 800개의 라디오 방송국에서 매 주 송출하는 매우 인기 있는 쇼의 진행자였다. 그런데 무엇 때문에 그것을 포기한다고? **팟캐스트?** 누가 팟캐스트를 듣는가? 그들 눈 에는 내가 세속의 삶을 뒤로하고 황야로 들어가기로 마음먹은 수 행자 같았을 것이다.

그들의 의구심도 당연했다. 2010년대 후반부터 전통 라디오를 집어삼키기 시작한 팟캐스트 붐이 일기까지는 아직 몇 년이 남아 있던 때였으니까. 팟캐스트를 듣는 사람이 있기는 했지만, 지금처럼 많지 않았고 대형 팟캐스트 앱도 없었다. 그러니 팟캐스트로 돈을 벌었다는 사람도 당연히 없었다. 있는 것이라곤 그저 아이튠즈iTunes였고 스탬프스닷컴Stamps.com 광고였다. 그것이 전부였다.

하지만 동료들이 미처 깨닫지 못한 것이 있다. 엄밀히 말해 내가 직업을 바꾸고 뉴스를 떠난 것은 맞지만, 내가 하는 일이나 내 정체성이 바뀐 것은 아니란 사실이었다. **오히려 나는 내 본 모습을 드러내기 시작했고 실제로 나 자신과 더 가까워지고 있었다.** 나는 10년이 넘도록 언론계에서 일했지만, 나 자신을 '기자'로 느껴본 적이 없던 것 같다. 나는 이야기꾼이었고, 〈TED 라디오 아워〉와 그다음에는 〈하우 아이 빌트 디스〉 그리고 〈와우 인 더 월드Wow in the World〉 그리고 다시 스포티파이Spotify, 루미너리Luminary와 함께 만든 쇼들 덕분에 내 정체성에서 가장 중요한 부분을 성격상 뉴스로는 결코 할 수 없는 방식으로 더욱 완벽하게 표현할 수 있었다.

팟캐스팅을 통해 나는 내 개인적이고도 직업적인 자아의 참모습을 찾을 수 있었고, 그로 인해 결과적으로 내 경력은 예기치 않은 상승 가도를 달리게 되었다. 내 제작사도 나의 스토리텔링 감수성을 받아들임으로써 같은 가도를 달렸다. 이는 우리가 성장하는 모든 단계에서 누구를 채용할지, 쇼에서 누구의 프로필을 보여줄지, 무엇을 거절할지 등 모든 것을 결정하는 기준이었고 그 기준은 또한 우리가 궤도를 이탈하지 않도록 막아준 안전장치가 됐다.

성장에 속도가 붙기 시작하면, 창업가로서 자신이 누구인지 하나의 회사로서 어떤 기업인지 아는 것이 더욱 중요해진다. 그래야 여러 가지를 추구할 기회가 생겼을 때 올바른 방향으로 나아갈 수 있다. 이에 대한 이해가 있으면 실제로 자신이 어떤 사업을 하고 있는지 끊임없이 스스로 일깨울 수 있다. 그런데도 사업이 확장되고 진화하여 형태가 바뀌기 시작하면 어이없을 정도로 그것을 쉽게 잊어버리거나 놓치게 된다. 정말이다. 나도 해봐서 알고 내가 인터뷰한 대부분의 창업가도 겪어봐서 잘 아는 사실이다.

앤디 던도 보노보스를 만들고 지난한 과정을 거치는 와중에도 꾸준히 번창했던 첫 5년 동안 그런 문제에 직면했다. 당시 그는 스탠퍼드대학교 경영대학원 룸메이트인 브라이언 스펄리와 회사를 설립하고, 원단 공급업체와 패션 홍보 산업을 더 가까이 두기 위해 사업장을 뉴욕으로 옮긴 터였다. 영업 첫 달인 2007년 10월 1만 달러의 매출을 올린 그들은 2009년에는 연간 700만 달러의 매출을 올렸다. 그러나 그사이에 앤디는 브라이언과 결별하고(브라이언은 나가서 트렁크클럽Trunk Club을 세웠다), 두 차례의 에인절머니를 마련했지만, 지나치게 공격적인 평가와 그가 잠재 투자자들에게 보낸 고압적인 홍보 메일 탓에 그를 가장 신임했던 최초의 투자자를 잃은 터였다. 하지만 2010년 앤디는 스스로 생애 최악의 해라고 말한 수렁에서 다시 추스르고 일어났다.[101] 그리고 1,800만 달러의 시리즈 A 펀드를 마무리 지어 이후 몇 년 동안 제품과 운영을 확장하는 발판으로 삼았다.

셰익스피어의 극처럼 굴곡진 이 모든 스토리 한복판에는 앤디가 말한 "회사의 주도권을 놓고 벌인 싸움"도 있었다. 보노보스는 테크놀로지 회사였을까 아니면 남성복 유통회사였을까? 대답은 물론 둘 다였다. 하지만 이를 스스로 알아내는 것, "그것이 정말 힘들었다"고 앤디는 토로했다.

보노보스가 초기에 이런 힘든 과제를 극복하고 이 2가지 특성을 하나의 합일된 브랜드로 융합하는 데 실패한 것은 앤디 자신도 인정하듯 한 회사의 CEO로서 결함이 많아서였다. "내가 더 나은 리더였더라면 아마 그 부분을 해결했을 겁니다." 앤디는 그렇게 말했다. 그러나 엄밀히 말해, **그의 문제는 전략적 리더십의 문제가 아니었다.** 그가 자신을 알고 자신을 더 잘 이해하고자 애쓰면서 그의 내면에서 그러한 균열이 처음 나타나기 시작했기 때문이다.

"나는 갈피를 잡지 못했어요." 앤디는 2018년 가을에 나와 마주 앉았을 때 그렇게 말했다. "의기소침했지만 직장에서는 아무 일도 없는 것처럼 행동해야 했죠. 하루하루가 정말 힘들었습니다."

그는 또한 노골적인 갈등이나 대립과도 싸웠다. "누군가와 힘든 얘기를 나누기보다는 그냥 좋게 넘어가려고 하는 편이에요. 그래서 상황이 더 어려워졌죠. 그렇게 되면 또 혼자서 해결하려 들었고요." 앤디는 그렇게 말했다. 보노보스는 애당초 그의 아이디어도 아니었다(앤디가 처음에 구상했던 사업은 과테말라의 럼주와 빌통Biltong이라는 양념하지 않은 남아프리카산 육포를 미국으로 들여오는 것이었는데, 익히지 않은 고기 수입을 금지하는 연방 규정에 위반되는 것이었다. 더 좋은 피팅의 남성용 바지 보노보스를 생각해 낸 쪽은 브라이언이었다). 성공한 스타트업을 경영하는 데 따르는 흔한 스트레스와 불안감에 이런 개인적인 문제까지 겹치면서, 앤디는 사람들 앞에서 그의 공동설립자와 대놓고 싸우거나 잘못된 결정을 내리기 시작했다. 그런 그의 행태가 회사의 정체성 위기마저 초래하고 말았다.

"사적으로 대화를 나눈 뒤에는 일치된 방향을 제시하는 일을 꽤 잘하고 있다고 생각했어요." 앤디는 그렇게 말했다. 하지만 어느 날, 그들이 싸웠다는 이야기를 들은 한 투자자로부터 전화를 받았다. "아니, 어떻게 이런 일이 생기지? 어떻게 하지?" 투자자는 그에게 이 문제에 관해 진상을 밝히라고 했다. 결국 갈등을 모두 해결하고 더욱 효율적으로 협력할 수 있는 방법을 찾아야 했다. 부모는 아이들 앞에서 싸우면 안 되니까.

앤디는 상황을 좀 더 솔직하게 바라봐야 했다. 결혼 용어를 빌려 말하면, 커플 치료나 시험 별거Trial Separations 정도로 해결될 문제가 아니었다. "우리에겐 매사 분명한 CEO가 필요했어요. 그래서 생각했죠. '내가 떠나야 하나? 아니면 브라이언이 떠나야 할까?'" 앤디는 그렇게 말했다.

보노보스의 주도권을 두고 벌인 싸움은 앤디의 내면에서 시작된 다음 그의 친구이자 룸메이트, 학교 동창이자 공동설립자인 브라이언을 비롯해 외부까지 확산되었다. 결국, 떠난 쪽은 브라이언이었다. "그는 매사에 믿을 수 없을 만큼 품위를 지켰어요." 앤디는 그렇게 말했다. 하지만 그렇다고 전투가 끝난 것은 아니었다. 앤디가 계속해서 악수를 두었기 때문이었다.

우선 앤디는 전 직원을 모아놓고 전혀 다른 2명의 스포츠 선수가 명예의 전당Hall of Fame에서 행한 연설을 바탕으로 '23'이라는 제목의 프레젠테이션을 했다. 컵스Cubs 소속이었던 라인 샌드버그Ryne Sandberg와 불스Bulls 소속이었던 마이클 조던Michael Jordan의 연설이

363

소재였다. 두 사람은 앤디의 고향인 시카고 소속 팀에서 등 번호가 똑같이 23이었다. 샌드버그 연설의 핵심은 존중이었고, 조던의 연설은 적개심, 응징, 원한을 갚는 문제와 '남보다 더 잘하고 모든 사람을 지배한다'라는 주제가 핵심이었다. 앤디는 직원들이 일치된 목적을 향해 나아갈 수 있도록 두 연설을 주제별로 비교하고 연결했다. 한편으로는 "우리 모두는 여기 있는 모든 사람과 그들의 희생에 존경심을 가질 필요가 있습니다"라고 말하면서, 반면 조던처럼 더 많은 실적을 올리고 성장시키고 경쟁자를 죽이기 위해 더욱 분발해야 한다고 강조했다. "제 말에 두서가 없어서였는지 전혀 납득할 수 없다는 표정들이었죠." 앤디는 그렇게 시인했다.

모인 직원들은 공동체 정신이 고무되는 느낌은커녕, 오히려 사기가 저하되는 기분이 들었다. "사람들이 리더에게서 보고 싶어 하는 것과 정반대되는 모습만 보여준 겁니다. 직원들은 열심히 일하는 모습을 인정받고 싶어 합니다. 누가 열심히 하지 않는다고 야단맞는 것을 좋아하겠어요."

그러나 그의 프레젠테이션을 정말 위험한 뇌관으로 만든 건 따로 있었다. 그 일로 보노보스 내부의 사람들이 자기야말로 회사의 성공을 위해 죽어라 애쓴다고 느낄 뿐 아니라(당연히 앤디의 추정이지만), **남들보다 자기가 더 열심히 일한다**고 생각하기 시작했다는 것이었다. "고객 서비스와 주문을 맡은 사람들은 밤낮으로 쉬지 않고 일했어요. 의상을 담당하는 사람들은 두 번째로 많이 일했고요. 그런데 실제로 가장 많은 연봉을 받고 있는 엔지니어링 팀 사람들이 자기들만큼 열심히 일하지 않는다고 생각한 모양이에요." 앤디는 그렇게 설명했다. 사실 앤디가 '23' 프레젠테이션을 하게 된 것도 유통 분야 직원들이 말로 표현하든 하지 않든 이 같은 불평을 품고 있다는 걸 알았기 때문이었다. 그리고 직원들이 그 프레젠테이션을 고깝게 받아들인 것도 그 때문이었다. 그들은 그의 말을 모욕으로 받아들였다. 엔지니어들은 늦게 어슬렁거리며 나타나 일찍 퇴근하면서도 자신들의 노력에 비해 많게는 3배나 되는 돈을 받는 반면, 자신들은 정말 혁신적인 남성복 옵션을 시장에 내놓는 데 **목숨을 거는 사람들**이었기 때문이었다. 한마디로, 불만이 부글부글 끓었다. 평사원들의 사기가 땅에 떨어졌다는 신호였다.

앤디의 오산은 기술 분야와 패션-제품-유통 분야를 양분한 탓에 더욱 확대되었지만, 그 바탕에는 더욱 근본적인 또 다른 정체성 문제가 깔려 있었다. 그 프레젠테이션은 당장 한 사람의 심기를 자극했다. 앤디와 브라이언이 일찍부터 기술팀을 맡기기 위해 채용한 자포스 출신의 유능한 엔지니어였다. "그가 내게 전화를 걸어 말하더군요. '토니 셰이Tony Hsieh가 자포스에서 창조한 기쁨의 정신을 대표님이 맛볼 수 있었다면 좋았을 것 같습니다. 스타트업에서는 사실 긍정의 정신이 실제로 훨씬 더 좋은 근무환경을 만들거든요. 그걸 알아주셨으면 합니다.'"

이 엔지니어는 보노보스가 속한 업종과 앤디가 그전에 종사했던 업종이 아무런 연관성도 없는 분야라는 사실을 모른 채 그처럼 따끔하게 지적했다. 앤디는 경영대학원에 들어가기 전 5년 동안 베인Bain 컨설팅에서 일했고 그다음엔 시카고 외곽의 윈드포인트Wind Point라는 사모펀드 기업에서 일했다. 그는 판지 포장회사와 남아메리카의 어떤 항공사 프로젝트에 배정되었다. 그는 또 시어스<sup>Sears</sup>가 랜즈엔드<sup>Lands' End</sup>를 인수하는 작업을 거들기도 했는데, 이런 산업은 이윤이 박하기로 소문난 분야여서 기업들은 컨설턴트를 고용하거나 사모펀드에 매각했다. 컨설턴트들은 효율성을 최고로 중시하면서 무자비하고 과도할 정도로 이윤에만 초점을 맞추기 때문이었다. 앤디는 스타트업과는 정반대에 놓인 분야에서 일해온 탓에, 자기도 모르는 사이 무자비한 감수성을 보노보스의 리더십에 불어넣고 있었다.

그 엔지니어의 메시지는 "모닝콜"이었다며 앤디는 말을 이었다. "보노보스는 직원들이 공포심으로 동기부여를 받는 컨설팅이나 사모펀드가 아닙니다. 우리는 스타트업이에요. 즐거워야 일할 맛이 나는 곳이죠. 무언가를 창조하는 곳인가, 아니면 더 열심히 일하도록 자극해 사다리의 다음 칸에 도달해야 하는 곳인가 하는 문제였죠."

이 같은 깨달음은 모닝콜 이상의 효과를 가져왔다. 첫째, 자포스 출신 엔지니어의 지적은 단순한 충정에서 비롯된 조언이 아니었다. 이는 결별의 의사 표시였다. 그는 뒤도 돌아보지 않고 떠났다. 기술팀은 리더를 잃었고 아울러 사업 추진력도 떨어졌다. 당시 그들의 웹사이트가 보노보스 고객의 유일한 진입로였는데, 이 기능에 문제가 생기면서 엄청난 대가를 치를 수밖에 없었다. 앤디는 뉴욕에서 비슷한 수준의 프로그래밍 인재들을 채용하기 시작했다. 아니, 채용하려 했다는 말이 맞을 것이다. 때는 2010년이었다. 경제는 불황에서 빠져나오는 중이었고, 새로운 기술 혁신의 물결이 모바일 기기와 모바일 앱의 형태로 나타나 이 분야 곳곳에 충격을 안기고 있었다. 경험이 풍부한 프로그래머나 엔지니어들로서는 생각할 것 없이 무조건 실리콘밸리에 가야 제 실력을 발휘하고 기회를 잡을 수 있던 때였다. 자포스 정도의 혈통을 가진 엔지니어를 맨해튼으로 유인해 컴퓨터로 바지를 팔게 하려면, 많은 것이 필요했다. 수석 엔지니어가 떠난 후 몇 달 동안 앤디는 온갖 제안을 내놓았지만, 엔지니어들의 성에는 차지 않았다.

한동안 외부 기술 컨설턴트에 의지해서 업무를 꾸려갔지만, 그런 방식은 이득보다 난제들을 더 많이 생성했다. 2011년이 얼마 남지 않았을 무렵, 그들을 어르고 달래는 데 지친 앤디는 결국 인재가 있는 대륙의 반대편까지 4,800km를 날아갔다. 그렇게 해서 마이클 하트Michael Hart라는 넷플릭스의 엔지니어링 디렉터를 최고 기술책임자로 고용한 뒤, 2012년 초에 개업한 새로운 보노보스 팔로알토 사무실을 그에게 맡겼다.

367

의도는 좋았지만 "결국 치명적인 패착이었다"고 앤디는 시인했다. 그런 조치는 대륙 양쪽에 이미 존재하던 파벌 본능을 자극하여 아예 그것을 기정사실로 만드는 역효과만 냈다. 이는 기술과 유통 팀 간의 내부 분열을 악화시켰을 뿐만 아니라, 서로 자신들이 사업의 핵심이라고 주장하는 양측의 자존심 싸움으로 비화했다. "뉴욕 사무소는 보노보스를 남성복 유통업체로 생각했고, 팔로알토 사무소는 보노보스를 기술력으로 추진되는 멀티브랜드 테크놀로지 플랫폼으로 보았죠." 양쪽 모두 자신들이 회사의 유한한 자원을 선점할 권리가 있다고 생각했다. 그렇게 1곳이 아니라 2곳을 유지하고 관리하는 데 드는 비용으로 인해 가뜩이나 유한한 그들의 자원은 더욱 한계를 드러냈다.

2012년 이후 국토 반대편으로 양분된 특정 목적의 사무실 때문에, 이제 각 집단에겐 수호해야 할 본거지가 생긴 셈이었다. 보노보스는 《해리포터》의 호그와트 Hogwarts였고 그들은 슬리데린 Slytherin과 그리핀도르 Gryffindor였다! 그들에게는 더 협력해야 할 동기나 의무가 없는 것 같았다. "의견들이 전혀 맞지 않았어요." 앤디는 그렇게 말했다. "그들은 전략과 회사의 정체성을 놓고 벌어진 의견 차이를 해소하기 위한 어떤 교류도 하지 않았습니다."

그렇다면 묻지 않을 수 없다. 보노보스는 정확히 무엇을 하는 곳인가? 이런 질문을 하는 건 앤디 던과 그의 팀이 겪고 있던 이 같은 문제가 자신이 누구이고 무엇을 하는 사람인지 아는 직원들이 일하는 회사에서는 자주 일어나지 않기 때문이다. 어쩌다 잠깐 길을 잃은 회사, 실제로 어떤 사업을 하고 있는지 정확히 알지 못하는 회사만이 이러한 힘겨루기에 몰두한다. 가정이긴 하지만, 앤디의 뉴욕 사무실에서 20블록 떨어진 곳에서 불과 몇 년 전에 벌어진 일을 그가 유심히 보기만 했어도, 그런 시련은 겪지 않아도 됐을지 모른다. 그때 이루어진 유례없는 대형 합병으로 2000년에 탄생한 회사가 AOL 타임워너 AOL Time Warner다. 앤디가 이를 보았다면 두 팀이 만나서 만들어 내는 최악의 결과가 어떤 것인지 알 수 있었을 것이다.

AOL과 타임워너 Time Warner의 합병은 뉴미디어 기업의 자산 규모와 시가총액과 관련해 많은 기록을 만들어냈다. 양측이 테이블로 가져온 자산으로 창출할 수 있는 잠재력은 계산은 고사하고 짐작하기도 어려웠다. 말로는 1,650억 달러의 가치를 갖는다고 얘기했지만, 그것도 추측일 뿐이었다. 각종 경제지가 그들의 합병을 설명할 거창한 형용사를 찾느라 부산을 떨었다. 그러나 합병의 들뜬 열기 속에는 눈에 띄지 않거나 최소한 평가 절하된 무언가가 있었다. AOL 타임워너가 매우 거센 역풍을 향해 돛을 펴고 있다는 사실이었다. 닷컴 버블이 곧 터지려 하고 있었다. 광고 판매는 슬럼프에 빠졌고, 이는 하나의 요소로서 인터넷의 향후 실용성을 의심하게 만들었다(그전까지 이들의 대형 합병은 인터넷 시대의 도래를 알리는 공식 신호였다). 그 하나의 요소란 사실 궁극적으로 인터넷의 진정한 잠재력을 유감없이 드러내는 고속 광대역 통신망이었다. 이는 당시 막 온라인에 등장하여 AOL 타임워너가 넋을 놓고 있는 사이 그들 리더십의 허를 찌르는 독침이 되었다.

369

이 같은 장애들은 앤디 던의 말대로, 자신의 정체성을 아는 회사라면 얼마든지 극복해 낼 수 있는 문제였다. 더욱 원대한 사명으로 단합하여 모두 같은 방향으로 노를 젓는 사람들이 추진하는 강력한 문화가 그들에게 있었다면, 앞을 가로막는 장애물을 기회로 삼을 수도 있었을 것이다. 하지만 AOL 타임워너 안에서는 어떤 단결력도 찾을 수 없었고, 결국 10년도 못 가 그들의 합병은 무산되고 말았다. 이미 두 회사가 합병 전에 가졌던 가치의 85% 이상을 잃은 뒤였다. 타임워너는 결국 케이블 사업(타임워너 케이블Time Warner Cable)과 출판 사업(〈타임Time〉 지)을 떼어냈다. 물론 AOL도 분리했다. AOL은 예전 자신의 모습을 껍데기만 유지한 채 비틀거리며 급변하는 디지털 미디어 지형으로 다시 걸어 들어갔다. 규모가 더 작았던 타임워너는 워너미디어WarnerMedia로 개명했다가 2018년 AT&T에 약 850억 달러로 팔렸다.

우연이긴 하지만, 앤디와 브라이언이 보노보스에서 결별한 거의 같은 시기에 일어난 이들 합병의 후폭풍으로, 분석가와 당사자들은 이 회사가 닷컴 경기침체라는 격랑을 헤쳐나가지 못한 주요 원인으로 버지니아의 AOL 팀과 뉴욕의 타임워너 사람들 사이의 분열을 지적했다. AOL과 타임워너 사이에는 항상 '시너지 구축'이라는 듣기 좋은 이야기가 오갔지만, 결국 그것은 환영에 가까운 목표였다.

"회사 내부의 싸움이 원인 중 하나였습니다." AOL 회장 스티브 케이스Steve Case는 내게 그렇게 말했다. "다양한 요소들이 섞여 있었지만 결국은 사람과 팀의 문제였죠."

〈뉴욕타임스〉는 합병 발표 10주년을 맞아 낸 "AOL-타임워너 합병은 어쩌다 이 지경이 되었는가How the AOL-Time Warner Merger Went So Wrong"라는 제목의 회고성 구술 기사에서, 합병 계약과 그 결과로 생긴 기업의 운영에 관여했던 많은 경영진의 통찰력을 지적했다. 기사는 합병 당시 타임워너 사장이었던 리처드 파슨스Richard Parsons의 말로 마무리됐다.

"비즈니스 모델이 발밑에서 무너진 셈이죠. 결국 문화의 문제였습니다."[102] 파슨스는 그렇게 말했다. "구 미디어와 새로운 미디어 문화를 조화시키는 건 사실 내 능력 밖의 일이었습니다. 그들은 마치 다른 종족 같았어요. 태생적으로 전쟁을 벌일 수밖에 없는 종족 말이죠."

한번 가라앉기 시작한 AOL 타임워너 호에는 백약이 무효였다. 양측은 선체에 난 구멍을 메우고 물을 퍼내고 배를 똑바로 세우고 다시 항해할 생각은 하지 않고, 배가 다시 항해해야 할 이유를 두고 상대방을 탓하는 데 더 열중했다.

2013년의 보노보스는 침몰할 정도는 아니었지만, 기울고 있는 것만은 분명했다. 그들은 자신이 누구이며 그동안 무엇을 했는지 알아내려 애쓰고 있었다. 당시 앤디의 비전은 보노보스를 넘어 여러 브랜드의 종합적인 포트폴리오를 만드는 것이었다. 이를 위해 그는 보노보스가 효과적으로 창안한 '디지털 태생의 수직적 브랜드 모델'을 활용하여 개인화에 크게 의존했다. 브랜드를 추가할수록 데이터 세트가 풍부해지고 제품과 서비스가 좋아지기 때문이었다. "뉴욕이 감당해야 할 임무는 할 수 있는 한 최고의 남성 의류 브랜드를 만드는 것이었고, 캘리포니아의 임무는 할 수 있는 한 최고의 기술 플랫폼을 구축하는 것이었습니다." 앤디는 그렇게 설명했다. 그는 처음에 보노보스에 힘을 실어주었던 플랫폼이 나중에는 보노보스가 개발한 다른 많은 브랜드에서 중추적인 역할을 해주기를 바랐다.

멋지지 않은가? 그러나 앤디가 팔로알토 사무실과 뉴욕 사무실에 그런 이야기를 했을 때 양측의 반응은 극과 극이었다. 태평양 연안의 사람들은 준비가 되어 있었다. 그들은 회사가 이런 강력한 개인화 기능을 구축하는 데 적극적으로 투자해야 한다고 생각했다. 그러나 대서양 연안의 유통 분야 직원들은 회의적이었다. 사실 그 정도만 해도 봐주는 셈이었다. "뉴욕의 관점은 이랬어요. '내가 제품 페이지에 리뷰가 포함되게끔 업데이트만 해주면 되나요?'" 앤디는 그렇게 말했다.

이제 모든 것이 분명해졌다. 이런 혼합체로는 제대로 된 기능을 할 수 없다는 판단이 선 것이다. 앤디는 무언가 바꿔야 할 때라고 확신했다. "조직이 양 해안의 갈등으로 파괴되고 있었습니다. 문화는 타락했고 하루가 다르게 어려워지고 있었죠."

나도 앤디 던의 말에 전적으로 공감한다. 그리고 감탄을 금할 수 없다. "나는 그저 누적된 끔찍한 실수의 총합일 뿐이에요." 앤디는 언젠가 리더로서의 자신에 대해 설명하며 내게 그렇게 말했다. 그런데도 앤디가 대단한 것은, 그가 자신의 노력을 반성할 수 있을 만큼 정서적으로 성숙했기 때문이다. 그는 자신이 누구인지 그리고 자기가 정말로 하고 싶은 것을 알아내기 위해 도움을 구했다. 이는 일종의 치유 과정이었다. 그해 1월 그는 이사회를 소집했고, 문을 연 지 1년밖에 안 된 팔로알토 사무소를 닫기로 했다고 알렸다. 이번 폐쇄는 앤디가 회사를 멀티브랜드 기술 플랫폼으로 만들고자 했던 소위 '보다 광범위한 오류'를 해결하기 위한 첫걸음이었다. 그렇게 앤디는 보노보스가 누구인지, 무슨 일을 하는지 정리하기로 했다. 그는 사업의 핵심을 실험하는 것과 새로운 핵심 사업에 뛰어드는 것은 완전히 다르다는 걸 알았다.

2012년에 개장한 가이드숍Guideshop, 노드스트롬과 맺은 유통 파트너십, 그들이 개발한 와이셔츠와 정장 같은 다른 남성복 등은 모두 보노보스라는 브랜드를 중심으로 이루어졌기 때문에, 당연히 처음부터 꽤 잘되었다(가이드숍은 매장에서 옷을 입어보고 결제한 후 제품을 온라인으로 배송받는 오프라인 매장이다).

보노보스가 어떤 기업이어야 하는지에 대해 다른 생각을 갖고 있던 웨스트코스트 기술자들로 채워진 고비용의 팔로알토 사무실이나 또 보노보스가 출시한 골프웨어 메이드<sup>Maide</sup>와 여성 의류 브랜드 AYR은 '보노보스 브랜드의 범위를 벗어난' 실험이었다. 메이드는 2017년 보노보스 골프<sup>Bonobos Golf</sup>의 지위를 간신히 유지했지만, AYR은 팔로알토 사무실의 기술 기능처럼 스핀아웃에 성공하여 전 최고기술책임자였던 마이클 하트를 CEO로 두고 개인화 사스(서비스형 소프트웨어<sup>Software as a Service, SaaS</sup>) 기업으로 도약했다.

보노보스는 2014년에 앤디의 말대로 "고비를 완전히 넘겼다." 그것을 가능하게 만든 핵심 조치는 2가지였다. 첫째, 브랜드의 정체성을 확립했고 둘째, 이커머스를 넘어 가이드숍과 노드스트롬의 파트너십을 통해 물리적인 오프라인 매장으로 채널을 다변화했다. 앤디는 사업 정체성을 둘러싼 또 다른 논쟁에 대해 "그것은 정말 재미있는 또 다른 형태의 이사회였다"라고 말했다. 그래서 다시 묻지 않을 수 없었다. "보노보스는 전자상거래회사인가, 아니면 남성복 체험회사인가?" 전자상거래회사는 아니라는 것이 앤디의 주장이었다. 구글이 검색회사가 아닌 검색을 이용한 광고판매회사라고 할 수 있듯, 보노보스는 전자상거래 플랫폼을 활용한 고객 서비스 유통회사라는 것이다. 그리고 만약 그들이 전통적인 오프라인 유통업자와 같은 수준의 맞춤 서비스를 제공할 방법을 고안해 낸다면, 그들은 사업으로서 보노보스의 정신에 더 가까이 다가갈 수 있을 것이다.

테크놀로지를 버리지 않고도(그럴 생각은 애초에 없었다), 앤디는 2009년 그가 처음 고삐를 잡은 이후 리더로서 그를 괴롭혔던 난제를 그들의 남성복 유통업이라는 뿌리에 의존해 가까스로 해결했다. 그는 마침내 보노보스를 자신과 브라이언 스펄리의 독창적인 의도를 투자가에게 전달할 수 있는 위치에까지 올려놓았다. 랠프 로런Ralph Lauren이 자포스를 만난 것이다. 그리고 그는 투자가나 고객, 분석가와 고용주 등 회사 안팎의 모든 사람에게 그들이 누구이며 무엇을 하고 있는지 알게 했다.

모두의 생각이 하나로 모아지자 성과가 나오기 시작했고, 그들의 두드러진 활약은 2017년 초 월마트를 사로잡아 그해 여름 3억 달러가 넘는 금액에 인수되었다. 현명하게도 월마트의 지도부는 보노보스가 하던 일을 계속하게끔 허락했다. 월마트 역시 자신들이 누구이며 무엇을 하는지 잘 알았기에 보노보스도 같은 방식으로 이해했다. 다행히도 앤디 던 역시 그 점을 이해했고, 마침내 진정한 의미에서 자신에게 조금 더 다가갈 수 있는 힘을 경험했다.

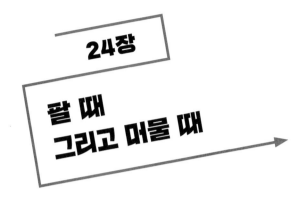

## 24장
## 팔 때 그리고 머물 때

2008년 2월, 인기 있는 하버드대학교 경영대학원 교수 노암 와서 면Noam Wasserman은 〈하버드비즈니스리뷰Harvard Business Review〉에 논문을 하나 발표했다. 이 논문은 몇 년 뒤 같은 제목을 가진 베스트셀러의 기초가 되는데, 논문 제목은 '창업자의 딜레마The Founder's Dilemma'였다. 와서먼이 수천 명의 기업가를 대상으로 시행한 연구를 근거로 한 이 논문의 주제는 회사가 성장할 때 어느 정도 중요한 시점에 이르면 모든 창업가가 돈과 지배라는 2가지 중에 선택해야 하는데, 그때 잘못된 선택을 하는 경우가 많다는 사실이었다. 그들은 종종 자신의 이익이나 회사의 이익에 반하는 행동을 하거나 양쪽 모두에 불리한 행동을 한다.

와서먼이 이 같은 주장을 하는 배경에는 자금 조달과 경영을 두고 타협해야 하는 기업가들의 고충이 드리워져 있지만, 성장에 필요한 자본을 얻는 대가로 지배권을 양보할 준비가 되어 있는 기업가는 사실 많지 않다. 구체적으로 말해, 그들은 회사를 지배하려는 투자가들의 요구에 저항한다. "창업가들은 쉽게 포기하지 않는다."[103] 와서먼은 그렇게 썼다. 실제로 그가 분석한 기업인의 80%는 떠날 준비가 안 된 상태에서 리더의 자리에서 쫓겨났고, 그런 일을 당했을 때 "대부분 큰 충격을 받았다."

이는 기업가의 본질적 성격에서 비롯된다고 와서먼은 주장했다. 기업가들은 오로지 하나밖에 모르는 외골수들이고 열정도 유별나다. 때로는 순진하다고 할 만큼 자신의 능력을 과신한다. 훌륭한 스타트업 창업가들 대부분이 그렇다. 그것이 그들의 속성이다. 비록 사업을 확장해야 할 책임을 진 CEO에겐 어울리지 않는 속성이지만 말이다. 전문투자가나 심지어 그들 자신의 이사회가 그런 점을 지적해도, "창업가는 보통 자신만이 기업을 성공으로 이끌 수 있다고 확신한다." 와서먼은 그렇게 썼다. "'제품을 준비하는 단계까지 왔다는 것은 내가 이 회사를 이끌 적임자라는 사실의 반증'이라고 그들은 똑같이 주장한다."

기업가는 이제 원하지 않으면 전문투자가의 돈을 더 모을 필요가 없다. 그들은 그들이 구할 수 있는 돈을 모두 받을 필요도 없고 그 돈을 자신에 대한 평가로 받아들일 필요 역시 없다. 그들은 다른 사람들이 바라는 만큼 서둘러 그들의 아이디어 안에서 유휴자금을 실현시킬 필요가 없다. 그들은 서두르지 않아도 된다. 배당금 지급도 미룰 수 있다. 많은 돈을 벌겠다고 서두르지 않아도 되고, 회사가 좀 더 자연스러운 속도로 성장하게끔 지켜볼 수도 있다. 창업가들은 대개 직원들이 받는 정도의 보수를 받고, 일반적인 CEO들이 회사에서 받는 것에 비해 훨씬 적은 보수를 받기 때문에 그런 곳에서 경영한다는 것이 그렇게 낯선 일만도 아니다.[104] 기본적으로 이는 창업가 입장에서 회사에 가장 좋고 자신에게도 가장 좋은 것이 무엇이냐 하는 문제로 귀결된다.

"기업가들은 매 단계 돈을 버는 것과 자신의 벤처 사업을 경영하는 문제를 놓고 선택하게 된다." 와서먼은 그렇게 썼다. "이 근본적인 긴장은 '부자'가 될 것인가와 '왕'이 될 것인가 사이의 어딘가에서 타협점을 찾게 된다. 부자를 선택하면 회사의 가치를 더욱 높일 수 있지만, CEO 직위와 주요 의사결정에 대한 지배권을 빼앗겨 따돌림을 당할 수 있다. 왕을 선택할 경우 창업가는 CEO 자리를 유지하고 이사회를 지배함으로써 의사결정에 대한 지배권을 유지할 수 있지만, 가치가 떨어지는 회사를 설립할 때만 가능한 경우가 많다."

원칙적으로 따지면 두 선택 중에 어느 쪽이 다른 쪽보다 낫다고 말하기 어렵다. 낫고 안 낫고는 창업 당시 창업가의 목표가 무엇이었는지, 그 목표가 성공이라는 관점에서 볼 때 어느 쪽으로 발전했는지에 따라 달라진다.

하지만 나는 성장하고 성공하는 사업을 두고 논쟁을 벌일 때 돈과 지배가 창업가의 선택안의 전부라고 생각하지 않는다. 그 2가지만이 기업가의 의사결정에 동기를 부여하는 것은 아니다. 내가 보기엔 세 번째 선택도 있다. 이는 성장을 위해 기금을 모으는 동안에는 큰 역할을 하지 못하지만, 창업가가 상상했던 것 이상으로 사업을 성장시키고 현재의 상황을 납득시킬 기회를 얻게 되면 특별히 적극적인 역할을 하는 선택이다.

그게 무엇이냐고? **다름 아닌, 행복이다. 만족감. 올바른 결정을 내리는 것.**

2000년에 게리 에릭슨과 당시 파트너였던 리사 토머스Lisa Thom-as는 클리프바를 대형 식품회사에 매각하는 문제를 두고 결단을 해야 했다. 네슬레Nestlé가 파워바를 3억 7,500만 달러에 인수하고 크래프트Kraft가 밸런스바Balance Bar를 2억 6,800만 달러에 낚아채자, 많은 기업이 에너지바 게임에 뛰어들기 위해 코를 킁킁거리고 있었다. 게리는 굳이 매각할 필요가 없다고 생각했지만, 리사는 가장 큰 경쟁사 2곳이 몇 달 사이에 각각 2억~3억 달러가 넘는 돈에 인수되는 것을 지켜보며 마음이 흔들렸다.

"리사에게서 전화가 걸려왔던 순간을 정확히 기억하고 있습니다. 회사를 팔고 싶다고 하더군요. 나도 괜찮다고 말했어요. 그래야 할 것 같았고요." 게리는 그렇게 회고했다.

엄청난 돈을 거머쥔다는 것만은 부인할 수 없는 사실이었다. 클리프바는 8년째에 접어들고 있었고 직원도 계속 늘어났으며 매출도 연간 4,000만 달러에 달했다. 그들은 시장에 남아 있는 개인 소유의 에너지바 메이커 중에서 가장 큰 회사였다. 그리고 이미 한 다국적기업에서 9자리 숫자를 지급하겠다는 의사를 밝힌 상태였다. 그래서 그들은 투자은행 직원을 한 명 고용하여 시장에 회사를 매물로 내놓고는 둘이 함께 여행을 떠났다.

"우리는 우리를 포트폴리오 일부로 받아주겠다고 할 대기업을 찾아서 전국을 돌아다녔어요." 게리는 그렇게 말했다. "그중 한 곳으로부터 예상 밖의 계약을 따냈고요." 퀘이커오츠<sup>Quaker Oats Company</sup>였다. 퀘이커오츠의 포트폴리오에는 이미 추이<sup>Chewy</sup>라는 그래놀라 바가 있었고, 퀘이커오츠 자신도 펩시코에 인수된 지 1년 남짓이 된 때였다. 퀘이커오츠는 게리와 리사에게 1억 2,000만 달러를 제시했다. 각자 6,000만 달러씩 챙길 수 있다는 뜻이었다. 아등바등하지 않고도 평생 먹고살 수 있는 금액이었다.

그들은 승낙했다.

계약서의 서명일은 2000년 4월 17일로 정해졌고, 게리와 리사는 모든 직원에게 이 사실을 알렸다. 그들의 투자은행가와 퀘이커오츠에서 나온 사람과 변호사들이 샌프란시스코에 있는 뱅크오브아메리카<sup>Bank of America</sup> 빌딩 30층에 모였다. 리사는 그들 중 몇 명과 전화로 계약서의 세부 사항 몇 가지를 다짐받고 있었다. "사실상 계약은 체결된 것이었죠." 게리는 그렇게 말했다. 그리고 1시간쯤 뒤에 그와 리사는 차에 올라 에머리빌에 있는 본사에서 베이 브리지를 가로질러 샌프란시스코로 들어가기로 되어 있었다. 하지만 게리가 그전에 잠깐 회사 주변을 산책하겠다고 했다.

"주차장으로 나갔는데, 울음이 터지더군요. 여기에 내 모든 걸 쏟아부었거든요. 내 목숨이나 다름없는 회사예요. 이들은 내 직원이고 내 가족이죠. 이름도 우리 아버지의 이름을 따서 지은 거라고요!" 게리는 당시의 북받치는 감정을 그렇게 묘사했다. "블록을 절반쯤 갔을 때 팔지 않기로 마음을 굳혔습니다."

리사로서는 뒤통수를 얻어맞은 기분이었을 것이다. 이미 얘기가 끝난 거래였다. 하지만 그녀는 몰랐다. 거래가 진행되던 지난 3개월 동안 게리가 칠흑 같은 어둠 속에서 괴로워하고 있었다는 것을. "잠을 제대로 잘 수 없었습니다. 자전거도 타지 않았고요. 도무지 신이 나지 않았던 것 같아요." 그는 말했다. 게리는 3개월 동안 매 순간 자신과 싸움을 벌였다. 무엇보다도 직원들에게 매각 계획을 말할 때가 가장 괴로웠다. 자신이 거짓말쟁이가 된 기분을 떨칠 수 없었다. "달라지는 건 없다고 말했어요. 웬걸요. 당연히 많은 것이 바뀌겠죠. 더 나아질 수도 있고 더 나빠질 수도 있지만, 변하지 않을 거라고 말하면 안 되는 거였어요."

이것이 노암 와서먼이 말하는 창업자의 딜레마 중 지배에 관한 부분이다. 게리 에릭슨이 매각 대금 중 6,000만 달러를 자신의 몫으로 챙기기 위해 지급해야 할 대가는 그의 가족이나 다름없는 직원들에게 달라지는 것은 없다고 거짓 안심시켜야 한다는 가책이었다. 모든 것이 다 잘될 거라고? 그렇게 얼버무리는 짓은 정말로 치르고 싶지 않은 대가였다. 퀘이커오츠가 클리프바의 경영을 누구에게 맡기든 제대로 하기 어려울 것 같은 생각이 들어서가 아니었다. 6,000만 달러를 받기는커녕 그런 돈을 들이는 한이 있더라도 클리프바는 그가 사랑하고 여전히 하고 싶은 일이었기 때문이다.

실제로 6,000만 달러를 들여야 했다. 리사가 손을 떼기로 마음을 굳혔기 때문이었다. 게리는 이후 7개월 동안 파트너의 주식을 사들일 돈 6,000만 달러를 구하기 위해 사방에 전화를 걸어야 했

380

다. 그녀가 기대했던 것이 그것이었고, 그녀가 잃은 것도 그것이었다. 모든 것은 공정했다. 그와 동시에 게리는 다시 돌아가 하루하루 경영에 몰두했고, 회사는 거짓말 같은 속도로 성장했다. "사업이 커지고 있을 때 이런 일을 겪고 싶은 사람은 없을 겁니다." 게리는 말했다. 그렇지 않아도 클리프바에서 그가 해야 할 일은 늘 그만큼 있었다. 하지만 이제는 6,000만 달러의 빚까지 생겼고, 적어도 당분간 '이번 일은 임시적인 결정일 뿐 언제 창업가의 마음이 바뀌어 회사를 매각한다고 할지 모른다'라며 자신을 의심할 직원들이 있었다. 사모펀드 사람들도 그의 의중을 떠보기 위해 수시로 전화를 걸어왔다. 그들은 퀘이커오츠 건을 거절한 것은 정신 나간 짓이며 빚이 없다고 해도 클리프바는 버티기 어려울 것이라며 그를 나무랐다.

하지만 9년 뒤에 게리는 그 빚을 모두 갚았다. 그리고 다시 9년 뒤에 클리프바는 60억 달러가 넘는 매출을 기록했다. 지금 클리프바는 미국에서 가장 인기 있는 에너지바다.

게리 입장에서 중요한 것은 돈이 아니었고 심지어 지배와 관련된 것도 아니었다. "이 사업을 키우려 했던 데는 좀 더 깊은 의미의 무언가가 있었습니다. **올바른 방법으로 사업을 할 때 나오는 힘은 두 사람을 부자로 만드는 것보다 훨씬 더 강력합니다.**" 게리는 그렇게 말했다. 그것은 자유와 만족에서 비롯되는 힘이다. 그것은 옳다고 생각한 일을 해냈다는 만족감 때문에 원하는 것은 무엇이든 할 수 있게 되는 자유다. 2000년 4월 그 순간, 그 블록을 반쯤 걷다가 클리프바를 팔지 않기로 했을 때 그는 "완전한 자유를 느꼈다"고 했다.

역설적으로 들릴지 모르지만 지금까지 있었던 자리에 그대로 있을 자유, 이전보다 훨씬 더 많은 책임을 떠맡을 자유, 직원들에게 당당할 수 있는 자유 말이다. 그 결정이 결국 그를 부자로 만들었고, 그것이 그를 행복하게 만들었다.

앤지 바스티언과 댄 바스티언도 직원들에게 당당하고 싶었다. 그들이 팝콘회사 앤지스붐치카팝을 팔기로 결정한 데는 그런 이유가 큰 비중을 차지했다. 2014년에 그들은 우선 사모펀드인 TPG캐피탈 TPG Capital에 대다수의 지분을 팔았고, 2017년에 콘아그라Conagra에 전량을 매각했다. 게리 에릭슨이 퀘이커오츠에 클리프바를 매각하는 핀을 뽑기 전 3개월이라는 번민의 시간을 보냈던 것과는 다르게, 앤지와 댄은 그리 어렵지 않게 그들의 회사를 떠나보냈다. 대형 다국적기업이 인수하려던 곳으로 가기 위해 게릭 에리슨이 택했던 길보다는 확실히 쉬운 결단이었다.

앤지와 댄은 2003년부터 그 일을 해왔다. 장장 11년을! 처음에는 아웃도어 이벤트회사로서 차고에서 케틀콘을 튀겨 슈퍼마켓이나 리틀 야구 경기장 혹은 미네소타 바이킹스Minnesota Vikings 축구 경기장 밖에서 파는 수준이었다. 그랬던 그들이 멋진 브랜드가 붙은 버젓한 포장 팝콘을 통해 북아메리카 전역의 식품점에서 날개 돋친 듯 팔리는 팝콘회사로 변신했다는 사실은 그들이 생각해도 기적이었다. 처음에는 이 모든 것을 부업으로만 생각했으니까.

정신과 전문간호사인 앤지와 중학교 교사인 댄은 자녀들이 대학교에 진학할 때를 대비하여 어느 정도의 여윳돈을 모을 궁리를 하고 있었다. 아이들이 겨우 다섯 살, 세 살일 때의 일이었다.

"우리 둘 다 취업에는 성공했지만, 통장에는 돈이 없었어요. 저축은 엄두도 못 냈죠. 누구나 그렇듯 대학학자금 대출도 있고, 401(k)인지 뭔지도 있잖아요." 앤지는 2019년 미니애폴리스에서 가진 우리와의 생방송 인터뷰에서 당시의 재정 상황을 이처럼 설명해 청중들의 폭소를 이끌었다. "우린 가진 게 없었어요. 무언가를 만들 방법을 고민해야 했죠."

그렇게 해서 생각해 낸 것이 케틀콘이었지만, 그것도 순전히 우연이었다. 늦은 밤 댄이 열심히 인터넷을 검색하다가 내린 결론이었으니까. "어쩌다 한 웹사이트에서 이런 글귀를 봤어요. '주말에 케틀콘을 만들어 수천 달러를 벌어보세요.'" 댄은 그렇게 말했다. "나는 케틀콘이 뭔지도 몰랐어요."

달콤하고 짭쪼름하다는 그 아이템이 뭔지는 몰랐지만, 그러한 무지가 웹사이트가 제시하는 제안에 이미 솔깃해진 그의 마음까지 꺾을 수는 없었다. 워싱턴의 긱하버에 살고 있다는 그들은 1만 달러라는 아주 저렴한 가격에 커다란 주전자와 함께 텐트와 테이블 등 그들이 부업에 사용했던 장비 모두를 보내주겠다고 했다. 레시피는 없었다.

"그 전화를 또렷하게 기억해요. 병원에서 환자의 이름을 적고 있는데 동료가 남편에게서 전화가 왔다고 하더라고요. 그래서 간호사실로 달려갔는데, 수화기 저쪽에서 댄이 말하더군요. '앤지, 케틀콘은 어떨 것 같아?' 그래서 내가 그랬죠. '난 케틀콘 좋아.'"

그래서 그들은 장비를 샀다. 전화로. 신용카드로. 그 뒤로 2년 동안 댄은 열세 살짜리 아이들에게 스페인어와 사회과목을 가르치고 앤지는 지역 클리닉에서 일하면서(그녀는 클리닉에서 7년을 일한 뒤 사업에 전념하기 위해 그만두었다), 밤과 주말에는 주전자에 불을 지펴 만든 케틀콘을 지퍼백에 담아 포장한 후 접이식 탁자와 텐트를 가지고 미니애폴리스 지역을 돌아다니며 팔았다. 맛있는 3달러짜리 스낵이었다.

아이를 한 명 키우려면 마을이 하나 필요하다는 아프리카 속담이 있다. 앤지와 댄 바스티안에게 이후 10년은 팝콘 사업을 하는 데 마을이 하나 필요하다는 것을 입증해 보이는 시간이었다.

2003년에 그들은 한 친구로부터 지역 식료품 체인점의 바이어를 소개받았다. 그 바이어는 그들과 그들의 케틀콘을 마음에 들어 했고 그들의 부업을 합법적인 사업으로 만드는 데 필요한 조언을 해주었다. "체인점의 책임자들은 말했어요. '일을 체계적으로 하세요. 영양정보표를 붙이고, 포장을 제대로 해요. 끈으로 묶은 상품은 식료품점에서 팔 수 없습니다.'" 댄은 그렇게 말했다. "그렇게 한 다음 다시 얘기하자더군요." 그래서 그 후 6개월 동안 장비를 몇 가지 더 구입하고 작은 영업용 주방을 대여했다. 앤지의 표현대로라면, 그들은 "실내 영업으로 승진"했다. 그리고 그들은 앤지스케틀콘Angie's Kettle Corn을 정식으로 출시하기 위해 그 식료품 체인점을 다시 찾아갔다.

판매 허가가 떨어지고 보호해 줄 지붕도 생겼지만, 그들은 여전히 주변에 있는 사람들과 주변에 있는 것으로 그 일을 해내고 있었다. 그들의 로고는 크리스 히긴보섬 Chris Higginbotham이 그려주었는데, 바로 윗마을 작은 동네에 사는 여성이었다. "우리는 그녀의 지하실에 앉아 로고를 그렸어요." 앤지는 정식으로 계약을 하고 맡긴 일이라고 했다. 그들은 포장 레이블도 동네에서 인쇄했다. 케틀콘을 제조할 때 주방에는 대개 댄이 있었지만, 그와 앤지와 아이들 외에도 '구할 수 있는 사람은 누구라도' 불러서 매일 밤 손으로 케틀콘을 포장하고 상표를 붙였다. 댄은 매일 아침 일찍 일어나 그날 배달할 제품을 포장한 다음 낡은 바나나 박스에 넣어 식료품점으로 가져갔다. 매주 목요일부터 일요일까지 그들의 고객인 식품점 중 여섯 군데를 골라 제품 시식회를 할 때는 돈 보이어Don Boyer와 지니 보이어Jeannie Boyer 부부의 도움을 받았다. 그들은 나중에 정식 직원이 되었지만, 당시에는 그저 함께 뭐라도 하고 싶어 하는 은퇴한 초등학교 교사에 불과했다. 댄과 앤지는 아직 정식 직원을 고용할 여유가 없었기에 보이어 부부에게 두 사람 합해 시간당 8달러를 제안했다. "그렇게 말하더군요. '얼마를 주시든 상관없습니다.'" 앤지는 그렇게 회상했다. "그저 도움을 주고 싶어 하는 다정한 분들이었으니까요."

2년이 채 안 되어, 앤지와 댄도 재정 문제와 조직적인 면에서 본격적인 도움을 구해야 할 때가 찾아왔다. 그들은 사업비를 대부분 신용카드로 해결하고 있었다. 2006년에는 신용카드 빚이 너무 많아져서 엄밀히 말해 시작할 때보다 재정 상태가 더 나빠졌다. 그때 회계사였던 가족의 친구가 그들을 돕겠다고 나섰다. "우리 장부를 보더니 그러더군요. '그냥 내가 빌려줄게요. 신용카드 빚을 덜어줄 테니 나중에 갚으세요, 알았죠?'" 앤지는 그렇게 회상했다. 1년 후 댄의 동생인 그렉Greg이 회사에 들어와 회계사이자 친구가 처리해

385

주던 일을 맡았다. 그렉이 "회사의 든든한 지반"이 되어주었다고 댄은 말했다.

이런 사람들이 보내준 지지와 조언도 고마웠지만, 타이밍 역시 더할 나위 없이 좋았다. 앤지와 댄은 아직 돈을 벌지 못하고 있었지만 그렉이 합류할 때쯤에는 어떤 가능성이 보이기 시작했기 때문이었다. 그들은 수요를 따라가지 못했다. 댄은 조리하고 그날 일과를 처리할 시간도 모자랐다. 그들은 급한 대로 미네소타 주립대학교에서 학생 3명을 고용했는데, 그중 2명은 친척이었다. 그들에게는 최저 임금을 지급하는 대신, 인센티브로 생산 라인 끝에 냉장 맥주 박스를 놓아두었다. 대학생들이나 좋아할 일종의 부가 수당이었다. 얼마 지나지 않아 생산량을 늘리기 위해 더 큰 건물로 옮겨야 했는데, 노스맨케이토 항만공사가 새로운 일자리를 최소한 8개까지 만들어 내면 자금조달을 돕겠다고 약속했고, 그 수치는 간단히 채워졌다.

2008년 봄, 그들은 처음으로 빅 리그에 진입했다. 댄이 수개월 동안 전화와 샘플 제품 배송으로 들볶았던 트레이더조스<sup>Trader Joe's</sup>의 구매담당자가 **트럭 25대** 분량의 케틀콘을 주문한 것이다. 전국에 흩어져 있는 트레이더조스의 모든 매장에 유통시키기 위해서였다. 금액으로 따지면 40만~50만 달러에 해당하는 물량이었다. 하지만 앤지와 댄에게는 이 정도의 주문 물량을 이행할 돈은 물론 직원도 없었다. 다행히도 그렉이 최근 댄에게 10만 달러 한도의 신용 대출(우편으로 주고받는 가짜처럼 보이는 수표였지만 분명 진짜였다!)을 제안했던 한 신용카드회사를 설득해 그 돈을 댄과 앤지의 법인계

좌로 바로 송금받았다. 그런 다음 인적자원회사를 소유하고 있던 그들의 친구 콜렛의 도움을 받아 필요한 인력도 보강했다(결국 콜렛은 인적자원 부사장으로 합류한다). 돈과 사람까지 확보한 그들은 트레이더조스의 첫 번째 주문 물량을 충족시켰고, 두 번째 주문 그리고 세 번째, 네 번째 주문도 받아냈다. 주문 횟수가 늘어날 때마다 물량 생산 속도 역시 더 빨라졌다.

2009년에 앤지스케틀콘은 300만~400만 달러의 수익을 올렸는데, 이 중에 트레이더조스에서 나온 수익이 가장 컸다. 그때부터 상황이 급격히 호전되기 시작했다. 앤지스케틀콘은 타깃과 지역 식품 체인점 그리고 코스트코에도 들어갔다. 2011년에는 건강식 팝콘 스낵이란 콘셉트로 새롭게 초점을 맞춰, '앤지스붐치카팝'으로 브랜드를 바꾸면서, 그들은 약 4,000%라는 놀라운 성장률을 기록했다.

2014년에 그들은 책임 있는 기업을 인수하는 것으로 정평이 난 초대형 사모펀드 TPG의 눈에 띄었다. 2010년에 앤지스붐치카팝의 지분을 조금 사들였다가 나중에 과반의 지분을 사들인 회사가 있었는데, TPG는 우선 그 회사의 지분을 사들였다. 덕분에 댄과 앤지는 처음으로 자신들의 몫에 신경을 쓰지 않고 직원들에게 재산의 일부를 나눠줄 수 있었다. 그 직원들은 동네 식품점에서 작은 규모로 팔리던 케틀콘을 타깃에서 가장 눈에 띄는 높이의 선반에 자리 잡게 해주고, 트레이더조스에서 특혜받은 상품만 진열하는 통로 끝 진열대를 차지할 수 있게 도와준 사람들이었다. 그들은 자신에게 도래할 위험까지 무릅쓰고 댄과 앤지가 빚에서 벗어나게 도와주고 그들에게 진짜 장사하는 법을 가르쳐준 사람들이었고, 댄과 앤지가 두 자녀를 대학교에 진학시키고 그 이상의 목표를 이룰 수 있게 도와준 이들이었다.

2014년에 TPG와 거래를 마무리 지었을 때 "그렇게 받은 주식 대금은 우리 직원들의 유동자금이 되었다"고 앤지는 말했다. "내 경력에서 최고의 사흘이었어요." 덕분에 수백만 달러를 "우리에게 모든 것을 주었던 모든 이와 나눌 수 있었습니다." 인터뷰가 끝나갈 무렵 그렇게 말하는 댄의 목이 메었다. "모두에게 드리는 일종의 감사 표시였습니다."

2017년 콘아그라가 그들의 사업체 전부를 25억 달러에 사들였을 때도 그들은 똑같은 절차를 밟았다.

"정말 재미있었어요." 앤지는 그렇게 말했다. 아직 주식을 받지 못한 직원들에게도 보상할 수 있었기 때문이었다. "한 사람씩 계산해서 수표를 건넸어요."

출구 전략이 그렇게 매끄럽게 이루어질 수 있었던 것은 시간을 두고 천천히 일을 진행했기 때문인 것 같다. TPG 거래부터 콘아그라의 인수에 이르기까지 3년 동안 댄과 앤지는 "크게 한 발짝 물러서서 새로운 지도부를 맞을 수 있었다"고 말했다. "우리가 원하는 만큼, 스태프들이 우리를 필요로 하는 만큼 참여할 수 있었죠. 그래서 2017년에는 2014년 매각할 때만큼 감정적으로 반응하지 않았어요." 댄은 그렇게 덧붙였다. 천천히 발을 빼면서 다른 사람을 향한 시선을 놓지 않은 덕분에, 그들은 전형적인 창업자의 딜레마로 인한 긴장감을 잘 헤쳐나갔다. 앤지와 댄은 돈과 지배, 부자와

왕을 놓고 그중 하나를 선택할 필요가 없었다. **그들은 행복할지 말지만 생각하면 되었다.**

"애초에 아이들을 대학교에 보내기 위해 시작한 일이었어요. 그리고 이제는 다른 모든 사람을 위한 일이 되었고요." 댄은 그렇게 말했다. 이로 인한 보람이 훨씬 더 컸다. 그것은 그들에게 만족감과 참된 행복을 주었고, 심지어 옛 회사를 맡은 새로운 지도부와도 그 만족과 행복을 함께 나눌 수 있었다. 앤지와 댄은 콘아그라로부터 받은 몫에서 주식을 받지 못한 직원들의 몫까지 계산했고, 그들에게 나눠달라고 새 지도부에 수표를 건넸다. "그들도 베푸는 느낌이 어떤 것인지 경험했을 겁니다." 앤지는 그렇게 말했다.

이는 회사를 설립하고 이끌어온 사람이 떠난 뒤에도 오랫동안 그들과 함께한다는, 간접적인 메시지였다.

389

## 25장
## 친절하라

창업은 어렵다. 사업을 키우기는 더 어렵다. 창업가들은 초기에 정한 목표나 그 이상으로 사업을 길게 끌고 가는 과제를 가장 힘들어하는 것 같다. 그 이유는 대부분 매일 아침 출근하면서 문을 열고 들어오는 모든 직원에게 사명이나 가치, 정체성, 끊임없이 변화하는 여러 가지 사항에 대해 너무 많은 것을 요구해야 하기 때문이다.

사실 직원들에게 그 같은 단결심을 보여달라고 촉구하는 일은 생각만큼 쉽지 않다. 관심이 부족해서가 아니라 시간과 노하우가 부족하기 때문이다. 창업가 겸 CEO로서 당신은 바빠질 것이다. 무척 바빠질 것이다. 출시할 제품이 있고, 세워야 할 전략, 주도해야 할 회의, 채용해야 할 사람들, 진압해야 할 화재, 구애하고 답변해야 할 투자가도 있다. 당신은 타고난 본능으로 사업이든 제품이든 당신이 잘하는 것에 대부분의 시간을 집중해야 한다. 당신은 수익을 늘려주는 쪽을 먼저 육성하는 반면, 수익에 방해가 되는 부분은 축소해야 한다.

당연히 그래야 한다. 그것이 창업가가 할 일이다. 하지만 그것이 전부는 아니다.

창업가는 또한 사명을 정하고 가치를 창조하며 사기를 진작시켜야 한다. 창업가는 직원들의 생활이 나아지고 일이 제대로 처리되고 고객의 필요를 충족시킬 수 있는 환경을 조성해야 한다. 창업가는 일과가 끝났을 때 그날 회사가 해낸 일에 자부심을 가질 수 있어야 한다.

이런 것들에 대한 방법론을 설명하는 경영과 리더십 관련 서적은 다 읽기도 힘들 만큼 많다. 그런 책에는 시스템과 단계별 계획, 사례연구가 이를 뒷받침하는 자료와 함께 실려 있다. 책마다 귀담아들을 만한 소중한 내용이 가득하다. 하지만 솔직히 말해, 그렇게 복잡할 필요는 없다는 것이 내 생각이다. 사람들에게 동기를 부여하거나 사업과 관련하여 그들의 동의를 얻어내는 방법을 알아내기 위해, 팀 전체의 인성 검사표를 만들어야 한다고는 생각하지 않는다. 나는 문제가 그보다 훨씬 더 간단하다고 생각한다.

예전에는 그렇게 생각하지 않았다. 팟캐스트를 시작하기 전까지 나는 업무 부담이 크고 기가 센 문화를 가진 대형 언론사에서 경력의 전부를 보냈다. 내가 수년 동안 취재한 분쟁 지역처럼 실제로 치열했던 물리적 장소이든, 그저 개인적 야망이 경쟁하듯 첨예

**25장 — 친절하라**

하게 부딪히며 빠듯한 마감일과 빠듯한 예산으로 버티는 분위기이든, 일단 기자라는 집단에서 일치된 유일한 의견은, 어떤 문제에서도 의견의 일치를 보기 힘들다는 사실뿐이었다.

하지만 인터뷰하는 기업가들의 수가 점점 늘어날수록 이 주제에 대한 내 생각도 조금씩 바뀌어갔다. 대부분의 회사는 성장 초기에는 사람을 채용하는 데 어려움을 겪지만, 사업을 파악하고 난 뒤에도 인력을 유지하지 못해 쩔쩔매는 경우는 그다지 많지 않았다. 처음에는 그 이유를 정확히 짚어내지 못했다. 내가 만난 창업가들은 기업가 스펙트럼의 전역에서 골고루 나왔고, 사업을 시작했다는 사실 외에 공통점이 거의 없었다. 하지만 **그들은 내가 알고 있는 어떤 것을 전혀 다른 방식으로 처리하고 있었다.** 그리고 내게는 그것을 설명할 마땅한 용어가 없었다. 하지만 나는 곧 그들을 이해하는 데 전문 비즈니스 용어가 필요하지 않다는 것을 깨닫게 되었다. 왜냐하면 그들의 차별점은 기업가적인 개념과 전혀 관련이 없었기 때문이다. 오히려 그것은 본질적으로 인성과 관련된 문제였다.

내가 이런 생각을 공개적으로 처음 드러낸 것은 2019년 여름 지미 팰런의 〈투나잇 쇼〉에 게스트로 출연했을 때다. 지미는 인터뷰를 마치면서 시청자 가운데 있을지도 모르는 기업가 지망생들에게 1가지 조언을 해달라고 내게 청했다. 내가 인터뷰한 대단한 사람들에게 배운 것을 알려줄 수 있는 기회였다. 나는 스튜디오 6B에 모인 사람들과 전국의 시청자들에게 말했다. "친절하세요." 리더가 친절하면 회사도 친절하다고 나는 말했다. 친절은 강력한 도구다. **친절은 공짜다.** 친절에는 비용이 들지 않는다! 그리고 친절은 기업가가 할 수 있는 다른 어떤 재정적 투자보다 수익이 더 크다고 나는 말했다.

날이 갈수록 나는 그 메시지의 진실성을 더욱 확신하고 있다. 그렇다고 기업가 모두가 매 순간 친절하다는 뜻은 아니다. 정말이다. 나 역시 친절할 때가 있고 그렇지 못할 때가 있다. 그래서 이 글을 쓰면서 엣시Etsy에서 구입한 작은 페넌트를 다시 한번 더 보게 된다. 그저 '친절하라 Be Kind'라는 문구가 적혀 있는 그 페넌트를. 나는 나 자신의 열망과 하루의 목표를 상기시키기 위해 그 페넌트를 스튜디오 벽에 걸어놓았다. 나 자신이 그에 못 미칠 때도 있지만 그래도 나는 이를 내 북극성으로 삼아 방향을 잃지 않고 하루하루가 좋은 날이 될 수 있도록 분발한다.

기본적으로 나는 직원들의 지지가 없는 회사는 세월의 시험을 견딜 수 없다고 믿는 편이다. 그리고 직원들이 회사를 지지하도록 영감을 주는 가장 믿을 만한 방법이 '친절'이라는 사실도 깨달았다. 그 외에는 달리 설명할 방법이 없다. 그 많은 기업가가 친절한 것만 봐도 알 수 있지 않은가! 그들은 직원들에게 제대로 대우한다. **사소한 일 같아 보여도 사실은 큰일을 하는 것이다.** 그들은 성공의 대금을 앞당겨 지급한다.

그리고 특별한 예외를 제외하면, 그들 모두 철저한 윤리의식을 갖추고 있다. 그들은 도덕심으로 똘똘 뭉친 어느 곳에서 온 사람들처럼 성실한 태도로 임한다. 예를 들어 창업가들에게 어떻게 팀을 꾸렸는지 또는 힘든 시기를 어떻게 견뎠는지 물어보면, 그들은 "내 생각에" 또는 "우리가 알기로" 같은 말로 답변을 시작하는 경우가

393

많다. 그들의 신념이 모두 똑같을 수는 없다. 오히려 아주 개인적이라는 느낌이 든다. 분석하고 계산해서 나온 말이 아니다. 공감할 줄 알기 때문에 나온 말이다. 그들의 결정에는 타인에 대한 공감이 담겨 있고 그 공감은 종종 고객에까지 확장된다.

1980년대 후반과 1990년대 초에 마샤 킬고어 Marcia Kilgore는 맨해튼의 이스트빌리지에 있는 작은 오피스텔에서 스킨케어와 뷰티 사업을 시작했다. 이는 나중에 블리스 Bliss로 알려지게 되는데, 당시에도 이미 그녀는 거친 피부를 관리해 주는 단순한 전문가 이상의 명성을 쌓고 있었다. 그녀는 사람들의 얼굴을 젊고 건강하게 만드는 일이라면 무엇이든 할 것 같은 사람이었다.

"안면 관리에는 보통 1시간이 걸리지만, 정말 필요하다면 나는 그들과 2시간도 함께할 수 있어요." 마샤는 그렇게 말했다. "철저히 그리고 최선을 다하는 것이 정말 중요하다고 생각해요. 그리고 시간을 들인 만큼 결과가 나오는 것 같아요."

그 결과는 마돈나 Madonna, 니콜 키드먼 Nicole Kidman, 우마 서먼 Uma Thurman, 데미 무어 Demi Moore, 애니 리보위츠 Annie Leibovitz 등의 명사는 물론, 맨해튼에서 활약하는 모델의 절반이 포함된 고객 명단과 16개월의 대기자 명단으로 나타났다.

온라인 아이웨어 유통업체 워비파커가 2010년에 론칭했을 때, 그들은 자신들의 대기자 명단에 그다지 흥분하지 않았다. 이미 그들이 사이트를 활성화하기 직전 〈GQ〉와 〈보그〉 등 두 잡지에 소개된 특집 기사로 인해, 주문이 폭주했고 그 주문에 전혀 대비되어 있지 않은 상황이었다. 대기자 명단에는 2만 명이 올라와 있었고 고객이 물건을 받으려면 9개월 이상이 소요될 판이었다. 신생 회사에는 재앙이 될 수 있는 일이었다. 기업 활동에 있어 두 번째 기회는 흔하지 않다. 온라인 사업이라면 특히 그렇다. 하지만 공동설립자인 닐 블루먼솔Neil Blumenthal은 이렇게 말했다. "세상에 긍정적인 영향을 미치는 사업을 하고 싶었습니다. 고객을 정당하게 대우하는 것도 그중 하나죠." 그래서 이들은 대기자 명단에 올라 실망하거나 달갑지 않은 경험을 하고 있는 모든 사람에게 연락했다. "이들은 우리 상품을 주문하고 들떠 있는 얼리어답터였는데, 우리에겐 팔 물건이 없는 겁니다." 닐의 파트너인 데이브 길보아Dave Gil-boa는 그렇게 설명했다. "우리는 그들에게 할인 혜택을 주고, 공짜 안경을 제공했어요. 덕분에 고객과 공감대를 만든다는 면에서 중요한 교훈을 얻었습니다."

창업가가 친절하면 고객은 자신이 소중하게 대접받고 있다는 느낌을 얻게 되고, 모든 직원 역시 자신이 소중한 존재라는 느낌을 받는다. 친절한 창업가들은 직원들을 가족처럼 대한다. 그들은 **회사가 하나의 사업체로서 같은 단위로 함께하는 긴 여정**이라는 점을 알기에, 직원들이 스스로 알아서 할 수 있는 일을 주려고 애쓴다. 그것은 그들에게 회사의 일부를 떼어주거나, 한 가족으로 성장하는 데 도움이 되는 기회를 제공하거나, 그들이 필요에 따라 시간을 마음대로 사용할 수 있도록 그들을 신뢰함으로써 그들이 갖고 있는 기본적인 인간의 존엄성을 인정하는 방식으로 나타날 수 있다.

이런 것들은 내가 생각해 낸 아이디어가 아니다. 이는 사람들이 자신의 직업을 사랑하는 이유를 설명할 때 흔히 들을 수 있는 이야기다. 놀랄 일도 아니지만 때에 따라 그런 결정은 창업 후 수십 년 동안 사업을 번창시키고 있는 기업인들이 내리는 선택에서 비롯되었다. 자신의 이름을 내건 패션 브랜드 아일린피셔 Eileen Fisher의 아일린 피셔나 뉴벨기에브루잉컴퍼니 New Belgium Brewing Company의 킴 조던 Kim Jordan 같은 사람들은 둘 다 1990년대에 일찍 성공을 맛보았는데, 그때부터 직원들에게 지분을 나눠주기로 했다.

이 같은 아일린의 결정은 그녀의 회사 아일린피셔를 직원과 함께 나누는 공동의 경험으로 만들어야 한다는 신념에서 비롯된 것이었다. 그것은 자신이 이혼으로 어려움을 겪는 와중에도 초기부터 폭발적인 성장을 거듭하는 회사를 이끌어가는 데 도움을 준 모든 사람에 대한 감사의 표현이었다.

"동시에 서로 다른 두 장소에 있어야 한다는 것 때문에 많이 힘들었어요." 아일린은 그렇게 말했다. "집에 있을 때는 일 걱정을 하고, 직장에 있을 때는 아이들을 걱정했죠." 직장을 가진 수많은 부모라면 익숙한, 끝이 없어 보이는 싸움이었다. "그럴 때마다 밖에 나가 사업을 벌이고 비즈니스를 하려고 애쓰는 모든 여성을 생각하게 돼요. 직원이나 가족 모두를 잘 다루는 일이 얼마나 힘들겠어요. 나도 할 수 있는 만큼은 최선을 다했어요. 그래도 포기해야 할 게 많았죠. 정말 우리 직원들과 우리 팀에 의존할 수밖에 없었어요. 그래서 느슨하게 리드하려고 애썼죠." 아일린은 그렇게 말했다.

직원 관리에 관한 그녀의 관대한 리더십은 전혀 부자연스럽지 않았다. "나 자신도 사업가보다는 디자이너이자 아티스트에 더 가깝다고 생각했습니다." 그녀는 그렇게 말했다. 지금도 그녀는 CEO

라는 직책이 불편하다고 했다. "최고크리에이티브책임자<sup>Chief Creative</sup>

Officer." 굳이 어떤 경영진 직책을 맡아야 한다면, 그런 칭호가 가장

거부감을 덜 줄 것 같다고 그녀는 말했다. "사람들에게 무엇을 하

라고 지시하는 걸 좋아하지 않았어요. 나는 문제가 주어지면 내 방

식대로 해결하는 것을 좋아했죠."

　1990년대 후반에 두 아일린 피셔는 이혼과 개인적 고통을 이겨

내고 살아남아 큰 성공을 거두었다. 그들은 매디슨 애비뉴에 쇼룸

을 마련했다. 블루밍데일스<sup>Bloomingdale's</sup>와 삭스피프스애비뉴<sup>Saks Fifth</sup>

<sup>Avenue</sup>, 노드스트롬에도 아일린의 옷이 들어갔다. 최고 1억 달러의

수익을 올린 적도 있었다. 당시 아일린은 몇 년 동안 온갖 스트레

스와 씨름하던 때였기에 간단히 회사를 매각하거나 전략적인 파트

너를 찾아 얼마간의 돈을 챙길 수도 있었다. 그런 처지라면 그렇게

할 사람이 많을 것이다. 하지만 최고크리에이티브책임자(일명 아일

린)의 입장에서 볼 때, 회사를 매각하는 것은 그다지 창의적인 방

법이 아니었다. 그녀는 앞으로 다시 10년 동안 그 회사를 왜 만들

었으며 회사가 어떤 모습이어야 하는지를 제대로 보여줄 수 있는

방식으로 운영하고 싶었다.

　"돈은 중요하지 않았어요." 그녀는 사업의 진화를 그렇게 말했

다. "중요한 건 사람이었죠. 나는 회사가 내가 원하던 대로 되길 바

랐어요." 아일린에게 그것은 부를 나누는 것을 의미했다. "사업의

**일부인 직원들이 스스로 주인처럼 느끼고 또 주인이 되는 것이 내가**

**바라는 것이었습니다.**" 그래서 회사 일부를 직원들에게 팔았다. 오

늘날 전 세계에 약 60개의 매장과 35년이 넘도록 근무하고 있는

1호 직원을 포함하여 그녀가 직접 뽑은 1,200명의 직원이 일하고 있는 아일린피셔는 지분의 40%를 직원이 소유하고 있다.

뉴벨기에브루잉컴퍼니의 경우도 사업이 한창 크고 있던 초기, 킴 조던과 그녀의 공동설립자이자 당시 남편이었던 예프 레베슈Jeff Lebesch는 직원들에게 지분을 나눠줄 구상을 했다. 킴은 이 맥주회사를 자신들이 생각했던 대로 만들려면 많은 것을 해야 한다는 것부터 인정해야 했다.

킴은 고향인 콜로라도 덴버에서 진행한 생방송 관객 앞에서 맥주는 살아있는 식품이라고 설명했다. "분량의 절반만 보틀링한 다음에 '자, 나머지는 내일 하지'라고 할 수는 없습니다. 한번 시작했으면 끝을 내야 해요." 그녀는 그렇게 말했다. "기계가 6번 고장이 나면, 아니 20번이 고장 나도 처음부터 끝까지 들러붙어 일을 끝내야만 합니다."

여느 사업처럼 그들도 어려운 시절을 거쳐야 했다. 길고 힘들고 하루 16시간씩 일해야 하는 날들이 이어졌다. 회사를 궤도에 올려놓으려면 모두가 힘을 합쳐 그런 시절을 이겨내야 한다고 킴은 생각했다. 모든 직원에게 헌신과 희생을 요구했던 것도 그 때문이었다. 무엇보다 중요한 것은 기계를 고치고 할당된 작업량을 끝내고 제품을 보틀링하고 문밖에 내놓아 진열대에 올려놓는 데 필요한 일이라면 무엇이든 해야 하는 것이 그들의 일이라는 걸 모두가 인정하는 것이었다.

"우리가 커뮤니티를 만들고 있다는 사실을 제대로 인식시켜주고 싶어 이런저런 생각을 많이 했습니다." 그녀는 그렇게 말했다.

"미국에서 일하는 사람들이 무언가를 소유하게 되고 가치를 만들어 내고 주식을 늘리고 그 안에서 모두가 함께 누리는 그런 곳을, 내가 가진 모델로 시험해 보고 싶었던 거죠."

킴과 예프는 가공주식보상제Phantom Stock Plan를 정하고 6개월마다 직원들에게 주식을 나눠주기 시작했다. 하지만 이는 1년에 2번 급여 수표의 뒷면에 따로 철한 형식적인 주식 급여에 그치지 않았다. 이는 하나의 이벤트였다. 그들은 신입사원이 들어오면 동료이자 동료 소유주들 앞에 서서 왜 자신이 회사의 주인이 되고자 하는지를 얘기하게 했다. "우리는 그들에게 질문했어요." 킴은 그렇게 말했다. 그녀나 예프뿐 아니라 전 직원이 그렇게 했다. "여기서 얼마나 오래 일할 겁니까? 앞으로 6개월 동안 어떤 기술을 연마할 생각인가요?" 이들 남녀 직원들이 곧 소유주 대열에 합류할 수 있는지 여부를 시험하는 질문들은 꽤 오랫동안 이어졌다.

킴과 예프가 만든 시스템이 제 기능을 발휘하자, 예프가 회사를 떠난 뒤에 회사를 완전히 장악한 킴은 자신이 소유한 지분 전량을 직원들에게 팔았다. 이로써 회사는 곧바로 우리사주제ESOP로 바뀌었다. 킴이 보유한 소유권은 그녀의 모든 동료와 마찬가지로 ESOP 계정소유자의 자격으로 유지되었고, 그녀의 지분은 ESOP 신탁 내에서 동료들과 같은 지위로 유지되었다.

2억 5,000만 달러의 가치를 지닌 뉴벨기에브루잉컴퍼니는 그렇게 해서 완전히 직원 소유의 회사가 되었다. 직원들은 주식과 공짜 맥주 외에도 입사한 지 1년이 지나면 크루저 바이크를 1대씩 받고 5년이 지나면 전액 회사 부담으로 벨기에 여행을 간다. 거기서 그들은 뉴벨기에 아이디어를 촉발시킨 브뤼헤의 술집을 찾는다. 앞에서도 말했지만, 이런 것들이 사람을 곁에 둘 수 있는 사소한 조치이자 또 중요한 조치다.

전략적 관점에서 볼 때 직원들의 처우를 개선하고 친절한 근무 환경을 조성하면 당장 외부의 시선이 달라진다. 직원들은 이를 분명히 느낀다. 그들의 가족도 그것을 알아차린다. 그래서 인재를 붙들어놓기가 확실히 쉬워진다. 더 나은 취업 기회나 경력을 쌓을 기회를 찾는 사람들도 채용하기 쉽다. 그리고 고객들도 그런 사실을 알아채기 때문에 브랜드 충성도를 높이고 입소문을 내기도 쉽다. "수천 명의 사람이 내게 말합니다. '뉴벨기에를 구경하러 왔는데, 직원들이 회사를 얼마나 좋아하는지 금방 알 수 있었어요. 정말 좋아서 일하고 있는 것 같아요.'" 킴은 그렇게 말했다.

**그들은 일을 좋아한다.** 그녀의 동료들은 함께 맥주 브랜드를 만드는 것을 좋아한다. 그들은 일터에 나오는 것을 좋아한다. "난 일찍부터 알았어요. 사람들이 무언가 더 큰 것과 연결되어 있다는 느낌을 받고 싶어 한다는 것을 말이죠. 우리는 '근무'하는 데 많은 시간을 보내죠. 그래서 기분이 좋아야 합니다."

친절한 기업들이 돈보다 더 중요하게 여기는 자원 중 하나는 시간이다. 아웃도어의류회사 파타고니아Patagonia의 설립자인 이본 쉬나드Yvon Chouinard는 무엇보다도 시간을 중요하게 여긴다. 그는 자기만의 시간을 절대 양보하는 법 없이 꼬박꼬박 챙기는 것으로 유명한데, 매년 5개월씩 사무실을 비우는 그는 자기만의 시간에 와이오밍 잭슨홀에 있는 자신의 집 근처에서 플라이낚시를 한다. 그럴 때는 전화도 받지 않는다. "창고가 불타도 사람들이 알아서 할 테니 나한테 전화하지 말라고 합니다." 그는 그렇게 말했다. "내가 뭘 어쩌겠어요. 어떻게 할지는 그들이 더 잘 아는데요."

직원들은 어떻게 해야 하는지 안다. 그가 그들에게 무엇을 하든 가장 잘할 수 있는 권한을 부여했기 때문이다. **"일을 끝내기만 하면 누가 뭘 해도 나는 상관하지 않습니다."** 그는 그렇게 설명했다. 직원들이 남은 시간 동안 무엇을 할지는 그들이 알아서 할 일이다. 그 것 말고는 따로 정해놓은 규칙도 없다. 그들이 무엇을 어느 정도까지 규정하고 있는지 엿보려면 이본이 2005년에 발표한 베스트셀러 《파타고니아, 파도가 칠 때는 서핑을*Let My People Go Surfing*》에 나오는 말을 보면 정확히 이해할 수 있다. "파도가 치면 일을 놓고 서핑하러 간다."

401

이러한 넉넉한 정신, 직원들이 자기 시간을 스스로 관리하게 하는 이런 자신감은 직원들에게 일종의 친절과 존중을 드러내는 이본의 첫 번째 수단이라고 해야 할 것 같다. 그리고 그런 점이 긍정적인 업무 환경은 물론, 충성스럽고 생산적인 노동력을 만들어낸다. 킴 조던처럼 이본은 사람들이 인생의 3분의 1을 직장에서 보낸다는 것을 안다. 그런 헌신에 경의를 표하는 킴의 방법은 사업의 소유권을 공유하는 것이다. 그리고 이본의 접근 방식은 가능한 한 많은 시간을 직원들에게 돌려주어, 직원들이 자기의 삶을 살고 자기 삶의 주인이 되고 자진해서 매일 일터로 나와 할 일을 하도록 만드는 것이다.

활기 넘치는 회사를 만들겠다는 의욕은 처음부터 그 많은 회사

강령(대부분 가족과 관련된)을 실천하는 힘이 되어주었고, 그런 힘이 1973년 서던캘리포니아에서 설립된 이래 파타고니아를 지속해서 일하기에 가장 좋은 회사 중 하나로 만들었다. 파타고니아는 **1970년대부터** 탄력적인 근무 일정과 장기간의 출산 및 육아 휴직을 실천해 왔다(아직도 〈포천〉 지 선정 500대 기업 중엔 파타고니아가 40여 년 전에 출산한 부모에게 주었던 시간조차 허락하지 않는 기업이 허다하다). 초기에는 여성 직원의 출산휴가가 끝나면 아기를 데려와 함께 일하게 하곤 했다. "직장에서 일할 때 아이들을 가까이 두고 싶었습니다." 이본은 솔직하게 말했다. "그래서 우리는 아이들을 판지 상자에 넣어 책상 위에 올려놓았죠. 한동안은 그런대로 잘 지냈어요. 그런데 크게 울어대는 아이들이 있더군요. 그래서 아내가 어린이집을 차렸어요." 정체 모를 제삼자가 채용한 직원의 개성 없는 서비스가 아니라, 정성으로 아이를 돌보는 어린이집이었다. "우리는 두 살부터 다섯 살까지가 한 사람의 인생에서 가장 중요한 학습 기간이라는 것을 알았습니다." 이본은 그렇게 말했다. "우리가 만드는 제품 중 최고의 작품은 우리 회사가 배출한 아이들이에요." 몇몇 아이는 아주 잘 커서, 파타고니아는 그들을 고용하기까지 했다. 그 정도로 그들의 어린이집은 오랫동안 그들 곁에서 함께 운영되고 있다. 파타고니아에는 그곳에서 자란 직원들이 있다!

열정적인 야외 활동가이자 뼛속까지 자유로운 영혼인 이본은 항상 자신을 마지못해 사업가가 된 사람(그의 책의 부제이기도 하다)으로 생각했지만, 그것이 순전히 자선사업 차원에서 내린 결정은 아니었다. 아이를 갓 낳아 보모를 고용하고서도 아이와 떨어지고

402

싫지 않은 직원들에게 아이를 데리고 출장을 갈 수 있게 조치한 것 역시 생산성만큼이나 가족의 가치를 중요하게 여겼기 때문이다. 이같은 파타고니아의 정책의 밑바탕에는 오래 존속할 수 있는 회사를 세우려는 이본의 열망에서 비롯된 사업 논리가 있었다.[105] "우리 회사에는 여성 직원이 70% 정도 됩니다. 고위직에는 남성보다 여성이 더 많죠. 전 이들을 잃고 싶지 않습니다. 이본은 그렇게 말했다. "우리가 여기서 100년을 간다면, 그것으로 좋은 사업이겠죠."

그들이 친절하고 인간적인 것은 사실이지만, 그런 정책만이 그들을 좋은 기업으로 만든 것은 아니다. 그들이 좋은 기업으로 자리 잡을 수 있었던 것은, 맞벌이 부모가 일과 가정의 균형을 맞추기 위해 시간과 돈을 놓고 벌이는 기존의 타협을 거부했기 때문이다. 일하는 많은 부모가 그 같은 타협을 하지 않아도 된다면 이쪽이냐 저쪽이냐를 놓고 선택해야 하는 긴장감도 사라지게 된다. 그들에게 시간을 되돌려주면, 삶의 모든 면에 매 순간 자기답게 살 수 있는 능력이 생긴다.

아일린 피셔도 지난날을 돌이켜보며 그 점을 가장 후회했다. 아일린은 이혼의 과정을 거치는 내내 할 수 있는 한 최고의 엄마가 되겠다고 안간힘을 쓰며 회사를 운영했다. 지금 자신이 알고 있는 일을 그때 알았더라면 달리 했을 것이라고 그녀는 털어놓았다. "동시에 두 군데 있으려는 욕심은 버리고, 있는 그 자리에서 더 열심히 일하고 그 순간 하는 일에 집중하면서 내가 할 수 있는 최선을 다했을 겁니다." 그녀는 온전히 자기답게 살면서 더 열심히 일했을 것이다. 하지만 아일린은 양쪽을 다 잘해야 한다는 끊임없는 의무

403

감에 시달렸고, 한쪽에 굴복할 때마다 다른 쪽을 내팽개치는 것 같은 기분을 떨치지 못했다. 어느 길로 가든 자신의 일부를 잃거나 잊고 있었다. 그리고 그녀는 보스였다! 그러니 일반 직원이라면 어떠했겠는가?

이본은 직원들에게까지 그런 밀고 당기는 싸움을 하게 만들고 싶지 않았다. "우리는 그들이 있는 그대로의 자신이기를 원합니다."[106] 파타고니아의 최고인적자원책임자는 2019년 봄에 열린 경영자 회의에서 그렇게 말했다. 40년 동안 시중에 유통되는 최고 품질의 아웃도어웨어뿐 아니라, 타의 추종을 불허하는 4%의 직원 이직률[107]과 100%의 유보율[108]을 가능하게 한 정책을 설명하는 말 중 가장 간단한 표현이었다. 누구든 이본 쉬나드처럼 직원들을 붙들어놓을 수 있다면, 그가 파타고니아에 바라는 대로 100년을 가는 회사를 세우는 것도 불가능한 일은 아닐 것이다.

분명히 말하지만, 직원에 대한 처우를 개선하는 문제에 정답이란 없다. 스타벅스는 아르바이트 직원들에게 부가 혜택과 대학교 등록금을 받을 수 있는 기회를 제공한다. 버튼스노보드는 개를 직장에 데려올 수 있게 해준다(우리가 대화를 나누었던 2017년에 그들 직원 이름으로 등록된 개는 132마리였다). 버몬트에 눈이 60cm 이상 내리면 버튼 사람들은 사무실 문을 닫고 모두 가까운 슬로프를 찾는다. 캘리포니아 에머리빌에 위치한 클리프바 본사에서 게리 에릭슨과 그의 아내이자 공동 CEO인 키트 크로퍼드Kit Crawford는 구내에 어린이집, 체육관, 개인 트레이너를 갖춰놓고 있으며, 클리프바 박스를 곳곳에 설치해 직원들이 원하는 시간에 원하는 만큼 가져갈 수 있게 한다.

설립자로서 당신의 선택이 무엇이든 간에, 기업가정신의 기반에는 확고한 윤리의식이 있어야 한다. 그것 외에 친절하고 오래 지속되는 회사를 세우는 데 꼭 필요한 것을 보탠다면 2가지로 족하다. 첫째, 당신이 하는 일들이 당신의 가치관에 부합하고 당신의 사명을 진척시켜야 한다. 둘째, 처음부터 그렇게 해야 한다. 가치관과 사명과 문화는 웬만해서는 바꾸기가 어렵기 때문이다. AOL 타임워너가 실패한 것도 그 때문이었고, 도브 차니가 이사회와 직원들의 신뢰를 잃은 후 아메리칸어패럴이 걷잡을 수 없이 추락한 것도 그 때문이었다.

또한 여러 해에 걸쳐 그 많은 CEO가 이본 쉬나드를 찾아와 파타고니아를 건설한 경위를 묻고 자신의 회사에 그의 모델을 적용할 방법을 배우려 했던 것 역시 그 때문이었다. 그는 파타고니아의 독특한 정책과 경영과 서비스에 대한 자신의 철학을 그들에게 자세히 설명한다. 그러면 그들은 이런저런 아이디어를 마음에 들어하고 그것을 언젠가 자신의 팀에 적용할 생각에 마음이 들뜨곤 한다. 그러면 이본은 그런 것은 모두 잊으라고 말한다. "그런 식으로는 안 됩니다." 그는 그렇게 말한다. "시작할 때부터 그렇게 해야 하니까요. 당신이 제일 처음 고용한 사람부터 말입니다."

그가 이런 결론에 도달한 것은 직원들에게 동기를 부여하고 활기를 불어넣기 위해 고군분투하는 기업들을 돕겠다고 여러 해 동안 노력했지만, 매번 똑같은 영화를 여러 번 돌려보는 기분이 들었고 결말도 늘 안 좋았기 때문이었다. 하지만 그가 그렇게 느낀 데는 또 다른 이유가 있었다. 그러한 것이 파타고니아만의 특징이었기 때문이다. "심리학자들에게 우리 파타고니아의 직원들을 연구해 달라고 부탁한 적이 있습니다." 이본은 그렇게 말했다. "그들이 그러더군요. '당신 직원들은 우리가 봐왔던 어떤 회사 직원들보다도 독립심이 강하네요. 사실 너무 독립적이어서 다른 곳에서는 채용되기 힘들 겁니다.'"

심리학자들의 메시지를 불친절하게 해석하면, 이본 쉬나드의 회사는 수감자들이 수용시설을 운영하는 곳이었다는 말이 된다. 하지만 그것은 정확한 해석이 아니다. 이본은 오너가 처음부터 그런 원칙을 가지고 시작하지 않으면 파타고니아의 원칙을 다른 회사에 적용할 수 없다고 생각하지만, 그가 그렇게 생각하는 이유는 그가 다른 곳에서 일한다는 것을 상상할 수 없는 인력을 양성했기 때문이다. 그것은 오래 지속되는 사업을 건설할 때 친절과 관대함과 존엄성 그리고 존경이 얼마나 대단한 힘을 발휘하는지 보여주는 결정적인 증거다.

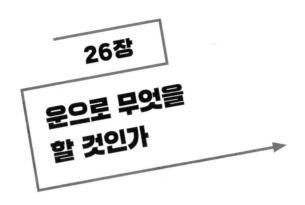

2016년 9월에 처음 공개한 〈하우 아이 빌트 디스〉의 첫 인터뷰를 나는 아직도 또렷이 기억한다. 사라 블레이클리. 아류를 허용하지 않는, 스팽스의 지칠 줄 모르는 억만장자 설립자였다. 우리로서는 큰 행운이었다. 그리고 그녀는 내게 무한한 신뢰를 보냈다. 나는 쇼의 콘셉트를 믿고 인터뷰어이자 진행자로서의 내 능력에도 어느 정도 자신이 있었지만, 기업가정신만을 다루는 쇼는 처음이었다. 그러니 이는 대단한 모험이었고 안전이 보장되지 않는 실험이었다. 하지만 고맙게도 사라는 스스로 기니피그가 되어주기로 동의했고, 나는 그 기회를 망치고 싶지 않았다.

종군기자 출신으로 〈위크엔드 올 싱스 컨시더드〉와 〈TED 라디오 아워〉를 진행하면서 나는 노벨상 수상자를 비롯하여 세계 여러 지도자와 팝 스타, 올림픽 금메달리스트, 기업 및 산업계의 거물, 소설가 등 6,000명이 넘는 사람들을 인터뷰했다. 하지만 기업 역사상 가장 성공한 여성 기업가 중 한 사람과의 대담을 준비하면서, 처음 해보는 시도에 긴장하지 않을 수 없었다. 앞으로 4년 동안 알아가게 될 CPG, P&L, LTV, 같은 몇 가지 두문자어 등은 여전히 알 듯 말 듯 했고, COGS를 계산하는 데 무엇이 필요한지도 나는 잘 몰랐다.

내 직업적인 품위를 유지하면서 인터뷰를 무사히 끝내는 것 외에도, 나는 이 쇼가 세상에 처음 몇 주 동안 선보인 뒤에도 계속 살아남을 수 있을지를 걱정했다. 기업가들을 부추겨 입을 열게 하고 그렇게 나온 그들의 이야기가 정말로 사람들의 관심을 끌지 확신할 수 없었다. 청취자들이 그들로부터 분명 무언가를 얻겠지만, 그것도 우리가 제대로 했을 때만 가능한 일이었다. 솔직하게 자신의 약점까지 드러낼 수 있게끔 게스트들을 편안하게 해주는 것이 관건이었다. 인터뷰어로서 나의 평범한 접근 방식으로 그렇게 할 수 있을지 알 길이 없었다. 내 경력이라고 해봐야 기자가 전부였고 마음 한구석에서는 여전히 사업에 대한 약간의 회의감이 있었기 때문에, 나는 청취자들에게 기업가정신에 대한 잘못된 메시지를 주지나 않을지 계속 걱정했다.

거의 4년이 지난 지금, 더는 이런 걱정을 하지 않는다고 말할 수 있어 나름 흡족하다. 나중에 알게 되었지만, 사람들은 창업 스토리와 그 중심에 있는 영웅의 여정을 좋아하고, 기업가들은 현재의 자신을 만들어준 사건과 그들이 만든 사업들에 대해 투명하고 솔직해질 기회를 갖게 되는 걸 감사하게 여긴다.

우리가 그 모든 것을 성공적인 팟캐스트로 바꾸어 놓았다고 생각하면 만감이 교차한다. 무엇보다 청취자와 팬 들에게 정말 감사한 마음이다. 나는 내가 만나고 인터뷰하고 경우에 따라 친구가 되어준 용감하고 포기할 줄 모르는 기업가들에게 많은 영감을 받았다. 그리고 나는 이 쇼를 통해 우리 팀과 내가 이룩한 성과가 믿어지지 않을 만큼 자랑스럽다. 하지만 무엇보다 내가 운이 좋았다는 생각을 지울 수 없다.

그렇지 않은가. 나는 오래전에 NPR에서 인턴으로 일을 시작했다. 나보다 훨씬 더 기량이 뛰어나고 훨씬 세련된 인턴들이 내 옆에 수두룩했다. 처음 1년 정도는 이런 재기 넘치는 사람들과는 절대 어깨를 겨룰 수 없을 것 같다는 생각에 매일 주눅이 들어 살았다. 언젠가 NPR에서 굵직한 프로그램의 앵커 자리를 차지할 것이 분명한 인재들이었다. 그런데도 나는 어쨌든 방송 경력을 차근차근 쌓아갔다. 열심히 일한 것은 사실이지만 아무리 생각해도 운이 좋았다고밖에 말할 수 없는 그런 환경이었다. 사람들이 내 쇼를 찾아낸 것도 운이 좋았다. NPR이 내게 새로운 시도를 할 기회를 준 것도 운이 좋아서다. 사랑하는 부모님이 계시고 좋은 교육을 받을 수 있었던 것도 행운이었다. 운 좋게도 나는 미국에서 성장했다. 미국은 아무것도 없어도 무언가를 만들 수 있고 자기가 좋아하는 무언가를 할 기회를 잡을 수 있다는 생각이 공상이 아닌, 건국이념인 나라다.

나는 운을 절대적으로 신봉한다. 지금까지 걸어온 자취를 돌아보면 내가 누려온 직업적 성공에 행운이 특별한 역할을 한 것 같다. 심지어 NPR에서 내가 그렇게 간절히 원했던 일들을 거절당한 것도 행운이었다. 물론 당시에는 고통스럽고 힘들었지만, 그런 직책을 맡았더라면 오늘날 내 손으로 만들어가는 이 쇼는 없었을 것이다. 〈하우 아이 빌트 디스〉에서 인터뷰를 끝낼 때마다, 내가 게스트에게 그들의 성공에서 운이 열의와 능력과 지식에 비해 어느 정도 역할을 했느냐고 묻는 것도 그 때문이다. 그런 질문에 정답이 있다고 생각해서가 아니다. 그런데도 그런 질문을 하는 것은 그들에게 잠깐 돌이켜 생각할 틈을 주고 싶기 때문이다. 그들은 아이디어를 사업으로 만들기 위한 결정부터 모든 것을 잃고도 다시 일어서 지칠 줄 모르고 지금까지 꾸려온 회사와 관련된 모든 여정에 관해 여러 시간째 얘기하다가, 내가 질문하는 순간 문득 우리가 그동안 나눈 모든 것을 한 번 더 생각해 볼 기회를 얻는다. 스튜디오에 들어오기 전에 했던 생각과 그들이 털어놓은 이야기의 모든 조각이 제대로 맞춰졌는지 다시 한번 스스로 평가하게 된다. 이런 질문을 받으면 그들은 거의 예외 없이 그동안 이야기한 어떤 내용보다 더 중요한 이야기를 들려준다.

어떤 면에서 이 질문은 대형 박물관에서 볼 수 있는 널찍하고 텅 빈 동굴, 즉 중앙홀 같은 기능을 한다. 그곳은 방금 과거의 역사에 흠뻑 빠지게 한 모든 것과 다시 돌아가야 할 현재의 일상 사이에 놓인 전이 공간이다. 그곳은 잠시 멈추어 선 채 자신을 추스르면서, 그 모든 것을 자신이 만든 세계에 대한 더 나은 이해로 종합하는 곳이다. 실제로 나는 컴팩컴퓨터Compaq Computer를 설립한 로드 캐니언Rod Canion에게 그런 일이 일어나는 것을 현장에서 지켜봤다. 그에게 성공할 수 있었던 근본적인 원인을 묻자 그는 길게 뜸을 들이더니 천천히 입을 열었다.

"1980년대 후반에 그런 질문을 받았다면 아마 정보와 통찰력과 노력이 90%이고, 운은 10%였다고 말했을 겁니다. 하지만 지금 생각해 보니 그 반대인 것 같습니다." 로드는 그렇게 말했다. "시간에 따라 관점도 달라지는 거죠."

내가 생각하기에 달라지는 것은 많은 사람이 똑똑하거나 더 열심히 일하거나 더 많은 돈을 가지고 있거나 더 탄력적인 성격을 가지고 최선의 노력을 기울이는데도 불구하고, 여전히 별다른 성공을 거두지 못한다는 사실에 대한 평가인 것 같다. 내가 만난 모든 성공한 기업가는 몇 달 동안 계속 18시간씩 일하거나 라면과 시리얼과 밥으로 끼니를 때웠다는 이야기를 하지만, 그들 중 누구도 창업가로서의 역량을 발휘하는 데 있어 식당에서 식기를 닦는 사람이나 정원사나 건설노동자, 웨이트리스가 매일 하는 것보다 더 열심히 일한 사람은 없었다.

지금 창업의 어려움을 깎아내리려는 것이 아니다. 〈하우 아이 빌트 디스〉를 시작한 이후 사람들과 나눈 대화를 통해 나는 아이디어를 상품으로 바꾸는 것이 얼마나 엄청난 도전인지 새삼 깨닫게 되었다. 창업가가 키를 잡지 않아도 항로를 제대로 헤쳐나가는 회사로 성장시키는 것의 어려움은 말할 것도 없다. 정말 쉽지 않은 일이다. 중요한 사실은 **창업가가 모든 일을 제대로 하고 모든 역할을**

**떠맡아도 게임에서 질 수 있다**는 것이다. 그럴 만도 하다. 사실 게임에서 지는 사람이 대다수다. 창업은 대부분 1~2년 안에 실패한다. 창업을 생각하는 사람의 손에 들린 카드 패는 대체로 불리하다. 하지만 어쩌다 1~2번 수가 통하면 돈을 쓸어 담고 테이블을 떠날 수 있다.

그게 바로 운이다.

지금은 고인이 됐지만 허브 켈러허 같은 사람을 보라. 허브는 믿어지지 않을 만큼 열심히 일했다. 그러나 허브는 예상하지 못한 행운을 얻은 사람이기도 하다. 사우스웨스트 항공은 첫 7년 동안 텍사스 안에서만 맴돌았지만 1978년에 항공업에 대한 규제가 풀리는 바람에 엄청나게 저렴한 항공편을 전국 하늘에 띄워 거대 항공사들이 국내 노선에서 지키고 있던 독점적 지위를 깨뜨릴 수 있었다. 또한 사우스웨스트가 설립되던 시기는 항공 여행에 관심을 갖는 사람이 많아지기 시작하던 문화적 과도기였다. 그전까지 항공 여행은 소수의 사람만 접근할 수 있는 특권이었다. 현실 속의 돈 드레이퍼Don Draper(드라마 〈매드맨Mad Men〉에서 종횡무진 활약하는 주인공―옮긴이)이었을 뿐이다. 규제 완화를 틈타 대형 항로를 줄이고 저가 항공편을 제시함으로써 허브와 그의 팀은 억눌렸던 수요를 이끌어내 불과 몇 년 전만 해도 존재하지 않았던 고객 기반에서 엄청난 이익을 창출할 수 있었다. 의심할 여지 없이 그것은 허브의 손에서 나온 신의 한 수였고, 동시에 막상 실행에 옮기려면 가혹할 정도로 힘겨운 노력이 필요한 일이었다. 그러나 사우스웨스트엔 때와 장소가 절묘하게 맞아떨어졌다. 한마디로 운이 좋았다. 허브

412

는 운이 좋은 사람이었다.

　쇼피파이를 설립한 토비 뤼케도 마찬가지였다. 하지만 그의 행운은 불행을 품은 것처럼 위장한 채 찾아왔다. 토비의 이커머스 플랫폼을 처음부터 대대적인 성공으로 이끈 동력은 2008년 금융위기로 갑자기 직장을 잃은 상태에서 청구서를 지급하기 위해 온라인 사업에 눈을 돌리고 있던 수백만 명의 사람들이었다. 다른 인터넷 매체와 미디어회사들이 큰 손실을 겪는 와중에 쇼피파이는 폭발적인 성장을 구가했다. 만약 금융위기로 고객이 몰리지 않았더라면 그들이 성공할 수 있었을까? 당연히 성공했을 것이다. 하지만 그 정도로? 그렇게나 빨리? 이에 대해서는 뭐라고 단정 짓기 어렵다. 어렵지 않게 말할 수 있는 것은 토비의 타이밍이 억세게 좋았다는 사실뿐이다.

　내가 인터뷰한 창업가 중에도 금융위기로 행운을 잡은 사람이 많다. 론 샤이크는 금융위기를 기회로 삼아 파네라브레드에 대한 투자를 대폭 늘려 당초 계획보다 훨씬 빠르게 성장했고, 결국 주가를 3배로 끌어올렸다. 칼리 로니와 데이비드 류의 더놋은 다른 미디어회사들이 20% 마이너스 성장을 할 때 5% 성장률을 기록했다. 사업 종목을 잘 선택한 덕분이었다. "웨딩 산업은 사실 불경기라는 게 없습니다." 데이비드는 그렇게 말했다. 켄드라 스콧<sup>Kendra</sup> <sup>Scott</sup>은 불경기가 그녀에겐 가장 큰 선물이었다고 생각한다. 불경기가 아니었으면 자신의 이름을 딴 주얼리회사 켄드라스콧<sup>Kendra Scott</sup>을 소매업으로 전환할 생각은 하지 않았을 테니까. 소매로 바꾼 덕에 그녀는 예상치 못한 성공을 거두었다. "그 몇 해 동안 바이어들

413

이 무엇을 원하는지만 생각했어요. 고객에 대해서는 그렇게 많이 생각하지 않았죠. 그러다 세상이 바뀌었고, 모든 관심을 다시 고객에 맞춰야 한다는 걸 깨달았어요." 켄드라는 그렇게 말했다.

이런 이야기를 관통하는 하나의 요소는 억세게 좋은 운이다. 그러나 나는 사업에 쏟아부었던 수많은 노고를 스스로 대견하게 여기는 창업가들을 훈계하려는 의도로 운을 들먹이는 것이 아니다. 내가 이런 말을 하는 이유는 이런 창업가들이 경험한 행운이 어떤 실체가 없는 마법의 힘이 아니라는 사실을 기업가 지망생들이 알아주었으면 하기 때문이다. **아무것도 없는 진공 상태에서는 마법도 일어나지 않는다.** 그들에게도 그런 일은 없었다. 단도직입적으로 말해 행운은 누가 찾아내 활용해 주기만 기다리는 기회였고, 그들은 그것을 활용했을 뿐이다. 사우스웨스트에 대한 허브의 전략은 막연한 추측이 아니었다. 사우스웨스트가 규제 완화와 여행 습관의 변화라는 행운을 만난 것은 우연이 아니다. 허브는 자신의 눈앞에서 펼쳐지는 운에 마음을 열어놓고 있었기에 그것이 기회라는 것을 알아차렸고, 그 기회를 극대화할 전략을 개발했다. 론 샤이크와 켄드라 스콧, 토비 뤼케와 더낫의 설립자들도 마찬가지다.

인스타그램의 공동설립자 케빈 시스트롬은 운에 관한 나름의 단순한 생각을 가지고 있다. 그와 그의 공동설립자 마이크 크리거와의 인터뷰를 끝내면서 내가 마지막 질문을 던졌을 때, 그는 그런 자기 생각을 공개했다. "세상은 모두 운으로 움직입니다. 문제는 그것으로 무얼 하느냐이죠."

그의 말이 맞는 것 같다. 누구나 살면서 어느 정도의 기간에 몇 가지 형태의 운을 얻게 된다. 그리고 성공하느냐 실패하느냐, 아니 시도라도 해보느냐를 결정하는 것은 그 운으로 무엇을 하느냐에 달린 문제다.

펠로톤Peloton의 공동설립자 존 폴리John Foley처럼 좋은 네트워크를 가지는 운도 있다. 존은 시드 라운드에서 8명으로부터 40만 달러를 조성했다. 티켓마스터Ticketmaster의 CEO였던 처남을 비롯한 그 8명에 대해 존은 이렇게 말했다. 그들은 "나를 알았고 나를 믿었고 나를 사랑했습니다."

아니면 쳇 핍킨처럼 안정적인 집에서 태어났을 수도 있다. 그는 차고로 일터를 옮기기 전에 자신이 성장한 부모의 집 주방 식탁에서 벨킨을 창업했다. "난 널 정말 사랑한다. 하지만 식탁 위의 이딴 것들은 치우는 게 좋을 거다." 그의 어머니는 그렇게 말했다. 핍킨 집안의 터프한 사랑은 그런 식으로 표현되었다!

아니면 내가 인터뷰한 많은 기업가처럼 좋은 교육을 받는 특권을 누렸을 수도 있다. 젠 하이먼은 하버드 학위가 2개다. 짐 코크는 하버드 학위가 3개다. 론 샤이크와 프레임브리지Framebridge의 수잔 타이넌Susan Tynan, 카트리나 레이크, 런베스트LearnVest의 알렉사 본 토벨Alexa von Tobel도 모두 하버드대학교 경영대학원 출신이다. 앤디 던과 랜디 헤트릭은 스탠퍼드대학교 경영대학원에 다녔다. 워비파커의 설립자들은 펜실베이니아대학교로 갔다. 이런 학교에 다녔다면 운이 얼마나 좋다고 봐야 하는지 따지는 것조차 의미 없다.

아니면 거절을 당해도 기꺼이 받아들이고 아무리 어렵더라도 쓸데없는 고집을 피우지 않고 남다른 회복력으로 진득하게 매진하는 성격을 타고났을 수도 있다. 데이먼드 존처럼 열심히 일하려는 의욕과 승낙을 받아낼 때까지 어떤 거절도 용납하지 않는 정신력을 가졌을 수도 있다.

어느 쪽이 됐든, 기업가 지망생으로서 스스로 대답해야 할 질문이 있다. 어떤 행운을 가질 수 있을까와 같은 질문이 아니다. 행운은 당연히 찾아오거나 아마 이미 찾아왔을지도 모르니까. 그보다는 이미 가지고 있는 행운으로 무엇을 할 것인가를 물어야 한다. 그 행운을 이용할 것인가? 그 일을 하려 하는가? 도약할 것인가? 스물다섯 번째 투자자에게 이메일을 쓸 것인가? 스물여섯 번째는 어떤가? 당신 네트워크에 있는 모든 친구에게 돈을 주며 당신의 제품을 사라고 시키겠는가? 스팽스를 처음 들여놓은 5개 매장에서 그 제품이 매우 인기 있는 것처럼 보이게 만든 사라 블레이클리처럼? 그녀처럼 매장에서 당신 제품을 좀 더 눈에 잘 띄는 위치로 옮기겠는가? 이런 것들은 당신이 얼마나 운이 좋은지 깨닫고 그 행운과 함께 오는 기회를 찾아냈을 때 주어지는 선택들이다.

내가 찾아낸 가장 중요한 기회는 친구가 마련한 바비큐 파티에서 아름답고 재기 넘치는 한 여성을 만난 것이었다. 운 좋게도 나는 2000년 여름에 워싱턴 D. C.에 있었고 마침 그 파티에 참석하게 되었다. 그녀의 이름은 해나였다. 사실 그날엔 그녀와 이야기를 한마디도 나누지 못했지만, 나는 파티를 주최한 당사자이자 해나의 룸메이트이기도 한 내 친구를 꼬드겨 다음 날 내가 초대받은 다른 파티에 그녀를 데려오도록 일을 꾸몄다.

이것 역시 절대 잊어서는 안 될 행운의 또 다른 면이다. 행운을 맡아서 처리해 줄 에이전시가 있어야 한다는 것. 브라이언 스쿠다모어가 아이다호 교통위원회를 귀찮게 졸라 '1-800-GOT-JUNK'의 전화번호를 받아냈을 때처럼, 때로 자신의 행운은 자신이 만든다. 내 주장의 정당성을 입증하기 위해 우리 공통의 친구를 끌어들인 것은 그 시절 내게 허용된 또 하나의 행운이었다.

다음 날 저녁에 해나는 파티에 나타났다. 나중에 안 사실이지만, 그녀는 나와는 아무 상관이 없는 이유로 내 행운을 무산시킬 뻔했다. 그녀는 그 파티가 내키지 않았는데, 자신의 룸메이트가 집을 나가려는 순간 마음을 바꿨다. 그리고 정문에 대고 소리쳤다. "기다려. 나도 갈 거야!" 그리고 내가 사랑에 빠질 수 있도록 그녀는 정확한 시간에 때맞춰 왔다. 두 달 뒤에 나는 NPR의 지국장으로 발령이 나 베를린으로 떠났고, 우리는 2년 더 대서양을 사이에 두고 떨어져 지내야 했지만 서로의 마음은 떨어지지 않았다.

20년이 지난 지금 우리는 결혼해서 2명의 자녀를 두었다. 그녀는 내 인생에서 가장 큰 영향을 주는 단 1명이 되었다. 내가 한 일과 내가 가졌던 기회는 대부분 그녀의 지지와 지도 그리고 지혜와 직결되어 있다. 그녀를 만난 기회는 내게 일어난 행운 중에도 가장 큰 행운이었다.

당신과 나 모두 운이 좋은 사람이다. 내게는 이 책을 쓸 기회가 있었다. 당신에게는 이 책을 살 돈(아니면 도서관에서 차례를 기다릴 인내)과 시간과 읽어보겠다는 생각이 있었다. 나는 세상에서 가장 성공한 혁신가와 기업가, 이상주의자 들을 만나 인터뷰하고 그들이 자신의 이야기를 하게끔 거드는 특권을 누려왔다. 당신은 어쩌다 그들의 이야기에 담긴 교훈을 배울 수 있는 방법을 찾았다. 2015년에 나는 팟캐스트라는 아이디어를 떠올렸고, NPR의 몇몇 핵심 인물들과 내 인생의 파트너인 해나가 그 아이디어를 적극 지지해 주었다. 이제 나는 지금 당장 아니면 멀지 않은 장래에 이 책이 당신 자신의 아이디어를 추구하는 데 도움이 될 정도로 당신에게 행운이 따랐으면 하고 바랄 뿐이다.

그렇게 된다면 내게도 알려주길 바란다. 당신이 어떻게 그 일을 해냈는지 꼭 듣고 싶으니까.

혹시 모를까 봐 몇 가지 덧붙여야겠다. 당신이 〈하우 아이 빌트 디스〉와 내가 진행한 다른 인터뷰 쇼에서 들은 것은 편집된 내용으로, 실제 대화는 그보다 훨씬 더 긴 시간에 걸쳐 이루어졌다. 나는 내 인터뷰이들이 그들의 삶 여정에서 아주 사소한 세부적인 부분과 중요한 순간까지 털어놓도록 안내하는 데 2시간이나 3시간 때로는 4시간 이상을 들인다. 그것은 강렬하고 종종 격한 감정에 휩싸이게 되는 체험이다. 그들에게도 또 내게도.

　내 규칙은 간단하다. 금지된 것은 아무것도 없으며 무슨 얘기든 다 할 수 있다. 우리는 모두 복잡한 존재니까. 누구나 살면서 말하지 않는 편이 좋을 법한 부끄러운 에피소드를 몇 가지씩은 가지고 있다. 하지만 그 순간들은 여정의 일부이고, 맥락이 주어지면 그런 순간도 그 사람이 누구인지를 더 자세히 알게 해주는 상세한 그림이 된다.

　상상이 가겠지만, 상대방의 말을 가슴에 새기면서 한편으로 나 자신에게 가장 힘겨웠던 순간이나 취약한 부분, 실패, 실수, 잘못된 판단 등(물론 승리와 성공의 순간도 함께!)이 무엇이었는지 자문하다 어느 순간 인터뷰가 끝나고 자리를 뜰 때는, 우리는 여느 때와 다른 질기고 깊은 어떤 유대감을 가지게 된다.

대부분의 경우 인터뷰를 마친 며칠 뒤에 그들로부터 이메일을 받는다. 그리고 그들은 그 경험이 일종의 치유 효과를 가져다주었다고 고백한다. 카타르시스와 반성의 순간이었다고 말이다. 그럴 때는 고개가 크게 끄덕여진다. 인간으로서 우리의 본능은 앞으로 밀고 나가기만 할 뿐 도무지 뒤돌아볼 줄 모르니까. 우리는 인생이라는 여정을 돌아볼 기회를 좀처럼 얻지 못하고, 〈하우 아이 빌트 디스〉에 초대된 나의 게스트들은 기업가정신이라는 여정을 되짚어볼 여유를 갖지 못한다.

그런 성찰의 순간은 매우 중요하다. 내가 인터뷰한 기업가들과 기업가로서의 내 여정에서 배운 중요한 것이 있다면, 누구나 정말로 외롭다고 느끼게 되는 순간이 온다는 사실이다.

창업을 하는 것, 즉 창의적인 일을 시작하는 것은 외롭고 어렵다. 몇 시간, 며칠, 몇 주, 몇 달을 악전고투와 실패, 자책과 눈물로 채워야 하는 굴곡진 길이다. 이런 뒤범벅에 고립감까지 보태지면, "안녕, 불안아 Hello, anxiety(품 비푸릿 Phum Viphrit의 노래)!"라는 말이 절로 나온다.

나도 얼마 전 몇 주 동안 잠 못 이루는 밤을 보내면서 그런 일을 겪었다. 우리 가족은 미국 국토를 가로질러 이사할 준비를 하고 있었고, 3개의 쇼 외에 2가지 일이 더 있었다. 그리고 어느 순간부터 이 모든 것이 걱정되기 시작했다. 내 가족과 아이들, 내 스태프, 쇼,

파트너십, 마감일, 나의 건강 등등. 이 모든 것의 운명이 오로지 나 한 사람의 어깨 위에 올려져 피할 수도 떨칠 수도 없을 것 같은 기분이 들었다.

보다 못한 아내가 결국 어느 날 밤 수첩을 꺼내 들더니 마음에 걸리는 것이 있으면 하나씩 말해보라고 다그쳤다. 나는 머릿속에 있는 모든 것을 쏟아냈고 그녀는 그 한 마디 한 마디를 받아 적었다. 나의 근심을 지면으로 옮겨 비우는 그 행위는 그 자체로 내가 다시 잠들 수 있게 도와주는 치료 효과를 발휘했지만, 진정한 구원이 찾아온 것은 3개월 후 해나가 수첩을 꺼내 내 근심 목록을 다시 읽어주었을 때였다.

그 목록에 있는 그 어느 항목도 대단한 것은 하나도 없었다! 나의 걱정거리 중 어느 것도 심각할 정도로 구체화된 것은 없었다. 웬만한 일들은 시간이 가면서 잘 해결되었다. 그때는 내 주변 세상이 무너지는 느낌이었는데. 나는 이것이 단지 '나'의 문제였다고 말하고 싶지만, 그것은 사실 인간이라는 조건의 일부다. 우리의 뇌는 스트레스와 위협의 순간에 반응하도록 만들어진 자연스러운 안전 장치를 가지고 있다. 우리가 야생의 위험한 맹수로부터 달아나야 했던 선사시대에는 그런 장치가 무척이나 유용했을 것이다. 현대를 사는 인간으로서 오늘 우리가 겪는 투쟁은 어떻게 하면 그 안전 스위치를 중립으로 돌려놓을 수 있는지, 어떻게 우리의 삶에서 한 발짝 물러나 우리의 여정을 긴 안목으로 바라볼 수 있는지를 알아내는 것일지 모른다.

내가 〈하우 아이 빌트 디스〉를 위해 기업가와 마주 앉을 때마다

**글을 마치며**

정말로 하려고 하는 것이 바로 그것이다.

이 책을 읽으면서 당신은 이미 기업가정신의 부름을 듣고 그에 답을 했을지도 모른다. 당신은 어떤 회사를 세우고 어떤 창업가가 되고 싶은지 정확히 파악하려고 호된 시험을 치르는 중일 수도 있다. 그 여정에서 당신은 어디를 가든 내가 겪었던 것과 같은 순간을 틀림없이 마주하게 될 것이다. 당신이 무엇과 씨름하고 있는지 아무도 이해해 주지 않을 것 같은 불안과 절망의 시기를 보내더라도, 모든 것은 당신이 내리는 결정에 따라 좋아질 수도 나빠질 수도 있다. 모든 것은 당신에게 달린 문제다.

그럴 때는 수첩을 꺼내 그런 고민을 적어보라. 그것들을 종이 위에 가두어놓고 다음 날이나 다음 주나 다음 달, 다음 해에 그것을 다시 꺼내 보라. 그러면 아이디어를 추구하면서 마주했던, 도저히 헤어날 수 없을 것 같았던 모든 도전과 위기가 사실은 별것 아니었다는 사실을 깨닫게 될 것이다. 내가 장담한다.

내가 그것을 어떻게 알겠는가? **당신이 지금도 여기에 있으니까. 그렇지 않은가?** 당신은 여기에 있을 뿐만 아니라, 당신의 아이디어에 생명을 불어넣는 데 도움이 되는 사람들도 모두 곁에 있다. 당신이 성공하는 모습을 보고 싶어 하는 사람들이 있다. 당신보다 앞서간 기업가들이 여기 있다. 그들이 실수해 주었기 때문에 당신은 실수하지 않고도 그들의 길을 갈 수 있다. 그리고 당신은 이 책을 가지고 있다. 바라건대, 이 책이 당신이 사업을 꾸려갈 때 당신이 혼자가 아니라는 것을 알 수 있도록 약간의 힘과 자신감을 주었기를 바란다.

이 책은 주로 팟캐스트 〈하우 아이 빌트 디스〉에서 4년 동안 인터뷰한 내용을 바탕으로 했다. 여기서 소개된 사람들은 대부분 몇 시간씩 나와 마주 앉아 이야기를 나누었다. 이 쇼를 제작하면서 가장 어려웠던 부분은 무엇을 남기고 무엇을 들어낼 것인가 하는 문제였다. 이 책도 마찬가지다. 내가 들려줄 수 있는 이야기는 이것 말고도 100가지는 더 있다. 앞으로 그 이야기들을 다른 책에서 소개할 기회가 있다면 얼마나 좋겠는가! 아울러 여기에 남긴 이야기들이 당신의 여정에 영감을 주었으면 하는 바람이다.

재기 넘치는 내 저술 파트너인 닐스 파커 Nils Parker의 지원이 없었다면 이 책은 여전히 메모와 중구난방인 문단, 정리되지 않은 생각, 필기록의 형태로 내 책상을 어지럽히고 있을 것이다. 아내와 아이들을 제외하면 전화로든 직접 얼굴을 맞대고든 지난 1년 동안 내가 가장 많은 시간을 함께 보낸 사람은 다른 누구도 아닌 닐스다. 나는 그와 나눈 대화와 지적 교류, 브레인스토밍 세션을 두고 두고 소중히 간직할 것이다. 이 책은 내 책이지만 동시에 닐스의

423

것이기도 하다. 그리고 우리 두 사람은 예리한 피드백을 제공한 라이언 홀리데이Ryan Holiday의 지혜로부터 큰 덕을 입었다. 조지프 칸스Joseph Karnes와 빌리 오펜하이머Billy Oppenheimer는 치밀한 조사로 우리의 작업을 도와주었고, 테사 에이브러햄스Tessa Abrahams는 꼼꼼히 원고를 읽어가며 더 좋은 글로 다듬어주었다. 바버라 잿콜라Barbara Jatkola는 예리한 눈으로 초안의 허점을 샅샅이 살펴 고쳐주었다. 그녀의 피드백은 예상치 않은 큰 도움이 되었다. 텍사스 알링턴대학교에 있는 나의 에이전트 오렌 로젠바움Oren Rosenbaum과 버드 리벨Byrd Leavell은 우리가 처음 만난 날부터 나를 적극 지지해 주고 두둔해 주었다. 〈호턴미플린하코트Houghton Mifflin Harcourt〉의 편집자 릭 울프Rick Wolff는 이 아이디어를 처음 냈을 때부터 열정적으로 후원했고 지난 2년 동안 집필 과정에도 큰 이정표를 제시해 주었다.

책 서두에서도 말했지만 〈하우 아이 빌트 디스〉는 내가 2008년에 해외 특파원으로 8년 가까운 세월을 보낸 후 안식년을 보내는 동안 니먼 저널리즘 펠로로 하버드대학교 경영대학원에서 수업을 받으며 구상했던 아이디어가 그 출발이었다. 나는 이후 7년 동안 〈위크엔드 올 싱스 컨시더드〉와 〈TED 라디오 아워〉를 진행했다. 그러다 2015년 말에 NPR의 프로그래밍 책임자인 애니아 그룬먼Anya Grundmann에게 〈하우 아이 빌트 디스〉에 관한 아이디어를 털어놓았다. 애니아는 NPR에서 팟캐스트 혁명을 설계하고 앞장서서 주도한 선구자였다. 나는 DJ이자 프로듀서인 람틴 아라블루에Ramtin Arablouei의 도움을 받아 밤과 주말에 〈하우 아이 빌트 디스〉를 제작했다(람틴은 현재 또 다른 NPR 프로그램인 〈서러라인Throughline〉을 공동 진행한다). 나의 편집자인 네바 그랜트Neva Grant는 거칠기 짝이 없는 내 인터뷰를 세련된 에피소드로 탈바꿈시켜주었다. 수석 프로듀서인 제프 로저스Jeff Rogers는 나의 오랜 협력자인 새나즈 메슈킨포어 Sanaz Meshkinpour와 프로듀서 케이시 허먼Casey Herman, NPR의 〈서러 라인〉 공동진행자인 런드 압델파타Rund Abdelfatah와 함께 결정적인 피드백과 지원을 아끼지 않았다.

이 쇼가 시청자의 반응을 얻을지 아니면 한두 번 시도로 그칠지 에 대해서는 NPR 내부에서도 의심을 떨치지 못했다. 당연하고도 건전한 의구심이었다. 그러나 아이디어를 본격적으로 추진한 지 거의 1년이 되었을 때, 우리는 마침내 이 쇼를 공중에 띄울 수 있 었다. 2016년에 첫 회를 방송한 지 4년이 지난 2020년, 〈하우 아 이 빌트 디스〉는 믿을 수 없을 정도로 재능 있는 팀과 수백만 명의 주간 청취자를 확보했다. 청취자들은 내 목소리와 인터뷰만 듣지 만, 팟캐스트와 라이브 이벤트에는 여러 사람이 우리 뒤를 받쳐주 고 있다. 제드 앤더슨Jed Anderson, 세쿼야 카릴로Sequoia Carrillo, 일레인 코츠Elaine Coates, 제임스 델라후사예James Delahoussaye, 레이첼 포크 너Rachel Faulkner, 제시카 골드스타인Jessica Goldstein, J. C. 하워드J. C. Howard, 존 이사벨라John Isabella, 캔디스 림Candice Lim, 디바 모타샴Diba Mohtasham, 앨리 프레스콧Allie Prescott, 대니얼 슈킨Daniel Shukhin, 지니 웨스트Jinae West 등 이들의 이름을 여기에 소개할 수 있어 기쁘다.

많은 도움의 손길이 없으면 책은 만들어지지 않는다. 지난 2년 동안 우리를 위해 여러 차례 함께해 준 나의 친구이자 멘토인 사라 사라손Sara Sarasohn과 그녀의 아내 엘런 에반젤리스트Ellen Evangeliste

그리고 그들의 딸 루스Ruth와 양첸 달마Yangchen Dolma에게 고맙다고 말하고 싶다.

어머니와 아버지께도 감사드린다. 두 분은 1970년대 초에 더 나은 삶을 꾸려보겠다는 꿈을 안고 미국으로 건너오셨다. 부모님은 4명의 아이를 키웠고 그 아이들이 모두 행복한 어린 시절을 보내고 버젓한 성인으로 독립하는 데 필요한 모든 수단과 지원을 아끼지 않으셨다. 마지막으로 책을 쓰는 내내 사랑과 깊은 이해심으로 곁을 지켜준 아내 해나와 아들 헨리와 브람에게 깊은 사랑과 고마움을 전한다. 책에도 썼듯이 나는 행운을 신봉한다. 그리고 내 인생에서 가장 운이 좋았던 순간은 해나를 만난 날이었다.

## 1장 – 아이디어에 마음을 열라

1  Jolie A. Doggett, "L'Oreal Signs Agreement to Buy Carol's Daughter," *Essence*, October 20, 2014, https://www.essence.com/hair/loreal-signs-agreement-buy-carols-daughter/.

2  Paul Graham, "How to Get Startup Ideas," Paulgraham.com(blog) November 2012, http://www.paulgraham.com/startupideas.html.

## 2장 – 위험한 것인가, 무서운 것인가?

3  Aric Jenkins, "Which Is Safer: Airplanes or Cars?," *Fortune*, July 20, 2017, https://fortune.com/2017/07/20/are-airplanes-safer-than-cars/.

4  James Fallows, "Telling the Difference Between Danger and Fear," *The Atlantic*, May 23, 2014, https://www.theatlantic.com/technology/archive/2014/05/telling-the-difference-between-danger-and-fear/371211/.

5  앞과 동일.

## 3장 – 안전지대를 떠나라(단, 안전하게)

6  "Phil Knight, *Shoe Dog: A Memoir by the Creator of Nike* (New York: Scribner, 2016).

## 5장 – 공동설립자를 찾아라

7  Paul Graham, "The 18 Mistakes That Kill Startups," Paulgraham.com, October

2006, http://paulgraham.com/startupmistakes.html.

8     "Buffett & Gates on Success," University of Washington, 1997, YouTube, https://www.youtube.com/watch?v=ldPh0_zEykU&feature=youtu.be&t=2583.

9     David Sheff, "*Playboy* Interview: Steve Jobs," *Playboy*, February 1985, available at Atavist, http://reprints.longform.org/playboy-interview-steve-jobs.

10     Graham, "The 18 Mistakes That Kill Startups."

## 6장 – 자금 마련의 기술 1: 부트스트래핑

11     Rebecca Aydin, "How 3 Guys Turned Renting Air Mattresses in Their Apartment Into a $31 Billion Company, Airbnb," Business Insider, September 20, 2019, https://www.businessinsider.com/how-airbnb-was-founded-a-visual-history-2016-2.

12     "Investing with the Godfather of Silicon Valley," ZURB, n.d., accessed April 12, 2019, https://zurb.com/soapbox/ron-conway-zurbsoapbox-investing-with-the-godfather-of-silicon-valley.

13     Sam Altman, Twitter post, October 13, 2015, 2:02 p.m.,https://twitter.com/sama/status/654039449538457600?s=20.

14     Sam Altman, Twitter post, October 13, 2015, 2:06 p.m., https://twitter.com/sama/status/654040512266039296?s=20.

## 7장 – 제대로 된 스토리를 만들라

15     Ben Horowitz, "How Andreessen Horowitz Evaluates CEOs" (blog post), *a16z*, May 31, 2010, https://a16z.com/2010/05/31/how-andreessen-horowitz-evaluates-ceos/.

16     Carmine Gallo, "'Your Story Is Your Strategy' Says VC Who Backed Facebook and Twitter," *Forbes*, April 29, 2014, https://www.forbes.com/sites/carminegallo/2014/04/29/your-story-is-your-strategy-says-vc-who-backed-facebook-and-twitter/#59014a4f1dd8.

17     Alyson Shontell, "Ousted Tinder Cofounder Sues for Sexual Harassment, and She's Using These Nasty Texts as Evidence," Business Insider, July 1, 2014, https://www.businessinsider.com/tinder-lawsuit-and-sexual-harassment-text-messages-2014-7.

18     Abby Phillip, "Read the Most Surprising Al-legations from the Tinder Sexual Harassment Lawsuit," *Washington Post*, April 24, 2019, https://www.washingtonpost.com/news/the-switch/wp/2014/07/01/read-the-most-surprising-allegations-from-the-tinder-sexual-harassment-lawsuit/.

19     앞과 동일.

20  Jacob Kastrenakes, "Former Tinder Exec Sues Company for Sexual Harassment and Discrimination," The Verge, July 1, 2014, https://www.theverge.com/2014/7/1/5860512/tinder-sued-sex-harassment-discrimination-of-former-exec.

21  "Bumble CEO: Backlash from Tinder Lawsuit Was 'Extremely Invasive,' " interview by Kristen Bellstrom, Fortune, November 13, 2017, YouTube, https://www.youtube.com/watch ?v =OwneQiw4HfU.

22  Stuart Dredge, "Dating App Tinder Facing Sexual Harassment Lawsuit from Co-founder," The Guardian, July 1, 2014, https://www.theguardian.com/technology/2014/jul/01/tinder-sexual-harassment-lawsuit-whitney-wolfe.

## 8장 – 자금 마련의 기술 2: 다른 사람의 돈

23  "Jeff Bezos Convinced 22 Investors to Back His New Company Amazon in 1994. Their Returns? Mind-Boggling," South China Morning Post, April 26, 2018, https://www.scmp.com/news/world/united-states-canada/article/2143375/1994-he-convinced-22-family-and-friends-each-pay.

24  Bloomberg, "Runs in the Family: Jeff Bezos's Parents Might Also Be Ridiculously Rich," Fortune, July 31, 2018, https://fortune.com/2018/07/31/jeff-bezos-family-investment-amazon/.

## 10장 – 옆문으로 들어가라

25  제프 레이크스가 워렌 버핏에게 이메일을 보내기 한 달 전에 마이크로소프트는 1997년도에 110억 3,600만 달러라는 기록적인 연간 수익을 올렸다고 발표했다. https://news.microsoft.com/1997/07/17/microsoft-announces-record-fiscal-1997-revenues-and-income/.

26  Peter Thiel, "Competition Is for Losers" (How to Start a Startup, lecture 5, Stanford Center for Professional Development, Stanford University, October 7, 2014), YouTube, https://www.youtube.com/watch?v=3Fx5Q8xGU8k&t=1163s.

27  Samantha Bomkamp, "Chicago-Born Company RXBar Drives $110M in Sales for Kellogg," Chicago Tribune, August 2, 2018, https://www.chicagotribune.com/business/ct-biz-kellogg-rxbar-earnings-20180802-story.html.

28  "Microsoft Announces Record Fiscal 1997 Revenues."

## 11장 – 결국은 위치다

29  Shopify, "Shopify Announces Third-Quarter 2018 Financial Results," press release, October 25, 2018, https://news.shopify.com/shopify-announces-third-

quarter-2018-financial-results.

30   Emil Protalinski, "Shopify Announces New Partner and Developer Tools, Plus an AI-Powered Fulfillment Network," VentureBeat, June 19, 2019, https://venturebeat.com/2019/06/19/shopify-announces-new-partner-and-developer-tools-plus-an-ai-powered-fulfillment-network/.

31   "Drew Houston's Commencement Address," MIT News, June 7, 2013, http://news.mit.edu/2013/commencement-address-houston-0607.

32   "Barre3 Founder: Sadie Lincoln," barre3, https://barre3.com/sadie.

## 12장 – 관심을 끄는 법 1: 화젯거리

33   US Department of Labor, Bureau of Labor Statistics, "Entrepreneurship and the U.S. Economy," chart 1, April 28, 2016, https://www.bls.gov/bdm/entrepreneurship/bdm chart1.htm.

34   "App Stores: Number of Apps in Leading App Stores 2019," Statista, n.d., https://www.statista.com/statistics/276623/number-of-apps-available-in-leading-app-stores/.

35   Mansoor Iqbal, "App Download and Usage Statistics (2019)," Business of Apps, November 19, 2019, https://www.businessofapps.com/data/app-statistics/#1.

36   "Worldwide Mobile App Revenues in 2014 to 2023," Statista, n.d., https://www.statista.com/statistics/269025/worldwide-mobile-app-revenue-forecast/.

37   Iqbal, "App Download and Usage Statistics(2019)."

38   Matt Miller, "Top Predictions for the App Economy in 2018," *App Annie* (blog), December 5, 2017, https://www.appannie.com/en/insights/market-data/predictions-app-economy-2018/.

39   US Department of Labor, Bureau of Labor Statistics, "Entrepreneurship and the U.S. Economy," chart 5, April 28, 2016, https://www.bls.gov/bdm/entrepreneurship/bdm chart5.htm.

40   US Department of Labor, Bureau of Labor Statistics, "Entrepreneurship and the U.S. Economy," chart 3, April 28, 2016, https://www.bls.gov/bdm/entrepreneurship/bdm chart3.htm.

41   Peter LaBerge, "The 2018 Mobile App Store Download Statistics Report," *Branch* (blog), October 4, 2018, https://blog.branch.io/the-2018-mobile-app-store-download-statistics-report/.

## 13장 – 관심을 끄는 법 2: 입소문

42   "A Lesson in Self Promotion with Tim Ferriss," Soapbox, ZURB, 2011, accessed December 6, 2019, https://zurb.com/soapbox/tim-ferriss-s-soapbox-a-lesson-

in-self-promotion-with-tim-ferriss.

43  Reid Hoffman and Sam Altman, "Why Customer Love Is All You Need," *Masters of Scale* (podcast), January 30, 2018, https://mastersofscale.com/sam-altman-why-customer-love-is-all-you-need/.

44  Louise Story, "Facebook Is Marketing Your Brand Preferences (with Your Permission)," *New York Times*, November 7, 2007, https://www.nytimes.com/2007/11/07/technology/07iht-07adco.8230630.html. Story called the ad program "a twist on word-ofmouth marketing."

45  Kelsey Meany, "Blow-Dry Bars Are a Thriving Industry Disrupting the Salon Business," Daily Beast, July 13, 2013, https://www.thedailybeast.com/blow-dry-bars-are-a-thriving-industry-disrupting-the-salon-business.

46  "McDonald's Opened a Record 597 Restaurants in 1985, Giving... ," UPI, April 9, 1986, https://www.upi.com/Archives/1986/04/09/McDonalds-opened-a-record-597-restaurants-in-1985-giving/3085513406800/.

47  Katy Waldman, "How Wendy's 1980s Turnaround Changed the Fast Food Industry," *Slate*, October 5, 2012, https://slate.com/business/2012/10/wheres-the-beef-how-wendys-1980s-turnaround-changed-the-fast-food-business.html.

## 14장 – 시련에 주저앉지 말라

48  Marc Andreessen, "The Pmarca Guide to Startups," *Pmarca* (blog), June 25, 2007, https://pmarchive.com/guide to_startups part4.html.

49  Ronald A. Heifitz and Martin Linsky, *Leadership on the Line: Staying Alive Through the Dangers of Leading* (Boston: Harvard Business School Press, 2017), 53.

## 15장 – 자금 마련의 기술 3: 전문투자가의 돈

50  U.S. Small Business Administration Office of Advocacy, "United States Small Business Profile, 2018," https://www.sba.gov/sites/default/files/advocacy/2018-Small-Business-Profiles-US.pdf.

51  Nina Godlewski, "Small Business Revenue Statistics (2019): Annual Sales and Earnings," Fundera, November 20, 2019, https://fundera.com/resources/small-business-revenue-statistics/.

52 "My Biggest Mistake: James Dyson," *The Independent*, February 6, 1994, https://www.independent.co.uk/news/business/my-biggest-mistake-james-dyson-1392336.html.

53 Jeff Stibel, "James Dyson: A Profile in Failure," LinkedIn, June 16, 2015, https://www.linkedin.com/pulse/james-dyson-profile-failure-jeff-stibel/.

54 Clare Dyer, "Hoover Taken to Cleaners in £4m Dyson Case," *The Guardian*, October 4, 2002, https://www.theguardian.com/uk/2002/oct/04/claredyer.

55 "My Biggest Mistake: James Dyson."

56 Quoted in Stibel, "James Dyson: A Profile in Failure."

## 17장 - 재앙이 닥쳤을 때

57 Michael Decourcy Hinds, "Tylenol Spotlights a $6 Billion Industry," *New York Times*, October 10, 1982, https://www.nytimes.com/1982/10/10/weekinreview/tylenol-spotlights-a-6-billion-industry.html.

58 Thomas Moore, "The Fight to Save Tylenol (*Fortune*, 1982)," *Fortune*, June 30, 2014, https://fortune.com/2012/10/07/the-fight-to-save-tylenol-fortune-1982/.

59 Knowledge@ Wharton, "Tylenol and the Legacy of J&J's James Burke," *Time*, October 5, 2012, http://business.time.com/2012/10/05/tylenol-and-the-legacy-of-jjs-james-burke/.

60 Eric Pace, "Tylenol Will Reappear in Triple-Seal Package," *New York Times*, November 12, 1982, https://www.nytimes.com/1982/11/12/business/tylenol-will-reappear-in-triple-seal-package.html.

61 Judith Rehak, "Tylenol Made a Hero of Johnson & Johnson: The Recall That Started Them All," *New York Times*, March 23, 2002, https://www.nytimes.com/2002/03/23/your-money/IHT-tylenol-made-a-hero-of-johnson-johnson-the-recall-that-started.html.

62 Moore, "The Fight to Save Tylenol."

63 Phillip H. Wiggins, "Tylenol Recall Expense Is Put at $100 Million," *New York Times*, October 29, 1982, https://www.nytimes.com/1982/10/29/business/tylenol-recall-expense-is-put-at-100-million.html.

64 Knowledge@ Wharton, "Tylenol and the Legacy of J&J's James Burke."

65 Rehak, "Tylenol Made a Hero of Johnson & Johnson."

66 Mukul Pandya and Robbie Shell, *Nightly Business Report Presents Lasting Leadership: What You Can Learn from the Top 25 Business People of Our Times* (Upper Saddle River, NJ: Wharton School Publishing, 2004), 38–41.

67 Knowledge@ Wharton, "Tylenol and the Legacy of J&J's James Burke."

68 "Our Credo," Johnson & Johnson, n.d.,accessed November 14, 2019, https://

www.jnj.com/credo/.

69 Pandya and Shell, *Nightly Business Report Presents Lasting Leadership*, 38–1.

70 앞과 동일.

71 Moore, "The Fight to Save Tylenol."

72 Jeni Britton Bauer, "Change, Listeria, and the Re-Opening of Our Kitchen," Jeni's, April 4, 2016, https://jenis.com/blog/change-listeria-and-the-re-opening-of-our-kitchen/.

73 Lisa Everson and Kim Bainbridge, "How Jeni's Splendid Ice Creams Handled a Listeria Crisis," NBC News, August 15, 2018, https://www.nbcnews.com/business/your-business/how-jeni-s-splendid-ice-creams-handled-listeria-crisis-n851336.

74 Keith Bradsher, "S.U.V. Tire Defects Were Known in '96 but Not Reported," *New York Times*, June 24, 2001, https://www.nytimes.com/2001/06/24/business/suv-tire-defects-were-known-in-96-but-not-reported.html.

75 Matthew L. Wald, "Tread Failures Lead to Recall of 6.5 Million Firestone Tires," *New York Times*, August 10, 2000, https://www.nytimes.com/2000/08/10/business/tread-failures-lead-to-recall-of-6.5-million-firestone-tires.html.

76 Bradsher, "S.U.V. Tire Defects Were Known in '96."

77 "Firestone Tire Recall," National Highway Traffic Safety Administration, September 1, 2000, https://one.nhtsa.gov/Vehicle-Safety/Tires/Firestone-Tire-Recall.

78 "Text of Letter to Ford from Bridgestone," *New York Times*, May 22, 2001, https://www.nytimes.com/2001/05/22/business/text-of-letter-to-ford-from-bridgestone.html.

## 18장 – 피벗의 기술

79 Adam Lashinsky, "Why Twitch Pivoted to Video Games, and Why It Worked," *Fortune*, March 28, 2019, https://fortune.com/2019/03/28/twitch-startup-pivot/.

80 앞과 동일.

81 Greg Kumparak, "Justin.tv Shuts Down to Let the Company Focus on Twitch," TechCrunch, August 5, 2014, https://techcrunch.com/2014/08/05/justin-tv-shuts-down-to-let-the-company-focus-on-twitch/.

82 Lashinsky, "Why Twitch Pivoted to Video Games."

## 19장 – 돈이 전부는 아니다

83 Ann-Marie Alcantara, "Meditation App Expands Its Subscription Membership to Google Assistant and Alexa," *Adweek*, June 29, 2018, https://www.adweek.com/digital/meditation-app-expands-its-subscription-membership-to-google-assistant-and-alexa/.

**84** Reed Hastings, "Culture Shock," interview by Reid Hoffman, *Masters of Scale* (podcast), June 27, 2017, https://mastersofscale.com/reed-hastings-culture-shock/.

**85** 앞과 동일.

**86** "Reed Hastings: Building an Iconic Company," interview with John Doerr, Kleiner Perkins Caufield & Byers CEO Workshop, September 15, 2015, YouTube, https://www.youtube.com/watch?v=BsXXIfqbnRk.

**87** Hastings, "Culture Shock."

**88** Reed Hastings, "How Netflix Changed Entertainment—and Where It's Headed," interview by Chris Anderson, TED Conference, July 12, 2018, YouTube, https://www.youtube.com/watch ?v=LsAN-TEJfN0.

**89** Hastings, "Culture Shock."

**90** 앞과 동일.

**91** Hastings, "How Netflix Changed Entertainment."

**92** Hastings, "Culture Shock."

**93** Jena McGregor, "When Company Founders Fight Back," *Washington Post*, April 23, 2019, https://www.washingtonpost.com/news/on-leadership/wp/2014/06/27/when-company-founders-fight-back/.

**94** Joe Nocera, "American Apparel Is a Lesson in How Not to Run a Company," *New York Times*, July 12, 2014, https://www.nytimes.com/2014/07/12/opinion/joe-nocera-american-apparel-is-a-lesson-in-how-not-to-run-a-company.html.

**95** Elizabeth Paton, "American Apparel Founder Wears His Defiance Proudly," *Financial Times*, June 24, 2014, https://www.ft.com/content/5c656fd6-fb76-11e3-9a03-00144feab7de #axzz35aM4l4YP.

**96** Ryan Holiday, *Stillness Is the Key* (New York: Portfolio, 2019), 229.

**97** American Apparel's Dov Charney One of the Worst CEOs: Finkelstein," *Bloomberg Surveillance*, December 17, 2014, YouTube, https://www.youtube.com/watch ?v = QjhoZBvNqU0.

**98** Elizabeth A. Harris and Steven Greenhouse, "The Road to Dov Charney's Ouster at American Apparel," *New York Times*, June 27, 2014, https://www.nytimes.com/2014/06/27/business/road-to-dov-charneys-ouster-at-american-apparel.html ? r = 0.

**99** "Reed Hastings: Building an Iconic Company."

**100** Hannah Wickford, "The Average Life Span of a Restaurant," Azcentral.com, April 13, 2018, https://yourbusiness.azcentral.com/average-life-span-restaurant-6024.html.

## 23장 – 너 자신을 알라

**101** Sam Parr, "Here's How the Founder of a Men's Clothing Company Made $100m in Revenue," *The Hustle* (blog), January 25, 2016, https://thehustle.co/bonobos-andy-dunn.

**102** Tim Arango, "How the AOL–ime Warner Merger Went So Wrong," *New York Times*, January 20, 2010, https://www.nytimes.com/2010/01/11/business/media/11merger.html.

## 24장 – 팔 때 그리고 머물 때

**103** Noam Wasserman, "The Founder's Dilemma," *Harvard Business Review*, February 2008, https://hbr.org/2008/02/the-founders-dilemma.

**104** 앞과 동일.

## 25장 – 친절하라

**105** Lila MacLellan, "At Patagonia, Exit Interviews Are Rare —but They Go Deep," Quartz at Work, March 19, 2019, https://qz.com/work/1574375/patagonias-hr-leader-has-been-moved-to-tears-in-exit-interviews/.

**106** Scott Mautz, "Patagonia Has Only 4 Percent Employee Turnover Because They Value This 1 Thing So Much," *Inc.*, March 30, 2019, https://www.inc.com/scott-mautz/how-can-patagonia-have-only-4-percent-worker-turnover-hint-they-pay-activist-employees-bail.html.

**107** 앞과 동일.

**108** Jenny Anderson, "This Is What Work-Life Balance Looks Like at a Company with 100% Retention of Moms," Quartzat Work, October 16, 2016, https://qz.com/work/806516/the-secret-to-patagonias-success-keeping-moms-and-onsite-childcare-and-paid-parental-leave/.

# 어떻게
# 성공했나

**1판 1쇄 인쇄** 2021년 2월 15일
**1판 1쇄 발행** 2021년 2월 20일

**지은이** 가이 라즈
**옮긴이** 이경남

**발행인** 양원석 **편집장** 박나미
**디자인** 남미현, 김미선 **영업마케팅** 조아라, 신예은, 정다은

**펴낸 곳** ㈜알에이치코리아
**주소** 서울시 금천구 가산디지털2로 53, 20층 (가산동, 한라시그마밸리)
**편집문의** 02-6443-8865 **도서문의** 02-6443-8800
**홈페이지** http://rhk.co.kr
**등록** 2004년 1월 15일 제2-3726호

ISBN 978-89-255-8913-8 (03190)